FLAT EARTH NEWS

——媒体潜规则

英国名记揭秘全球新闻业黑幕

An Award-winning Reporter Exposes Falsehood, Distortion and Propaganda in the Global Media

[英] 尼克·戴维斯 著　崔　莹 译

南方日报出版社
NANFANG DAILY PRESS
中国·广州

图书在版编目（CIP）数据

媒体潜规则 : 英国名记揭秘全球新闻业黑幕 / (英)戴维斯著 ;崔莹译. -- 广州 : 南方日报出版社,2010.5
ISBN 978-7-80652-993-5

Ⅰ. ①媒… Ⅱ. ①戴… ②崔… Ⅲ. ①新闻事业—世界 Ⅳ. ①G219.1

中国版本图书馆 CIP 数据核字(2010)第 064449 号

媒体潜规则——英国名记揭秘全球新闻业黑幕

作　　者：尼克·戴维斯（Nick Davies）
译　　者：崔　莹
出版发行：南方日报出版社
地　　址：广州市广州大道中 289 号
电　　话：（020）87373998-8502
经　　销：全国新华书店
印　　刷：佛山市浩文彩色印刷有限公司
开　　本：787mm×1092mm　1/16
印　　张：17.75
字　　数：300 千字
版　　次：2010 年 5 月第 1 版
印　　次：2010 年 5 月第 1 次印刷
定　　价：36.00 元

投稿热线：（020）87373998-8503　　读者热线：（020）87373998-8502

网址：http://www.nanfangdaily.com.cn/press　http://www.southcn.com/ebook

如发现印装质量问题，影响阅读，请与承印厂联系调换。

目　录

致中国读者（尼克·戴维斯）/ 1

译者序　批评自由，赞美有意（崔莹）/ 3

前　言 / 1

第一部分　平地球故事

1.“吃”了世界的“千年虫”/ 2

对记者而言，千禧年之夜是一个恐怖之夜。它是全球媒体没有说真话的一个明证。无论那个晚上计算机可能面临怎样的威胁，很显然，世界上的绝大多数记者的报道远远言过其实。

第二部分　新闻工厂

2. 新闻民工 / 28

现在，谁还在找新闻？谁还去法院旁听、去政府会议室采访？谁还去酒吧，和毒贩、偷车贼、侦探、医生和老师聊天？谁还在关注某行业和工会？谁还在调查议员？

3. 信息提供者 / 46

路透社和美联社告诉世界“千年虫”、伊拉克拥有大规模杀伤性武器、吸毒和犯罪之间的关系、核辐射……如果按照准确记录别人所说的话来看，这些报道都很“准确”，但是，没有一篇报道是真实的。

4. 生产的规则 / 70

在极权主义国家，媒体睁着眼说瞎话，当众羞辱读者却毫不在乎；在自由的社会，谎言稍微有些遮掩，往往藏匿在陈词滥调之中。

第三部分　隐形的游说者

5. 公关人员的私生活 / 104

布什总统宣布结束在伊拉克的战斗行动，他没有在他的农场前，也没有在白宫办公室宣布这一决定，他的公关人员为他安排的是，穿上战斗服，飞往一艘停在加利福尼亚海岸的航空母舰上宣布该决定。

6. 政治宣传迷阵 / 137

从阿布·穆萨卜·扎卡维到萨达姆，从阿富汗到伊拉克，从华盛顿D.C.到塔什干，假新闻源源不断。阿布·穆萨卜·扎卡维的故事是基地组织故事的插曲。

第四部分 媒体内幕

7. 暗黑艺术 / 172

一家“高雅”报纸的记者告诉我，他用这样的方式“了解”一名政府顾问，对方整个笔记本内存置的内容都被复制了下来。他还用这样的方式调查了一名重要的商人（这名记者同时称，他获得了这位商人所有家庭成员的电话明细单）。

8. 《星期日泰晤士报》内幕 / 192

1983年4月，鲁珀特·默多克突然通知《星期日泰晤士报》要连载希特勒日记。报社顾问迪克瑞爵士怀疑日记的真实性。鲁珀特·默多克回复了一句著名的话：“操，迪克瑞。发表！”

9. 被蒙蔽了双眼的《观察家》报 / 221

“你打算对报纸进行怎样的改变？”大卫·米利班德问道，显然，他在打探对方的政治观点。罗杰·阿尔顿彻底慌了手脚，结结巴巴地回答：“头版多些关于性的新闻，增加体育报道，就是这些。”

10. 《每日邮报》的攻击性 / 241

他们从不畏惧媒体投诉委员会：媒体投诉委员会为他们说话；很多受害者没有钱打官司；即使受害者有钱打官司，报纸也甘愿花点小钱奉陪。这就好比观看一名足球队员的表演：当他发现自己是可以阻止对手进球的最后的因素时，他宁愿采取违规的方式阻止对方进球，哪怕受到裁判的处罚也在所不惜。

结束语 / 267

To Chinese Readers

Soon after *Flat Earth News* was published in the United Kingdom, I visited China to teach journalists the skills of investigative reporting. Before I arrived, I thought I would be entering another world with very different culture and politics and language. I feared I would be misunderstood at many levels.

Yet, as soon as I started to speak with those journalists, I found that we understood each other very well, that the core of our working experience was the same, because we shared the same attachment to the heart of journalism. And that is very simple - we want to uncover the truth and pass it on to those who need to hear it. All good journalism, all over the world, is dedicated to that simple proposition.

There was, however, one area of friction, between me and my Chinese colleagues - the reporting of China by Western news media. The problem was not simply that they were angry about the way in which China was reported but that they saw this as a sign that Western news organisations are controlled by their governments, that they are forced by official censorship to publish officially approved propaganda.

They were wrong but they should be forgiven for their error: Western news media frequently behave as though they are the servants of their states. All too often, they precisely fail to perform that simple function of telling the truth and, instead, produce stories which contain falsehood, distortion and propaganda.

But that is not because they are controlled by a system of official censorship. There are other forces at work - subtle and invisible and, therefore, far more powerful than the clumsy hand of the censor. Flat Earth News is an attempt to expose those hidden forces, wherever they are found.

Nick Davies

April, 2010

致中国读者

《媒体潜规则》（*Flat Earth News*）在英国出版不久，我前往中国，给当地的记者们讲课，教给他们调查性报道的技巧。在我到达中国之前，我想我将要步入另外一个世界了——不同的文化、政治和语言。我担心，对方可能会在不同层面上误解我。

但是，和那些记者对话没多久，我就发现，我们彼此能够很好地理解对方，我们的工作经验的核心是相同的，因为，我们对新闻业秉持同样的信仰。也很简单——我们都希望揭露真相，把真相传递给那些需要知道这些真相的人。全世界，所有的好新闻，都专注于这个简单的命题。

然而，在我和我的中国同行之间存在的唯一的摩擦是：西方媒体对中国的报道。我的中国同行对这类报道感到气愤，问题不单如此，他们由此认为西方的新闻组织被他们的政府所控制——如同他们自己被迫屈服于官方的审查制，发表官方认可的“鼓动宣传”。

他们错了，但是，他们的错误也应该被原谅：西方的新闻媒体经常会表现得像是他们的政府的奴役。并且时常，他们并没有履行报道事实的职责，反而，生产出含有虚假、歪曲和鼓动宣传的新闻报道。

但原因并非是他们被官方的审查制所控制，是其他原因在起作用——（这些原因）很微妙，不容易被发现， 并且，比审查制这一笨拙的手段更有力。《媒体潜规则》就是试图曝光这些深藏不露的原因，不管这些原因藏身何处。

尼克·戴维斯

2010年4月

译者序

批评自由，赞美有意

两年前，因写作《做最职业的记者——对话英国名记者》一书，我认识了英国著名记者尼克·戴维斯，当时，他的著作《媒体潜规则》（*Flat Earth News*）刚出版，便引起英国新闻界一片哗然。我马上在亚马逊网站以17.99英镑的价格购买了此书——从未有过如此淋漓尽致的阅读快感！不久，在伦敦维多利亚火车站旁边的高富诺酒店的咖啡会客厅，我对尼克·戴维斯进行了采访。记忆尤其深刻的是，会面前，尼克·戴维斯并没有告诉我他的手机号码，只是发邮件告诉我："我是灰色的短发，穿黑色的皮夹克，挎黑色的皮革肩包。"他在两个月前，就计划好那天的装束了，我对这位和我"秘密接头"的记者充满了好奇，并在书中形容他是新闻界的007。更难忘的是——那天所喝的一杯红茶是迄今为止我喝过的最昂贵的红茶，一杯要6英镑。

尼克·戴维斯很准时，他也很会体谅"后辈"，我请他喝茶，喝咖啡，他都婉言拒绝了，只是滔滔不绝地回答我的提问。我被尼克·戴维斯的新闻激情深深感染：虽已从业30多年，他依然执著地告诉我，他的埋想是要改变世界！

写作《媒体潜规则》正是他试图改变世界，改变世界新闻业的一次勇敢无畏的行动。

通过对业内同行进行调查采访，尼克·戴维斯发现新闻媒体已经变成了宣传错误与报道二手新闻的代名词，报纸杂志存在太多的问题，而这一切又都与销量有关，各家媒体总在计算每天是否又有了新的读者，而根本不在乎报道的质量。并且，新闻媒体低劣无知的操作已经成为让真相浮出水面的障碍。他感慨，"我最终被迫承认我正从事着一项腐败的行业"。

他告诉我们，英国国内新闻中，60%的内容直接来自新闻社，20%的内容改编自新闻社的稿件，8%的内容没有标明信息来源，只有12%的内容由各报社的记者独自采写；他告诉我们，在英国，公关人员的人数比记者的人数要多；他告诉我们，英国情报机构在媒体中秘密安置"御用文人"，或给某写手发工资，用他们的文字营造社会舆论；他告诉我们，某些报纸的管理层经常会拒绝有关黑人的新闻选题，受人推崇的优质报刊私下里却雇用私人侦探盗取信息……

尼克·戴维斯发动的不仅仅是对英国当代新闻业的致命袭击，而且是对新闻工作者的道德和职业责任感的质疑和谴责。作为业内人，他在这个行业树敌很多——但是，支持他讲出真话的记者会更多——尼克·戴维斯背叛了自己的行业，因为，他不想背叛自己的职业。

尼克·戴维斯的捍卫新闻真实性之举，不仅打动着我，也吸引了南方日报出版社的谭庭浩副总编、阮清钰编辑，他们希望引进《媒体潜规则》版权，出中文版。我相信：除了预测到这本书的“好销量”，一种社会责任感也同样在他们身上油然而生，如同英国“媒体明智”（Media Wise）基金会负责人迈克·詹普逊（Mike Jempson）对这本书的评价：“这样的书不得不被写出来，也必须被阅读！”

经过尼克·戴维斯的引荐，我们联系上《媒体潜规则》版权的中国代理商，有趣的是当时另外两家出版社也看中了此书。经过一番“竞标”，南方日报出版社中标。近水楼台，出版社将翻译此书的重任交给我。我当时也很开心，因为我知道，我一定不会把这本好书给“糟蹋”了。

然而，尘埃并未就此落定。翻译工作比预想的要缓慢，并且艰难——不仅仅是智力劳动，也是体力劳动。中间，因学业的压力，几次想放弃，或找人合译。我甚至想好了人选，对方也同意……结果，“坚持不懈”、“善始善终”的字眼开始频频在我的脑海里回荡。经过自己和自己的较量后，我决定继续翻译到底。经过将近4个月的全职翻译，以及4个月的课余翻译后，我终于可以向尼克·戴维斯“邀功”，请他撰写《媒体潜规则》的中文版序。

这本书也并非十全十美，如同尼克·戴维斯在书中所提到的，“很显然，这本书里肯定有错”，然而，有些错误是诚实的。翻译也是。我个人对此书的最大感受是：尼克·戴维斯对英国媒体（主要是报纸）的商业化进行了强有力的指控，对一向缺乏自省精神的记者而言，这无疑是史无前例的一场革新。然而，书中亦有些地方值得商榷。比如，尼克·戴维斯将《观察家报》前主编罗杰·奥尔顿（Roger Alton）描述成卑鄙小人，而罗杰·奥尔顿实际上是英国新闻界公认的颇具才华、诚实也颇有成绩的新闻人。2008年，我专门就此事件采访过罗杰·奥尔顿，我所深深感受到的是他对英国政府所持有的坚定不移的质疑精神。其次，尼克·戴维斯所鉴别出的某些“新闻病”也并非是他的第一手报道——有些事例是老生常谈，可以在网络上找到。

并且，我不认为，因为这本书、这些“潜规则”，我们就应该将英国新闻业、西方新闻业“一棍子打死”，《媒体潜规则》这本书的顺利出版，也恰恰证明了英国新闻业、西方新闻业生生不息的新闻自由和国家民主——若批评不自由，则赞美亦无意义。

译稿的顺利完成，要感谢我的先生尼克·克罗斯（Nick Cross）博士，他为我提供了衣食无忧的环境，令我可以静心全职翻译，更重要的是，翻译中的难点、疑点都是在他的指导下完成；要感谢南方日报出版社的阮清钰先生，他每周催发邮件，加博客留言的鼓励督促，避免了翻译工作的虎头蛇尾，并且，他还一直在任劳任怨地聆听我关于翻译工作的各种各样的抱怨；要感谢暨南大学新闻学院的陈娟老师，尽管她和我素昧平生，但是在毫无酬金的情况下，她花费大量精力和时间，一丝不苟地审校译稿，为译稿把关；要感谢我的新闻硕士导师马克·梅雷迪斯（Mark Meredith）先生，他无数次通过邮件，为我解疑释难；要感谢我的“师姐”郝志荣同学，无数个夜晚，她担心我一个人翻译太烦，太闷，陪我翻译；要感谢我的父亲崔明哲先生对我不断的鼓励，感谢我的家人詹姆斯·克罗斯（James Cross）先生、安琪拉·克罗斯(Angela Cross)女士，容忍我在圣诞节期间，不和他们聊天而奋笔疾“翻”；还要感谢我的新闻启蒙老师王建珂和薛启霞夫妇，我的朋友赵泓、甘险峰、张力奋、李爽、王尧、徐卫东、宋慕新、朱芳文、郑渝川、樊祥钦、吕品、张刚、王玮、闫旭亮、韩雨亭、朝北、曲昌荣、公冶祥波、赵敏、焦蓓、于枫等，他们一直在给予我源源不断的支持和鼓励。

崔　莹

于英国爱丁堡

2010年3月31日凌晨　雪雨夜

前　言

狗不会吃狗，同类不相残，这一向是舰队街的规矩。我们挖掘政界、金融界、体育界、娱乐界的新闻。我们愿意挖掘什么新闻就挖掘什么新闻——但是从来不在自己的后花园里挖掘新闻。事实上，在过去的15年里，很多报纸版面的首要任务是吸引广告，它们不再费力挖很深的坑。

当我开始写这本书时，有一个例子再恰当不过。2007年1月，《每日邮报》驻华盛顿记者托比·哈顿（Toby Harnden）因造假报道原形毕露。在萨达姆·侯赛因被实施死刑6个小时之前，他已经将萨达姆·侯赛因如何被吊死的过程进行了绘声绘色的描述。要不是因为萨达姆·侯赛因死刑过程的录像带遗漏，托比·哈顿用想象力填充的报道可能就不会被任何人发现。（带着一些勇气）托比·哈顿在他的博客上坦白了这一切。但是，他的坦白并未被他的《每日邮报》的老板所接受。那篇博文很快被删除。《每日邮报》的所有员工都收到这样的警告："在博客里提任何行业内的'新闻诀窍'时，要三思而后行。"明白了吧！想象的材料不过是"这个行业的诀窍"，并没有真正的报道可言。

本书意在毅然决然地打破这些潜规则。

书的开始是一个很简单而且臭名昭著的故事——关于伊拉克是否拥有大规模杀伤性武器的冗长而曲折的故事。2003年3月，进攻开始后，伊拉克并不具备大规模杀伤性武器的真相水落石出。终于，全世界的记者开始寻找真相。然而，几乎所有的记者都写报道称该事件是一场由情报机构和政府共同导演的闹剧时，却没有人揭露他们自己在这场闹剧中所做的"贡献"。

本书并非是关于大规模杀伤性武器的，而是试图解释为什么记者没有能够成功地报道有可能是本世纪最重要的故事。审视的报道越多，我发现的造假、歪曲、鼓吹也越来越多，而新闻业原本的职责是报道真相。我寻找到的理由越多，我越加警觉到，由于种种复杂的原因所导致的这些问题的规模性和普遍性。当我写完这本书时，回头再看，我为自己的幼稚感到尴尬。

我已经做了30多年的记者。1974年，我离开大学的那一年，《华盛顿邮报》的记者鲍勃·伍德沃德（Bob Woodward）和卡尔·伯恩斯坦（Carl Bernstein）迫使美国总统理查德·尼克松（Richard Nixon）辞职。多么令人诧异的主意啊！两名记者——除了纸和笔，没有任何武器——可以揭露对方的腐败，而将世界上最强有力的人拉下台。

我对想成为记者的主意着了迷——我可以前往世界各地，我可以最先目睹历史的发生，更重要的是，我可以改变世界。我最先在《卫报》打工，负责跑腿传达信息，同时，我买了一台二手打字机，熬夜阅读战地记者的回忆录，并自学速记。我向不同的媒体发出申请，希望成为见习记者，几乎所有的媒体都回绝了我。但是最终，我获得了通往舰队街的机会。

很多年来，我的口袋里就装着纸和笔，到处跑来跑去采访。当然，我也逐渐意识到，记者经常不能报道真相。在新闻业工作，不可避免的事实是，我们所有的报道都有截止日期，我们不可能随心所欲地寻找自己需要的证据。最好是，我们所写的文章只有几个小差错，当然，我知道的是，在截止日期的背后，经常会有些很严重的“猫腻”。

但是在我开始写这本书之前，我并不知道记者们已经变得那么脆弱，也不知道记者们被限制报道真相到什么程度。我所指的并不是那些出错的记者。有些错误是诚实的。（很显然，这本书里肯定有错。）我所指的并不是个别不诚实、卑鄙无耻的记者，他们是新闻业的害群之马。这个行业内，依然有优秀的、勇敢的、诚实的记者。我所指的事实是，几乎所有发达世界的记者都囿于职业的樊笼，他们的工作被扭曲，他们的精神被腐蚀。我所指的事实是，这也是我不得不承认的事实，我所工作的新闻业很腐败。

因为我所写的领域是我所工作的领域——也正是这个领域长年来给我发工资——我有必要说一下其中的利益冲突。

我最终获得的第一份工作是在镜报集团（Trinity Mirror）旗下的一份地方报纸做见习记者。后来，我离开那里到《星期日人物报》（*Sunday People*）做记者。一年后，我到了伦敦的《标准晚报》（*Evening Standard*）工作。1979年，我成为《卫报》的新闻记者。由此，我的职业基本定型。后来，我“飘荡”了大约6年。担任《观察家》报的社会事务通讯员、罗伯特·麦克斯韦（Robert Maxwell）拥有的《伦敦每日新闻》（*London Daily News*）的特稿记者、华盛顿D.C.的自由撰稿人、格拉纳达（Granada）电视台《世界在行动》（*World in Action*）的出镜记者。最后，我回到《卫报》，并和报社签约，担任该报的自由撰稿人。

在写这本书的初期，我定下了几个原则。第一个原则，我不会涉及因私人关系为我所知的同事间的私生活的信息。关于舰队街的性丑闻、吸毒、传闻我知道的不少：某些执行董事长，他们的报纸支持伊拉克战争，反对吸毒，然而，他们却躲在办公室的厕所里用鼻孔猛吸可卡因；面对投怀送抱的秘书，那些攻击他人性丑闻的记者会在第一时间脱掉裤子。我不会用这类信息：第一，我认为我们不应该写任何人的私生活，除非公众有很强烈的愿望要了解这些信息；第二，我不想遭受以前同事的暴打，因为，假使我这样做，他们也很有可能会怨恨我背叛了他们的信任。

第二个原则意味着要从一张白纸开始。因为我了解内情，就拿我所工作的报纸为目标，这样很不公平。同样，如果忽视对方，或者故意袒护对方，这样做也不合理。因此，我所研究媒体的方式遵循我研究任何项目的方式。也就是说，对《卫报》而言，也不例外。

我是“《卫报》人”——我从14岁就开始看这份报纸了，并在这份报纸工作了数年。当我表述完要写这本书的想法后，《卫报》主编阿兰·罗斯布里奇（Alan Rusbridger）表示支持。要说明的是，在任何阶段，《卫报》的任何人都没有对我所写的内容附加过任何限制、任何要求，你也可以看到，我在书中提到了《卫报》及其姊妹报《观察家》报，文字不多但是自然而然。还要说明的是，无论是《卫报》，还是在《卫报》工作的员工都不必对本书的内容负责。这只是我个人的责任。

我企图挖掘来自英国的证据，但是偶尔，也会添加可以显示同样的情景在其他国家也同样存在的信息，特别是美国的信息。同样，我倾向于关注印刷媒体，但是我也在书中加入相关的材料，展示广播电视如何沿袭同样的作风。我并没有提很多通俗小报。人们不需要看书就知道，通俗小报是不可靠的信息来源。我所关注的是那些颇具声望、被人信任的媒体出版物。

约瑟夫·朗特里（Joseph Rowntree）基金会对这本书的写作给予了大力支持，并且资助了大规模的实证调研。这些调研工作是由卡迪夫大学的新闻学院媒体和文化专业的师生进行的，项目领导人是贾斯汀·刘易斯（Justin Lewis）教授、安德鲁·威廉姆斯（Andrew Williams）博士、鲍勃·富兰克林（Bob Franklin）教授、詹姆斯·托马斯（James Thomas）博士和尼克·马斯太尔（Nick Mosdell）博士。我要向他们表示诚挚的谢意。

如果没有“媒体明智”基金会负责人迈克·詹普逊的帮助，这一切也无法完成。“媒体明智”是全国性的慈善机构，长期致力于呼吁媒体进行合乎伦理道德的行为。尽管“媒体明智”基金会不断面临资金困扰，但迈克·詹普逊始终不屈不挠地工作，他也是这本书的坚定支持者。

一帮年轻的学者也轮流帮助我。他们是——詹妮·埃文斯（Jenny Evans）、詹敏·盖列（Jaemie Gallie）和吉米·茂森（Jim Mawson），他们用辛勤和汗水协助我完成无数的项目。除此之外，克里斯汀·伯纳斯（Christian Bjornes）负责向白厅（Whitehall，英国政府机关所在地——译者）提交“信息自由”的申请表；左伊·科本（Zoe Corbyn）研究的是关于科学的报道；罗宾·戴维斯（Robin Davies）负责向新闻院校提交“信息自由”的申请表；凯特·赫斯洛普（Katy Heslop）负责研究数据库；干纳特·罗迟（Garnet Roach）研究的是公共行业的重大集团；娜塔莎·盖尔伯特（Natasha Gilbert）研究的是环保公关公司；詹妮弗·米伦（Jennifer Millen）研究的是犯罪报道；维克·托马斯（Vikki Thomas）研究的是关于恐怖主义的报道；阿达·唐德（Ida Tonder）负责分析数据，并对记者所接受的培训进行了研究。所有人的工作都很出色，但他们并不对我所选择的研究方式和他们所处理分析的原材料负责。

需要补充的是，还有更多的记者帮助我完成这本书。他们自愿这样做，因为他们和我一样充满质疑，当记者审视全世界时，为什么新闻业本身要免受审视？为了保住他们的饭碗，我向他们保证不会点出他们的名字。但是他们就在那里，在某种程度上，这本书会引起舰队街某些人的敌视。不过我很自豪的是，大多数记者同事要比他们好得多。

那么，让狗开始吃狗。

Flat Earth News

媒体潜规则

第一部分

平地球故事

医生的职责是给他们的病人带去健康，歌唱家的职责是唱歌，记者的职责是书写他们在现实生活中的所见所闻。

——安娜·波利特科夫斯卡娅（Anna Politkovskaya）

1.“吃”了世界的“千年虫”

1999年12月31日，千禧年前夜，西方世界的大部分成年人沉浸在酒精、狂欢庆典之中，其中包括大批记者，但是有一部分记者仍坚守岗位。和记者同样加班加点的还有警察、医生和消防员。其他人都在狂欢，此时，记者的工作显得格外重要。这个时刻令人期待，看上去很平和的千禧年前夜、加晚班的记者——这样的夜晚将有重大事件发生，并将波及全球。

午夜之后，黑暗渐渐变淡，时间一小时一小时过去，从一个国家到另一个国家，计算机将逐个“死去”。伴随计算机一起死去的还有世界电线网络、通讯系统、供水系统、防御系统等。电子世界的“血管”发生梗阻，电子世界会突然崩溃……记者们自以为预料到了这一幕，因为之前已经做足文章，就等“千年虫”的到来。

对于整个新闻界而言，关于“千年虫”的报道层出不穷。对此大肆渲染的不仅有街头小报，还包括大量极具声望的高雅报刊。在英国，他们如此解释：“2000年1月1日，伦敦医院的急救设备、999服务系统将彻底崩溃”（《标准晚报》）；“英国医院对‘千年虫’不加防范，将导致病人生命垂危”（《每日电讯报》）；“如果不及时解决‘千年虫’问题，银行将会一团糟”（《卫报》）；“暴动、恐怖分子、健康危机将尾随‘千年虫’之后”（《星期日镜报》）；“因公司未能成功对付‘千年虫’，养老金的交纳记录将无处可查”（《独立报》）。威胁并不仅仅是电脑系统被摧毁，引发相应的组织混乱，而且，电脑系统会独自工作，用其独有的方式扰乱社会。《星期日独立报》报道，“‘千年虫’会打开由计算机控制的监狱之门”。《泰晤士报》告诫读者，“北约发出警告，小心俄罗斯的导弹‘千年虫’和来自东方的核武威胁”。

同样地，在美国，当地最好的报纸也加入这场报道；“‘千年虫’若隐若现”（《纽约时报》）；“2000年，通向灾难的门票”（《旧金山纪事报》）；“计算机定时炸弹”（《西雅图时报》）；“和灾难的约会”（《华盛顿邮报》）；“2000年大崩溃倒计时（《芝加哥每日先驱报》）；“世界崩溃的一天”（《新闻周刊》）。一些美国记者在新闻报道中不仅描述迫在眉睫的威胁，还开始谴责其他国家，比如1999年3月《芝加哥论坛报》的一则新闻标题为：“多国不愿或不能解决‘千年虫’问题，将使美国蒙受其害。”1999年8月《洛杉矶时报》揭露，解决“千年虫”威胁的方案本身也处于威胁之中。“一些人担心‘千年虫’专家会从事破坏行动，特别是外国的承包商，在解决‘千年虫’问题的同时，会篡改、操纵电脑程序的运作，美国安全专家对此发出警告。”

结果是，对那漫长的一夜所发生的事，我们知之甚少，原因之一是，在那一夜，并没有多少事情发生。

在英国，朴茨茅斯海港的测潮器失效了，阿伯丁天气预报台的一台计算机死机，来自英国政府的、被任命专门负责对付“千年虫”的大臣表示：“这些小事根本不值一提。”英国斯旺西的一个商人报料，在千禧年前夜，他的计算机“罢工”了，但是后来他发现，是老鼠的粪便把计算机的电路板搞得一团糟。

千禧年深夜，克林顿总统千禧年对话委员会主席约翰·科斯基宁（John Koskinen）宣布：“此刻，我们没有发现‘千年虫’引发的任何毁坏性行为。”千禧年问题国际合作中心总监布鲁斯·麦康纳（Bruce McConnell）也同意：“简而言之，我们一直在等待一件根本不会发生的事情发生。”

整个世界，都在期待一件子虚乌有的事情。没有飞机失事，没有电站崩溃。这个根本没有发生的事情不仅仅令多年为对付“千年虫”付出大量人力、财力的国家惊讶万分，也让对“千年虫”置之不理、毫无防范的国家莫名其妙。中国、印度没有任何事故发生。之前，全球媒体曾经警告：中国、印度政府如此松懈，“千年虫”会轻而易举地摧毁该国的电力系统、通讯网络，从而引发民众暴动，社会混乱。从俄罗斯到白俄罗斯，到摩尔多瓦，到乌克兰，那些对“千年虫”置若罔闻的国家，同样安然无恙。而在千禧年之前，美国国防部曾经发出正式通告，美国公民若前往这类国家，他们的健康、安全将会受到严重威胁。

原因之二是：那些加晚班、到处寻找灾难故事的记者对“没有任何故事发生”的千禧夜报道很少。没有“千年虫”？没有世界崩溃？甚至那些没有实施任何防范措施保护自己的国家也没有出现危机？那些成千上万的新闻报道、专题、权威评论，那些来自各个国家、媒体的新闻故事，难道没有一点真实性可言？大众媒体的报道都是假的？——没有新闻故事，也没有记者报道过这些事件。

受这些新闻报道的鼓动，很多政府花费巨款对付“千年虫”（这不比一分钱不花的政府安全系数高）。有媒体报道，英国政府花费39600万英镑用于防御“千年虫”，有媒体说是43000万英镑，还有媒体说是78800万英镑。美国政府花得更多，有的报道称是1000亿美元，有的报道称是2000亿美元，有的报道称是60000亿美元，也有的报道称是8580亿美元，到底多少钱，取决于你所读的是哪个记者的报道。总之，不是个小数目。此外，“千年虫”带动了一批微型产业。计算机公司出售对付“千年虫”的软件包，出版商出版了对付“千年虫”的书籍和音像制品，房地产商出售可防御“千年虫”的房子，为躲避“千年虫”带来的混乱，少数家庭甚至卖掉城里的房子，选择到偏远的小木屋“避难”。但这些都不是新闻故事。

2000年1月1日，太阳冉冉升起，曾经忙碌的人们——记者、政府官员、和“千年虫”有关的商家、计算机专家，都默不作声，希望不被人注意到，他们巴不得找个地缝钻进去。

按理说，每个职业都有自己的职业准则。木匠的职业准则是精确，做不到精确，木匠不成其为木匠。外交官的职业准则是忠诚，他们可以说谎，可以做间谍，可以欺骗，可以不择手段达成目的，只要对自己的政府忠诚，就是做好了本职工作。记者的职业准则是诚实——说出真相的企图。这是记者的首要目的。记者的报道、言论，都要从事实出发。

因此，对记者而言，千禧年之夜是一个恐怖之夜。它是全球媒体没有说真话的一个明证。无论那个晚上计算机可能面临怎样的威胁，很显然，世界上的绝大多数记者的报道远远言过其实。这也成了一个象征：新千年在黑暗中到来，真相丢失，关于真相丢失的真相也被丢失。“千年虫”问题只是大众传媒渐露颓势的一个例证，在这个过程中，各国政府、上亿民众不断地投入时间、精力和金钱对付“千年虫”，结果这一切热火朝天的举动根本只是徒劳无功。

这就是“平地球新闻”（Flat Earth News），一个看似真实的新闻故事，一个被大众广为接受的事实。说它不真实的人反倒成了异端——即使这个故事充满了谎言、扭曲和鼓噪。

“平地球新闻”如此广泛，以至于它本身也成为“平地球新闻”故事的主角。

比如，人们简单地认为：媒体故事只是出自堕落而又挑剔的新闻傀儡之手，这些新闻傀儡根本不在乎报道的真实，只是和幕后操纵者沆瀣一气。

事实是有些记者的确很糟糕：他们是道德上的懦夫，天生的说谎者，他们以笔求荣，爱拍马屁，有些记者酗酒成性，有些记者被情报机构、政府部门收买。具备以上特征之一的记者不胜枚举，有些记者甚至囊括所有。但是，最重要的是，大量的记者并非如此，他们尽职尽责，尽管偶尔没能说出真话。

想象一下，如果因为杰森·布莱尔（Jayson Blair）——那个好多年闭门造车、生编故事的新闻记者，你就断定《纽约时报》的报道一无是处，这是绝不可取的。新闻界目前存在的问题远比这些有趣，同时，也更令人担忧。

层出不穷的人在解释新闻媒体堕落的原因——政客，左翼激进分子，右翼激进分子，一小批媒体学者及其学生，成千上万的消费者认为，他们不相信他们阅读的任何东西——相反，他们又不断地从自己过滤过的那些充斥欺骗、歪曲和鼓噪的报道中找寻证据。其中也有少数公正的评价，但是批评媒体的主流意见充满了误解。

这些解释不能成立的原因有两方面。其一，很多局外人批评媒体，其事实依据来源于其他局外人，在此之上形成的理论完全不适用于新闻工作室。其二，他们受到导致媒体堕落的一个显著因素的干扰：大多数记者的报道倾向于那些富人、当权者的利益。回顾冷战时期，很容易看清楚，苏联的极权主义者如何在其御用媒体上鼓吹、宣扬当时的社会是平等、和平的避风港。但是如果借用这个理论去解释美国媒体的现状就很困难。美国一开始支持第三世界国家的独裁统治，后来却倡导媒体自由，认为媒体自由是民主和自由的基石。这些"阴谋论"（Conspiracy Theories）很吸引人，但是被夸大了。

因此，还有一种很流行的理论，大众媒体的报道故意迎合广告客户的口味，或者，最起码会根据广告客户的要求，进行一些限制。用局外人的眼光来看，这一点非常在理。广告客户有钱，媒体的运营需要钱，由于广告客户的压力，媒体必然会妥协，并按照符合广告客户利益的方式描述世界。这样的理论看起来无懈可击，并备受左翼激进分子的推崇。然而，这种理论的真实性很有限。

有证据表明，有些大的广告客户会左右某些小的媒体报道，以影响读者对某个公司或者某个产业的看法。一些时尚杂志可能会对某大型时尚住宅区流露出溢美之词，地方报纸的某篇报道会消弭当地商家之间的冲突。最明显的案例之一是1999年的《洛杉矶时报》事件。《洛杉矶时报》的管理者和当地一运动场达成协议，该报只报道关于运动场的正面新闻，运动场的经营者要求其承包商在《洛杉矶时报》投放广告，利润平分。

当批评家们戴着有色眼镜，试图用这种理论解释"平地球新闻"在全球媒体中的流向时，这些事实显然已经过时了。

我所能想到的不过如此，确实有些公司在媒体上投放广告，为的是影响该媒体的政治立场和编辑路线，但是成功的案例几乎没有。一个著名而又典型的案例是：1956年，《观察家》报撰文攻击（以色列）入侵苏伊士（的行径），一些支持以色列的广告客户联合抗议并抵制这份报纸，企图迫使《观察家》报改变立场，结果却以失败告终。我在舰队街（特指英国新闻界）呆了30多年，从未碰到广告客户直接或者间接影响编辑立场的例子，也找不出目睹此类事件发生的记者。甚至，提出此类观点的批评者也找不出足够的证据。

依据这种站不住脚的观点，媒体自然明白，广告客户拥有自己的政治利益，因此，不需要哪个广告客户特别强调，媒体首先就会确定，自家报纸万不可得罪他们的"利益集团"，否则，只能眼看着广告白白流走。事实上，新闻本身有自己的规律。新闻故事不可避免地要围绕社会是如何发展的政治和道德假设做文章。并且，毫无证据表明，无论多么间接，广告商可以决定这类报道的方向。我们都明白，新闻工作中，新闻记者有与众不同的、更强有力的新闻获取源头。

如果非要让广告客户为“平地球新闻”负责，它所承担的责任微不足道，却成了真正的“罪魁祸首”的替罪羊。事实上，大的公司、集团早已掌控新闻报道的内容——但绝不是广告部门把他们带进新闻工作室的。

另外一种流传甚广的“阴谋论”是，媒体所有者决定了媒体的立场和声音，温顺的媒体从业者只能被迫接受。这是真的。媒体所有者能够也确实在影响新闻产品的编辑过程。但是，这并不如局外者想象的那样。

从历史的角度来看，特别是在20世纪初，大众媒体诞生、发展之际，一些觊觎权力的个体就疯狂收购报纸，将自己的观点强加于报纸，提出整改方案，为自己的政治生涯作鼓吹。

北岩爵士，英国现代通俗新闻业的奠基人，醉心于政治权力：他不仅用报纸推倒一个政府（由阿斯奎斯领导，1915年5月），创造了另一个政府（由劳合·乔治领导，1916年12月），还让自己荣升英国宣传部总监。他的弟弟罗斯梅尔（Rothermere）爵士，则公开拥护独裁统治，声称希特勒是“了不起的绅士”，并且命令他的《每日邮报》紧随英国法西斯主义的步伐。直到“二战”期间，他那些听话的员工仍然撰文反对犹太难民到英国寻求庇护。

当然也有几位媒体所有者用他们的财富保护、支持较为像样的新闻媒体，但是大部分媒体所有者的行为与比弗布鲁克（Beaverbrook）爵士一样。比弗布鲁克是这类人的典型代表，他这样阐述自己在《每日快报》的作用：“我经营这份报纸的目的就是为了鼓吹，除此之外别无所求。”

但是局势在变，媒体所有者也在变。族长做派、对报纸指手画脚、滥加干涉的报纸所有者纷纷卖掉了手中的报纸。大公司则将它们一一收购，其目的当然不是制造煽动性的新闻，它们的目的很简单，也毋庸置疑，就是为了赚钱。然而，报纸商业化运作给新闻业带来的压力，乃至对新闻业的影响，远远超过此前报纸所有者对报纸的干涉。正是这些商业压力，给报道事实的新闻业带来了巨大的障碍。

新的报纸所有者对报纸的干涉大大少于他们的前辈。大多数记者（尽管并非全部）会告诉你，他们从不根据别人的指示写文章，无论这种指示是直接还是间接的，无论是来自报纸所有者，还是来自他所任命的主编。然而，这并非意味着，新的主人比他的前辈更有新闻道德。他们不干涉的重要原因是：他们很清楚，那样做对这摊子生意并没有什么好处。

这种做法的好处是，这样一批报纸所有者出现了——只要报纸能赚钱，他们对报纸的内容、编辑准则毫无兴趣。加拿大人罗伊·汤姆森（Roy Thomson）是第一个赢得记者尊重的报纸所有者。在他讲述舰队街历史的《报界帮》（*Press Gang*）[①]一书中这样写道，1953年，罗伊·葛林史莱德（Roy Greenslade）买下《苏格兰人》报，这成为英国媒体变革的一个标志："新一代的、与众不同的媒体所有者在英国诞生了。他们并不遵循传统，将新闻业当作政治武器，他们更像是一群不关心政治的会计，只把新闻业当作生意的一部分来看待。"在美国，罗伊·汤姆森毫不介意他在南方的报纸支持黑人和白人进行种族区分，而同时北方的报纸却反对这样的做法，只要能赚钱。作为《星期日泰晤士报》的所有者，罗伊·汤姆森更以允许记者拥有彻底的随意改变编辑立场、政治立场的自由而著称。

而弊端是，报纸所有者继续对新闻业进行干涉，他们干涉的方式与前辈迥然不同，频率更低了。他们倡导的方式有如卖淫，允许报纸随时改变自己的观点和立场，只要能有回报。这一点，在世界上最有力的媒体大鳄鲁珀特·默多克身上一览无遗。

默多克是非常成功的商人，他自诩为性情温和、能力很强的记者，实际上却是脾气暴躁、无所顾忌的"暴君"。他对媒体的干预体现在以下三个方面：

第一，也是最重要的，他利用自己的媒体和政客结盟，同时，政客会给他的生意带来好处。在他的自传《默多克帝国》（*The Murdoch Archipelago*）中，前《星期日泰晤士报》记者布鲁斯·佩奇（Brucc Page）形象地描述了这个男人的发家过程。默多克以阿得雷德为基础，打造自己的媒体帝国。当时，他四处寻找政治联盟，他和澳大利亚的副总理约翰·麦克尤恩（John McEwen）"勾搭"上了。1968年1月，约翰·麦克尤恩遇到了难题。

当时澳大利亚总理哈罗德·霍尔特（Harold Holt）在墨尔本附近的海滩游泳时溺水身亡，约翰·麦克尤恩被推选为代总理。但是，他知道自己在这个位置上呆不长，因为他所领导的乡村党（the Country Party），在联合政府中只拥有少数席位。新的国家领导人将会于1月9日，在最大的政党自由党中产生。当时有两个强有力的候选人：约翰·戈顿（John Gorton）和比利·麦克马洪（Billy McMahon）。约翰·麦克尤恩希望约翰·戈顿，那个软弱无能、嗜酒如命的男人当选，于是，他费劲心思给比利·麦克马洪捣乱。

约翰·麦克尤恩宣称，如果比利·麦克马洪当选，他领导的乡村党将拒绝为其效劳，并拒绝解释原因。暗地里，约翰·麦克尤恩利用自己代总理的权力，召集澳大利亚安全情报机构的负责人，命其调查在比利·麦克马洪身边、和他关系亲密的同僚马科斯·牛顿（Max Newton）。

---

①英文原意为"抓壮丁的部队"，媒体界亦作为称呼记者们的谑语。——译者

约翰·麦克尤恩称，马科斯·牛顿是受日本派遣，潜伏在澳大利亚，蓄意破坏澳大利亚经济的卧底。这完全是个谎言。但是澳大利亚安全情报机构的头儿却同意就此展开调查。结果什么都没有调查出来。这让约翰·麦克尤恩如坐针毡。

在选举前四天，也就是1月5日傍晚，布鲁斯·佩奇回忆：约翰·麦克尤恩让默多克到他位于堪培拉柯纳凉酒店（Hotel Kurrajong）的寓所，交给他一叠调查比利·麦克马洪叛国的资料。年轻的默多克喜出望外。这不仅是为其政治同盟效劳，也是打击马科斯·牛顿的好机会。马科斯·牛顿曾经当过默多克的主编，并声称默多克是"来自阿得雷德的乳臭未干的小孩"。

那天深夜，默多克打电话给马科斯·牛顿，说了很短的一句话："我是来自阿得雷德的乳臭未干的小孩，建议你明天看我的报纸。"默多克所指的报纸是《澳大利亚人》，第二天该报报道了约翰·麦克尤恩希望报道的所有内容，对马科斯·牛顿极尽诋毁之能事，同时，也降低了比利·麦克马洪当选总理的可能性。报纸的标题为："为什么约翰·麦克尤恩给比利·麦克马洪投票：领袖之间存在间谍"。文章绘声绘色地描述，马科斯·牛顿如何由日本派遣，在澳大利亚充当间谍。这篇报道完全是编造的，也许，只有默多克自己相信。文章没有署名，完全是由默多克的同盟政客一手策划的。4天后，伴随着澳大利亚其他媒体围绕默多克的独家新闻一窝蜂的报道，比利·麦克马洪在大选中惨败，约翰·麦克尤恩如愿以偿，约翰·戈顿当选总理。

一年后，1969年1月，默多克迈出向海外扩张的第一步，他想高价收购伦敦《世界新闻报》，但是却遇到了难题。根据当时澳大利亚货币流通的相关规定，他不可以带着巨款到英国投资。约翰·麦克尤恩亲施援手，他请总理约翰·戈顿到自己的寓所，约翰·戈顿"知恩图报"，签下了允许默多克带大笔现金出国的特许令。约翰·戈顿当时的问话是："你是否有威士忌？"约翰·麦克尤恩后来回忆："特许令签好后，我和默多克去了花园，约翰·戈顿带了瓶威士忌走了，后来，默多克也匆忙离开，筹备购买报纸的事情了。"

这就是这个男人的工作方式，他用自己的媒体讨得政客的欢心，同时，他用政客的偏宠扩张自己的生意。但是，默多克对钱包的偏爱远远多于对政治的关心。他可以和某政客为伍，也可以随时把他抛弃，这一切，都以是否有利可图为准。当他希望左翼党领袖高夫·惠特拉姆（Gough Whitlam）成为澳大利亚的总理时，他支使《澳大利亚人》报纸帮助他，当然，他也从高夫·惠特拉姆处得到了回报。3年后，他觉得右翼党马尔科姆·弗雷泽（Malcolm Fraser）会给他带来更多的好处，又支使《澳大利亚人》毫不留情地攻击高夫·惠特拉姆，并将他赶下台。（当时，默多克再次"演戏"，不仅歪曲高夫·惠特拉姆如何当上总理的报道，还在他的记者面前假装对此毫不知情，而实际上，他是积极的参与者。）

在英国，默多克故伎重施。1998年出版的伍德罗·怀特（Woodrow Wyatt）日记，揭露了默多克与保守党政府领导人玛格丽特·撒切尔以及约翰·梅杰的交易。伍德罗·怀特便时常在交易中充当中间人。根据伍德罗·怀特的记录，1981年，撒切尔夫人为默多克购买《泰晤士报》和《星期日泰晤士报》铺路，否则默多克很有可能因违反英国垄断和并购委员会（the British Monopolies and Mergers Commission）的相关规定无法进行这次并购。之后，在撒切尔夫人因出售伟斯特兰直升机公司（Westland Helicopters）而陷入危机并差点因此下台时，默多克的报纸对这场丑闻睁一只眼闭一只眼。伍德罗·怀特继续描述，当意识到约翰·梅杰领导的保守党政府好景不长时，默多克完成了一个漂亮的转身。他抛弃了约翰·梅杰，和托尼·布莱尔结成同盟。（伍德罗·怀特在日记中哀叹："默多克的行为简直就像头猪。"）

这就是这个男人的工作方式——也是其他媒体所有人的工作方式。泰纳·罗兰德（Tiny Rowland）不止一次在《观察家》报上耍花招，以赢得非洲政客的青睐，因为他的公司龙荷集团（Lonrho）在非洲拥有大批业务。罗伯特·麦克斯韦（Robert Maxwell）的手腕和泰纳·罗兰德如出一辙，在为政客谋利益的同时，也为自己的生意打好通道，特别是他在苏联、东欧的生意通道。

第二种干预方式是，这些新型的媒体所有者会赋予媒体产品一种政治观点，但是这种政治观点远比早期鼓动宣传类报纸要弱。以默多克为例：当他的报纸过于同情共产党、同性恋和黑人时，他会抱怨。但是这种无关痛痒的腔调离成体系的政治要远得多，和商业效益比起来，更是无足轻重。在为默多克工作了11年后，安德鲁·尼尔（Andrew Neil）总结："默多克本人的观点更偏于右翼，但是为了经济上的利益，他会隐藏自己的观点……只要对他的生意有利，他会毫不迟疑地改变自己的政治立场。"

1969年11月，默多克刚刚买下《太阳报》，他知道这份报纸的读者多为工人阶层，因此赋予报纸相对左翼的政治立场，并撰文支持工党，支持左翼领导人。比如，反对越南战争、种族歧视主义和死刑。当《太阳报》的市场发生变化时，他开始把《太阳报》的政治立场推向右翼。在《好时光，坏时光》（*Good Times，Bad Times*）中，《泰晤士报》的前主编哈利·伊凡斯（Harry Evans）写道，在20世纪80年代初，作为默多克掌控《泰晤士报》时期的第一任主编，他一直在做的工作是，不断容忍老板的坏脾气，不断调整内部策略，给报纸赋予右翼观点。哈里·埃文斯离开后，继任者查尔斯·道格拉斯·霍姆（Charles Douglas-Home）则被要求和保守党保持一个腔调，后来，报纸的立场又改变了，和托尼·布莱尔的政府站到了一起。

《每日邮报》的所有者罗斯梅尔爵士（Lord Rothermere）采用相同的办报策略。1997年5月，他在接受采访时表示，他经常和主编保罗·达克雷（Paul Dacre）产生分歧。并且，他发表了一段肯定会得罪他的爷爷的言论：“他（爷爷）可以在报纸上发表言论，但是假若这样的言论会影响报纸的销量，那就是另外一回事了。”

偶尔，这一代媒体所有者也会超越只是简单地赋予报纸某政治立场的做法，而直接参与某个政治事件的报道，这往往发生于政治高度紧张时刻——普选之前的造势阶段，或者某个重大的政治事件成为议题时。比如，默多克旗下的所有媒体都支持进攻伊拉克。在英国，另一个显著的例子是，鲁珀特·默多克阻止布莱尔政府加入欧元区，阻止他在《欧洲宪法条约》上签字。为此，默多克的媒体开展了毫无休止的论战，默多克和托尼·布莱尔之间也开了无数次秘密会议。在美国，默多克的政治倾向性和照顾他生意的政客巧妙地联姻，这一点，从支持共和党的福克斯新闻电视频道中表现得一清二楚。罗伯特·格林沃德（Robert Greenwald）执导的一部纪录片《解密福克斯：默多克的新闻界战争》（*Outfoxed*）委婉地揭示，为支持布什政府，福克斯电视频道的副主席约翰·穆迪（John Moody）给员工提出编辑原则，如要求福克斯的员工积极体现总统“政治上的谋略，精通战略战术……在全天报道中”。

偶尔，某篇报道会令其政治同盟感到尴尬，但是如果能促进报纸的销量——默多克会对此视而不见，除非对自己的经济利益产生威胁。安德鲁·尼尔回忆，《星期日泰晤士报》报道撒切尔夫人不喜欢女王，秘密调查她儿子的银行账户问题……这惹恼了撒切尔夫人，默多克对此却不表态。但1990年，撒切尔受到迈克尔·赫塞尔廷（Michael Heseltine）的挑战，她的领导权受到威胁时，默多克要求报纸撰文保护她（但安德鲁·尼尔拒绝服从）。

最后，如果媒体所有者手下的其他生意受到影响，他们会对其媒体进行积极的干预。当然，只有在直接的威胁发生时，他们才会这样做。比如，默多克允许《星期日泰晤士报》和他本人的立场相矛盾，倡议BBC取消电视节目许可证收费。即使他本人也从中获益。但是1994年1月，当《星期日泰晤士报》就“波高大坝丑闻”（Pergau Dam）攻击马来西亚政府时，默多克意识到这有可能会影响他的卫星电视网络在亚洲的生意，他告诉安德鲁·尼尔停止这方面的报道，不久，安德鲁·尼尔被调离这份报纸。

媒体所有者对媒体进行干预是真实的。另一个现状也是真实的：媒体所有者之所以可以这样做，是因为员工对此无可奈何。有些主编会和媒体所有者力争，但是大多数主编只会简单地耸耸肩，认为这就是现实。1989年，《每日电讯报》的主编马科斯·黑斯廷斯（Max Hastings）发现，他对某位领导人的评论遭到康拉德·布莱克（Conrad Black）的攻击，他在接受英国独立电视台采访中解释自己的处境："我从来就不相信编辑独立这一概念，我也不敢想象，对康拉德·布莱克说，'你没有权力让我这样做！'因为康拉德·布莱克拥有这份报纸，他当然可以在自己的报纸中流露出自己的观点。"安德鲁·尼尔在他的传记《全面披露》（*Full Disclosure*）中把默多克描述成"用自己的方式干预媒体的媒体所有人"，然后为自己担任《星期日泰晤士报》主编时的妥协自我解嘲："凭什么报纸的所有者对自己的报纸说了不算？"对于这个措辞决绝的问题，回答当然是——对报纸的读者的背叛。

对媒体而言，所有这些干涉都是严重的破坏行为。因为政客的喜好，因为经济利益，真相被出卖。如果真实是新闻价值的标准，那么，所有这些看似合格的新闻都是坏新闻。认识到这一点很重要。因为受媒体所有者干预而产生的假新闻、被歪曲的新闻应有尽有，这比广告客户对媒体的影响大得多。在解析媒体为何持续堕落的问题时，识辨出这一点很重要。然而，媒体所有者、广告客户只是导致大众媒体意识形态方面出现问题的部分原因，意识形态方面的问题也只是导致新闻不报道真相的部分原因。和我讨论过这个问题的记者都同意，如果可以量化的话，由这两个方面的干预导致新闻不报道真相的原因只占5%到10%。

最关键的一点是，媒体所有者已经从重视鼓动宣传转化为重视经济效益。这个转化本身给希图讲真话的新闻业带来一些障碍。如果可以天马行空地想象，我们可以让鲁珀特·默多克消失，那么他对他的媒体的影响也不复存在；我们让鲁珀特·比尔取而代之，但默多克的报纸、电视台仍将继续造假、歪曲事实、进行鼓动宣传。

从历史的角度看，对新闻自由（也就是讲真话的自由）最明显的威胁来自新闻工作室的外部，特别是对新闻出版物的控制。政府通过正式审查、秘密监控、法律约束、恐吓当事人以达成目的。媒体所有者，如我们所见，则通过直接、不断的干涉达成目的。如今，两种形式的威胁都继续存在，尽管表现形式比以往都巧妙。

现在，我们身陷新闻扭曲、造假的第三阶段，在这个阶段，导致新闻不能报道真相的首要障碍存在于编辑部内，即这个行业的内部机制出了深刻的问题。问题不仅仅存在于新闻出版物上，还存在于新闻生产的早期也是新闻生产更重要的阶段——采访、核实原始信息。

让我们简单回顾一下“千年虫”的故事，看它是如何发展的。

据我所知，1993年5月，加拿大多伦多出版的《金融邮报》（*Financial Post*）第37版首先报道了“千年虫”问题。当时只有一小段，标题是“世纪之交的计算机问题”。报道中援引了加拿大科技顾问彼得·德·翟戈（Peter de Jager）的警告：在新世纪的午夜，很多计算机系统将会出现故障。但是，还没有几家计算机公司对此采取措施。

有点像劣质的科幻电影——外星人在和平寂静的城郊的一个黑暗角落下了一个蛋，这则新闻破壳而出，并在毫无设防的星球上，迅速衍生、蔓延。到1995年，该消息已经冲出北美洲，被欧洲、澳大利亚、日本的媒体纷纷报道。1997年，全球媒体开始关注“千年虫”问题。1998年，有关“千年虫”的报道轰轰烈烈，各类报纸专栏、各家电视台对此大做文章。直到千禧年前夜，“千年虫”彻底征服了全世界的媒体，报道达到最高潮。

仔细看一下这个故事，看一下故事的来源，你将会大吃一惊。

报道最初的信息来源是计算机专家，如多伦多的彼得·德·翟戈。他们知道有问题，可他们并不知道问题的严重性。他们知道这类问题只会发生在装有内部时钟的计算机上（大多数桌面计算机是这样，但是大的公司集团所依赖的“嵌入式”系统绝大多数不是这样），并且只有在时钟用日历计算时间，而不是简单的测试两个日期之间的间隔的情况下，并且，时钟要用两位数标记年代，而不是四位数的情况下，并且，计算机的程序要越过1999年和2000年之间的界线计算时间的情况下，才会发生。计算机专家表示，考虑到要具备的种种因素，在千禧年到来之时会出问题的计算机少之又少。

他们同时指出，即使问题出现了，也不会带来什么大麻烦。因为类似的问题并不是第一次出现。长年以来，计算机一直在越过99/00界线进行运算——比如人身保险、养老金、房屋贷款、报刊订阅等各类涉及长期合约的项目。大多数计算机早已跨过了这个障碍。即使个别计算机出现问题，也非常容易解决。比如，文件的日期出错、运算结果错误等，很容易被指正修改。

令计算机专家头疼的是，他们自己都无法确定到底会出现什么样的结果。当他们发现很难说服企业集团去检查计算机系统、采取相应措施时，他们当中的一些人开始夸大其词。

为撰写本书，我采访了彼得·德·翟戈。他承认，当他首次提出这个问题希望有关部门注意时，几乎没有人理睬他。之后，他不得不把焦虑夸大，设想出最坏的结果。1996年5月，他在加拿大代表议会上，向政府信息与科技管理委员会的附属委员会提供事实依据。

他告诉他们："2000年到来时，我们一直在用的计算机就会成为废品。"对某些计算机而言，这种说法没错，但肯定不是全部计算机。他继续说："除非在1月1日之前，这个问题被解决。否则，所有的商家都没法做生意了。"有些商家可能会受到影响，但是绝非全部。他总结道："如果商家没法做生意了，世界经济会受到怎样的影响？你们自己去考虑吧！"彼得·德·翟戈没有坏目的，他只希望大家意识到潜在的问题。结果，他的这番话，引发了公众非同寻常的焦虑。

1997年，英国政府"2000动力计划"的负责人罗宾·奎尼尔（Robin Guenier），也按下了令人们惶恐不安的按钮。他告诉《星期日邮报》："我不想让人觉得这是个荒谬的儿戏，或者是厄运的预言，但的确有可能发生骚乱。"很多年后，在没有任何骚乱发生的千禧年夜后，罗宾·奎尼尔承认："如果当时我说的意思是，'我们或许能顺利渡过这一关'，可能就不会有这么多虚张声势的报道了。"

媒体及时地将他们获知的信息报道出去。随着故事的发展，第二波信息源踊跃加盟，他们是各类怀着不同目的、亟待警钟越敲越响的人。

公司经理们以"千年虫"为由，从集团申请资金，更新计算机系统，即使这些系统不面临任何风险。记者纷纷报道他们积极应对"千年虫"的举措。房产商开始推销偏远的、可以摆脱危机的房产，并趁机提价，他们给媒体提供的是很多令人不寒而栗的宣传词。一些指导人们如何面对危机的图书应运而出。迈克尔·海厄特（Michael Hyatt）在《千年虫：如何在即将而来的混乱中获救》中写道："千年虫威胁着我们社会的核心基础设施，如果不及时补救的话，每一户商家，每一户家庭，每一座基督教教堂，每一座犹太教教堂，所有依赖于核心基础设施运行的实体，都处于危险之中。"对付"千年虫"的计算机软件纷纷上市。"肯定有公司破产，员工失业，肯定有人在混乱中丢掉性命。"卡尔·费尔德（Karl Feilder）如此预测，他在"危机"之前，销售出400万套"Check 2000"软件，每套软件售价20英镑。

政府也加入了这场备战，尽管对问题的严重性一无所知。从政治的角度考虑，反应过激，总比不反应安全、明智。况且还有前车之鉴——当年，英国政府只顾抚慰牛夫，结果，对"疯牛病"的威胁重视不够，反应不及时，导致难以收场。政府开始花钱，也开始借这件事指责敌对国家。联合国发出警告：千禧年之夜，俄罗斯的导弹很可能失控，发射到西方国家。英国大臣信誓旦旦。"我们将领导全世界，教其他85个国家对付'千年虫'。"外交大臣约翰·贝托（John Battle）如是说。

很快，第三波信息源出现了。提供这类信息的人自己都不知所云。《星期日镜报》引用美国自由民主党议员的话："托尼·布莱尔有责任避免这场在东欧即将由‘千年虫’导致的导弹袭击。前西欧政治集团所使用的老计算机将在世纪之交崩溃。”《星期日泰晤士报》援引白宫官员的话说：“美国军事部门，包括核武器厂，很可能无法正常工作。”美国一媒体援引房产律师的话：“一些由计算机控制的电梯会突然停止，安全系统、防火警报、防烟警报、恒温器、暖器、通风设备、空调都会出现问题。”

到20世纪90年代末，最后一波信息源加入。疯狂的宗教徒认为这场“世纪之灾”是天启。“基督教重建”（组织）的盖瑞·诺斯（Gary North）宣称：“人类要迫不及待地去见上帝了。”1997年，盖瑞·诺斯就表示：“当我最早写有关‘千年虫’的文章时，几乎没有人听说过这个词，现在，偶尔有媒体报道此事，用不了一年时间，相关报道肯定如潮，再不久，人们就会担忧、害怕。厄运、令人担忧的新闻会促进报纸的销售。我很明确我的身份、我的位置、我们‘基督教重建’在这场恐慌中的作用。我现在要做的就是报道坏新闻，全部有关‘千年虫’的坏新闻。过不了多久，所有的媒体将会和我们一个立场。”的确如此。

沿着这个报道方向，媒体和读者的共鸣产生了，媒体的呼吁越来越响亮。灾难故事继续蔓延，经济学家预言，“千年虫”会导致全球经济大萧条。媒体报道了经济学家的忧虑之后，公司纷纷聘请计算机专家检查他们的计算机系统，这样一来，又给更多媒体提供了新闻素材。看到这些报道的军事主管，也站出来预测，“千年虫”会破坏国家安全防御体系。媒体纷纷报道这些威胁，结果“惊动”了政府，政府命令军队和SAS特种部队（英国皇家空降特勤队）全副武装，在千禧年夜紧急待命，随时应对恐怖分子的破坏活动。

千禧年之夜平安无事，预测到这场“灾难”的人辩解——因为他们的防御有效。毕竟花了那么多钱，做了那么多准备，这样的结果令他们难以接受。他们继而预测，灾难会在1月3日发生。直到最后，他们不得不承认根本就没有什么灾难。

1月6日，彼得·德·翟戈在他的网站发表了一篇文章，指出，同其他很多国家一样，意大利拒绝检查所有的计算机系统，但是没有丝毫损失。“在事实面前，我无可辩驳，我也不想辩驳，意大利没有受到任何影响，其他没有准备的国家也没有出现问题。”俄罗斯也一样，在对付“千年虫”的举措方面，俄罗斯在全国花的钱比英国一家航空公司花的钱还要少，结果也没有出现问题。30%的中小企业没有任何防御措施，也平安度过。彼得·德·翟戈鼓起勇气，诚恳地总结：“没有几台计算机面临跨越99/00界线的问题。”

同样，罗伯特·罗斯坎特（Robert Roskind），“千年虫”解决方案集团的创始人、《家庭防御“千年虫”指导大全》的作者，回顾这场并未发生的灾难时认为：“事实上，我们错估了这场危机的程度，我们所花的时间、金钱以及我们的不安，都是多余的。”

毫无疑问，所有报道的信息来源看起来都很合理，但他们具备一个惊人的相似点：没有一个人知道真相到底是什么。即使最早发布信息的计算机专家本人也云里雾里。他们根本就不知道问题有多严重。媒体报道的其他来源是谁呢？企图谋取经济利益的商家、考虑政治利益的官员、一无所知的人、狂热的宗教分子、疯子——甚至还有知道更少的人。

那记者为什么还要报道他们的故事？报道真相是他们的首要职责，他们为什么不那样做？很显然，也没有人命令他们去报道不实的新闻。没有公司要挟媒体报道这些事，没有媒体所有者命令温顺的员工去写“千年虫”的文章。当然，从报道中受益的人自然会沾沾自喜，但是并非他们故意煽动事端，他们更控制不了事态的发展。全世界的新闻记者本能地加入这次科幻小说之旅，对事实却置之不理。

为什么？因为正如信息提供者，记者本人也不知道真相，即使报道真相是他们的首要职责。而且那是老生常谈。无知才是媒体堕落的根源。大多数时候，多数记者都不知道自己在报道什么。他们报道的故事可能是对的，可能是错的，他们也不知道。

我这样讲并非侮辱他们（至少是他们中的大多数）。同其他职业一样，通常记者也希望做好自己的本职工作。然而，这个职业已经“遍体鳞伤”。大多数时间，大多数记者没有能力做好他们的工作。正是他们目前的工作方式，阻碍了他们寻找事实与真相。从历史的角度看，新闻报道中总会有未经核实的新闻存在，因为在事实发生的同时，记者一直在努力地记录事实（不一定去核实）。如今，未经核实的新闻越来越多。写未经核实的新闻简直成了记者的职业病。在大量未经核实的新闻面前，诚实彻底妥协。

现代媒体堕落的整个过程很复杂，也很微妙，涉及媒体操纵者、偶尔的“阴谋论”、谎言、欺骗、愚蠢、贪婪、易上当受骗、职业能力下降、别有用心的鼓吹等。结果，记者认为“地球可能是平的”，他会告诉你“地球是平的”。所有的故事就从这里开始。类似的故事数量惊人。

20世纪60年代，三名伦敦医生因私自销售海洛因被逮捕。媒体关于此事的报道铺天盖地，甚至称本该保护人们健康的社区医生为了赚钱，卖毒品给病人。结果，所有社区医生被剥夺了开海洛因的权利，除非获得内政部的特别许可证。

寥寥无几的许可证只颁发给少数医生。最初，英国政府对医生开海洛因的数量并没有限制，只要是在英国注册为“瘾君子”的人，都有权申请海洛因。这些人主要集中于沙夫茨伯里大道（Shaftesbury Avenue）南部的唐人街和北部玩爵士乐的人群。

20世纪70年代，媒体不断发表文章，指责政府在散发毒品，同时，美国政府颁布了使用海洛因的禁令。英国政府也要求医生停止给“瘾君子”开海洛因，以督促对方尽快戒毒。“瘾君子”不得不寻找新的货源，毒品黑市在沙夫茨伯里大道附近的皮卡迪利广场（Piccadilly Circus）悄然形成。在黑市上售卖的海洛因大多数是从药店偷来的。为获得买海洛因的钱，不少“瘾君子”开始怂恿朋友吸毒，并卖毒品给对方。黑市的规模逐渐扩大。

不久，毒贩开始走私海洛因。最初是通过东南亚的美国大兵贩毒网络；后来则通过巴基斯坦的贩毒组织，走私阿富汗的毒品；再后来，从随阿亚图拉·霍梅尼（Ayatollah Khomeini）流亡的伊朗人手中获得毒品。

20世纪80年代，毒品黑市不仅遍布伦敦，还有蔓延到其他城市的趋势。媒体又开始沸沸扬扬地报道，反对年轻人买毒、吸毒。撒切尔政府加入美国反毒品战役，并开始使用强硬手段。为彻底取缔毒品黑市，英国政府拨款给缉毒警察，壮大海关边检人员队伍，剥夺所有医生开海洛因的权利，还要求用美沙酮（methadone）代替海洛因，开给“瘾君子”，而“瘾君子”们一点都不喜欢美沙酮。黑市的海洛因价格骤涨，连伦敦的抢劫犯看着都眼红，纷纷改行卖毒品。结果，毒品市场更加繁荣。

20年后，记录在册的几千名“瘾君子”被30万名不可统计的吸毒者代替。很多吸毒者患有肝炎、败血症、静脉破裂等病症，他们体型过瘦，用药过量。很多吸毒者卷入卖淫、犯罪活动。根据2005年泄露的唐宁街内部报道，85%的商场小偷，70%－80%的入室盗窃犯，54%的街头抢劫者都是吸毒者。

这一切——媒体长年累月的报道，公众的恐慌，政府的对策——都基于虚假信息。海洛因并非毒品。①恰恰相反，纯海洛因，如果使用恰当的话，是一种良性药品。1965年，纽约医学专家理查德·布罗特曼（Richard Brotman）表示：“很久以来，医学界一直在澄清，海洛因并不会危害人们的生命。”海洛因是治疗用药，并非毒品。海洛因会让人上瘾——这也是反对使用海洛因的理由——但是认为海洛因会对人体产生副作用、会消磨人的意志等都是无稽之谈。事实上，所有和海洛因有关的疾病、不幸，甚至死亡，都不是由海洛因直接造成，而是由黑市导致的。黑市的形成正是因为反对使用海洛因的这场战役。

唯利是图的毒贩在海洛因中添加了其他乱七八糟的成分，来增加利润，黑市上

①此系作者一家之言，在《中华人民共和国禁毒法》（2007年12月29日通过）第一章总则第二条明确规定，海洛因属于“本法所称毒品”，国内读者宜加注意。——译者

的海洛因变成了真正的危险品。传染病在黑市吸毒者之间传播，因为吸毒者使用不卫生的注射器；有时，吸毒者用量过大，因为他们对黑市上售卖的海洛因的纯度一无所知。吸毒者普遍较瘦，不是海洛因让他们变瘦，而是因为他们把所有的钱都给了毒贩。吸毒者承认犯罪，不是海洛因让他们道德沉沦，而是因为他们无法通过其他方式获得资金维持他们的“特殊爱好”。

很多年来，医生把海洛因当作处方药开给病人，给手术之后对海洛因上瘾的人，特别是那些在战地医院做过手术的士兵。海洛因一直是合法药物：对人体没有任何损害，人们的生活照样丰富多彩。比如，《玉女神驹》（*National Velvet*）的作者尔德·巴格诺（Enid Bagnold），在接受过腰部手术后，她对海洛因上瘾了，之后的12年，她每天都要遵医嘱，使用350毫克的海洛因。她从来没有袭击过任何人，更没有卖过身，她于91岁去世。20世纪20年代，海洛因禁令颁布之前，威利斯·巴特勒（Willis Butler）医生一直在美国路易斯安那州的什里夫波特（Shreveport, Louisiana）经营一家专门面向“瘾君子”的诊所。他的病人包括四名医生，两名牧师，两名退休的法官，一名律师，一名建筑师，一名报纸主编，一名来自交响乐团的音乐家，一名印刷工，两名玻璃工匠和警察部长的母亲等。在使用威利斯·巴特勒医士所开的海洛因的过程中，没有人产生不良反应。威利斯·巴特勒医生回忆：“我从来没有遇到过想要更多的海洛因的病人——即使我们挺想多卖出点药的。有一次，一位男士注射完12格令（0.78克）的海洛因后，对我说，‘够了，这些正好’，然后迅速离开去忙他的生意了。”

事实是，“海洛因禁令”导致的社会问题恰恰是“海洛因禁令”声称要去解决的社会问题：造成的疾病和死亡，是“海洛因禁令”声称要解决的问题；刺激起的犯罪和混乱，是“海洛因禁令”想要阻止的现象。

如同“千年虫”的报道，席卷全球的假新闻的形成并不复杂，都来源于其实并不知情的专家学者。1924年，美国参议员们接受专家的建议，认为海洛因有毒，对人体有致命的威胁，掀起反对海洛因的运动。有专家指证：“再没有比海洛因更危险的东西了。”这种说法并不真实，但是一旦在民间传播，后果便一发不可收拾，更被一些利益集团利用：种族歧视者借此攻击中国移民，立法部门借机申请更多的基金和权力。同时，一无所知的人认为这些措施都行之有效。媒体并不知情，却充当了催化剂。假新闻到处传播，更多想当然的举措随之出台，媒体为这些举措鼓掌呐喊。真真假假，混淆在一起。

如同对付“千年虫”，政府在这场骗局中也花了巨款。到2003年底，美国联邦政府每年用于反海洛因的资金是190亿美元，也就是每秒钟600美元。州政府和地方政府在此追加的花销是300亿美元。之后，他们又增加了预算。布里斯托的“呼吁部分毒品合法化”（Transform Drugs Institute）协会估计，英国政府用于禁毒的经费，每1英镑导致的犯罪成本是4英镑。即使暂时切断了海洛因的货源供应，黑市上尚存的海洛因涨价，导致更多的犯罪行为——“瘾君子”需要更多的钱买海洛因。这些变故对“瘾君子”健康的影响无法衡量。

这就是“平地球新闻”。海洛因对人体有害的说法看起来是正确的，人们也是这样接受的。认为海洛因对人体无害的人反而成了异端。直到世界上最权威的组织坚持，海洛因就是无害的，而此时，虚假、歪曲、鼓吹早已遮蔽了所有的事实真相。

很难辨别我们周围到底有多少“平地球新闻”。第一个难点是，对这些报道，人们早已习以为常。那么，即使读者相信了类似的假新闻，那也情有可原。所以，我建了一个网站（www.flatearthnews.net），将关于海洛因的更详细的故事，以及更多在下文中涉及的类似的故事发表在网站上。

除此之外，更大的难点是：因为我们探讨的是全球媒体的堕落，类似的问题很多，任何人、任何组织都难以对此做出准确的判断。这就如同蚂蚁在测量大象有多大。

从地方视角看，北卡罗来纳大学（University of North Carolina）新闻系菲利普·迈耶（Philip Meyer）教授对俄勒冈（Oregon）和北卡罗来纳地区内的5000位给地方报提供过新闻线索的人进行了调查，他在著作《消失的报纸》（*The Vanishing Newspaper*）中发表了调查结果。在过去的两年内，这些当事人为22家地方报提供的新闻线索中，21%存在简单、主观的错误，比如名字拼写错误；18%存在数字运算错误；53%证据不足，属于当事人的主观臆断，而不具备事实依据，比如歪曲、夸大、没有出处的引用等。综合这三类报道错误，菲利普·迈耶发现：这些报道的不准确率为59%，即每5篇新闻报道中，有3篇失实。

如果我们用同样的方式在全球范围内做同样的调查，可能会得出不同的结果，也可能会得出同样惊人的结果。即使我们的测量方式不够准确，我们大体也能看清楚大象的模样了。让我们回顾一下过去十年内全球的某些重大新闻。

20世纪90年代末，世界上最大的政治新闻要算是发生在比尔·克林顿身上的丑闻。媒体指责他在白水地产案中造假（Whitewater scandal），通过阿肯色州的私人飞机走私毒品，参与谋杀他的朋友文斯·福斯特（Vince Foster）等，这些都是假新闻。关于他的性丑闻报道中的很多细节描写也是假的。记者拿这些别有用心、毫无根据的信息大做文章，他本人并不知情。克林顿因性丑闻事件下台后，事实浮出水面。一伙右翼分子故意通过美国《观察家》杂志，发表信息，散布谣言，他们的目的就是让克林顿下台。参与此事的大卫·布鲁克（David Brock）打破了缄默。

2004年10月，大卫·布鲁克接受BBC记者亚当·柯蒂斯（Adam Curtis）的采访。亚当·柯蒂斯问道："发布信息的媒体知道这些信息是不真实的吗？"大卫·布鲁克回答："他们不在乎。""为什么？""因为他们的报道会引起轰动。"

这就是全球媒体都在纵容假新闻的原因。

毫无例外，同样的媒体在同一时期报道了"千年虫"问题，结果是一场空；同样的媒体报道了20世纪90年代末dot.com的繁荣发展，结果dot.com解体并负债累累；同样的媒体报道了能源公司安然（Enron）的巨大成功，结果其公司账目暴露，该公司就是一个巨大的谎言；同样的媒体报道了电讯公司世界通讯（WorldCom，简称电通）的成功，结果该公司最终成为美国历史上最大的破产户。

毫无疑问，新千年的前20个月，这些媒体一直没有尽职报道本·拉登的威胁，直到2001年9月11日。美国哥伦比亚广播电视台（CBS）的高级驻外记者汤姆·芬顿（Tom Fenton）在他的著作《坏新闻》（*Bad News*）中描述，此前他曾经多次提出报道有关本·拉登的新闻，但是每次都被驳回。当时，本·拉登已经策划了一系列恐怖活动，包括1998年美国驻肯尼亚和坦桑尼亚大使馆的爆炸事件。汤姆·芬顿统计，在9月11日之前的三个月，美国三大主要电视网络的晚间节目中，没有一次提到基地组织的名字。同时，《纽约时报》收到一盘录像带，明确透露本·拉登会使用暴力。该报的一名高级记者就此写了一篇文章，标题为"本·拉登在筹划一个暴力的将来"。但是该文只在网站上发表，从未见报，看到的人也很少。为什么？因为他们不知道这个信息很重要。

"9·11"事件之后，"恐怖主义"成为这个星球上最大的新闻。媒体报道中，也不断夹杂进失实的"恐怖"报道。

一些预警子虚乌有，比如对2001年秋冬的一系列恐怖活动的预测：9月20日，"周末将有劫机事件"；9月22日，"波士顿晚间的恐怖活动"；9月27日，"纽约卡车爆炸预警"；10月6日，"大的恐怖袭击很可能会于近期发生，尤其是在进军阿富汗之后，可能性百分之百"；10月12日，"在未来几天内，很可能会发生更多的恐怖袭击"；10月30日，"下周将发生更具体、更可信的恐怖袭击"；11月2日，"在未来5天内，绝对可信的对加利福尼亚吊桥的恐怖袭击"；12月4日，"重大恐怖袭击通告"等。这些信息都是假的，都通过不明真相的官员发布给媒体。这些官员不在乎信息是否真实，他们只在乎能借此谋得多少政治利益。

一些媒体在"嫌疑人被捕"的基础上捕风捉影，编造故事。比如，来自莱斯特（Leicester）的3名男子在策划驾驶直升机向美国驻伦敦大使馆扔炸弹（无罪释放，被移交移民局），一瑞典男子将驾驶飞机撞美国驻欧洲某国的大使馆（瑞典检察官表示，根本没有证据表明这样的飞机存在），曼彻斯特的8名男子计划炸曼联足球场（根本没判任何刑，全部释放），伦敦6名男子因涉嫌投蓖麻毒被捕（其中5名没有任何犯罪行为，1名被判“预谋扰乱社会秩序罪”，警方没有找到任何蓖麻毒），3名男子将用氰化物袭击伦敦地铁（无法证明这个计划存在）。

到2005年7月，伦敦爆炸案发生后，这类失实的“恐怖”报道达到高潮。英国报纸用各种各样的笔调谴责“受雇于他人的白人恐怖分子”（《星期日独立报》）和“基于国外的伊斯兰教恐怖组织”（《星期日每日电讯报》），事实是，4名恐怖分子都在英国出生。《泰晤士报》报道，“伦敦爆炸案的凶手都活着，在策划另外一起恐怖行动”，事实是，他们都死了。舰队街的报纸推测“参与爆炸案的恐怖分子有5人，另外1名恐怖分子在逃”（《每日邮报》）。两周后，“进一步的恐怖行动落空后，第三批恐怖分子在逃”（《星期日泰晤士报》）。所有报道都和警方、情报机构的调查结果相悖。

“9·11”之后，真正的进攻开始了。到2002年初，对付恐怖分子而进攻伊拉克的新闻成了全世界最大的新闻。媒体按照惯例，依据情报机构专家“谨慎”的推测，展开了连篇累牍的报道，可惜，专家的推测是错误的。政客、伊拉克流亡者，各怀鬼胎，选取、夸大这些信息。对伊拉克武器一无所知的政客、专家继续传播这些信息，全球媒体反复报道这些信息。卡迪夫大学的贾斯汀·刘易斯教授研究了进攻伊拉克之前，英国广播电视新闻报道的规律。他发现，86%的报道认为伊拉克具备大规模的杀伤性武器，14%的报道对伊拉克是否具备大规模的杀伤性武器表示怀疑。

除此之外，媒体不知不觉地用同样的方式报道了伊朗在制造核武器的新闻。尽管报道期间，伊朗政府重申，他们的目的只是发电。发达国家的记者驳斥对方的立场，继续引用在伊拉克武器问题上犯错误的情报机构、不严谨的政客的观点。这次，记者的观点可能是正确的，我不知道。我敢保证，他们也不知道。

在全球媒体的报道失误中，有另外一种“平地球新闻”——媒体应该去报道而没有报道的新闻。2006年5月，联合国颁布了全世界媒体漏报的十大问题名单：2004年12月，印度洋海啸后，受灾国家的灾后重建情况；成百万的到其他国家生活、希望找到更好工作的人的就业情况；全球缺水情况及其政治寓意；非洲象牙海岸的暴力；全世界触犯法律的儿童；战后的利比里亚共和国；寻求避难的人所要面临的法律程序；刚果大选，380万人口已经在刚果内战中身亡；尼泊尔冲突中两面遭击的孩子；干旱给苏丹战火带来的影响。

被忽视的报道还包括很多的学术活动、工会活动、欧盟政策、世界银行、国际货币基金组织和无政府组织的活动等。比如：

●自20世纪80年代以来，全球正面临最严重的贫困问题。2002年1月，世界银行经济学家布兰科·米拉诺维奇（Branko Milanovic）的调查报告显示，全球80%人口生活在贫困线之下，1%人口的年收入相当于57%贫穷者的年收入的总和。全球的消费水平翻倍，全球最富裕的前15人积累的财富的总和超过了撒哈拉以南的非洲所有国家人口所拥有的财富。世界上最贫穷的100个国家中，有70%人口的收入下降，联合国估计，目前，全世界有10亿人口无法满足最基本的生活需求。

●随着更多独立的岛国、小国家减免税收的政策出台和推广，以及对客户银行信息保密的政策，到2003年，每年，英国的公司通过在这些国家交易，逃避的税是200亿英镑。银行家估计，全球三分之一的GDP通过这些国家的账户转账。经济合作发展组织（OECD）估计60%的世界贸易资金流动在本公司系统内流动，公司可以把利润转给附属公司。300万家公司由此避税，因为无法确认公司的所有者。

●地球上大多数国家内部的政治、社会、文化生活。不仅仅包括贫穷国家，也包括第二世界国家，他们迅速增长的经济和越来越举足轻重的政治，甚至包括一些发达国家，比如澳大利亚、加拿大和新西兰。

●发达国家的贫富分化。加利福尼亚大学的罗伊克·瓦克昆特（Loic Wacquant）教授指出，1979年到1999年之前，美国经济增长带来的1.1万亿美元都进了5%人口的口袋。在英国，1979年之后的每年，贫富差距都在加剧，生活在贫困线下的儿童的比例由1979年的7%上升到1999年的30%，之后才有所缓解。

漏报是报道扭曲的最重要的原因。这些只在报纸的边边角角才会涉及的问题和那些被“造假”报道的问题同样重要。这些造假和扭曲都会影响政府的政策。

“千年虫”的故事和海洛因的故事都是“平地球新闻”报道方式的缩影，向我们展示了媒体和政府如何活动，如同孩子们在玩泥球，直到双方都满意为止，事实上，却是一团糟。这类影响政策的报道的本质往往深藏不露。

比如，我花了两年时间调查英国司法审判体系是否公正，开始很难理解内部的运作过程，直到内政部发给我一些内部数据。数据揭示，在100例案件中，只有3例有了处理结果（意味着被定罪、被警告或被考虑判刑）。也就是说，97%的案件没有了下文。我又发现这样一组数据：英国监狱中，90%的罪犯吸毒、酗酒或者患有精神病。这样的体系如何控制犯罪？一是97%的案件没有结果，二是用这种方式去惩罚、去改变那些因吸毒、精神病而犯罪的人？

做完调查后，我发现，法院的最高长官对我说，逮捕罪犯就是浪费时间；审判官对我说，审判罪犯就是浪费时间；监狱长对我说，把罪犯关起来就是浪费时间。

事实明摆着，英国的刑事司法体系对不遵纪守法的市民既构不成有效制约，对罪犯更是控制无力。每年，我们花在刑事司法审判体系上的钱是170亿英镑，可结果却是，“没有抓住罪犯，没有伸张正义，显然也不成体系”。体系内的从业者、体系外的犯罪学家，都能对此侃侃而谈，列举出大量实例。可笑的是，这样的局面一直存在，为什么呢？归根结底，是因为媒体不知情，不报道，因此，投票者不会知情，政客也不会知情。于是媒体报道影响了社会政策。

很多年来，舰队街的报纸异口同声，呼吁政府增加巡警，以减少犯罪。他们喜欢拿BBC的“老警察”乔治·迪克森（George Dixon）做榜样——悄悄地巡逻，给女王带来安宁的日子。当然，乔治·迪克森是虚构的人物，也没有证据表明警察巡逻可以减少犯罪。事实上，很多强有力的证据显示：这样做浪费人力。

当听我说到有关部门要把调查复杂案件的警察安排作街头巡警时——这才真正是减少犯罪的方式，警察局长勃然大怒，这意味着警察只能靠运气抓罪犯。受媒体报道的影响，英国内政部长大卫·布朗克特（David Blunkett），投入上百万英镑，增加巡警，满足读者的“需求”。他甚至“截流”警方的预算，作为增加巡警的专款，若警察局长不按指示办事，就拿不到这笔经费。对于警察局长的熊熊怒火，大卫·布朗克特称，这笔钱是“打击犯罪的基金”。

20世纪90年代，英国还发生了一件类似的事儿。默多克旗下的报纸极力推崇美国社会学家查尔斯·默里（Charles Murray）的观点：入狱可以减少犯罪（尽管这与事实不符），并说服当时的英国内政部长迈克尔·霍尔德（Michael Howard）颁布实施1996年罪行法案（1996 Crime Bill）。英国上议院首席大法官彼得·泰勒（Peter Taylor）评价：“在英国历史上，根据如此无力的证据出台如此影响深远的法案，这种事从未有过。”然而，这部法案通过了，每年有3万人依此法案被判入狱。

几年后，英国媒体又为警方“零容忍”（zero tolerance）政策而狂热。据说，这种政策在纽约已见成效——即使那里的警察从未听说过这个词。他们在案件常发地收集数据，给地方警察更多的权力，地方警察可以和社区的工作人员密切合作，各地方警局之间也加强合作，针对严重的犯罪案件，他们有一套新的、富于想象力的破案策略。而针对低水平的社会治安案件，包括维修“破损的窗户”，在必要时他们会增加警力巡逻，以便让这个社区看起来更安全。但是媒体仅拿“破损的窗户”说事儿，并由此来总结“零容忍”政策的创意。当初研究这种策略的学者乔治·凯林（George Kelling）告诉我的研究员，他非常惊讶，原本是很聪明的办案策略，如今却蜕变成逮捕乞丐、从小商小贩身上揩油的“运动”。但是媒体喜欢这样报道。这就是幻想和现实之间的差距。

如果仔细审视政府在各个领域的活动，你会发现相同的行事风格。从大的政策比如教育、交通、健康和能源，到具体的问题比如麻疹、流行性腮腺炎和风疹（MMR）疫苗的接种、转基因食品等。政府在貌似正确的解决方式上花了大量的钱，媒体也提倡这种解决方式，但是结果表明，这种解决方式是错误的。这甚至连一种愤世嫉俗的平民主义政治都算不上，只不过是无知的政府和无知的媒体相结合产下的怪胎。

最后一个例子是，关于核能的安全性展开的热议。这个问题涉及经济、环境和公款的使用。很多证据表明，那些反对使用核能的人的观点也是基于“平地球新闻”。

反核能运动者常常引用1986年4月切尔诺贝利（Chernobyl）核电厂的爆炸事故，以此证明核能的危险性。事故发生后，媒体报道成百人因辐射病亡，该工厂周围也被视为“死亡地带”。有媒体报道，2000人已经死亡；还有媒体报道，1.5万具尸体被推土机推进巨大的墓地。

世界卫生组织（WHO）用了三年时间调查“切尔诺贝利事故”带来的影响，2005年9月公布调查结果：爆炸发生一周后，吃了被辐射污染的草的奶牛产出的奶具有一定毒性，导致婴儿患甲状腺癌症的比例明显增高，经过治疗后，这些婴儿大都恢复了健康；没有明显的证据表明，患有其他癌症，包括肿瘤、白血病的人数增加；没有死产，没有畸形胎儿；没有导致动物或者植物基因改变。他们还发现，在事故中死亡的人数并非成百上千人，而是56人。

环境组织严厉谴责世界卫生组织的乐观估测，并指出对方的调查只是围绕受事故直接影响的60万人进行的。尤其是绿色和平组织（Greenpcace）用自己的调查报告驳斥对方的观点。2006年4月《苏格兰人》报发表文章，标题为“绿色和平组织表示：‘切尔诺贝利事故’导致9万人死亡”，其他媒体也纷纷发表类似的文章。

仔细阅读内文会发现，媒体所引用的绿色和平组织的新闻通稿本身就有问题。报告称：50位科学家从事“切尔诺贝利事故”的调查研究，每位科学家都对死亡人数做出了估计，有的认为是几十人，有的认为是600万人。报告本身很诚实，表示所有调查都具有“很多的估测，很多的不确定性”。也就是说，他们自己也不能确定。

但是绿色和平组织的新闻通稿并没有列出报告中各种各样的估测，只是以“各种各样的数据”一笔带过，并依据其中一位科学家的研究成果下了结论。继而，报纸的标题去除所有的不确定性，做出了有违事实本身的报道：9万人死亡的数据是往后推测70年，即到2056年因辐射导致的死亡人数估测，并非是已经死亡的人数。

绿色和平组织的报告是50位科学家的研究成果，这种研究方式是正确的，但是科学家们对最终的研究报告、研究结论没有发言权。事实是，7位绿色和平组织的员工将科学家们的研究成果编辑、“打包”，整理成报告。但是报告中并没有提这一点。俄罗斯科学家埃里谢·亚伯劳克夫（Alexey Yablokov）博士为报告写了前言，他是兢兢业业的海洋生物学家。但报告中称，埃里谢·亚伯劳克夫博士是辐射风险欧洲委员会（European Committee on Radiation Risk）的成员，却没有指出这个委员会是由绿色和平组织设在欧洲议会中的；报告没有指出“切尔诺贝利事故”导致600万人死亡的出处，没有介绍埃里谢·亚伯劳克夫博士是俄罗斯绿色和平组织的创办人。自然，更没有媒体报道这些信息。

要查明“切尔诺贝利事故”的真相，存在三大难点：苏联政府对此事故高度保密；如何区分爆炸给人们健康带来的影响和苏联解体后导致的社会不平等、贫困加剧给人们健康带来的影响；调查“切尔诺贝利事故”幸存者的同时，研究者很有可能被“传染”上他们所忽视的疾病。总之，真相被遮蔽的程度确实令人质疑。也有可能世界卫生组织与绿色和平组织两者做的事跟彼得·德·翟戈处理“千年虫”时做的事一样：“歪曲”事实，引导媒体去报道他们编造的故事。除此之外，还有另外一种声音，这种声音来自专门研究辐射对健康影响的科学家。

2006年，BBC《地平线》播出了由Dox公司制作的关于辐射危害的节目。在节目中，辐射研究者纷纷表示：辐射并非人们认为的那么危险。他们指出，多年来，人们对辐射的印象仅仅停留在广岛（Hiroshima）和长崎（Nagasaki）的爆炸。当时的受害者，经历的是最大剂量的辐射——比任何一家核工厂释放的辐射都要大，甚至比“切尔诺贝利事故”爆炸所产生的辐射的程度还要大。

辐射研究者认同世界卫生组织的结论：事故导致少部分人死亡。他们广泛地研究“切尔诺贝利事故”地区的老鼠、田鼠等其他哺乳动物的变化。跟已经撤离的居民不同，这些动物继续在当地繁衍生息，并且超前繁荣。毫无证据表明“切尔诺贝利事故”导致它们生病、基因突变等。一些科学家称，微量的辐射毫无害处，且有益于健康，可以刺激人体抵制基因受损。

华盛顿州立大学（Washington State University）的辐射毒物学教授安东·布鲁克斯（Antone Brooks）博士在BBC的节目中表示：少量辐射导致癌症的可能性非常小，也根本不会影响健康。辐射让我们如临大敌，而实际上并非如此。

我很难接受这样的观点，并在助手的帮助下，到处核实。结果，英国健康保护机构（Health Protection Agency）、英国环境保护机构（Environment Agency）、英国卫生与安全管理局（the Health and Safety Executive）、英国处理核垃圾的尼瑞斯公司（NIREX）、国际辐射防护委员会（the UN Science Committee on the Effects of Atomic Radiation）和英国生态学与水文学中心（the Centre for

Ecology and Hydrology）等，都支持BBC的观点。

谈到英国辐射的根源，他们认为85%是星球的副产品，14%来自X光射线，只有1%来自核工业。实际上，核电厂工人比矿工甚至航班乘务人员遭受的辐射还要小。“切尔诺贝利事故”后，政府屡次禁止人们食用周围放养的羊，但他们告诉我，你可以天天吃这样的羊，即使吃一年，所吸收的辐射也远远少于到医院做一次X光射线所吸收的辐射。

关于辐射的“平地球新闻”和关于恐怖报道的“平地球新闻”相结合，产生出一个强有力的媒体神话——恐怖分子会使用“脏弹”。媒体争先恐后地描述这种危险，以及在繁忙的街道引爆这样的炸弹后的可怕场景。无数专家告诫媒体这是则假新闻，结果，这则假新闻还是引发了公众不必要的恐慌。

2005年6月，在给独立智库牛津研究小组（Oxford Research Group）的研究报告中，擅长军事的核物理学家法兰克·巴纳比（Frank Barnaby）解释：如果恐怖分子用铈引爆核武器的话，杀伤力将会很强，但是和“核弹”不同，“脏弹”是用传统的炸药，散播具有辐射性的物质，比如医院的废弃品。“通常，这种传统的爆炸方式会导致直接的伤亡，那些具有辐射性的物质扩散到空气里，很快被稀释，其辐射导致人们患癌症的可能性非常小。脏弹真正的影响是对社会、对人们心理、对经济的影响，会导致严重的恐慌和社会分裂，这就是恐怖分子要达到的目的。公众对辐射真的非常惧怕，即使这毫无道理。”

事实上，恐怖分子所拥有的危险武器，只有在媒体继续引导人们相信的情况下，才是真正具有危险的武器。

只要有报纸，就会有“平地球新闻”诞生，这样说并不为过。“一战”前，天真幼稚的英国记者寻找并不存在的德国间谍，同样天真幼稚的美国记者寻找由美国参议员约瑟夫·麦卡锡（Joseph McCarthy）领导的共产党间谍，对苏联无穷尽的错误报道〔以《纽约时报》为首，沃尔特·李普曼（Walter Lippmann）注意到，1917年到1921年，媒体报道苏联政体危在旦夕，甚至垮台的假新闻有91次，同时还有其他假新闻，包括列宁和托洛茨基（Trotsky）的飞机失事，入狱，死亡等〕。

“二战”末，媒体不以事实为依据的报道催生出了经典的“假新闻”。媒体拒绝接受希特勒已死的事实，郑重其事地报道他在法国小城格勒诺布（Grenoble）当服务生。还有媒体报道，他在爱尔兰做渔夫，在瑞士当牧羊人，在意大利隐居，靠着飞机和潜水艇，他已经到了南美洲、东欧、西班牙。

美国政治记者大卫·布瓦诺（David Brother）早已注意到这些基本的错误，1979年，在给普利策获奖者颁奖时，他这样致辞：“我希望大家都能这样讲——直到这一点被人重视——放在你门口的报纸对过去24小时内所发生事情的报道有失公正、轻率匆忙、并不完整、难免出错、不够准确——歪曲，尽管我们已经尽了很大的努力来消除偏见——正是这种压缩的处理方式让你能够将报纸拿进房间在一小时内阅读完。如果要给这种产品一个准确的标签，我们马上可以脱口而出，‘但是最好的方式是，我们能够真正理解现状，将来拿出一份修改过的、与时俱进的报纸。’”

之后，媒体的无知剧增。美国记者比尔·考瓦奇（Bill Kovach）和汤姆·罗森斯蒂尔（Tom Rosentiel）在他们的著作《新闻要素》（*The Element of Journalism*）中写道：“在新世纪，对真实的追求越来越多，而不是越来越少。然而，失实的新闻却是如此盛行。”

如果退后一步，你可以看到全景——虚假信息已经深入人心，依据这些虚假信息出台的举措层出不穷，那些金钱、时间、功夫都耗费在这些虚假信息上；很多机会被彻底浪费——这个社会变得疯狂动荡，人们不相信现实，而只相信谎言。如果能够证实，这一切都是由不怀好意的人故意组织、策划的结果，那我们就会松口气，因为我们可以驱除阴谋者，治愈病症。真正可怕的是，这种整个群体的“精神病”是我们这个信息社会的自然产物。

20世纪60年代以来，计算机网络通讯技术得到迅速发展，媒体报道也得以在全球普及。引用媒体理论家马歇尔·麦克卢汉（Marshall McLuhan）的观点，全世界就是一个“地球村”，任何地方的任何人都可以知道其他任何地方的任何人在说些什么、做些什么。作为“地球村”的老师，媒体会在政治、文化、体育等领域教育全世界的人们。可实际上，媒体更像是“地球村”的傻子，非常无知，很容易被误导。

为什么这个职业失去了最初的职责？为什么报道真相的媒体成为生产大量无知新闻的机器？所有这一切，都是很有意思的故事。

Flat Earth News

媒体潜规则

第二部分

新闻工厂

最优秀的新闻报道是在挑战管理的情况下完成的。

——鲍勃·伍德沃德（Bob Woodward）

2.新闻民工

2006年足球世界杯赛的前几周，英国报业协会（Press Association）发布了这样一则新闻。来自伊普斯威奇（Ipswich）的球迷保罗·哈克（Paul Hucker）担心英国足球队惨败会导致他“心理受创”，便向保险公司支付了100英镑，外加5英镑的税，买了“意外心理受创”保险。

文章表示，如果英国足球队惨败，保罗·哈克可以提供医院出具的“心理受创”证明的话，他可以从这家网络保险公司领取100万英镑的补偿金。这家公司的名称是Britishinsurance.com。保罗·哈克这样说道：“尤其是到了罚点球时，扣人心弦，我担心‘心理受创’，买了保险，来弥补心理创伤。”

任何有经验的记者，任何有思考能力的人，都会发现这是条假新闻。有球迷因球赛心理受创么？有这么贪婪的人么？有这么愚蠢的人吗？如何提供“心理受创”的证明？哪家保险公司提供这样的保险？——只有那种为提高自己知名度的保险公司。

在Google上搜索保罗·哈克，用不了一两分钟就会发现，保罗·哈克并不是第一次出现在媒体报道中。一年前，他向《每日邮报》报料，他买了一套房子，在选择贷款保险时，他选择的那家保险公司“每年为我节约了600英镑”。在一家关于保险的网站上，他也是“受益者”。这次，因为丢掉工作，他的贷款由保险公司支付。他称这种保险“太棒了，让人没有后顾之忧”。

再多浏览几条关于保罗·哈克的新闻，真相大白——让保罗·哈克受益的保险都是Britishinsurance.com的总裁、来自埃塞克斯郡的西蒙·伯杰斯（Simon Burgess）卖给他的，西蒙·伯杰斯也正是“心理受创”保险的创建人。而保罗·哈克呢？是专门为网络公司提升知名度的某公司的总裁。保罗·哈克和西蒙·伯杰斯合作密切，共同拥有几家公司的股份。

最多用不了5分钟，我们会意识到，报业协会不该发布这样的新闻。这是在炒作，用一个哗众取宠的伎俩，为保险公司作宣传。再过5分钟，你会发现，这则新闻不仅靠不住而且很陈旧。

2002年6月，保罗·哈克出现在完全相同的报道中——在日韩举办的世界杯赛前，他担心“心理受创”，向同一个西蒙·伯杰斯投保。只不过当时，保罗·哈克住在纽马克特（Newmarket），而不是伊普斯威奇。《太阳报》报道了这则新闻，甚至用了相似的引语。“我害怕有一天我会崩溃——特别是罚点球的时候。”保罗·哈克如是说。

同其他新闻通讯社一样，报业协会卖给各类媒体新闻，各媒体没有义务报道所有的新闻。报业协会的客户完全可以对新闻进行核查，剔除虚假新闻。但是这则新闻发布24小时后，先后被纸媒体《西邮报》（*Western Mail*）、《纽卡斯尔纪事报》（*the Newcastle Evening Chronicle*）、《赫尔每日邮报》（*the Hull Daily Mail*）、《利物浦每日回声报》（*the Liverpool Daily Echo*）和《每日电讯报》报道，并被《每日电讯报》、《苏格兰人》、《卫报》和《泰晤士报》网站转载，BBC、英国独立电视台（ITV）、天空电视台以及BBC的电台也对其进行了报道。

这则新闻还走上了国际舞台。雅虎的英国新闻网，美国两家新闻通讯社——美联社和合众社转载了这则新闻，将其推向全世界。48小时后，这条新闻出现在《悉尼先驱早报》（*Sydney Morning Herald*）、《华盛顿邮报》（*the Washington Post*）、《马来西亚星报》（*the Malaysia Star*）、赞比亚的《星期日时报》（*the Sunday Times*）、南非的《金融邮报》（*Financial Mail*）和马尔代夫的《海瓦勒日报》（*Haveeru Daily*）上，并且，印度、新西兰、加拿大和爱尔兰的媒体也有报道。这则新闻还被翻译成意大利语、波兰语、罗马尼亚语和汉语。

如果知道媒体会核查新闻、剔除假新闻的话，保罗·哈克和西蒙·伯杰斯可能就不会提供这样“劣质”的新闻。然而，他们太了解媒体了，这样的把戏用了不止一次。除了那个担心会“心理受创”的球迷买保险的事件，他们创作了担心变丑买保险、担心被外星人绑架买保险、担心万圣节被鬼恐吓买保险、担心变成狼人和吸血鬼买保险的故事。遑论为度过一个美好的千禧年之夜买保险，为收到喜欢的圣诞节礼物买保险，为“无性怀孕”买保险——三位来自因弗内斯（Inverness）的不愿意透露姓名的女士，担心被圣灵感孕，在没有性行为的前提下，生出“耶稣”那样的孩子。类似的故事纷纷进了毫无设防的媒体之门，如同巴西队的球员轻而易举突破英国队的防守，屡屡进球。

球迷为“心理受创”买保险的故事具备了“平地球新闻”的全部特征——局外人从自己的商业利益、政治利益考虑，发布不可靠的信息，并“注入”新闻通讯社，靠新闻通讯社客户的网络，在全球传播。最重要的是，在各个阶段，没有记者、编辑对这则新闻进行核查。

没有核实的新闻就像是没有免疫系统的人体。如果新闻报道的首要目的是报道事实，那记者的首要职责就是对新闻进行核查，抵制不真实的报道。但是情况在改变，免疫系统已经开始崩溃。记者不再对新闻进行核查，然后，这样的报道在全球传播——这种变化令人担忧，却少有人注意到。与以往不同的是，现在的大众媒体不仅仅偶尔出错，而且经常被假新闻、歪曲的新闻和鼓动宣传报道所左右。

像保罗·哈克这样的人不计其数。

我委托卡迪夫大学新闻学者对英国媒体的新闻报道进行了一番调查，这项调查围绕英国最权威、最严肃的媒体进行，包括四份质量较高的日报《泰晤士报》、《卫报》、《独立报》和《每日电讯报》，以及销量最大、最有影响的面向中层读者群的《每日邮报》。

他们任意选择了两周，对那两周内发表的2207篇国内新闻进行分析。并且，在《卫报》工作人员的帮助下，尽量收集那两周内所有的转交给记者的新闻通稿、文字材料。如果对某篇文章的出处有疑惑，他们会采访各报记者，回溯新闻稿的来源。

调查结果令人震惊——英国最受尊敬的报纸也照例刊登未经核实的、二手的新闻材料。同“保罗·哈克和他的世界杯保险”如出一辙，这些新闻主要来自两个渠道：新闻通讯社比如报业协会，以及为商家做推广、为政客塑造形象的公关活动。

他们发现：60%“高质量”的新闻报道完全或者大部分来源于新闻通讯社的通稿和公关材料。20%的新闻报道含有明显的通讯社通稿和公关材料的元素，但是多多少少添加了其他的内容。8%的新闻报道，记者本人也无法确定其来源。只有12%的新闻报道，由记者独立完成。其中，《泰晤士报》的比例最高，69%的新闻报道完全或者大部分来自新闻通讯社通稿和公关材料。即使比例最低的《卫报》，也有一半新闻是“二手货”。

报纸不肯承认这样的事实。调查发现，在来源于新闻通讯社的所有报道中，只有1%标明出处。大多数署名都具有误导性：署本报记者报道，或者署改写材料的记者报道。

媒体掩饰报道来自公关材料的方式也很巧妙：专业的公关人员希望自己成为文章中看不见的角色，记者也觉得这样做没什么大不了。调查表明：很多看上去像是本报记者写的文章，都是从别的地方“剪贴”来的。

对于那些包含“具体的事实陈述”的新闻报道，居然有70%不经过任何核查就被发表，只有12%有根有据，表明这些“事实”经过核查。

这只是保守数字。那些布满了名人公关稿件的通俗报纸不算，那些像《金融时报》那样高质量的却充斥了公关稿件的财经报纸不算，那些受电影公司、电视频道、出版商左右的综合报纸不算，那些只有通过公关公司才能采访明星的体育报纸不算。这些调查仅仅是对英国最优秀的日报进行的。

调查总结：这些数据向我们展示，无论媒体出于什么样的原因，要求记者进行独立报道的行为，已经成为新闻界的例外，而不是常规。在此，我们暂且不论调查性报道，我们现在讨论的只是理论上说更符合常规的日常的新闻报道，判断新闻价值、核查事实、平衡报道、质疑新闻来源等。

这并非整个画面。实事求是的报道还存在，肯核查新闻、报道真相的记者也大有人在。只是“日常新闻报道”发生了改变。一些最基本的原则发生了改变。如果看一下舰队街办公室内发生的事，你就会清楚地看到英国新闻界到底发生了什么。

以两名记者为例。

1963年，《新闻纪事报》（*News Chronicle*）的法制记者乔治·格林顿（George Glenton）在回忆录中，写道：

1960年10月10日，星期一，中午，我一直忙于“橱柜里的尸骨”的案件。警方在北威尔士靠海的一家寄宿旅馆的橱柜里发现了这堆尸骨，同时，该旅馆的女房东因谋杀案接受审讯。

在镶了橡木板的酒吧里，我边喝啤酒边思考这个案子。我所在的酒吧位于伦敦新门（Newgate）监狱和老贝利街（Old Bailey）的中央刑事法庭之间，在过去的300多年时间里，这家酒吧也因附件的案件、监狱，生意兴隆。我琢磨了一会儿这个棘手的案件，决定离开伦敦，去案发地威尔士小镇。在当地旧市政厅大院，我看到旧刑台还在。最兴奋的日子是有集市的时候，或者，去旁听法院的审判。

乔治·格林顿描述的是，为了找出“橱柜里的尸骨”的真相，他和摄影师弗莱迪·格令（Freddie Girling）赶赴德比郡（Denbighshire）的露丝（Ruthin），出席对女房东的审判，跟踪报道案件。“在露丝，我们遇到了各路全国性早报记者，有伦敦晚报的、报业协会的、《交易电讯报》（*Exchange Telegraph*）的，还有曼彻斯特的和利物浦的。”

乔治·格林顿回忆了他的很多同事，包括他最喜爱的舰队街的传奇人物、工业报道记者和专栏作家伊恩·麦凯（Ian Mackay），“他和内阁成员、出租车司机、喜剧演员、传教士都能打成一片，他总是面带微笑，他经常出差采访，他的主编阅读当天的文章，才知道他前一天的去向。他的‘线人’包括职业绞刑师、国家大臣等。他是无畏的机会主义者。”

几年前，在乔治·格林顿工作过的同一个城市，一名年轻的记者，写文章描述自己在地方报工作的经历。

大概怕老板报复，他用了笔名塞缪尔·派克（Samuel Pecke）——塞缪尔·派克是17世纪的作家，被认为是英国第一位记者。这名年轻的记者在《英国新闻业评论》（*British Journalism Review*）中写道："2003年，我所在的报纸赢利700万英镑，但是记者被禁止打国际电话，甚至被禁止使用电话号码查询服务。我们自己的报纸也定量配给，类似斯大林的办公风格，这意味着记者要自己买笔记本和传真纸。"

或许，最令人担忧和沮丧的是，地方报记者越来越倾向于在办公室里办公。在我开始工作之前，依靠电话采访、依靠互联网，都不是记者给人的印象。记者必须和线人建立良好的关系，无论对方手中有没有新闻，自己要对自己报道的领域了如指掌。简言之，只有懒惰的记者才会呆在办公室里。

"报社没有足够的记者，所以无法派人每天去法院旁听，更不用说出差采访了。报纸每天要出版，等不及尚未完成的报道和特稿。无论报纸的主编如何强调报道要深入社会，报纸的经营者都不情愿雇用更多的记者，拒绝给记者足够的采访时间，这已妨碍了最基本的报道。从表面上看，地方报并不缺稿，反复刊登新闻通稿，刊登几篇不同意见稿，已经成为惯例。"

乔治·格林顿所描述的新闻界，不过是50多年前的事情，但在英国记者眼中，在任何发达国家的记者眼中，他所描述的情景就像是一场梦。并不仅仅是那种在镶着橡木板的温馨酒吧边喝啤酒边打腹稿的时代消失了，那种传统的采访方式也已经消失——不再有大批记者出差报道案件；不再有记者周旋于内阁大臣、出租车司机之间，寻找新闻线索；不再有记者根据案件线索，自己展开调查。无畏的机会主义者的时代已经过去。新闻界充斥的是塞缪尔·派克所描述的——"抄闻"（churnalism）。

这样的情景司空见惯：新闻专业毕业生满怀激情地走向记者岗位，结果不得不整天坐在电脑前敲字，成为新闻工厂的"流水线工人"。他们的工作内容就是将琐碎的小事和陈词滥调包装成"新闻"，填充报纸版面。

一名在一家著名的地方报刚开始工作的新闻专业毕业生发邮件给导师：

我感觉我就是废物，我希望有人能注意到这一点。马上就到我接受审核的时间了，但是这份工作，比我想象的要糟糕得多。新来的副主编人还不错，但主编简直就是白痴。主编擅长做市场，并非新闻。新闻编辑们并不比我大多少，他们对主编的吩咐言听计从，报道一些垃圾新闻。我感到很失望，开始厌恶这份工作，但是又不知道除此之外我还能做什么。这是个"血汗工厂"，工作时间长，工资又低——以前，如果你这样告诉我，我不一定能听得进去，现在我却感到很沮丧。

另一名年轻的新闻专业毕业生，记录了他在地方报工作一周的经历。这份报纸周一到周五出报，每日三刊，每刊24页，包括地方新闻和全国新闻。报社共有资深记者7人，2006年他们的年薪是2.15万英镑；见习记者5人，年薪是1.55万英镑。让我们看一下现代记者的工作方式：

星期一

8点到单位，接受新闻中心的安排，找能拼版的新闻。当时，两篇60行的倒头条新闻稿，100行的要闻稿件空缺——他们没有任何线索。我通常在周末找新闻线索，但是上周末我得了重感冒。他们让我去了解位于市中心的一幢楼房的拆迁情况。他们喜欢带图片的新闻，这样可以填充更多的版面。我给房地产开发商和地方政府打了电话，凑出一篇新闻稿。吃过午饭，我边逛街，边记录街上的二手拍卖会、静思晚会等海报信息。回到办公室，我把这些海报“变”成新闻稿。新闻中心主编有些紧张，因为还没有确定头版头条。索性，他们向体育新闻部“借”了一条旧闻——关于一个12岁的足球明星的故事。并要我给孩子的爸爸打电话，让他发表几句评论。孩子的爸爸挂掉了电话：上次我们对他的孩子的报道有夸大的成分。新闻中心主编要我再次给孩子的爸爸打电话，威胁他，无论他是否表态，我们都会继续报道这个故事。孩子的爸爸不情愿地接受了我的采访。完成这篇稿件后，我继续写我的“海报故事”。

成稿数量：11篇

电话采访：3人

见面采访：无

户外时间：10小时中有1小时

星期二

好新闻：小足球明星的爸爸没有抱怨。坏新闻：新闻中心主编要我给体育界人士打电话，写一篇后续报道，这正是令孩子的爸爸深恶痛绝的。我找不到愿意接受采访的人。新闻中心主编要我自己编，并加进一些昨天没有刊登的孩子的爸爸的评论。这就是头版头条。我感到沮丧。继续填充报纸版面——他们让我写“幸福报道”。每天，在报纸的第七版，都会刊登3篇让人感到快乐的新闻故事，带图片。我给妈妈打了电话，她就住在附近，她给我读了几篇其他地方报的报道，我的“幸福报道”有材料了。

成稿数量：10篇

电话采访：8人

见面采访：2人

户外时间：无

星期三

终于不用在办公室！采访另外一幢要拆毁的楼，但是负责拆卸的起重机却被堵在高速公路上，现场的人拒绝接受采访。回到办公室，我把这件事写成了头版头条。给一些朋友打电话，找新闻线索。身体不适，早回家。这让一名见习记者很烦乱，因为新闻中心主编吩咐他接我的班，继续找新闻线索，但是他无从下手。

成稿数量：7篇

电话采访：5人

见面采访：1人

户外时间（在外收集信息）：9个半小时中有2小时

星期四

真正的故事出现了：一位年轻的女子到报社求助，因为之前有关部门断定她有学习障碍，无法成为像样的母亲，于是把她的孩子送进了教养院。她很绝望，站在雨中，等着报社开门。我告诉她，我会给她打电话，但是我知道我不会，因为新闻中心主编对这个故事不感兴趣。他们喜欢能够迅速成稿的新闻故事。结果是，我给一个马拉松队员打了电话。3周前——我可以淡化时间，他只得了第50名——我也可以淡化名次……然后，我从笔记本上找了点旧信息，从政府网站下载了几条活动通告，继续编新闻稿。

成稿数量：13篇

电话采访：6人

见面采访：1人

户外时间：无

星期五

新闻中心主编让我写一篇新开业的大超市抢走地方小店生意的文章。我很高兴，但是他们只给我两个小时的工作时间。除此之外，他们还要我写更多的新闻稿。我电话采访了几位地方小店的经营者，始终联系不上超市的负责人。匆匆完成这篇稿件后，我继续写其他新闻稿。第一次，报纸有了像样的头条，感觉还不错。

成稿数量：7篇
电话采访：4人
见面采访：无
户外采访时间：无

一周总结：
成稿总数：48篇（平均每天9.6篇）
电话采访总人数：26人
见面采访总人数：4人
户外采访时间：总共45.5个小时的工作时间中有3个小时

这就是“新闻工厂”的景象。每天要写出10篇稿件的记者很难把工作做好；每周只有3个小时在办公室外采访的记者，很难获得好的新闻线索，认识足够的线人；完成了48篇稿件，却只对26人进行了电话采访的记者，也很难有时间核查新闻的真实性。

这就是“抄闻”。这就是记者不能履行其职责的原因。记者已经没有能力告诉读者正在发生的事情。记者不再到外面收集新闻，而只是被动地将别人传递给他们的信息改编成新闻故事——无论这些信息是真是假，重要与否，是真实情况，还是公关策略。

英国所有的地方性、区域性媒体，包括平面媒体和广播电视，都已被“抄闻”淹没。好在一些全国性媒体还在支持真正的新闻——但是，他们也正在受“抄闻”的冲击。很多记者不得不花大量的时间改编新闻通讯社稿件和公关材料，而不能尽其本职。

卡迪夫大学新闻学院的学者对全国性报纸的记者进行了采访。《泰晤士报》的健康报道记者尼格尔·霍克斯（Nigel Hawkes）的观点很具有代表性，“我们现在是在编新闻，而不是报道新闻，几乎所有的新闻都是二手货……专业报道变得越来越容易，因为通讯社、新闻通稿的写手，早已把文章写好。辨别故事真伪的能力也不再重要，这项工作濒于技能退化（de-skilled）。”

另外一名记者表示：“我没时间上街找新闻线索，没时间出去采访，没时间外出和线人建立联系。”一名已经写了25年特稿的记者这样描述他的无奈：“总有一天，我会忍不住说：我不在乎了，我就等着把给我的材料编成新闻……新闻业在改变，一切都乱套了。”

这就是现代新闻业的“精髓”，对大量未经核查的二手材料进行再编辑，迅速发表，这些二手材料大多为材料的提供者服务。这就是保罗·哈克能够轻而易举把推广公司形象的新闻顺利传播至全球媒体的原因；这就是即使最优秀的报纸，只有12%的新闻故事由记者独立完成，只有12%的报道经过核实的原因；这就是“平地球”新闻产生的原因。

不会骑马的“食品杂货店老板”却在驾驭战马。詹姆斯·卡梅隆（James Cameron）最先发现了这一点。

1960年10月，《新闻纪事报》的老板决定停刊，法制记者乔治·格林顿和他的同事都失业了。詹姆斯·卡梅隆已经在《新闻纪事报》工作了七年，他无畏地揭露谎言、恐怖事件、种族歧视、王室丑闻等，是英国最著名的驻外记者之一。当时，其他几家报纸纷纷邀请詹姆斯·卡梅隆为竞争对手的“谢幕”写悼词，被他拒绝了。

詹姆斯·卡梅隆选择在地方报《西伦敦报》发表自己的离职告白，他描述《新闻纪事报》的关闭意味深长。

《新闻纪事报》一直鼓励记者大胆报道，回顾完《新闻纪事报》曾经的辉煌，詹姆斯·卡梅隆质问舰队街报纸堕落的根本原因：“这就是我们所谓的‘新闻自由’存在的最难解决的问题：能赚钱的报纸才能做到报道自由，但是报纸赚钱就要考虑商业利益，这必然会影响报纸的自由性。”

他所提到的商业利益对媒体的“侵蚀”，并非指媒体所有者设置的“审查制”，而是新一代的媒体所有者把他们的商业逻辑强加给所雇用的记者。

他解释：“《新闻纪事报》的创建者深思熟虑，尽职尽责，报纸立场明确，并广受称赞。但是后来，报纸阴差阳错地归这样一批人所有，他们非常重视商业利益，对新闻却满不在乎；他们所雇用的人，有平庸者，也有目光犀利者；有些专栏文章很有深度，有些专栏文章就是陈词滥调。当报纸不能赢利时——报纸所有者会毅然决然地告诉员工，以后不出报了。问题是，那些他们草草打发的记者，才是真正在意新闻业的人。”

结尾，詹姆斯·卡梅隆痛心地总结：伟大的《新闻纪事报》死于驾驭战马的“食品杂货店老板”之手。

一般很难确定某历史转折点的具体日期，但是对于舰队街报纸的堕落，我们可以确定。商业利益谋杀了《新闻纪事报》，并迅速蔓延，包围了整个报业。25年后，在1986年1月25日寒冷的夜晚，商业利益征服了整个舰队街。

在这个夜晚，鲁珀特·默多克把他的英国报纸转移到了铁丝网的背后，在他望平街（Wapping）的新“城堡”增添了保安。迁址、新印刷技术的运用，让鲁珀特·默多克的报业集团成功摆脱了印刷工会的控制。在默多克的带动下，其他各大报业主也纷纷撤离舰队街，在地价、成本相对较低的周边地区另觅场所。印刷工会名存实亡，尽管印刷工会曾以贪心、不尽责而臭名昭著，但他们也是唯一可以和报业主抗衡的力量。没有了他们，对他们有强烈依赖性的记者工会也失去了权力。现在，“食品杂货店老板”终于可以立马横刀了。

新闻史学家倾向于认为这种变化势不可当。他们可能是对的。有些铁证显示，即使有政客们的“恩惠”，用传统的办报方式，肯定无法继续承担办报、发行的昂贵费用。旧式印刷技术、冗员都使报业雪上加霜。新的报业主有足够的现金扭转亏损，并通过奸诈、无礼加强他们的权力。印刷工会消亡后，新的报业主尽管按照自己的商业逻辑行事——削减成本，增加收入。这些都无法避免。问题是，这些变化给以报道事实为天职的新闻业带来了巨大的灾难。

商业逻辑也未必都带有毁灭性。比如对于汽车和电脑的生产，具有明显的好处：流水线生产减少了人工差错，节约了时间，高速、大量生产出高质量的汽车和电脑。但是用在新闻业上会带来什么结果呢？商业逻辑减少了人们互相接触的机会，减少了记者获得新闻线索的可能性，减少了每篇报道所需要的时间，减少了记者核查新闻事实的时间。如此高速、批量生产出来的新闻，质量自然会很差。

新的报业主开始随心所欲地削减办报成本。最初，在20世纪80年代末，印刷工会的消亡给他们提供了机会：他们用电脑技术取代旧式铸排机器生产线，解雇了成千上万曾经拿高薪的印刷工人。接着，在90年代初期，他们进一步削减成本以提高办报的边际利润。从1993年起，鲁珀特·默多克在伦敦发动“价格战”，各报业主继续削减成本，用于资助“价格战”。90年代末，随着网络的普及，传统媒体的读者、广告相对减少，曾经大规模赢利的报纸开始大规模亏损，各报业主再次裁人。（截至2005年，调查表明，英国30岁以下的居民，买巧克力的支出要高于买报纸的支出。到2006年，广告巨头WPP集团预言，网络广告收入很快会超过报纸广告收入。）

同时，报业公司赚足了钱。1985年，默多克宣布其英国报纸税前赢利数是3560万英镑。默多克入驻望平街、运用新的印刷技术后，其赢利数达1.446亿英镑。（同时，报社员工由8731人减少到了949人。）报纸的利润被母公司、股东、董事长级别的人物拥有。利润的一小部分被用于舰队街的新闻业，开始用于办报纸增刊，后来用于办免费报。这两类刊物都给报业主带来了额外的广告收入。后来，报业主开始投资办报纸网站。

我怀疑但是不能证实，在这个过程中，舰队街记者的工作方式发生了重大的变化，便委托卡迪夫大学新闻学者就这两点收集信息：报纸的新闻部分占多大比例，有多少员工负责报纸新闻内容的采编。他们收集了20年的数据，这些数据从1985年默多克迁址望平街开始。

他们统计1985年以来，每份报纸的版面数量，并减掉广告的页数，以得到新闻部分所占的比例。他们查阅舰队街每家报业公司的年终总结，必要时对公司高管进行采访，以了解对方的用人情况。要说明的是，有些信息空缺，因为某些报业公司并未公布员工情况。有时，舰队街的报纸收购了地方报纸，员工人数也包括了地方报的人数，但不包括自由撰稿的人数。然而，最后的统计结果仍很有说服力。

默多克迁址望平街后的20年，舰队街各报业公司的员工人数略低于20年前，记者要完成的版面数却是20年前的3倍。也就是说，20年后，记者用于找新闻线索、核查新闻事实的时间减少到原来的1/3。即使不包括自由撰稿人的工作量，但是要加上记者用于网站、博客、播客（podcast）及影音播送（vodcast）的时间，也看得出，记者用于新闻报道的时间大大减少。这是一场灾难。

这如同利刃一样刺进新闻业——如果事实是目的，核查是基础，所有记者最宝贵的财富是时间。拿走了时间，也就是拿走了真相。“谁说了什么事？好，这些就足够了……你说那里有大规模的杀伤性武器？好，我就这样写……克林顿做了什么？嗨，这可以写篇新闻稿。”

为核实调查结果，卡迪夫大学新闻学者采访了部分记者。他们中的2/3表示，现在要写的新闻稿比以前多了，同样有2/3表示，对新闻稿的核查比以前少了。原因显而易见，“报社变成了复印厂，留给记者进行新闻调查、采访、和线人建立联系的时间少了。报纸网络版也要求记者出手快，记者很少有时间对新闻进行核查。”

另外一名记者认为：“允许记者精心报道的时间减少了，如果某篇报道需要花费很多的时间和心思，记者可能就不会去报道。”有的说：“我非常忙……新闻业要求记者能够有广泛的线人，但是现在我只能用我的业余时间和线人沟通，比如早饭、晚饭时间。”还有记者表示：“我以前坚持做到至少打两个电话核查每篇新闻稿件，但是现在做到这一点都非常难，因为时间有限。”

现实比预想的还要糟糕。囿于全国性报纸“新闻工厂”的记者往往依靠地方报的报道获得新闻素材。地方报、地方电台、地方电视台的记者已经成为“大报”新闻的源动力。地方媒体的记者从社区获得新闻，首先在地方媒体报道，其中的“好新闻”再被全国性报纸选用。可是目前的状况呢？“食品杂货店老板”切断了新闻补给线。

到20世纪90年代中，公司共有权的模式蔓延到全国，通过这种方式可以轻而易举地赚钱。卡迪夫大学的新闻学院教授鲍勃·富兰克林对这个进程进行了研究。他发现，在1996年一年时间里，1/3的地方报被转卖。截至1995年，《约克郡邮报》（*Yorkshire Post*）一直归同一家族所有，之后的10年内，被转卖了4次。1992年，200多家公司拥有地方报。到2005年，根据英敏特（Mintel）信息咨询有限公司统计，10家公司拥有全国74%的地方报纸。

所有这些地方报都要遵循商业逻辑。鲍勃·富兰克林教授发现，数百份的地方报夭折，报纸位于市中心的办公室也被拍卖。根据报业协会的统计，默多克入驻望平街后的10年，1687份地方报中，403份倒闭。幸免于难的报纸中，1986年到2000年间，记者的数量由8000人削减到4000人。一些新闻中心被活动中心取代，资深记者被低薪的见习记者取代。毫无例外，这些地方报纸也变成年轻记者在日记中描述的“抄闻”报。

一名新闻专业的毕业生告诉我，他在镜报集团旗下的一份报纸工作，这份报纸总共有3名记者，其余全是实习生，没有新闻编辑。他一通过业务考试，就得到了记者的职位。“就我和其他两名记者，他们以前也是实习生。后来，主编离开了，主编的工作就由我来做。”当重大新闻发生时，没人有时间去报道，“结果，我们只能抄袭其他报纸的报道”。

全国新闻报道、地方新闻报道的质量每况愈下，很多读者干脆不再阅读地方报（1989－2004年，15%的读者放弃阅读地方报），但是“杂货店老板们”照旧喜气洋洋。他们不需要读者掏钱买报纸，报纸的收入主要来自广告，他们基本上垄断了广告市场。报纸成本削减后，报纸继续赢利。2004年，颇具破坏性的新报业主约翰·皮瑞斯（John Press）宣称，其公司的年利润是1.77亿英镑，利润率是35%。

地方报没落意味着全国性大报失去了新闻来源，全国性大报只能求助于地方新闻通讯社。但是他们也受到了打击。舰队街的“杂货店老板们”削减了国内新闻报道的投入，控制约稿数量，压低稿费。因此可做的生意越来越少，很多地方新闻通讯社陆续裁员、倒闭。

在利兹，原本有五家新闻通讯社，现仅存一家；在曼彻斯特，一家倒闭，一家严重亏损，一家勉强度日；在马西塞特郡，三家倒闭，一家幸存，幸存的新闻通讯社的员工由18人减少到7人；在谢菲尔德，名为怀特（White）的新闻通讯社员工由10人减少到2人；在斯托克，两家新闻通讯社倒闭，一家幸存；德比郡的雷蒙特（Raymonds）新闻通讯社的员工由30人减少到15人，同时，该城的另外两家新闻通讯社也已倒闭。英国郊区，一个人经营的介绍乡村信息的报纸停刊，大一点的乡村新闻通讯社也经营惨淡。斯坦福新闻通讯社的员工只剩下一人。肯特郡的两家新闻通讯社倒闭，一家幸存。安格利亚传媒将10名员工减少到4名。多塞特纳德凯里克斯（Calyx）新闻通讯社的员工由6人减少到1人。

专门提供法院新闻的新闻通讯社，也经历了相同的境遇。1893年，专门报道渡马街（Horseferry Road）和伦敦西部大万宝路街（Great Marlborough Street）治安法庭（Magistrates Courts）案件的法院新闻通讯社成立。1976年，托尼·阿西亚克（Tony Asciak）购买了该通讯社，并雇用了6名员工，每天发布三四篇有关庭审案件的报道。正是这家通讯社，最先发现前财政大臣尼格尔·劳森（Nigel Lawson）的妻子，在正常上班前的一小时，慌慌忙忙走进法院，接受酒后驾车的处罚。

1994年，托尼·阿西亚克不得不解散了整个团队，他一个人继续办法院新闻简报。2006年4月，托尼·阿西亚克去世，这家存活了113年的新闻通讯社彻底消亡。放眼国内，报道民事法院、王室法院、治安法院的新闻通讯社或者萎缩，或者倒闭。

来自地方广播电视台的新闻给养线也被切断了。到2004年，11家原本拥有英国独立电视台网络的公司或倒闭，或被兼并，只剩一家公司垄断市场。这家公司的地方新闻中心大批裁员，低薪招聘刚毕业的学生填补职位空缺。2006年，英国独立电视台宣布减少1亿英镑的投资，却给股东5亿英镑的分红。该公司电视台总监西蒙·什普斯（Simon Shapes）闷闷不乐地指出，他们用29%的投资制作“真人秀”电视节目，尽管这类节目产生的利润只占全部利润的11%。

英国独立电视台地方新闻中心的一名实习生告诉我，他的工作是剪片子和写解说词，可是，从没有人教过他怎么做。有几次，他剪的片子太短，无法填满空当，结果出现黑屏。相反，他写的解说词过长，片子播完了，解说词只播了一半。他说，在节目播出前，通常没人检查；除了挨几句骂，也没人对他的出错负责。他经常上晚班，也就是说，中午到单位，为第二天清晨的电视节目《早晨好电视》（*GMTV*）做准备，傍晚，很多员工下班回家，只剩下他和晚间节目的主持人。

BBC尽管是公营的，也被发现使用同样的“商业逻辑”。为证明收视费是恰当的，BBC一度引进“内部市场”，即内部员工领取任何办公用品都要收费。1994年，鲍勃·富兰克林教授统计，在之前的8年时间里，BBC裁掉7000个职位。1996年，BBC新招聘了90多名员工。1997年，BBC宣布，在未来5年里将裁员25%。2005年3月，BBC总裁马克·汤普森（Mark Thompson）宣布进一步裁员13%，包括新闻中心裁员12%和真人秀栏目裁员21%。2007年10月，马克·汤普森又裁掉500名新闻中心记者、600名真人秀栏目制作人员。同时，BBC加大了新闻播出力度，开始24小时直播。结果自然是，BBC的新闻也受到“抄闻”的围攻，特别是地方新闻中心，这种情况更加严重。

很多在BBC地方电视台工作的电视记者被迫成为“录像记者”，不仅要自己找新闻故事，而且要自己拍摄、编辑——更没有时间核实新闻。同时，以前的摄像师、编辑不得不参加报道速成班的学习，尽管他们既缺少技能又缺少经验。当区域新闻中心抱怨这些“录像记者”拍摄的软新闻的图片质量差时，这些“录像记者”不但没有因此失职，反而被赋予了更多的工作——每10篇报道中至少有4篇由“录像记者”提供。

在BBC区域电视台工作、尚未成为“录像记者”的记者们反映，他们经常找不到拍摄团队和他们合作。因此，某些报道被搁置或被放弃，他们只能选择拍摄时间短的新闻。也有记者具有“反叛”精神，说服老板同意他们突破常规采访，去挖掘独家报道。有这样一名记者，在几个月时间里，完成了10多篇独家报道，在参加年终评估时，他期待着老板的表扬。结果，每日忙于填充新闻时间段的新闻“流水线”经理，却抱怨他的出镜率太低。这名记者回忆当时的反应：“笑？我差点动手打他。”

BBC区域电台记者的处境也大同小异。20世纪90年代，在萨里和萨塞克斯，10名记者负责两个郡的报道，加上两名新闻主播，新闻主播可以随时帮记者的忙。到2006年，10名记者减少到2名，只剩一名新闻主播。新闻主播同时负责录节目，并且，每小时要读三次新闻，根本无法帮记者的忙。

商业电台也一样。每小时播读两次的新闻往往全由一名记者完成。这名记者坐在电脑前，收集各地方通讯社的新闻，这些新闻通常由各地方的活动中心提前录制。2003年1月，一场严重的暴风雪袭击了东安格利亚地区，但是当地的商业电台没有报道任何相关新闻和交通信息，因为没有记者可以去采访。地方电台目前的处境是：孤零零的一名主持人坐在一间黑屋子里，使用计算机新闻系统，比如美联社的新闻等，每小时读一两遍通讯社的稿件，连节目结尾“原声摘要”也是提前录制好的。

通过在各地派驻记者，全国性报纸保护了一些来自地方的新闻供给源。比如，乔治·格林顿工作过的《新闻纪事报》在英格兰北部、威尔士、苏格兰派遣了9名记者，报社总部位于曼彻斯特。除此之外，该报在卡迪夫、伯明翰、南安普敦都有驻站记者。但是“杂货店的老板们”砍掉了地方报道团队，只留下瘦削的骨骼。

因此，在20多年时间里，曾经源源不断地为全国新闻中心提供第一手信息的网络被削减或者取消了。现在，谁还在找新闻？谁还去法院旁听、去政府会议室采访？谁还去酒吧，和毒贩、偷车贼、侦探、医生和老师聊天？谁还在关注某行业和工会？谁还在调查议员？有些记者继续在做这样的事情——但是远远不够。

6000万人口是全国性报纸和广播电视台关注的对象，失去了丰富的新闻素材，这些报纸、电台、电视台如何了解6000万人口的生活，每天又能报道些什么？答案是他们不能。这种状况发生时，全国性媒体内部正大批裁员，大多数记者只能守在办公室，越来越依赖新闻给养。结果，只有12%的新闻报道由记者独立完成，只有12%的新闻事实经过有效的核实。

速度。随着新闻网站的诞生，“抄闻”更肆无忌惮。有些网站有自己的记者，有些网站要求主流媒体的记者完成供给传统媒体的新闻稿后，“复制”一遍给他们。总而言之，媒体要求记者迅速提供新闻稿件，导致记者采访的时间更少，核实的时间也更少。经过包装的“新闻快餐”占领了新闻界。

BBC在线新闻——后来改名“新闻互动”（News Interactive）——的工作人员向我提供了他们内部交流的备忘录，这些备忘录更清晰地显示了他们所面对的压力。比如，2005年12月9日，“新闻互动”总编罗伯·立德尔（Rob Liddle）写的一份备忘录。要知道，这份备忘录写于BBC发布的官方守则“对BBC而言，准确比速度更重要”后的6个月。

罗伯·立德尔致“新闻互动”编采人员备忘录的主题是：速度和突发新闻：“我们要在5分钟内处理好突发新闻的报道。”罗伯·立德尔解释，在5分钟内，员工应该做到：完成一行字的简讯发表在网站的“滚动新闻条”（ticker）上；给新闻中心发邮件，提示该突发新闻；写出4个段落的新闻稿发表在网站和“西法克斯”服务系统上；同时，一定要“核实”。罗伯·立德尔接下来解释，下一个目标是在15分钟内，写出至少10个段落的新闻稿。罗伯·立德尔建议，即使不是突发新闻，记者也应该采用同样的处理方式——比如说，报道有意思的庭审案件。新闻报道速度加快，表明网站的服务水平提高。

“抄闻”不仅仅是重复使用二手货，而且狂躁图快，更降低了BBC准确报道的可能性。5分钟的时间，根本不够找线索，与知情者沟通，核实任何新闻故事，又何谈在同一时间内写出滚动新闻、发邮件、写出4段文字的稿件？罗伯·立德尔也预料记者会因此产生顾虑——为他工作的记者并非是“抄闻”写手。“不高兴的话，如果有谁认为某个故事花了很长时间才被报道出来，他们可以来找我，我会尽量找出问题出在哪儿。并非是让大家互相揭发，这样做可以找出这个制度的缺陷。”

罗伯·立德尔在“新闻互动”主管彼得·克里福顿（Pete Clifton）的指导下完成了这份备忘录。之前，精力充沛的彼得·克里福顿也写了一份备忘录，他在备忘录中表示他很担忧员工会因报道迅速而洋洋得意。他建议在报道速度上和竞争对手做比较，并每周公布比较结果；建议在内部建立投诉制度，为报道滞后找症结；建议新上岗的员工接受应付“突发新闻”的考核；建议负责核查新闻故事的编辑，应该经常站在记者的背后，看他们写稿。

彼得·克里福顿过于强调速度，甚至在一份备忘录中用微秒计算。关于读者打开不同新闻网站所需要的时间，彼得·克里福顿告诉员工：“我们的新闻网站速度最快，只需要0.85秒，英国独立电视台网站和天空电视台的网站都需要1.63秒。”（他很得意，比竞争对手快0.78秒。）

在BBC发给“新闻互动”员工的官方行为准则中，你可以清楚地看到传统的新闻业和新型、高速的“抄闻”业之间的冲突。首先，它这样督促：“你们的报道必须准确、公正、均衡、坚持BBC新闻价值观……决不发表你不理解的、凭空推测的、证据不足的内容。”接下来的规定，貌似和其毫无抵触：“报道要尽可能地快……我们希望大家有种紧迫感——我们要成为第一。”然后，援引的是用5分钟处理好突发新闻的目标。

对速度的要求让本已处于窘境的记者更加吃力。首先，新闻来源被切断了。每天，他们只能依靠同样只有零星记者的区域新闻办公室提供稿件——一两名记者同时报道三四个郡的新闻。即使就这几个人，他们中的一部分人也在2005年3月BBC裁员中下了岗。一夜之间，报道健康、娱乐、教育的专职记者被取消；只有一名记者报道商业，同时，这些报道常常被美国媒体选用；两名记者报道英国新闻，3名记者负责世界新闻报道。

自从2000年“新闻互动”和“西法克斯”服务系统合并后，新闻产品的数量增加了，这形成了新闻业腹背受敌的另一面。也正是从那个时候起，网站记者同时要为“西法克斯”供稿。除了更多宝贵的时间被占用，他们还要适应机械的写作格式：新闻提要在31到33个字之间；每篇报道只发前4段文字给“西法克斯”，完整的文本在网站发布。一名员工这样描述：“每篇报道都像是一位胖女士穿了紧身内衣，所有的赘肉都露在外面。”这种机械的写作格式由计算机程序控制，可以自动将新闻提要变成红色，字数过多时，也可以自动将字体变成小号。

在这场“大战”中唯一幸免的是循环使用二手新闻报道的媒体——使用BBC的报道，更多地使用新闻通讯社的稿件。一名负责报道英国新闻的员工说：“要不是新闻联合通讯社，我们早就倒闭了。”

很多员工不会速记，这令这份工作更加难做。“新闻互动”的主管对这个问题避重就轻，对员工说：“无论是用速记（shorthand），还是用慢记（longhand），你们都要准确地记录任何采访内容。”事实上，根本没有“慢记”这种说法，如果有的话，说话的人一定要吃很多镇静剂，表述非常非常慢。

很多现状令人担忧。“新闻互动”的记者表示，在速度的高压下，他们恨不得在新闻发生前，就把文章写好一半。更困难的是，他们要在5分钟内快速完成报道，并且，这篇报道要和BBC电台、电视台的报道保持一致，而且这些报道通常有“长幼尊卑”之分：电视台、电台，然后是网站，所以，我们的报道要和前两者的报道保持一致。假设，一家足球俱乐部召开关于俱乐部危机的新闻发布会，你坐在办公室，边戴着耳机听BBC电台5台（5Live）的现场直播，边要注视着BBC新闻24频道（News24）。在新闻发布会之前，你就得写好5到8段的背景材料。然后，对方开始讲话。可能会有很多角度——俱乐部经理继续留任，俱乐部经理委任新的足球队长，董事长增加投资买更多的队员。你不得不注意电视台、电台采用的角度，然后，你要选择和他们一致的角度。并且，你要在5分钟内把这个新闻报道出去。

“你在做这些事情的同时，根本没有时间打电话。如果你打电话，肯定有人会大发雷霆，他们会对着你大喊大叫，催促你早点把文章发表。有时，新闻联合通讯社会有些后续报道、评价等，我们会选用一部分，但是我们自己不打电话采访。如果是突发事件——比如飞机坠毁，你需要写出滚动新闻和前4段文字，这4段文字就需要你根据背景，想象编造。”

“新闻互动”的员工抱怨他们太缺时间，以至于不得不直接采用未经核实的警方新闻发言人的庭审记录。但是这类记录专用于协助警方的工作，是否适合成为新闻素材存在争议。一区域新闻中心的员工反映：“记者可以从法院那里打听到辩护律师的名字，让辩护律师核实报道是否准确，但是我们通常直接就把未经核实的报道发表了。”

2003年10月，“新闻互动”在伯明翰举办交流会，“新闻互动”主编助理休·柏琳（Hugh Berlyn）大胆提出新闻准确性的问题。在给员工的备忘录中，他写道：“昨天，我们对你们写的文章进行了一次调查，调查有多少篇报道在发表前经过第二双眼睛认真地核实，令人惊讶和忧虑的是，超过60篇文章根本没有经过第二遍核实。”

4个月后，2004年2月，休·柏琳再次写备忘录警告，来自用户的“正当投诉”越来越多，这些投诉多围绕新闻报道中的拼写错误、姓名错误、语法错误、简单的常识错误等。他说，他每天收到十多次投诉，很多错误是因为他们对BBC区域新闻中心的稿件没有核实便使用造成的。“我们不得不承认，地方电台、区域电视台的新闻质量跟‘新闻互动’需要的新闻质量已经有了差距……关于在线新闻可靠性的投诉太多了，我们不能再这样继续下去了。”

将所有的证据放在一起，我们会发现：新的媒体所有者削减编采队伍，增加新闻产量；砍掉以前立足于基层、提供第一手信息的新闻给养源；随着网站的出现，责令加速报道。在这种背景下，媒体对所报道的内容“无知”的现象屡见不鲜，如同对“千年虫”的报道，以及类似的其他“平地球新闻”的报道。在新闻工厂里工作，没有时间核实新闻，没有机会外出和线人联络找新闻线索，记者也变成了“抄闻”写手，不得不被动地接受和改写局外人特别是新闻通讯社和公关人员提供给他们的材料。在这种状况下，只有当局外的新闻提供者传递有效、可靠的信息时，新闻工厂才能为读者、观众和听众生产出有效、可靠的新闻产品。但问题是，他们会这样做吗？

3.信息提供者

当女王有话要对全世界讲时，她把发言稿给了新闻联合通讯社，当御用诗人有新诗要发表时，他把诗作传给了新闻联合通讯社。各政府部门、各大公司、各警察部门、健康基金会、教育机构将他们的官方公告交给了新闻联合通讯社。在英国，联合新闻通讯社是将信息传递到各大媒体的重要传送带。

所有全国性日报和星期日报纸，所有区域性报纸，所有想报道全国新闻的地方性报纸，所有像《地铁报》（*Metro*）那样的免费报纸，BBC的电视台、电台和网站，与BBC竞争的商业电视台和商业电台，所有刊登英国新闻的网站，来自其他国家的16家新闻通讯社，都订购了新闻联合通讯社的服务。英国也有一些小的新闻通讯社，但是作为新闻联合通讯社的主编，乔纳森·戈瑞（Jonathan Grun）表示："事实上，我们就是媒体工业的中心。"

在新闻工厂的装配线上，"抄闻"的诞生主要通过两个主要的传送带：新闻联合通讯社和公共关系。我们首先要看一下，这两种来源是否提供了足够的、让新闻工厂反映国家总体状况的材料；其次，看它们所提供的材料是否可信。

卡迪夫大学的新闻学者调查发现，英国最有声望的5份报纸中，30%的国内新闻直接改写新闻联合通讯社或者其他新闻通讯社的稿件，另外19%的新闻报道大部分复制这些通讯社的稿件，21%的新闻报道含有新闻通讯社提供的稿件元素。也就是说，总共有70%的新闻报道全部或者部分改写于新闻通讯社提供的稿件。

媒体对新闻联合通讯社如此依赖，以至于把对方当作可靠的信息来源，不必核查对方所提供稿件的真实性。BBC的内部指导规范这样告诫他们的记者：每篇新闻报道至少应包含两个消息来源——除非是新闻联合通讯社的报道，他们提供的报道可以直接播出。2004年12月1日，BBC新闻委员会颁布特殊公告：新闻联合通讯社可以被认定为可信的、单一的消息来源。这份公告用的是粗体铅字。

实际上，尽管很多媒体不肯承认，几乎所有的媒体多多少少养成了这样的惯例：改写、使用新闻通讯社的稿件，很少打电话核实消息的真实性。一名全国性报纸的通讯员告诉卡迪夫大学的新闻学者："对信息的核实减少了，更糟糕的是，新闻中心根本不希望你这样做。我已经记不清被告知过多少次了：'从通讯社的稿件中挑挑拣拣，稍微编辑一下，就是新闻。'这太可怕了。"一名全国性电视台的记者说："伦敦新闻中心采用新闻通讯社的稿件数量更多，他们很少或者几乎不核实。"一名全国性日报的记者说："我们一直很依赖通讯社的稿件，但是现在，用得太多，多得令人惊讶。对我们而言，剪剪拼拼新闻联合通讯社的稿件，淡化消息的来源，然后发表，这很正常。从表面上看，这些稿件就像是我们自己写的。”

新闻联合通讯社的影响有多大？举个例子，某地方新闻记者获得了一个重要的新闻线索，但是地方新闻中心拒绝他报道。这名记者就悄悄地给新闻联合通讯社打电话报料，结果对方开始报道后，地方新闻中心就不得不跟着报道。再比如，2005年11月21日，BBC新闻24频道报道，英国国防部同意向某银行家的家人赔偿500万英镑。该银行家乘坐的私人飞机降落时，英国皇家空军的直升机突然降落到同一跑道，导致事故，银行家身亡。其实在3天前，BBC网站已经报道过这则消息，它来自擅长报道高级法院新闻的斯庄特新闻通讯社（Strand News）。但是因为新闻联合通讯社漏报了这条新闻，BBC新闻24频道也没有报道。直到3天后，新闻联合通讯社补报这条消息时，BBC新闻24频道才“跟进”。

新闻联合通讯社的意图是诚实的，执行也很有效，作为生意也很有成本效益，但是和其现在所扮演的角色完全不相匹配。尽管新闻联合通讯社对英国媒体的影响很大，但是作为挖掘这个国家最重要、最有趣事件的工具，新闻联合通讯社并不可靠。新闻联合通讯社选择报道的事件的真实性也值得怀疑。

这要根据前后背景来看。新的媒体所有者砍掉了旧网络中的地方记者、地方新闻通讯社。新闻联合通讯社取代了他们的位置，但是远远不能胜任他们的工作。为填补上千地方记者的空白，新闻联合通讯社将其地方记者队伍由20人增加到70人，并派驻北爱尔兰、苏格兰、威尔士和英格兰主要城市。但是，新闻联合通讯社驻站记者的人数和旧网络中的一线记者人数无法相提并论。

新闻联合通讯社拒绝透露他们驻站记者的具体人数，但据员工介绍，他们派遣包括实习生在内的5名记者驻扎在曼彻斯特报道大曼彻斯特、兰开夏郡（Lancashire）和坎布里亚郡（Cumbria）的新闻。纽卡斯尔地区有4名记者，利兹和约克郡有3名记者，马西塞特郡、切斯特郡（Cheshire）和北威尔士郡有2名记者，卡迪夫有4名记者负责报道整个威尔士南部和威尔士政府的新闻。整个苏格兰有15名记者，但是这些记者轮班，不会出现所有记者同时工作的情况。尽管想做得更好，新闻联合通讯社对基层新闻的报道力量赶不上旧网络。

我分析了新闻联合通讯社在5天内发布的所有英国新闻——不包括国际新闻、城市新闻、体育新闻和天气预报，仅仅是全国主要的新闻报道。分析结果表明，代替旧网络，新闻联合通讯社平均每天派遣不到69名记者报道议会、410个地方政府部门、国家刑法司法体系、43个警察部门、警方权威机构、环境和交通、151个初级保健基金会、150个地方教育机构、消费事务、家庭理财、科学和工业、猝死、人情味故事、娱乐性产业、宗教和王室等。周日，我注意到，只有20名记者值班。向我反映情况的新闻联合通讯社的员工告诉我，傍晚和周末，只有一名记者负责报道整个大西北的新闻，包括大曼彻斯特、兰开夏郡、坎布里亚郡、切斯特郡和北威尔士。

负责区域新闻报道的员工屈指可数，他们不可能指望地方上的自由撰稿人，因为新闻联合通讯社狠狠削减了对外约稿的数量和稿费的支出，很多自由撰稿人也没了生意。前新闻联合通讯社记者马汀·荷马（Martin Hamer）目前在利物浦约翰·摩尔（John Moores）大学从事新闻通讯社方面的研究。他在论文中写道：新闻联合通讯社内部统计的数据表明，1992年到1997年间，他们使用的地方通讯员的稿件数量由40%降低到6%。新闻联合通讯社区域记者站的某前主管告诉我，他们被要求尽量不购买自由撰稿人的稿件。

卡迪夫大学的新闻学者总结：全国性报纸70%的内容都依靠如此薄弱的新闻报道力量，不争的事实是，发生在英国的大量新闻根本就没有被报道过。

举一个惊人的例子。2006年10月，兰开夏的警察突袭了位于纳尔逊（Nelson）的一间房子，发现了英国有史以来最大量的化学炸药。警方逮捕了两个人，其中一人和英国国家党（British National Party）有密切的联系。这显然是一则重大新闻。但是全国性的媒体都没有报道此事。BBC新闻总监向投诉者解释："谢谢你发来邮件，告诉我们在奔宁（Pennine）治安法庭，两位男士被指控拥有大量化学炸药。这的确很有意思。但是很不幸，BBC的电视记者不知道警察发现了……"很简单，警察自己不会主动向媒体推销新闻；没有地方记者和警察建立联系，将这个消息传递给舰队街的报纸；没有记者在法院旁听，注意到这个被判入狱的男性，写文章告诫全国读者；报道范围过广的新闻联合通讯社的员工把这条新闻漏掉了。只有一家新闻组织——地方周报《克恩时报》（*Colne Times*）捕捉到了这条新闻。当报纸出版时，这则新闻迟到了三四天。罪犯已经被警方指控，媒体不允许报道此案件的任何细节，直到审判。

并非只有此类千载难逢的事件被全国性新闻媒体忽略。曾经像例行公事一样，随时向旧网络提供信息的新闻源也不畅通了。

比如，法院是最容易出新闻的地方。不仅仅是人情故事，而且还有各式各样的没有被人注意到的社区生活的危机，这些危机通过犯罪、民事诉讼体现出来。新闻联合通讯社并没有找人替补地方报记者以及专业新闻通讯社的空职，反而，减少在这些方面的人力投入。结果是，没有人继续关注法院里的故事了。

在老贝利街的刑事法庭，报道18个审判室，揭露英国最严重、最令人警醒的罪行的记者减少到了2人。很多案件被彻底忽略。直到20世纪80年代初，新闻联合通讯社派出20名记者报道英国皇家法院（Royal Court of Justice）的刑事上诉、诽谤罪，各类工业、商业、婚姻争议和其他影响改变了英国法律的案件。现在，只有5名记者继续在那里发回报道。这5名记者要报道的内容是96个审判室的案件。在过去的20年时间里，报道法院新闻的自由撰稿人也越来越少。他们无法旁听所有的听证会，他们能做的就是找出最重要、最大的案件去报道。

同其他十家刑事法院的“待遇”相比，新闻联合通讯社对全国最大的两家法院的报道力量减少还算不上什么。新闻联合通讯社派一名记者报道这十家刑事法院的新闻，并且这名记者同时负责报道59家郡法院和位于伦敦的治安法院的新闻。在这些法院，法官看到记者就像看到斑马那么稀罕。新闻联合通讯社对全国82家区域刑事法院、200多家郡法院和350多家治安法院的工作视而不见。每家法院都有若干审判室，每天，若干案件被审理。当几千个案件在被审理时，只有几十个案件被新闻联合通讯社选用，其中，只有少量被全国性媒体报道。

查看这些资料时，我发现一桩案件在莱斯特刑事法院审理了3个月，全国性媒体对此却只字不提。这桩案件揭露的是伦敦警察厅（Scotland Yard）违法引进牙买加的犯罪团伙成员，雇用其为“内线”，却助长了他们在伦敦的犯罪行为。我还发现，一个15岁的同性恋男孩指控地方政府拒绝他找同性恋家庭照顾他的生活的权利。一个对自己的腐败行为供认不讳的警察却在刑事法院为他人做证。电工控告私营能源公司从他们的养老金中掠走15亿英镑。为动物权利奔走的人士面临牢狱之灾，因为在报纸上的评论涉嫌预谋犯罪。这一切都没有报道过。

地方政府的新闻离媒体的雷达屏幕更远。曾经，地方报充斥对地方政权的相关报道，小到乡村教区行政团体，但是现在，旧的报道网络彻底消失了。新闻联合通讯社曾经指派两名记者报道地方政府新闻，他们报道的范围包括410个地方政府部门，400多个基金会，以及主管医院、学校、警察部门的权威机构。到2006年，新闻联合通讯社不再有负责报道地方新闻的记者。在写此书的12个月前，没有一份全国性报纸刊登有“本报地方政府通讯员报道”的新闻稿。在写书的同时，地方政府每年的支出是1000亿英镑，这些钱来源于政府拨款、地方政府税收等。而关于地方政府的报道，却只有双周刊《私眼》（*Private Eye*）中的“有名无实的选区”（Rotten Boroughs）专栏（源源不断地曝光未经报道的政府腐败、缺陷）。如今，地方政府自己掌握媒体报道他们的内容，他们自己选择适合他们的形象的新闻，然后放在他们的网站上或者写成新闻通稿转发给媒体。

即使在政府的中心枢纽，媒体对议会的监测体系也已经瘫痪。1993年，工党“影子大臣”杰克·斯特劳（Jack Straw）发表文章，分析了关于“议会制辩论”（Parliamentary Debate）的媒体报道。从1933年到1988年，英国主要日报，每天每份报涉及“议会制辩论”的稿件大约是800行。到1992年，这个数字突然减少到不足100行。部分原因是“杂货店的老板”把报道的重点转向了更有利于卖报纸的新闻故事。这也是导致记者的工作被破坏的原因。

如今，负责报道议会新闻的记者寥寥无几。到20世纪80年代，英国所有的大型日报社都派记者报道议会新闻，其中，泰晤士报社派16名记者去旁听议会辩论。现在，旁听议会辩论的只有偶尔几个写手。同样，1200份地方报中，只有23份地方报继续委派记者报道议会新闻。无论是国会下议院，还是上议院，早期的提议还是由特别委员会旁听的议会质询，都很少有媒体报道涉及。

新闻联合通讯社加强了对议会的报道，但是记者的工作量也加大了。新闻联合通讯社报道政治的记者和报道新闻的记者一样势单力薄。来自其他媒体的政治通讯员描述新闻联合通讯社的记者：匆匆忙忙地从议会的新闻通稿中找材料编新闻，同时，边听边录某位政客的电台讲话，然后，写关于政客讲话的新闻稿，正写着，另外的新闻稿到了……

从1962年就开始为新闻联合通讯社报道议会新闻的克里斯·蒙可黎耶夫（Chris Moncrieff）告诉我们："与10年前相比，电台和电视台受到更多的监控，记者独立报道的新闻也越来越少。"他补充说，新闻联合通讯社报道的政治会议、讲话越来越少，更多地依靠政府的新闻通稿。"他们赢了。"他说道，"如果他们提前给我们发言稿，我们就不去采访了。我们现在报道的都是他们想报道的内容。我们很少去开会，或者根本不去了。"

对议会的报道如此少，以至于政府和媒体机构都意识到问题的严重性，他们联合起来，共同想办法找解决方案。2006年11月在给汉萨德学会（Hansard Society）的调查报告中，他们表述了对此事件的基本观点："通常，公众对议会如何工作、立法对他们的生活意味着什么毫无知情。西敏寺（Westminster，或译作威斯敏斯特），政治和议会的世界，对很多人而言，都是一片空白。"2004年2月，同样为汉萨德学会做的一项调查表明："65％的民众错误地认为，每隔4年进行一次选举；只有49％的人知道，英国下议院比上议院拥有更多的权利。"

如果已经不能像旧的网络那样挖掘报道，新闻联合通讯社是否会对自己的产品进行核查呢？麻烦的是新闻联合通讯社本身已经陷入"抄闻"的泥沼。

1995年8月，因最大的客户有意投奔新的新闻通讯社"英国新闻"（UK News），新闻联合通讯社差点破产。新闻联合通讯社最终战胜了竞争对手，稳住客户，起死回生，变得更加商业化：用尽量少的员工生产尽量多的产品。

对记者而言，这意味着，无止境地追求新闻稿件的数量。从实习生做到资深记者的新闻联合通讯社的前员工告诉我："以前新闻联合通讯社曾经拒绝的报道，现在都可以报道了。对新闻联合通讯社而言，没有垃圾报道这一说。每篇报道都有自己的价值——如果《泰晤士报》不要，《利兹邮报》会要；如果他们不要，《哈利法克斯快报》（*Halifax Courier*）可能会要。新闻联合通讯社的稿件比以前多很多——其中一些就是垃圾。”

记者的稿件也不再简单地放进通讯社的稿库。这类稿件被当作“原材料”，经过反复的“改造”后，提供给不同的“消费者”。比如保罗·哈克的故事提供给全国性的媒体是“英国球迷的故事”，给东英吉利亚媒体是“来自伊普斯威奇的球迷的故事”，给东北媒体的是“支持纽卡斯尔队的球迷的故事”。

新闻联合通讯社在约克郡的豪登（Howden）建立了一个新的“新闻工厂”：对新闻进行“再生产”。将新闻打包，低价卖给等米下锅的地方报纸杂志；将4段的新闻简讯卖给图文电视（Teletext）；在线文稿卖给电讯公司，提供给手机用户；也通过新闻联合通讯社旗下的、专门为公司提供新闻服务的机构“媒体点”（Mediapoint）卖给公司，以及网站、酒店、城市经纪人等。新闻联合通讯社在印度西南部的芒格洛尔（Mangalore）设有分公司，负责销售体育新闻；销售天气预报；图片资料室卖图片；有偿提供地方和全国的艺术、娱乐信息。他们甚至向BBC的杂志《电台时间》（*Radio Times*）出售电视节目播出时间表。

显然，他们这样做的同时，从事新闻报道的记者的数量在减少，无论是伦敦总部的、地方办公室的，还是报道议会新闻的记者。2005年，英国记者联盟（National Union of Journalists）对新闻联合通讯社的员工进行调查，发现很多记者超负荷工作，每天平均多工作5小时，而无任何酬金。并且，资深记者不在时，他们要同时帮着完成对方的工作。记者联盟总结：员工短缺的问题很严重，如此严格的管理意味着，如果有人请假或者生病，局面就变得很荒谬……新手仓促行事，自生自灭。培训的机会很少……“我年轻，要求的薪水不高，我得到了这份职位，但是取代我的人毫无疑问比我更年轻、薪水更少。”三分之一的记者入门不久，他们的年薪少于1.5万英镑，有些人的收入甚至少于1.2万英镑。

在记者联盟年会上，组织部助理杰里米·蓝妮克斯（Jeremy Lennox）谈了自己在位于豪登的新闻“加工厂”的工作经历：“来工作的人包括消防队员、糕点工人、汽车销售商，唯一的要求是他们拥有高中初级课程（GCSE）毕业证书或者同等学力，然后他们就有资格担任新闻编辑了。”

伴随着其他媒体相继在“商业逻辑”的作用下转型，新闻联合通讯社的变化是，剥夺了记者在工作中的最宝贵的财富——核查事实的时间。

新闻联合通讯社的记者告诉我，通常，他们从凌晨4点半开始，依据新闻通稿和其他报纸材料编写新闻，没有人核实新闻的真伪。该通讯社的另一位资深编辑也认同他的说法。之前，他在一家区域报工作，他表示："过去，我们一直把新闻联合通讯社提供给我们的稿件当成事实刊发，后来，当我开始在新闻联合通讯社工作时，我才意识到，我们不应该这样做。"

新闻联合通讯社的一位资深编辑告诉卡迪夫大学的新闻学者，25年前，当他刚加入通讯社时，每天最多写3篇新闻稿。现在呢？他至少要写10篇。"现在写一篇新闻稿，通常用不了一个小时，否则，我哪能写出这么多？"

另外一名员工表示："我父亲在路透社做了25年的记者，工作环境跟这里彻底不同。他们完成一篇新闻所需要的时间更长，那样做的话，会更准确，更接近事实。"

BBC的"新闻互动"存在同样的问题。速度、对新闻及时性的追求，甚至导致了"违规操作"。比如，2003年，一军队上尉被指控在《谁想成为百万富翁？》（*Who Wants to Be a Millionaire*？）节目中造假获胜。英国独立电视台首先报道了这则新闻，新闻联合通讯社主管对自己的记者大发雷霆。不久，新闻联合通讯社派一名记者报道英国独立电视台主持人约翰·莱斯利（John Leslie）被指控涉嫌性侵犯案件。指控被否决。为战胜竞争对手，新闻联合通讯社的记者在法庭内悄悄发短信给同事，通报案件结果。这样做是非法的。很不巧的是，这名记者旁边坐的是大法官（Lord Chancellor），把他逮个正着。

2004年12月9日，新闻联合通讯社的"新闻加工"水平进入一个新的领域。新闻联合通讯社做出一个决定：将所有的记者"变成"可以录像的记者。这样，通讯社可以同时生产音像报道、平面报道。这些视频资料被"再加工"，卖给全国性报纸的网站（解说词也量体裁衣，有《太阳报》风格的，有《每日邮报》风格的）。同样，视频资料也卖给地方报纸网站、国外的网站、公共场所的电视屏幕、手机、公司网站等，并且，如果新闻联合通讯社的计划成功的话，他们将为BBC旗下的60多家"微媒体"提供视频资料。不错的运作方式，但很不幸的是，这样做会减少记者更多的报道时间。

新闻联合通讯社的一名员工告诉我："采访过程中要速记，同时要为电台录音，两者兼顾，这不仅仅是时间的压力，还影响了记者的注意力，令记者无法做好平面报道。"

记者几乎没有机会核查他们所获得的材料是否真实，除此之外，"抄闻"能在新闻联合通讯社立足的基础是，后者并非是为报道事实而存在，这一点，很少被舰队街的报纸注意到。新闻联合通讯社是通讯社而非报纸，它没有也并不声称要告诉人们这个世界的真相。新闻联合通讯社的主编乔纳森·冈（Jonathan Grun）这样讲："我们所做的就是准确地报道人们所说的话。"新闻联合通讯社的记者参加新闻发布会，他们的目的是准确地记录别人的话。所说的话本身是否是对世界真实的反映，不关记者的事。的确如此，新闻联合通讯社的记者说，如果他们开始质疑讲话的人，就是打破了“家规”，记者会被指责为“制造”新闻，而不是报道新闻。乔纳森·冈表示，追根究底，不是新闻联合通讯社记者的职责，“我们的职责是报道可以找到出处的新闻（attributable journalism）——一定是某某说过的，重要的是引号”。如果首相说伊拉克有化学武器，这就是优秀的新闻通讯社要报道的内容。

最终在官方压力下，新闻联合通讯社的新闻又打了折扣。1998年，新闻联合通讯社被《每日镜报》曝光两次。第一次，《每日镜报》发现，新闻联合通讯社专门报道王室新闻的记者彼得·阿彻（Peter Archer）采访威廉王子的稿件被王子或是王子身边的人提前审阅，并被删掉了600多字。第二次，新闻联合通讯社的记者和其他报社的记者都在场时，安德鲁（Andrew）王子承认，王室官员已经误导民众多年，然而，新闻联合通讯社并没有报道此事。

现在出现的问题是，全国性新闻工厂并不能为报纸带去高质量的报道，因为缺少员工，缺少在基层一线报道的记者。报纸所依靠的新闻通讯社自身也存在严重的局限。并且，写稿数量的压力没有止境。由于缺乏时间，远离第一手材料，于是一个本该依靠严格的核实环节来保护自己的新闻生产体系，开始吸纳看起来像新闻的任何东西。这时，“公关”业乘虚而入。

地方报记者不认识任何当地警察，每天早上，警察局总部的新闻工作人员会对事故简介进行录音，存进“声音库”，记者可以凭借这些录音写新闻稿。全国性报纸的记者去白厅采访，却不认识在场的任何官员，政府机关的新闻官会向他们提供内容详尽的新闻通稿——包括部长讲话和背景资料。财经记者坐在自己的办公室里，和最近的董事会的会议室也离了好几公里远，却依然能每天写四五篇报道，幸亏公关公司的积极劳动——公关公司几乎包办了所有的大公司的形象宣传。

卡迪夫大学的新闻学者对英国最有声望的5份舰队街日报的信息来源进行了调查，发现超过一半的报道有明显的“公关输入”痕迹：41%的报道是公关人员提供的新闻通稿，或包含新闻通稿的材料；13%的报道带有明显的公关活动的迹象，但是很难找到出处，因为公关人员通常利用非正式的简报来隐藏自己的公关身份。

在下一章里，我们会揭露公关人员如何利用“微妙的战术”，把自己的材料渗透进媒体报道。第5章讲的是，公关人员在做的不仅仅是召开新闻发布会，散发新闻通稿，而且是在虚张声势，制造新闻事件。他们首先制造“冒牌”的先锋报道，然后请看起来很独立的专家，按照他们的观点发言，根据媒体的报道发动各类运动，游说议员，实现改变政策的目的。第6章探究的是自从“9·11”事件后，别有用心者如何将鼓动宣传秘密渗入媒体报道，用谎言左右了全球对事件的理解。 两者的共同点是：聪明的局外人毫不费力就操纵了脆弱的媒体。

被认为是“公共关系之父”的爱德华·伯内斯（Edward Bernays）说过：“对有组织的习惯和大众的言论进行有意识、有才智的操控，是民主社会的重要元素。那些操纵这些看不见的社会机制的人组成了一个看不见的政府，他们才是我们国家的真正的统治力量。在我们日常生活的每一个方面，无论是政治还是商业，无论是社会行为还是伦理思考，我们都被相对少数的人控制了……我们拽着的是控制了大众思维的线。”

我想提一下公关人员的规模的变化。20世纪70年代，当我开始做记者时，很少会有机会碰到公关人员。现在，几乎所有对媒体报道有期待的组织、个人都雇用了公关人员，公关人员会尽全力选择有关他们想说的，以及他们不想被人诟病的内容，并保证媒体编辑部接受他们的选择。20世纪80年代，正是大批记者失业的阶段，公关业开始繁荣。很多失业记者转行成为公关人员，据最可靠的估计，英国现在有47800名公关人员、45000名记者。

城市大学的阿埃隆·戴维斯（Aeron Davis）在他2002年出版的图书《公关民主》（*Public Relations Democracy*）中考证了这些变化。他发现，1979年，在《泰晤士报》排名前50位的公司中，只有28%使用公关公司，5年后，他们中的90%使用公关公司。他们还雇用了越来越多的公关个人：从1979年到之后的20年间，大公司雇用的公关顾问的人数是最初的11倍。20世纪80年代，英国公关顾问的人数年增长率在25%—30%之间。

当然，同样的变化也发生在政府机关里。舰队街创造的有关这种变化的“平地球新闻”之一是，把政治公关人员的兴盛归咎于托尼·布莱尔的首席新闻秘书——阿拉斯泰尔·坎贝尔（Alastair Campbell）。实际上，政治公关人员的兴盛在保守党执政期间已经开始了。

1979年，玛格丽特·撒切尔开始执政，英国政府投资2700万英镑用于建设中央新闻署（Central Office of Information），也就是政府的公关部。不到10年，投资的数目翻了5倍，1988年投资数是1.5亿英镑。这意味着更多的白厅新闻官选择新闻，推销新闻——撒切尔夫人成为首相时，新闻官的人数是628人，约翰·梅杰离任时，新闻官的人数是1163人。政府也花巨款用于聘请外界的公关顾问，比如罗易·贝尔（Lowe Bell）公关公司和万博宣伟（Shandwick）公关公司的顾问，他们在保守党执政期间，帮政府粉饰了大量的新闻。托尼·布莱尔执政后，保持政府原有的公关组织，并又多雇用了310名新闻官，政府新闻通稿的年产量增加了80%，大约是每年2万篇新闻通稿，同时，也花费巨款聘请外界的公关顾问。

各政党也纷纷效仿。以1978年，保守党聘用萨奇&萨奇（Saatchi & Saatchi）广告公司为开端。这体现在竞选活动的开销上。1983年，英国两大政党在普选大选中的总花销是1050万英镑。到1997年，这个数字是5430万英镑。大批资金流入公关公司和市场。

地方政府也迅速开始“公关”。鲍勃·富兰克林教授在写《包装政治》（*Packaging Politics*）时发现，截至1994年，90%的城市当局已经建立了自己的公关部门。其中，地方政府、警察局、国民健康和教育机构，扩招员工中的15%是公关人员。30年前，公务员、健康工作者、医生、校长都很乐意接受媒体采访，现在，只有得到新闻部门的允许，他们才肯开口讲话。到20世纪90年代，工会、教堂、慈善组织、压力集团都内聘新闻官或者外请公关公司的顾问，“创造”他们的新闻。甚至连北爱尔兰的警察和武装部队也有自己的新闻官。

但是这条为舰队街提供了54%的国内新闻的公关传送带，是否提供第一手材料？是否协助新闻工厂全面地反映国家的面貌？是否真实？

卡迪夫大学的新闻学者做了一个简单的测试，回答了第一个提问。他们从5份日报（《泰晤士报》、《每日电讯报》、《卫报》、《独立报》和《每日邮报》）中选取了一些报道，把这些报道分成没有公关元素的报道和公关人员“生产”的报道，然后，评价每篇报道的新闻价值。他们发现，在没有公关元素的报道中，只有4%的报道“没有新闻价值或新闻价值很小”，在公关人员“生产”的报道中，25%的报道“没有新闻价值”。这种局面令人困惑和担忧。

很多年来，新闻编辑和记者根据“新闻价值”和线人，决定报道什么样的新闻。但是现在，在很大程度上，他们已经失去了评价新闻的权利。的确，这种权利也已经不归媒体组织所有。记者只是例行公事，将别人选好的新闻处理发表。同时，“别人”的工作就是按照商家、政客等团体的利益选择新闻，粉饰报道。

公关人员的职责不仅仅是将他们选择好的材料注入媒体，还包括抵制那些有可能让他们的客户感到尴尬的报道。在《公关民主》中，阿埃隆·戴维斯引用了三种不同的调查结果支持他的结论“公关人员每向媒体提供一篇报道的同时，会阻止另外一篇报道。对很多组织而言，公关人员的职责包括阻止记者接近、取消负面报道”。

抑制负面报道的第一层含义就是不宣传令人棘手的信息。可以报道因英勇而赢得赞扬的警官，不能报道上班时酗酒被发现的警察。大多数政府的中心部门要求中层管理者将有可能导致“坏新闻”的事件，提前通告给他们的新闻官。新闻官准备好声明，应付来询问的记者。

政府的新闻官私下里说，这些声明基本上派不上用场，因为记者根本不知道这些“事故”。给记者什么，记者就报道什么。

换言之，如果传出令人尴尬的信息，抑制负面报道的含义就是误导记者，让记者无法报道。一个典型的案例是：英国首相委托“社会排除研究中心”（Social Exclusion Unit）调查减少犯罪的最佳途径。2002年7月，“社会排除研究中心”向政府提交了调查报告，并期待政府半年后给予反馈。但是调查报告和政府的策略产生了矛盾——很多证据证明，政府坚持使用强硬措施只会适得其反。政府不得不给予反馈信息，但是不想媒体报道。首先，政府将此事搁置了两年，媒体几乎忘记了“社会排除研究中心”的报告。其次，直到2004年7月的某个星期一，首相发言谴责“20世纪60年代自由思想共识”导致了一系列的犯罪。首相的发言稿已经在周日发给了各报政治记者，约好在周一见报。当天，电视台、电台现场转播首相的发言，政府宣布了一系列新的强硬措施。这些材料长篇累牍，以至于6天后，周日报的专栏继续讨论“60年代自由思想共识”带来的影响。那个周一下午，在舰队街报纸的注意力被成功转移的同时，政府悄悄地把对“社会排除研究中心”调查报告的答复发表在内政部的网站上。没有一家媒体报道此事。

自由撰稿人尼格尔·格林（Nigel Green）向我们完美地展示了在日常生活中，公关人员对新闻进行议程设置的力量。他利用《信息自由法案》（*Freedom of Information Act*）调查发现，2006年6月一个普通的周末，诺森比亚（Northumbria）警察局向媒体瞒报了多起事故。他发现，警方总共处理了5083例事故，包括一名男士从医院失踪，人们在海水中发现了他的尸体；一位70多岁的老人被一群年轻人暴打；一个小女孩从塔楼下摔下，当场死亡。警方的公关人员没有告诉媒体其中的任何事件。事实是，这个周末是世界杯的四分之一决赛，这也许和上述事件有关。

当我们开始质疑公关人员提供的材料是否真实可信时，看一下公关人员对舰队街新闻报道的影响，答案就可见端倪。即使所有报道中的所有材料都是真实的，你也能够看出，这其中有歪曲的成分。故事可能是真实的，但是如果没有公关人员，这些故事就无法成为新闻。故事可能有新闻价值，但是如果没有公关人员，可能会通过别的角度被讲述出来。故事可能真实并有新闻价值，但是，因为新闻公关人员的“压制”，就永远无法成为新闻。

除了这样的歪曲，再考证公关人员收集新闻的结构方式，公关人员提供的材料显然很不可信，原因很简单，这些材料迎合了某些特殊集团的利益。所有的“平地球新闻”都带有公关“印迹”。当鬼鬼祟祟的董事长们忙着做假账时，是商业公关人员帮着安然和电通营造了所谓的“奇迹”；政治公关人员的“杰作”是伊拉克拥有大规模的杀伤性武器，比尔·克林顿的丑闻，以及在黑市毒品、犯罪、教育等方面的政策扭曲，是来自压力集团的公关人员吹嘘出切尔诺贝利巨大的死亡人数。所有的公关人员——商业、政治、非政府组织（NGO）——联手制造出“千年虫”。无论大故事，还是小故事，都如此产生，这就是新闻工厂的规则。

我并非在说所有的公关材料都是谎言。当然不是。令人担忧的是，如此众多的公关材料流进新闻工厂，记者没有能力区分哪些是真实的，哪些是虚假的。这类新闻从新闻工厂的入口涌入，通常不经过任何修改，就从另外一头流出去了（被报道）。

地方媒体的遭遇如何？鲍勃·富兰克林在2004年出版的《包装政治》中描述，在两个月的时间里，诺森伯兰（Northumberland）郡政府颁布的所有新闻通稿中，96%被地方报纸改编成新闻报道，很多新闻通稿不仅被一家地方报采用。大的区域性日报倾向于对这些材料进行大改，小的周报“或者照搬新闻通稿，或者仅仅删除某一段落，或者只调整各个段落的顺序”。鲍勃·富兰克林总结：“很明显，没有一篇基于新闻通稿的报道含有额外的信息，这些新闻通稿不经过任何质疑，就被囫囵吞下。”

1996年，斯特克莱德（Strathclyde）大学的大卫·米勒（David Miller）教授对北爱尔兰办事处（Northern Ireland Office）进行了调查，令人不可思议的是，北爱尔兰办事处用在公关上的支出是720万英镑，而北爱尔兰的人口不过150万人。每天，58名新闻官向位于贝尔法斯特的新闻中心提供三篇新闻通稿。鲍勃·富兰克林对北爱尔兰办事处3个月发表的新闻通稿进行跟踪调查，发现有一家报纸刊登了其中77%的新闻通稿，并且“很少编辑……原文照搬”。

这种现象很普遍。看起来像是记者自己写的文章，结果却是公关人员的杰作。卡迪夫大学的新闻学者列举了三个例子：2006年3月，《泰晤士报》报道了一名英国士兵被授予乔治十字勋章（George Cross），“和国防部颁发的新闻通稿一模一样”；2006年4月，《每日邮报》报道了一种新的预防花粉过敏的疫苗，“原文复制Cytos药品公司发布的新闻通稿，没有添加任何额外信息”；2006年3月，《每日电讯报》报道20世纪80年代的电视连续剧《新政治家》（*The New Statesman*）将重播，该稿件完全照搬演员李克·马耶（Rik Mayall）在议会广场举行的新闻发布会通稿。

著名记者克劳德·柯克本（Claude Cockburn）说过：“在某些人手中，报纸就是他们的武器。”当时，他指的是报业主，现在，不必拥有这份报纸，也可以操纵它了。

让我们回顾一下全国性新闻工厂到底是什么样子。

卡迪夫大学的新闻学者发现，英国五大最有声望的日报，70%的国内新闻来自新闻通讯社；主流广播、电视（BBC、英国独立电视台、BBC电台的《今天》和电台4台《下午一点的世界新闻》）新闻的65%来自新闻通讯社。并且，这些稿件主要来自新闻联合通讯社——他们所选择的新闻并非是对全国新闻的客观报道，也并非完全真实。

卡迪夫大学的新闻学者还发现，在第二条传输带上，54%的新闻报道来源于公关材料，这类报道或者在“推销”某些内容，或者在“抑制”某些内容，迎合政治、商业或其他集团的特殊利益。

很明显，公关传输带不仅仅直接向新闻工厂提供原材料，也向新闻通讯社间接供稿。卡迪夫大学的新闻学者的调查表明，报纸上发表的新闻通讯社的稿件的41%包含有清晰的公关内容。有些材料“两面夹击”，报社记者就根据来自公关人员和新闻通讯社的稿件一起编报道。有些故事（比如足球迷保罗·哈克），只是直接“塞”给了新闻联合通讯社，所以，稿件传到报社的新闻中心时，就没有明显的公关痕迹。

一名公关顾问告诉我，他看到他们所提供的新闻通稿在通讯社原文刊发，但是多了新闻联合通讯社的记者署名。一名为某政党工作的公关人员表示：“新闻联合通讯社可以帮我们传播信息，如果X发生，我们说Y，把这个信息提供给新闻联合通讯社发表，肯定比联络150家报社记者要容易得多。并且，这样做，很少有媒体会质问我们。假如给《太阳报》、《泰晤士报》记者，他们就可能来求证。新闻联合通讯社的记者不怎么深究，不怎么质疑，他们也是记者，但是在某种程度上，更像是信息服务员。”

新闻联合通讯社的资深记者安兰·琼斯这样描述：“我认识很多公关人员……有些人很正直、很诚实，但是大多数公关人员的目的是，让产品的名字出现在报纸上。他们源源不断地向我提供调查报告、数据、研究结果等，希望我能报道。我的窘境是，每天忙于写大量新闻稿，根本没有时间去核实。很多材料看起来很荒谬，我随便一编，结果成了全国性报纸的头条。”

这就是80%的新闻报道来自公关人员或者新闻通讯社的原因。

这种现状的直接影响是制造了对世界的合意描述，因为媒体从狭隘的原材料中选取新闻故事、报道角度和直接引语。看一下全国性新闻工厂24小时的运作过程，你会更清楚。

每天早上，全国性报纸的新闻主编都要准备好当天的新闻清单，并在晨会上宣布。新闻主编到单位后，马上找到新闻联合通讯社的“新闻咨询”（News

Advisory），这些“新闻咨询”早上6点就传到了。马丁·荷马（Martin Hamer）在他2000年的论文中，记录了他对新闻联合通讯社主编乔纳森·戈瑞的采访。乔纳森·戈瑞表示：“如果你是新闻主编，每天早上到办公室的第一件事是，找可以救命的稻草，了解最新发生的事。新闻联合通讯社每天将最重要的20条新闻进行排名，拿到这个单子，你就放心了。”

每家报社的新闻中心都有自己的报道（12%原创的新闻报道），但是，新闻联合通讯社的“新闻咨询”决定了国内新闻的排名。这些咨询在很大程度上受了公关人员的影响。公关材料也会被直接送往全国性报纸的新闻中心，为前20个“重要”的新闻故事造势。很多新闻中心将BBC“新闻互动”当作第二个新闻来源。“新闻互动”会在网站上突出重要报道，但是哪些新闻重要，也受新闻联合通讯社的影响——BBC将新闻联合通讯社的稿件当成是可信的、不必核实的材料。

白天，经过挑选的新闻陆续在全国电台、电视台播出，被伦敦《标准晚报》报道，偶尔，他们会添加一些额外的资料。全国性报纸的报道方向决定了其他媒体的报道方向。地方电台、报纸也从全国性报纸中找材料，然后从其他地市的报纸中找材料。

换言之，新闻官和公关人员，决定了新闻联合通讯社稿件的内容，决定了媒体报道的内容。一些公关人员还使用电子程序，比如由美国企业新闻通讯社（PR Newswire，简称美通社——译者）生产的媒体感知（Media Sense）程序，跟踪新闻稿的去处，为新闻稿添加新的材料。

下午，新闻联合通讯社向各报社提供新的“新闻咨询”。这份咨询在早上提供的“新闻咨询”的基础上，结合当天发生的重大新闻重新整合而成，比如突发事件，比如《标准晚报》、电台4台的报道等。全国性报纸的新闻主编参考这些咨询，在下午的例会上宣布出报方案。

新闻中心的夜班人员，会补充进一些漏报的重要新闻。午夜前，报纸诞生。早上，新闻主编们边看相互报纸的终稿，边听BBC电台节目《今天》——已经在使用新闻联合通讯社选择的新闻，然后参加早上的例会。

每个工作日，新闻联合通讯社发布150－200篇国内新闻。卡迪夫大学的新闻学者调查统计，平均每天《独立报》刊登18篇英国新闻，《卫报》刊登20篇，《泰晤士报》刊登24篇，《每日电讯报》刊登28篇，《每日邮报》刊登38篇，总共是128篇报道。有两个方面的共识。一是，调查表明，这些新闻的70%全部或者部分来自新闻联合通讯社。二是，媒体往往很关注其他媒体的报道，结果，媒体报道的内容基本相似，并且，这些报道多来自新闻联合通讯社。调查还发现，英国5份最有声望的日报，平均每天报道的新闻总数只有75篇。更惊人的发现是，报纸上的新闻和电视、电台新闻基本类似。48%的广播电视新闻已经在当日的报纸上刊登过了，其余42%会在第二天的报纸上刊登。只有10%的广播电视新闻没有在舰队街的五大报纸中出现过。（通常是那些因为有着离奇的画面被电视所报道的新闻故事）

产生这种新闻共识的过程让人信不过——包括材料的选择，以及所选材料的真实性都有问题。如果认真查看一下共识的材料内容，你会发现，这些材料很武断，甚至很荒谬。

看一下那些未被报道的新闻，那些没有被送上新闻传输带的故事，你也可以对此有大致的了解。

卡迪夫大学的新闻学者任意选择两周，调查社区新闻通讯社和专业杂志中未经全国性报纸报道的故事，结果，这类报道非常多。

这些故事包括：躲在索尔福德（Salford）的伊拉克难民，在当地酒吧目睹了枪击事件后，为了自身的安全，希望回到巴格达；官方证据显示，对地域性公共服务差异的判决，不同法院对同样的罪行处罚不同；因触犯最新的法律——一名和平主义者因在议会广场抗议被逮捕；卫生部发表了一份报告，为从美国进口感染了肝炎的输液用血找借口；削减伦敦地铁消防人员，引起人们忧虑。没有一个故事被全国性媒体选择报道，并不因为什么阴谋，仅仅因为新闻工厂供给线不足。

显然，武断、荒谬的“新闻共识”，很有可能包含虚假、歪曲、鼓动宣传的内容。新闻通讯社的供给线，从自身结构上来看就很脆弱，新闻通讯社的记者没有时间对稿件进行核查，他们的目的只是“引语正确”，而非真实。

全国性新闻工厂被“抄闻”围攻，卡迪夫大学的新闻学者调查发现，只有12%的事实陈述经过核查。这样的新闻流向传输带，通过媒体，流向公众。

新闻联合通讯社和公关体系并不比原来的旧网络强。“杂货店老板”喜欢它们的原因很简单，因为它们“便宜”。目前的局面已经不是报纸彼此竞争，看谁报道出最好的新闻，而是，报纸互相依存共同作战，生产差不多的新闻——报道可能好，也可能不好；可能诚实，也可能不诚实；可能准确，也可能不准确。

上述似乎有夸大的嫌疑。首先，有些是老生常谈，从未有过所谓的记者可以自由报道事实的黄金阶段。记者总得按点工作，总容易成为干涉新闻报道的人的目标。记者一直是，现在也是，受到媒体法的约束，特别是在英国，对接近官方机密和诽谤，做了严格的规定。总是有人不小心把事情搞糟或者故意说谎。

其次，直到现在，并非所有的新闻都是“抄闻”。卡迪夫大学的新闻学者的调查数据表明，依然有12%的报道由记者独立完成，另外8%的报道来源不清。这些报道可能是原创，因为原创的报道往往很难找到出处。当然也有可能，这些报道是不便公开身份的公关人员的杰作。总之，很有可能20%的舰队街的报道由记者独立完成。这些原创作品值得肯定。仍然有记者协调好时间，有效地工作；仍然有记者坚忍不拔，用很多的信心和勇气寻找、报道事实。

最后要说的是，那些困于“抄闻”流水线上的记者，虽然在生产一些“垃圾稿”，但是他们并非坏人。

然而必须面对的事实是，英国最好、最有声望的报纸80%的新闻是“二手货”，大多数报道没有经过核实，这些材料由最不可信赖、最想干预媒体的人提供。

每天，虚假报道不费吹灰之力便流进媒体，在英国传播。这些新闻跨过边界同样轻而易举地流向全世界。同时，从世界各地诞生的虚假报道也悄悄地流进英国。

“平地球新闻”已经充斥全球，因为，全世界的媒体面临和英国媒体一样的遭遇——被大公司收购、裁员，新闻产品数量增加，采访新闻的时间越来越少，核实新闻的时间越来越少，旧的新闻供给网瓦解，新出现的公关和新闻通讯社不能为媒体提供充分的稿件，很多稿件被重新包装贩卖给越来越多的媒体，报道事实的媒体蜕变为高速运转的机器。

世界上最强大的国家的新闻业也陷入深渊。美国媒体批评学家本·巴格迪肯（Ben Bagdikian）将原因归咎于媒体垄断。1997年，他评价：“控制媒体的公司数量逐年减少，由1984年的50家减少到1987年的26家，到1990年成为23家。1996年，处于支配地位的媒体公司只剩下10家。”到2004年，美国媒体主要由5家公司控制：时代华纳公司、迪斯尼公司、默多克的新闻集团、德国的贝塔斯曼（Bertelsmann）集团和维亚康姆（Viacom）集团。

这些大公司依照“杂货店老板”的商业逻辑来办媒体。根据美国报业协会（Newspaper Association of America）的统计，从1990年到2004年，美国媒体从业人员的数量下降了18%。在2004年到2005年的一年时间里，《纽约时报》、《旧金山纪事报》、《费城问询报》（*Philadelphia Inquirer*）、《费城每日新闻》（*Philadelphia Daily News*）、《波士顿环球报》（*Boston Globe*）、《美国圣荷西信使报》（*San Jose Mercury News*）、《华盛顿邮报》、《今日美国》（*USA Today*）、《时代》周刊、《新闻周刊》、《财富》杂志等裁掉了450名记者。

拥有《洛杉矶时报》、《巴尔的摩太阳报》（*Baltimore Sun*）、《哈特福特日报》（*The Hartford Courant*）和《纽约日报》（*Newsday*）的时报镜报公司（*Times*

Mirror Corporation）在20世纪90年代大量裁员。当时的董事长兼总裁马克·威里斯（Mark Willes）以食品业起家，被称作报业的“连环杀手”。他每次裁员，公司的股价就会翻三番。2000年，时报镜报公司被美国论坛公司（Tribune Company）收购，再次经历更大规模的裁员。普利策新闻奖得主劳里·加勒特（Laurie Garrett）以辞职表示不满，并发表了一封强有力的公开信。

“贪婪终于抵达最后一道防线，时报镜报和论坛报的领导者向我们展示了：他们首先为股东服务，然后为华尔街服务。为读者服务，只列在他们的服务对象名单的最后。”

美国媒体分析学家约翰·莫顿也支持劳里·加勒特的观点。他在2005年10月的报告中称，这些媒体公司的经营利润是20.5%，是世界500强公司的平均利润的两倍。

同英国一样，在美国涌现了大量的公关人员——从1950年的1.9万人增加到1990年的16.2万人。2000年的统计数据表明，这些公关公司的年增长速度是32%。美国公关公司理事会（Council of Public Relations Firms）称，美国最大的前25位公关公司全球收益接近35亿英镑。公关公司对媒体进行了强有力的渗透：《哥伦比亚新闻评论》（*Columbia Journalism Review*）对《华尔街日报》进行了分析，发现超过一半新闻“根据新闻通稿完成”，甚至“一字不差”，很少有额外的报道，却带有不诚实的署名“由《华尔街日报》记者报道”。

加拿大也一样。加拿大统计局（Statistics Canada）统计，自1991年开始，记者的数量一直在减少。2000年，加拿大公关人员艾瑞克·斯帕林（Eric Sparling）辞职，并在《多伦多星报》上发表真实署名文章，“我应该向大家说对不起，我一直在说谎、作假和欺骗。”艾瑞克·斯帕林描述了公关材料如何流向媒体，记者如何“懒惰或者超负荷工作”没有时间核实新闻，甚至连修改新闻通稿都做不到，“有时，新闻通稿的标题和报纸选用的标题一模一样。唯一的区别是，标题的旁边多了记者的署名……整句话，整段，都摘抄新闻通稿，这些新闻通稿都是像我这样的人写的，这些新闻通稿的目的性很强，都是拉拢你成为我们的客户的消费者。”

澳大利亚也一样。20世纪90年代，我在康拉德·布莱克旗下的《墨尔本世纪报》（*Melbourne Age*）工作了4个月。当时，康拉德·布莱克正忙着用分类广告的大笔收入接济报价，和默多克打“价格战”。预算如此紧张，以至于如果需要飞往澳大利亚塔斯马尼亚岛采访，要特批差旅费。结果有玩笑说，一名记者指着报纸上的广告词“《墨尔本世纪报》：世界上最伟大的报纸之一”，建议为了节约起见改为“《墨尔本世纪报》：世界报纸之一”。

2001年，昆士兰科技大学（Queensland University of Technology）的克莱

尔·扎瓦威（Clara Zawawi）调查发现，澳大利亚日报内容的47%由新闻通讯社或者公关人员提供，并且这些报道的角度多由公关公司决定。同时，澳大利亚的记者自愿成为公关人员的同盟军。以前是记者，现在是公关人员的吉姆·麦克纳马拉（Jim Macnamara）写了一篇关于公关如何影响媒体的论文。吉姆·麦克纳马拉在文中引用了2001年7月澳大利亚电视节目《早上好！》（*Good Morning*）的助理给他发来的邮件。"简单提醒一下，如果你们有合适的健康和医药类的报道，请告诉我，谢谢！"这份邮件被发给86家公关公司。

发达国家的记者不仅仅失去了继续报道各种社会事实的机会，而且，他们再也无法成为彼此的新闻源泉。举个简单的例子，如果多伦多的记者不报道，墨尔本的记者很难知道加拿大发生了什么事情。曾经有过这样一段时间，报纸可以从他们驻世界各地的记者站获得国外新闻，自由撰稿人全世界飞来飞去采访报道。但是，如今这些都已经不复存在。

《基督教科学箴言报》（*Christian Science Monitor*）记者吉尔·卡洛尔（Jill Carroll）为哈佛大学做的调查表明，到2006年，美国所有媒体，包括平面媒体和广播电视，驻外记者共有141人。媒体驻外机构缩减，媒体向纯商业利益妥协：作为商品，国外新闻成本高，回报低。有本地新闻，消费者就能满意，为什么还要投入大量的资金报道国外新闻？

2001年9月之前，美国哥伦比亚广播电视台的汤姆·芬顿费了很多口舌，才说服老板报道关于基地组织的新闻。他在自己的书中写道，1970年，他开始在哥伦比亚广播电视台的罗马记者站工作，该记者站有三名全职记者。当时，哥伦比亚广播电视台还拥有其他13处大型驻外记者站、10处小型驻外记者站以及遍布44个国家的自由撰稿人。现在，24处记者站已经缩减为3处。负责报道世界新闻的记者总共只有8人，其中4人在伦敦办公，他们的主要工作是改编新闻通讯社的稿件。驻伦敦的记者表示，有时，他们不得不把摄像机搬到摄政王公园（Regent's Park）附近的清真寺录制节目——看起来，他们外出采访了。

原本就没有多少国外新闻的报纸和杂志，也削减了对国外新闻的投入。2007年1月，《波士顿环球报》宣布关闭仅有的三大驻外记者站——以色列、哥伦比亚和德国记者站。之前，他们已经关闭了非洲、北爱尔兰和东京记者站。同时，《费城问询报》、《纽约日报》和《巴尔的摩太阳报》也从以色列撤出。

美国最大的报业公司甘尼特公司，同时拥有300多家英国地方报，现在也只是从6个国家采集国外新闻。

《美国新闻与世界报道》（*US News & World Report*）关闭了所有的驻外记者站。2003年2月，在悉尼的一次会议上，德高望重的前《星期日泰晤士报》记者菲利浦·奈特利（Phillip Knightley）发言："《新闻周刊》曾经以报道世界为豪，这份杂志在香港设立了很大的记者站，负责报道印度和东亚新闻。杂志在贝鲁特和开罗也设有记者站。可是现在呢？从东京到耶路撒冷，这份杂志没有设一个记者站，没有聘请一个当地通讯员。包括世界上最容易出新闻的地方——穆斯林的中东，也没有记者。目前，这些地方的新闻却由驻扎在伦敦和巴黎的记者提供。怎么就可以在塔利班发展的关键时刻、在印度和巴基斯坦进行核武器试验的时候，关闭新德里的记者站？让人难以置信，这就是对世界新闻的报道？"

热衷于报道国外新闻的自由撰稿人也不见了踪影，因为媒体不再为他们买单。2005年9月，前线（Frontline）电视新闻通讯社的创始人沃恩·史密斯（Vaughan Smith），在《卫报》撰文抱怨，媒体给读者、听众和观众提供的是"无味的世界"，"独家拍摄的新闻照片的价格降到1990年同样照片价格的五分之一，几乎没有了市场"。

对世界的报道面也越来越小，随之产生了两个重要的结果。一是，真空信息产生。美国报纸广告局（Newspaper Advertising Bureau）调查发现，到2002年为止，美国报纸只用2%的版面报道国外新闻。30年前，这个数字是现在的5倍。其次，媒体报道营造了一个具有共识性、保守性的世界：新闻事件发生，记者飞到新闻现场，只呆几个小时，除了先入为主，毫无所获。记者在报道中塞进一些显而易见的材料，包括他们的大使馆提供的材料，官方材料更支持了他们先入为主的观点。

国内新闻主要依靠新闻通讯社，国外新闻也不例外——英国大多数报纸、广播电视、网站的国外新闻主要从美联社和路透社获得，包括新闻、图片和录像。有些媒体把美联社和路透社当作获得国外新闻的唯一渠道。

在美国，1700家平面媒体和5000家电台、电视台从美联社获得国外新闻。其他国家的8500家媒体组织，包括121个国家的500家广播电视，从美联社获得国外新闻。相比之下，路透社的规模有点小，但是1000多份报纸、遍布100多个国家的1000多个电视频道都在使用路透社的报道。美联社和路透社估计，每天，全世界大约有10亿人在消费他们的新闻产品。这些新闻内容相同，报道角度相同，引语相同，图片相同——只是全世界发生的事情中的一小部分的报道，并非真实世界的写照，并且，这些报道大都是公关人员的杰作。

两大世界新闻通讯社垄断发展的同时，它们的竞争对手陆续"谢幕"：曾经很强大的美国国际合众社破产，被一家和统一教团（Unification Church）有关的公司收购，现在已远不及当年；苏联国家通讯社塔斯社，以为政府充当"传声筒"而著称，自从苏联解体后一蹶不振；在110个国家设有记者站的法新社尚可勉强度日，但是员工紧缺，因为法国政府的干预，新闻诚信缺失。其他小型的新闻通讯社呢？

比如擅长金融报道的奈特·里德（Knight Ridder）通讯社和道琼斯（Dow Jones）通讯社，还有向全世界提供电视新闻的BBC、CNN、半岛电视台（Al Jazeera）等，它们的共同点是，都在使用美联社和路透社的稿件。

美联社和路透社并非一无是处。它们有它们的长处。首先，它们坚持准确、公正的报道，很多记者冒生命危险去采访。其次，在其他供给线纷纷削减驻外机构的情况下，它们至少还在坚持全世界范围的报道。但是这两个长处都有局限。

比如新闻联合通讯社，它对报道的准确性的要求显然不同于报纸对新闻真实性的要求。一位在路透社工作了多年的执行董事所说的一番话和新闻联合通讯社主编乔纳森·戈瑞的观点不谋而合。他认为路透社并不关心新闻是否真实，只关心是否提供了受访者所说的准确记录，有时也会加上观点相反的人所说过的话。“新闻通讯社的职责不包括辨别这些声音，判断谁在说真话。”

通过新闻通讯社，“平地球新闻”传播到没有设防的媒体。路透社和美联社告诉世界“千年虫”、伊拉克拥有大规模杀伤性武器、吸毒和犯罪之间的关系、核辐射、买保险的球迷……如果按照准确记录别人所说的话来看，这些报道都很“准确”，但是，没有一篇报道是真实的。

国际新闻通讯社的记者和英国新闻联合通讯社的记者处境相同：他们没有时间进行有效的工作，被“抄闻”包围。特别是路透社，2002年，裁员3000人，2004年12月，宣布“快速发展计划”（fast forward plan），结果是到2006年底，节省4.4亿万英镑的投资，这个目标又通过裁员2000人实现。统计表明，目前，路透社记者平均每天完成5篇报道。为降低成本，路透社将很多新闻外包给班加罗尔、印度的新闻中心，因为当地的工作人员对新闻报道的背景不了解，结果错误百出。比如把波兰城市克拉科大安置在了葡萄牙，把因虐待伊拉克战俘被抓的美国陆军预备役女兵林恩迪·英格兰（Lynndie England）描述成指挥官，其实，她只是普通士兵。

路透社全球新闻总编辑大卫·史莱辛格（David Schlesinger）倡导了这次“快速发展计划”。不幸的是，2005年4月，他写给高级董事的备忘录被错误地发给成千上万路透社的员工。他在邮件中承认：“我们的新闻被认为没有多少深度，我们的数据存在严重的质量问题。”

大多数驻外记者主要从三个渠道获得信息：政府和其他组织的公关人员、当地媒体和媒体之间。很多时候，他们无从选择，只能为“抄闻”忙碌。《独立报》驻华盛顿记者告诉我，“不必打电话”就完成了报道。他们使用“JCB”工作方式，即从美国大报中选择新闻，写进他们自己的文章，如同驾驶了“JCB”挖掘机。美联社、路透社的驻外记者也是这样，他们“擅长”相互借鉴。

著名英国记者爱德华·贝尔（Edward Behr）在著作《有谁被强奸了，而且会说英语？》（*Anyone Here Been Raped and Speaks English*？）中回忆了他在路透社驻巴黎记者站工作的情景："是谁在制造新闻？我问自己。在伦敦，法新社的记者尽可能快地改写路透社的稿件，改好的稿件就进了法新社的新闻服务库。在巴黎，我们恬不知耻地修改法新社的稿件，传给路透社。"全世界的小型通讯社都在忙于改写路透社的稿件，然后当作可信的报道，据为己用。

汤姆·芬顿在书中引用了哥伦比亚广播电视台新闻节目主持人沃尔特·克朗凯特（Walter Cronkite）的观点："如果只有路透社或者美联社对某事进行了报道，新闻来源是单一的，我们应该去核实……问题是，你们这些接受服务、采用对方稿件的媒体组织，自己也无法控制。你们只是在传播现有的信息，不对新闻进行核实，违背了你们的职业原则。"

两大通讯社在竭力报道世界新闻，但这并不代表它们做到了。如同新闻联合通讯社对英国新闻的报道，路透社和美联社也只报道了世界新闻的一小部分。

全世界有200多个国家，平面报道方面，美联社在121个国家设立了记者站，路透社在92个国家设立了记者站。80多个国家没有美联社也没有路透社的记者站。电视新闻报道的覆盖面更小。美联社旗下的美联环球电视新闻（APTN）只在58个国家派驻了记者，而其向全世界提供88％的电视新闻。路透社称在59个国家设立了电视新闻记者站。我数了一下，130多个国家既没有美联社也没有路透社的电视新闻记者站，其中包括加拿大、爱尔兰、新西兰、沙特阿拉伯、战事不断的刚果、受战争和干旱摧残的苏丹等。

即使有了记者站，也是员工紧缺，往往单枪匹马作战。比如2001年9月，路透社驻喀布尔（Kabul）记者站只有一名记者，这名记者不得不同时摄影、写新闻报道、录像、编辑图片。同样，美联环球电视新闻也只在澳大利亚、阿根廷、巴西、智利、韩国和马来西亚各派驻了一名记者。当重大新闻发生时，通讯社会调遣其他区域的文字记者、电视记者支援报道。结果是，其他记者缺少背景知识、不能连贯地分析、没有机会跟踪报道……他们从当地媒体或者其他网络收集一些二手信息，完成报道任务。结果是，炸弹爆炸、竞选结果公布、飞机失事——全世界的媒体，播出同样的新闻镜头，同样的采访内容，刊登同样的新闻图片。媒体不管报道真实不真实——这就是"平地球新闻"。

面对一些指责，新闻通讯社的答案是：如果在某地没有派驻记者，我们就靠自由撰稿人或者当地的广播电视媒体协助报道。是这样吗？世界电视台（World Television）对此做了调查。调查内容是路透社和美联社报道的所有关于新西兰的电视新闻。调查分两次，一次从2002年3月开始持续两年，一次从2004年3月开始持续两年。

调查期间，路透社和美联社都没有在新西兰设记者站，离新西兰最近的员工在悉尼，其次是位于3400里外的雅加达的记者。只有在其他场合提到新西兰，或者听说新西兰有特别吸引人的事情发生时，路透社和美联社才会派记者去采访，或者从当地购买新闻。

从2002年3月开始到之后的两年内，路透社和美联社发布的所有电视新闻报道中，哪怕仅仅提到新西兰的，总共有262次。其中140次由驻其他国家的记者站完成。世界电视台按照传统的新闻分类方式对这些报道进行分类，发现147次报道属于“软新闻”，关于橄榄球、板球、游艇赛事等，28%是灾难报道，44%是奇闻轶事。

在两年时间里，只有115次报道是“硬新闻”。这些“硬新闻”的角度都由西方国家决定。71次报道和时事政治有关，比如抗议伊拉克战争、澳大利亚首相走访新西兰等。41次报道和文化有关，主要因为新西兰是电影《指环王》和《鲸骑士》（*Whale Ride*）的拍摄地。在两年时间里，只有两次商业报道。第一次报道关于新西兰某公司设计了一种新型的厕所，第二次报道是关于新西兰元和欧元之间的兑换率。没有任何关于健康、青少年、环境、科学等方面的报道。

2004年3月，世界电视台开始第二次监测，结果更糟。记者麦可·丹佛（Mic Dover）对此进行了跟踪报道，2006年8月，他在《新西兰听众》（*New Zealand Listener*）中写道：

> 数据表明，最近，新闻通讯社购买的新西兰产的新闻节目的数量下降了一半。原因是当地的政治报道减少，体育报道减少，文化报道也减少。之前，《指环王》、《鲸骑士》播出后，给新西兰带来了大量的游客，新西兰的曝光率随之增加，这和《鳄鱼邓迪》（*Crocodile Dundee*）在澳大利亚播出后的结果一样。
>
> 2004年到2006年，海外观众几乎看不到关于新西兰商贸的新闻，他们看到的多是奇闻轶事，比如，基因变异产生的长毛鹦鹉，柚子大小的流星陨石破坏了房屋。有四次报道和竞选有关：两次报道是关于海伦·克拉克（Helen Clark）竞选获胜；一次报道是关于竞选之夜，一架轻型客机事故；一次报道是关于一只名叫托比（Toby）的狗注册参加竞选。

由于全球新闻网站对美联社、路透社的完全依赖而少有核实，这些不可信的、有限的信息迅速传播。这也是为什么在2005年2月，各媒体纷纷报道了这样一段图像：巴格达的激进分子声称绑架了一名美国士兵，这名士兵跪在用阿拉伯字写的标语前，接受酷刑——事实上，这名“士兵”是假的，是用玩具娃娃做的，整个事件是个恶作剧，却被美联社当真，以至于此报道传播到世界各地。

利兹大学的克里斯·派克森（Chris Paterson）博士对新闻如何在世界范围内传播进行了研究。他依靠查找剽窃文章的计算机程序，查看网站如何“复制”美联社和路透社的稿件。

他发现，2001年，主流媒体网站34%的新闻直接来自美联社、路透社和法新社。这个数字比较保守，只包括“原文照搬”的稿件，并不包括各网站根据新闻通讯社材料改写的报道。到2006年，这个数字上升到50%，而这只是个平均数。美国广播公司（ABC）网站的新闻91%来自新闻通讯社，美国新闻网站MSNBC的新闻81%来自新闻通讯社，《卫报》网站62%，美国有限电视新闻网（CNN）59%，少一点的是《纽约时报》网站（32%）、天空卫视网站（15%）、BBC网站（9%）——或者因为它们更倾向于原创报道，或者因为它们费了很大功夫改编新闻通讯社的稿件。

克里斯·派克森博士又查看了由网络公司创建的新闻网站，发现它们“引用”新闻通讯社稿件更多。平均计算，2001年，这些网站新闻的68%来自新闻通讯社，到2006年，这个数字是85%。其中，Excite网站98%，Yahoo!97%，AOL94%，最少的是Altavista，也“引用”了50%。

克里斯·派克森博士没有对Google News进行分析，因为它诞生于2002年，比克里斯·派克森博士开始研究的时间晚了一年。Google News对新闻通讯社的依赖性也不会小，它同样不会对新闻进行核查，呈现给大家的也是别人在说些什么。这一切不用记者来做，而是由计算机程序实现。2006年，Google首席科学家克里斯纳·巴拉特（Krishna Bharat）告诉《媒体报》（*Press Gazette*）如何用数学算法选择新闻内容：“我们找出有多少编辑选择报道这条新闻，我们把这当成这条新闻的兴趣度，这也是对新闻进行排名的依据。我们的选择并非随心所欲，我们不过是问全世界的编辑，什么报道最有趣。”

2006年，美国卓越新闻项目（Project for Excellence in Journalism）的报告显示，Google News“在首页列举了1.4万条新闻，而实际上，这些新闻只是对24个新闻事件的重复报道”。

正如克里斯·派克森博士所总结的：“尽管各媒体竭力表现其信息来源不同，事实是，寥寥无几的新闻原创者为整个媒体提供了份额最大的国际新闻。”

2005年1月，法国《世界外交论坛》（*Le Monde Diplomatique*）报主编伊纳希欧·哈莫内（Ignacio Ramonet）写道：“妥协、顺从的新闻占了主导地位，严肃的新闻正在下降……信息在扩散，但是我们丝毫不能保证这些信息的可信度，它们可能是假新闻……被包装过的、用来展示的新闻取代了经过核实的事实报道。”

这就是“世界新闻”。展现在人们面前的是新闻的“漩涡”，一小部分报道就代表了全世界的新闻。几个垄断的新闻提供者“制造”了这些新闻，然后，这些新闻在垄断者之间“流动”。这些新闻通常由公关人员提供，没有经过核查，不是对世界完整的、真实的反映，这些新闻不可信，是被批量生产的“无知”。

有些人会以为，在非资本主义世界，因为没有“杂货店老板”的控制，大众媒体就可以健康发展，是这样吗？

我们都成了地球村的“白痴”，我们都被愚弄了。

4.生产的规则

2004年8月26日，全国生命权利委员会（National Right to Life Committee）对外发布了一篇新闻通稿，表述了该组织近期反堕胎运动的进展，这篇稿件和美国联邦法院最新裁决的支持堕胎法案针锋相对。

路透社北美新闻主编泰德·伊斯兰姆（Todd Eastham）是接到这篇新闻通稿的记者之一，他不喜欢全国生命权利委员会的腔调，便给对方发了一封邮件，问道："如果你们坚持把这些没人要的孩子带到这个世界上，你们打算怎么抚养他们，教育他们？如果他们的父母或者这个社会无法尽职照顾好他们，他们在街上闹事，被关进监狱，谁来为额外的警察、额外修建的监狱埋单？很抱歉，这些钱还要用来弥补布什政府的财政赤字，你们别找事了，对吧？"

这个举动很冒险，泰德·伊斯兰姆用官方邮件当面向他的雇主的"供货商"伸出了挑衅的手指。毫无疑问，迎接他的是劈头盖脸的臭骂，但是对方的"进攻线"并非是他的无礼。

泰德·伊斯兰姆的邮件很快被反堕胎网站转载，包括chritianitytoday.com，lifenews.com，"关于家庭新闻"（Family News in Focus）网站和右翼周刊《每周标准》（*Weekly Standard*），并且通过《华盛顿邮报》专栏和《华尔街日报》博客，被全国媒体报道。反对泰德·伊斯兰姆的呼声强烈，那些人"义愤填膺"，指责他不客观，不是合格的记者。

9月2日，路透社的新闻主管大卫·施莱辛格（David Schlesinger）不得不"投降"，他向全国生命权利委员会发了一封邮件，如同挂了白旗，他告诉对方："泰德·伊斯兰姆的失误让我感到震惊。我们目前正在对此事进行调查，泰德·伊斯兰姆已经意识到了事件的严重性。没有偏见是路透社员工应该具备的素质，我们会继续遵守这个原则。"大卫·施莱辛格对泰德·伊斯兰姆的惩罚是免掉他的北美新闻主编一职。

这件事情就此平息。在事件发展的整个过程中，大卫·施莱辛格并没有提出也没有回答最重要的问题：泰德·伊斯兰姆应该如何对待这样的新闻通稿呢？当生命权利委员攻击联邦法院的裁定时，客观的记者应该如何反应？

泰德·伊斯兰姆可以认为这篇新闻通稿有偏见，把它扔进垃圾堆，也可以交由记者把它改写成新闻，或者他可以安排记者就此去采访反对生命权利委员会、支持堕胎法案的团体。他可以以此为契机，调查未生儿的死亡事件；调查生命权利委员会在英国议会的影响力；做一篇关于世界各国堕胎法的特稿；调查联邦法院的裁定。他也可以按照他在邮件里所表述的思路，从犯罪学角度进行报道，来支持他的观点：严禁堕胎的结果是，不受欢迎的孩子来到这个世界上，因为他们的童年得不到关爱，很容易走上犯罪道路。事实是，大卫·施莱辛格选择了“逃避”，没有采用以上任何一种报道方向。

哈利·伊凡斯在传记《好时光，坏时光》中描述，默多克收购《泰晤士报》之后，把他从《星期日泰晤士报》主编调任《泰晤士报》日报主编根本就是个错误。当时由默多克委任的该报副主编查尔斯·道格拉斯·霍姆和他的办报观点不一致，并经常暗箭伤人。

英国政府的医药总顾问曾将一份秘密文件交给哈利·伊凡斯，警告汽油味中铅含量高，吸入过多会导致大脑受损，英国成千上万的儿童正面临这种危险。哈利·伊凡斯决定将这个消息作为头版头条，周一见报。之后，哈利·伊凡斯生病，报社工作由查尔斯·道格拉斯·霍姆主持。周一，哈利·伊凡斯发现，“汽油味有毒”的新闻被当作非重要的新闻处理。后来，哈利·伊凡斯得知，查尔斯·道格拉斯·霍姆拒绝按照他的吩咐去做，因为不想超越“正常的新闻价值”。

哈利·伊凡斯写道：“什么是正常的新闻价值？考虑到汽油味对孩子的毒害，引导大家去调查、去讨论这件事情，难道不正常吗？这恰恰反映了查尔斯·道格拉斯·霍姆的道德麻木和‘卧式’新闻理念：只等事件发生。他们只是像工人那样把发言、报告、典礼等记录下来，写成稿件，而不加任何思考。他们对丑闻、不公正现象不做任何评判，除非别人先发现……我们要判断哪些是重要的，从道德上进行判断，‘立式’新闻理念是积极的，它设置自己的议程。”

哈利·伊凡斯争论的关键是，“记者不得不做出判断”——不是“有时候需要做出判断”，也不是“爱出风头的记者才会做出判断”，这些判断不是可有可无，而是必须的。做判断不是令人感到羞耻的失误，而是重要的、不可逃避的、记者在做任何报道时都该持之以恒的。这些判断包括：选择这个主题，而不是另外一个；选择这个角度，而不是其他；用这样的标题，这样的导语，这样的语言，而不是别的……

现代新闻业最大的神话是“客观报道”，指的是优秀的报纸和广播电视采集、报道客观事实。这是经典的“平地球”童话，大家广泛接受，但它并非现实。这样的情景从来没发生过，将来也不会发生，因为它根本不可能发生。事实是客观存在的，但是任何记录事实的过程都包含有选择的过程，包含哈利·伊凡斯所描述的那种判断。从这种意义上说，所有的新闻都蕴藏技巧。

所有的新闻都包含有独特的报道角度——如同某人步入房间，他一定用他特有的视角观察房间里的事物。同一篇新闻的报道角度有很多种。优秀的、健康的媒体具体情况具体分析，选择最有新闻价值的故事，最能体现新闻价值的角度、语言，以及叙述方式。在做这些判断的时候，他们不必考虑媒体所有者、广告商、政府或者其他操纵媒体的人的建议；在做这些判断的时候，他们知道总是还有其他的选择；在做这些判断的时候，他们是诚实公正的。

很多老记者都明白这一点。正如哈利·伊凡斯在《听众》（*Listener*）里写的："事实可能会很神圣——但是哪些事实？媒体并非透明的玻璃，我们选择的是我们看到的东西。"乔治·奥威尔（George Orwell）、詹姆斯·卡梅隆和玛莎·盖尔霍恩（Martha Gellhorn）都曾大肆奚落所谓的"客观"。《星期日泰晤士报》特约撰稿人尼古拉斯·汤玛林（Nicholas Tomalin）如此巧妙地表述："过分单纯的'事实'就是谎言。事实并不神圣；任何记者写报道时，他已经开始选择、开始改造事实了。在叙述这些事实的同时，他也在评价。对于读者，事实像小糖块儿，最好快点忘掉。认为记者的职责是记录事实，如同认为建筑师的工作是垒砖——不错，但是没有抓住要领。"

路透社没有抓住报道的要领，泰德·伊斯兰姆也为此丢了工作。泰德·伊斯兰姆的错误不在于对新闻通稿做出评价，而在于，对新闻通稿进行公开评价。媒体领导人如大卫·施莱辛格之流，喜欢扛着"客观"的旗号假装追求真实报道，而实际上，他们根本没有这样做。他们所谓的"中立"，是一种异类。

这种"中立"要求记者成为"隐形人"，克制自己，不做任何判断，而对于新闻报道而言，做判断很重要；这种"中立"要求报道各方面的观点，这正好跟只报道事实相反。如果两个男人去割一片草地，一个男人说道："活干完了！"另外一个男人却说："我们一根草也没有割。"记者要做到"中立"，就是报道两个男人的说法，展现给大家，并表明："我们不知道到底发生了什么——你们自己决定。"

这种"中立"成为"客观报道"的化名，在如此招牌下，"抄闻"也似乎变得令人尊敬。2006年，BBC编辑方针负责人斯蒂芬·慧特尔（Stephen Whittle）甚至声称："我们的职责是保持客观，我们希望我们的报道可以让受众自己做出评价，什么人对谁做了什么样的事情。"

损害不仅仅这些。记者不必再对事实进行判断，这种判断的权利归新闻圈外人所有。由新闻编辑和记者选择故事、报道角度的模式不复存在。记者已经由主动找故事的人变成被动的材料处理者——只有12%的报道没有新闻通讯社、公关人员的印迹。现在，最先对新闻做出判断的是新闻圈外人。诸如全国生命权利委员会这样的组织，会向路透社提供新闻通稿，因为他们知道他们的新闻通稿可以从这里传播出去。那些看不见的“中立”的记者，会严格遵守“流水作业”规则，发表这些新闻通稿——这也正是哈利·伊凡斯所谴责的。

公司化运作的媒体自身结构存在缺陷，除此之外，还有其他因素在起作用。新闻工厂并非使用所有被放置到生产线上的二手材料，选择会在工厂内进行。正如哈利·伊凡斯所描述的，记者会参与选择，媒体所有者也会参与选择，但是在选择新闻的过程中，规则本身也被“抄闻”化了——以往，这些规则会严格把关，立即驱除那些不符合新闻工厂要求的原材料。

这些规则从来没有被列成条条框框，只要符合大批量生产新闻的逻辑就行。在这些规则中，有些是旧规则，有些是新规则，有些新旧重叠。这些规则共同作用，对原材料进行把关。

这些规则影响了客观报道，包括武断选择主题，其他主题被疏忽，事实首先被扭曲；习惯性地引用大量不可靠甚至虚假的说法；只反映周围社会中最有权势的团体的政治和道德共识。

应该强调的是，这些是生产“抄闻”的规则。仍有相当数量的记者蔑视并破坏这些规则。但是这类记者经常惹恼宁愿遵守这些规则的媒体管理者。无论以什么样的形式出现，这些规则恪守的是两大最基本的商业原则：降低产品成本和增加收入。

降低成本

规则一：报道“便宜”的故事

按照这条规则，所选择的新闻要具备这样的特点：一是报道快，二是出版没有风险。这类新闻一定是便宜的新闻。这条规则不鼓励复杂的调查，而是鼓励简单的、不会引起争议的、容易获得的新闻。

鲍勃·伯特（Bob Port）的经历向我们充分展示了这条规则的“威力”。鲍勃·伯特是美联社驻纽约特别报道团队的负责人。1998年4月，美联社驻汉城（今改名为首尔——译者）记者站的记者交给鲍勃·伯特一篇报道，这篇报道的主题是朝鲜战争的受害者联合起来起诉美国政府，要求其对将近50年前发生的一场事故进行赔偿。报道提到美国士兵屠杀当地平民。

事情是这样的，1950年7月底，在朝鲜战争中，美国军队要求两个村庄的村民离开他们的家园。当400多人（主要是女人、孩子和老人）走到老根里村（No Gun Ri）时，遭到了美军的轰炸袭击，100多人当场遇难。美军陆军让幸存者躲到一座钢筋水泥拱桥下。当天晚上，同一伙陆军架起机关枪对拱桥进行扫射，几乎杀害了所有的人。美军开火的动机很明显，他们怀疑有朝鲜士兵藏匿在难民之间。

《黑名单》（*Into the Buzzsaw*）记载的是在美国受到“阻碍”的报道，在本书中，鲍勃·伯特回忆了他如何对待韩国记者站的稿件。鲍勃·伯特派记者查找美国国家档案馆（National Archives）中的军事记录。不到24小时，记者从几十年都没人碰过的文件中发现了一份重要的备忘录，日期是1950年7月27日，记录人是美军司令威廉·基恩（William Kean）。威廉·基恩提到老根里村，提到桥附近100平方英里的区域，并告诉他的士兵们：“这个区域的所有平民都被当作敌人来对待，采取统一行动。”记者还发现一条电台信息：“严禁难民突破战线，射击突破战线的任何人，如果是女性和孩子，要谨慎开火。”

鲍勃·伯特继续描述他如何“悄悄地”搜集更多的证据，因为他担心，一旦他的老板了解到这篇报道需要花费的时间和投资，会阻止他报道此事。这就是美联社的本性。他说：“美联社会聚了很多有才华的记者，但很不幸的是，在美联社，领导对有利于社会民主的调查性报道丝毫不感兴趣。在美联社，受追捧的新闻是简单的、中立的报道。”

3个月后，1998年7月，他的报道完成了，包括对参与“大屠杀”的美国军人的采访。但是鲍勃·伯特的老板并不喜欢这篇报道，认为他闯了大祸，并指责鲍勃·伯特故意刁难美国军队，揭对方的伤疤（gotcha journalism）以吸引眼球。这个稿件被搁置了几个月，1998年12月，老板决定“毙掉”这篇稿件。稿件最终还是被救活了，条件是：鲍勃·伯特以及之前调查“大屠杀”事件的记者不允许参与稿件的改写，稿件由美联社的资深董事改写。

1999年9月，在鲍勃·伯特提交报道方案的14个月后，美联社发表了这篇报道。报道明显回避“屠杀”字眼；大部分内容以美国士兵的视角讲述，文章对美国士兵抱以同情的态度，认为他们“年轻，没有经验，受了惊吓”；备忘录中关于下令射击平民的文字被放到第45段；对到底发生了什么事情表示怀疑——这样的文章为美联社赢得了普利策新闻奖。

但是这个故事并未到此为止。故事终稿包括对退役美国士兵的采访，6名士兵声称他们向难民开了枪，其余6名士兵声称目睹了射击过程。8个月后，《美国新闻与世界报道》攻击这篇报道，揭露声称参与枪击事件的退役军人爱德·德雷（Ed Daily）根本没有在场，根本不是那个部队的士兵。爱德·德雷承认自己在说谎，他编造得惟妙惟肖，以至于其他士兵都没能看出破绽。这些“经历”给他带来了荣誉奖章和经济上的补贴。

人们对美联社的批评声如潮。美联社据理力争，认为一个证人在说谎，并不能降低整篇报道的真实性，其余11名退役军人，24名韩国幸存者，还有内部的军事文件都可以支持这篇报道。普利策奖评委会同意对方的观点，授予美联社奖项。之前，美国军方一直矢口否认，称从来没有到过老根里村，最终承认在那里杀害过平民。然而，美军的狂怒令美联社的领导们坐立不安。这也正是令美联社的领导们感到紧张并竭力阻止的报道：这样的报道会惹麻烦，费钱又费时间，还会导致摩擦。不过好在美联社的这篇稿件，自始至终用的是“假设”口吻，很容易为自己开脱。但即使不报道这样的故事，美联社的客户们也不会反对，生产线上有其他足够的新闻可以报道。

不久，美联社解散了鲍勃·伯特主管三年的特别报道团队，安排鲍勃·伯特从事和办公室计算机系统有关的边缘工作。为此，鲍勃·伯特辞职。回顾自己的经历，鲍勃·伯特总结道：“让我烦心的是，有多少像老根里村这样的故事等待记者去报道？美联社的哪位记者又会去努力调查，报道它们？”

美联社领导的逻辑——从他们的视角看也非常合理——大多数媒体机构也是如此进行“中性”的新闻调查。在《新闻的要素》一书中，作者比尔·考瓦奇和汤姆·罗森斯蒂尔探讨了从20世纪70年代中期的“水门事件”至今，调查性新闻报道由盛到衰的过程。他们关注的焦点之一是美国电视台的“调查性报道团队”，这个团队表示，他们所调查的事件大都不会让政府感到尴尬，不会损害权势者的利益。

“地方电视台常常派记者去调查这样的事件，比如‘危险的门’，开关门导致的事故；‘在你的洗衣机内’，调查洗衣服的同时，有多少细菌和脏东西由一件衣服传到另一件衣服。”他们藏着摄像机进行暗访，发现收费7.95美元清洗地毯的公司，根本就洗不干净地毯；调查胸罩的金属线如何刺伤消费者。地方电视台的记者表示，这些选题多由公关人员提供，记者稍微加点自己的“劳动”，便可以播出。“他们提供字幕、电视片段以及对专家的采访等。”

在英国，时事新闻节目也使用同样的逻辑，记者只能相互模仿，制作低成本、低风险的人情味报道。一位有经验的编辑对我说：“我们做过 ‘太糟糕了，我太胖啦！’，做过‘太糟糕了，我太瘦啦！’我们现在做的是‘太糟糕了，我不知道该怎么办啦！’”

这个逻辑也影响了该对哪些新闻进行报道的日常判断，尤其导致国际新闻的衰退——国际新闻比国内新闻贵。卡崔娜飓风（Hurricane Katrina）摧毁了新奥尔良，令3000人身亡，这成为国际新闻。同一个夏天，斯坦利飓风（Hurricane Stanley）导致654人身亡，828人失踪，12万人失去家园。但是后者发生在危地马拉（Guatemala），西方媒体在那里缺少新闻资源。卡门国际传媒（Carmen International Media）分析，英国媒体提到3105次卡崔娜飓风，提到斯坦利飓风的次数却只有34次。根据“第三世界环境电视节目项目”（The Third World Environment Broadcasting Project）统计，2003年，在英国四大电视频道播出的国际纪实性节目，比1989年少了40%。

这条规则也对国内新闻的报道起作用。比如，新闻发生地离舰队街越近，越有可能被报道。20世纪90年代末，我报道了发生在孤儿院的性侵犯事件。在听证会上，孤儿院的员工、受害者宣誓提供证词，陈述了包括警官、社会工作者在内的犯罪嫌疑人的犯罪事实，诸如如何对小男孩动手动脚，实施强奸等，并指责官方对此置之不理，以至于类似事件持续发生了很多年。当时的场面很感人。但听证席的最后两排留给媒体的座位却空着。并非因为这个故事不够好，而是因为听证会在北威尔士举行，这里离舰队街太远，媒体不想费心惹这个麻烦。

需要稿件的命令一下，就得交出报道，容易的自然被排在了前列。很难想象，世界媒体会选用这样的稿件——爱尔兰的曲棍球员被指控为谋杀犯，从没有听说过这个人，也没有听说过这个体育项目——即使这个故事在爱尔兰引起轰动。或者，这个曲棍球员是罗马天主教徒，他被指控谋杀了一名新教徒女性，这个故事有了政治角度。接下来的事情也难以想象——世界媒体对这个故事进行了好几个月的跟踪报道，以至于英国首相抱怨，他在政党会议上的总结讲话被列在晚间电视新闻的第二条，第一条新闻报道是对这个曲棍球员的审判结果。但是类似的事情的确发生了——一名美国黑人足球队员被指控谋杀一名白人女性。该案件涉及了美国的种族关系，美国以外的媒体报道一两次O. J. 辛普森（O. J. Simpson）案件也合情合理，但是这个案件在全世界沸沸扬扬，原因是从美国传出的关于该案件的文字、图片源源不断，这样的新闻既便宜，又容易获得，媒体何乐而不为呢？

规则二：选择安全的事实

这条规则鼓励记者尽量使用安全的事实称述，特别是那些来自官方的陈述。

2006年3月19日，奈特·里德新闻通讯社报道了一则来自巴格达的新闻，新闻来源是被泄露的伊拉克警方文件。文件中透露，2个男人、4个女人、4个孩子和一个8个6月大的婴儿，在当地村庄阿布色非（Abu Sifa）的一间房子里被美军杀害，美军还杀死了他们的家禽，炸毁了他们的房子。报道中还有一美军发言人的话：“听到这样的指控，我们很关心，但是，这件事很有可能不是真的。”

在英国，只有《卫报》完整地报道了这则新闻。除此之外，《独立报》用一段文字报道了该事件，BBC在另外一篇报道的结尾处简单提了一下该事件。此外再没有英国媒体碰这条新闻。在美国，只有两家区域性报纸对此事件进行了完整的报道。其他14家区域性报纸只用一段文字带过，或者根本不提。美国主流日报没有一家报道这则新闻。

之前，2006年3月14日，伊拉克警方发布信息称，他们在巴格达西部一辆废弃的汽车里发现了15具男人的尸体。这些人的手脚都被捆绑着，身上有被施过刑的痕迹，他们是被勒死的。警方推测，这些受害者是伊斯兰教逊尼派（Sunni）教徒，他们是被什叶派敢死队（Shia death squads）杀害的。路透社首先报道了此事。

英国媒体纷纷转载这条新闻，包括《卫报》、《独立报》、《泰晤士报》、《每日电讯报》、《镜报》、《太阳报》等。美国媒体，包括《纽约时报》、《华盛顿邮报》、《洛杉矶时报》等14家区域性报纸，以及《芝加哥论坛报》、《今日美国》等媒体也报道了此事。

为什么区别如此之大？单纯从传统的新闻价值判断，两则新闻同样重要：涉及大批人丧生，前者的遇难者包括妇女和孩子，后者涉及严重的暴力；前者——伊拉克警方将美军射杀平民记录在案的政治含义和后者——内战的政治影响不相上下。

就证据而言，奈特·里德新闻通讯社报道的11名平民遇难的证据更确凿。这则新闻来源于内部的警察报告，在通讯社提供的稿件中既有原文，又有英语译文；伊拉克警方的一名高级官员证实了这份报告；事故发生地的村民是目击证人；另一名伊拉克警方官员提供了尸检结果："所有的遇难者头部被子弹射中，戴着手铐"。相较而言，另外一则报道的来源仅仅是伊拉克警方的声明。

之所以产生这样的差别，可能有几个不同的因素在起作用：奈特·里德新闻通讯社的稿件不如路透社的稿件传播广泛，这条新闻很容易惹麻烦，因为它指控美军谋杀，正如上文提到的美联社报道韩国受害者要求赔偿的故事一样。最关键的区别是，15人被害的新闻有官方支持，不会引起争议，而在阿布色非发生的悲惨事件则被官方否认。当这则新闻传到巴格达时，美军发言人指责该报道，声称只有4人在此事故中丧生，其中一人是基地组织成员。并称，这名基地组织成员首先从房间内向外开火，导致恶果。当晚，阿拉伯电视台播出了事故录像，展示了11具尸体，其中包括小孩。这显然和官方的声明不一致。官方声明是用来迷惑媒体的。

从事故发生到报道相隔了4天。事故发生于星期三，奈特·里德新闻通讯社周日报道了此事。《洛杉矶时报》和《纽约时报》也的确对此事进行了简单报道：报道很中立，尽管证据确凿，报道还是附加了美国官方对"屠杀"指控的否认信息。我并非要批评参与报道的记者，在这种混乱的背景下，很难辨别故事的真伪；在报道中故意"逃避"而不表明哪些是事实的报道方式很正常，也符合行规。我联络了多家报社的国外新闻负责人，他们大都表示，这则新闻需要核实。然而结果是，美国和英国的主流报纸，没有报道该事件，尽管有很多文件、目击证人、录像支持该事件。他们选择报道了毫无任何证据支持、只有一份官方声明的15人被害的新闻。

记者依赖官方信息来源，部分原因是官方组织有序，有新闻官、网站、新闻通稿和背景材料等，可以迅速提供记者所需要的信息。更重要的是，记者们明白，如果他们和官方站在同一战壕，他们被攻击的可能性就会小。官方的战壕很安全。

安德鲁·吉利根的经历生动地表明了这一点。安德鲁·吉利根原是BBC电台的记者，他的报道指责英国情报部所掌握的伊拉克拥有大规模杀伤性武器的信息并不属实。因为这篇报道，安德鲁·吉利根被政府认为是“异教徒”，差点被烧死在火刑柱上。[①] 2004年1月，由赫顿爵士领导的调查小组下结论：安德鲁·吉利根的报道没有根据。我们很清楚，关于伊拉克存在大规模杀伤性武器的大多数报道同样也没有根据。只有《纽约时报》的记者朱迪思·米勒（Judith Miller）例外，不过，后来因为其他曝光性报道，他丢掉了工作。尽管报道不真实，其他的记者也从未感到过脸红，因为他们掌握的是官方信息。

安德鲁·吉利根的经历为众人所知，还有很多不为人知的此类官方坚持己见、对异己进行惩罚的事件。布莱尔政府的部长们曾经秘密会晤报社的高级执行董事，目的很明确：解雇《独立报》的时政主编安迪·麦可史密斯（Andy McSmith）、《每日邮报》的时政主编保罗·伊斯哈姆（Paul Eastham）、《新闻之夜》的政治通讯员马克·马德尔（Mark Mardell）以及《独立报》当时的主编安德鲁·马尔（Andrew Marr）。有一次，《金融时报》首席时政记者伊瓦·达内（Ivo Dawnay）的一篇报道惹恼了英国商务大臣彼得·曼德尔森（Peter Mandelson），文章发表的当天下午，彼得·曼德尔森给伊瓦·达内的女朋友打电话，简短地说道：“告诉伊瓦·达内，他已经死了，他根本没有存在过。”

在英国，和官方同一立场的报道会受到法律的保护。1952年颁布的《诽谤法》（*Defamation Act*）表明，如果记者的报道以官方信息为基础，“支持或代表任何政府部门、国家机关、地方权威组织和警察总局”，记者可免于诽谤罪的指控。1996年，保护范围扩大到欧盟的官方声明。总之，如果官方指控某人是罪犯，媒体这样报道，就不会受到指控；如果某人指控某官员是罪犯，媒体这样报道，就会受到指控。

---

①此处用布鲁诺的典故。布鲁诺当年因倡导并发展哥白尼的“日心说”，被教会视为异端，处以火刑。——译者

规则三：避免触“电网”

除了倾向于官方信息来源，媒体还趋附于任何有可能伤害媒体的组织和个人。这就好比农夫用于控制牲口的电网。农夫在田地里架起电网，有些牛撞上电网，受伤；农夫拿走电网，再没有牛敢越过这条线。

在英国，最老的“电网”是媒体法。《官方秘密法案》（*the Official Secrets Act*）倾向于约束记者，如果记者发表被政府认为是机密的东西，或者有人在提供这些信息，这些人很有可能会因此坐牢。诽谤法更严厉，涉及的范围很广，以至于任何负面报道都有可能会被认定为损害了报道对象的名誉。诽谤法保护的对象往往是有钱有势的人，因为打官司要花很多的钱，法律援助从来没有对诽谤诉讼伸过援手。这样的事情经常发生，报社律师指着一篇可能会损害对方名誉的报道，问记者：“这家伙有钱吗？”罗伯特·麦克斯韦每次都能游刃有余地面对“腐败”指控，无论记者报道的证据多么确凿，他每次都能逃脱，奥秘就在于此。英国和沙特阿拉伯的王室用诽谤法捍卫自己，令能在别的国家出版的图书不能在英国和沙特阿拉伯出版。而医生、警察、狱警能够一次又一次阻止对他们不利的报道，是因为他们所在的行业组织会为他们掏钱打官司。对于没有钱的地方媒体，打官司几乎就意味着倒闭。

现在，有了更多的新的“电网”，特别是由专业的游说群体（lobbying groups）建立的，这些游说群体是新一代的公关人员。在美国，“父母电视理事会”（Parents Television Council）对于不接受他们的保守的基督教观念的媒体发动了强势运动。据《媒体一周》（*Mediaweek*）报道，2003年，美国联邦通讯委员会（Federal Communications Commissions）收到的投诉中99.8%来自“父母电视理事会”。在英国，“乡村联盟”（Countryside Alliance）基本掌控了所有关于打猎的报道。世界上最具权威的“电网”是以以色列政府的名义建立的。

如果记者的报道冒犯了以色列的政府部门，记者会接到正式的投诉，报社的主编也会惹上麻烦；记者和主编都会收到无数充满敌意的信件和邮件。《独立报》的记者罗伯特·费斯克（Robert Fisk）被人骂得狗血喷头——他的妈妈是阿道夫·艾希曼（Adolf Eichmann）的女儿，他将和本·拉登一起入地狱，他是“祸根”、“反犹太人、支持法西斯的伊斯兰教宣教者”和变童狂。约翰·皮尔格（John Pilger）参与拍摄的关于巴勒斯坦的电视节目在英国独立电视台播出后，有人称约翰·皮尔格是“恶魔”、纳粹党员，并称杀死他全家是“不错的主意”。2006年，以色列政府发言人称一名德国通讯员是“一包屎”。

现在有了专门支持以色列政府的“压力集团”（pressure groups），他们最擅长的就是向媒体宣战。“真实报道”网站（Honest Reporting）在伦敦、纽约和多伦多都有办公室，并号称有14万会员，这些会员随时可以给媒体写信、发邮件施压。〔在一次对《卫报》的声讨中，负责处理读者来信的主编伊安·梅斯（Ian Mayes）收到太多的信件，要不停地开信，导致肌肉和韧带疲惫而受损，不得不接受三个月的理疗。〕美国的“准确报道中东委员会”（the Committee for Accuracy in Middle East Reporting）组织街头示威，对广告商施压，写大量的邮件讨伐媒体。“给以色列你的联合支持”（Give Israel Your United Support）网站向会员提供了专用的浏览器，只要一点击，就可以把他们认为是侮辱性的文章发给对方，还有麦克风（Megaphone）软件协助会员进行大规模的投诉。中东媒体研究中心、巴勒斯坦媒体观察、英国以色列社区和研究中心与以色列大使馆员工都为这座“电网”增添了更多的能量。这些组织和代表以色列的政府说客集团、政党有着共同的目标，分享共同的资源。

结果，报道真相变成一件危险的事情：报道巴勒斯坦的灾难；描述以色列占领巴勒斯坦后当地平民成为最大受害者；提及成千上万的巴勒斯坦人被驱逐出家园；牵涉20世纪40年代锡安主义者（Zionist）① 屠杀巴勒斯坦人。真相明摆在那儿，但是记者若报道这些内容，“电网”就会惩罚他们。不谨慎地用词，也会惹麻烦，比如说“被占领的领土”，不把巴勒斯坦爆炸者称作“恐怖主义者”，拒绝以色列政府委婉的说法“有计划的消灭”等。问题是，在巴勒斯坦方，并没有类似的政府游说团体，于是支持以色列的团体每每获胜。

“真实报道”声称：“从2000年至今，本组织已收集了来自媒体的上百封道歉信，以及取消报道的声明和报道修正稿。”特别是对CNN的声讨，获得巨大的胜利。他们每天给CNN总裁发送6000封邮件，结果他们被邀请到CNN位于亚特兰大的总部，和CNN的运营主管会见。CNN的运营主管表示，对“真实报道”的关注深表感激。“真实报道”声讨CNN的原因是，对方没有称巴勒斯坦爆炸者为“恐怖主义者”，对以色列受害者的关注太少，CNN播出爆炸者的爆炸宣言录像。会议之后，CNN网站开始改用“巴勒斯坦恐怖主义者”的字眼，对以色列的受害者也进行了特别报道，总裁还下令禁止使用爆炸者的爆炸宣言录像。“真实报道”还称，亚特兰大的主持人故意打断记者在巴勒斯坦发回的报道，添加以色列的内容。

“真实报道”还成功影响了路透社的报道。比如，阻止路透社继续称“哈马斯”（Hamas）为寻求国家独立的团体，而改称其“哈马斯，宣誓颠覆以色列”。在“真实报道”的压力下，文章发表不到90分钟，《华盛顿邮报》网站标题“犹太幼

①锡安主义（Zionism），又称犹太复国主义，是犹太人的政治运动，也指支持犹太人在以色列土地建立家园的意识形态。自以色列立国开始，这个名词常用于指对以色列国的支持。——译者

童死在西岸”就被改成“犹太幼童在西岸被击毙”。因为发表了一张支持以色列的示威游行的照片，以反对以色列的人群作为前景，《纽约时报》不得不来一封充满溢美之词的道歉信。fair.org的调查显示，以色列军队占领巴勒斯坦领土后，美国90%的报道称其为“争议者”、“异议者”，甚至“以色列人”而已。

BBC也是“真实报道”声讨的重要目标，是其年度最不诚实报道奖得主。BBC的一位资深记者告诉我：“这些游说集团制造了一些令人恐惧的气氛。如果《今天》的节目主编预料到某篇报道会招致大规模的投诉，他会三思而后行。游说集团肯定能起作用，我可以列举出无数的例子。”BBC的另一位员工回忆，以色列驻英国大使馆的新闻官大卫·施内瓦斯（David Schneeweiss）曾经劝说《今天》节目的制片人炮制一篇关于亚西尔·阿拉法特（Yasser Arafat）腐败的新闻，尽管BBC驻以色列记者表示根本没有这回事。“驻地记者拍摄了一则关于巴勒斯坦的新闻，却被伦敦总部告知‘不错，但是需要以色列的声音’。如果倒过来，只拍以色列的新闻的话，这样的事情根本不会发生。”两个学术组织调查发现，在BBC播出的关于以色列的声音多于巴勒斯坦的声音，对以色列受害者的关注多于对巴勒斯坦受害者的关注。

规则四：选择安全的立场

和选择安全的事实类似，这条规则要求媒体所选择的道德和政治立场也要安全。其中有两个要点：一、报道中不要表露出道德立场和政治立场，这些立场是报道的基础，不直接表明立场，可以安全应对审查；二、这些立场反映的是周围人的共识。

对于某些特定报道，这些立场有着决定性的影响力。20世纪80年代中期，在担任《观察家》报国内新闻通讯员期间，我参与调查报道了海尔达·莫瑞（Hilda Murrell）神秘之死事件。海尔达·莫瑞是在什鲁斯伯里（Shrewsbury）生活的一位老太太，有人闯入她的家，将室内洗劫一空，强奸了老太太，并杀害了她。我的报道立场是，这个事件不是单纯的入室暴力抢劫事件，这位老太太之所以成为受攻击的对象，可能是因为她曾经反对修建新的核电站，可能是因为她的侄子——福克兰战争[①]期间，她的侄子曾经在海军情报部工作。

在老太太去世10周年时，我在《卫报》工作，回顾这篇报道时，我惊讶地发现，我的报道根本站不住脚。当时我收集了零零散散的材料，我的报道就是根据这

①指的是1982年英国和阿根廷在马尔维纳斯群岛（Islas Malvinas）发生的一场战争。英国称马岛为福克兰群岛（Falkland Islands）。该岛国面积为1.2173平方公里，居民90%以上是英国移民，首府为斯坦利港。

些材料写成。现在看来，有些材料很多是假的，有些材料尚存在争议。之所以写出那样的文章，因为我当时私下认为政府、核电站很有可能做出那样的事情。这种推测也让大家信服——因为当时，撒切尔政府使用“秘密组织”对付“人民内部的矛盾”——这种立场广为接受，根本不需要我明说。于是，我想当然写了那篇报道。2005年的一个测试表明，一位来自什鲁斯伯里的36岁劳工的DNA和遗留在海尔达·莫瑞体内的精液DNA一致，这名劳工承认杀害了老太太，而他和核工业、和政府没有任何关联。

在英国，关于寻求庇护者的报道带有同样的道德和政治假设。查阅20世纪80年代的报纸，你会发现无数这样的文章，当时记者对寻求庇护者和人贩子抱有高度的同情。而现在，同样是那些记者，却在写文章攻击对方。

《每日邮报》记者杰福里·莱卫（Geoffrey Levy）过去曾经在《每日快报》工作。他写过一篇卡车司机如何非法将一家寻求庇护者带入英国境内的报道。当时的文章标题是“卡车司机让一家人获得自由”。杰福里·莱卫描述了卡车过边境时的危险，可爱的小女孩藏在悬挂在车底的盒子里。司机很谦虚，拒绝接受英雄的称号，表示“友谊带来了勇气”。

当时，《每日邮报》也很乐意刊登来英寻求庇护的年轻夫妇高兴地喝着英国啤酒的照片；祝贺另外一对夫妇“在移民局外欢快地起舞”；写文章声援寻求庇护失败的人，报道他们被工作人员抬向飞机时，在“尖叫和挣扎”。“这意味着把他们送进监狱，或者致他们于死地。”《每日邮报》报道，“英国内政部拒绝留他们在英国。”报纸引用大赦国际组织（Amnesty International）的评价“不可思议的悲惨”。

这些故事的立场是将这些从旧苏维埃国家逃脱来寻求庇护者当作好人。而现在，还是同样的东欧国家，报纸却称来自那里的移民为“坏人”——罪犯、勒索者和疾病携带者。对移民的争论也变得复杂，涉及经济、社会和道德的因素。《每日邮报》和《每日快报》的报道更是“错综复杂”，他们呼吁支持自由市场的声音最高；他们继续支持资金、服务、商品在国界间的自由流动，而不是劳动力——如果这意味着非洲人、吉卜赛人等穷人过来找工作的话。我的假设是，海尔达·莫瑞的死和政府有关；他们的假设就是“东欧移民都是坏人”。显然，故事的基础就是这样的。

不说明立场是安全的，而且，如果这些立场反映的是安东尼奥·葛兰西（Antonio Gramsci）所认为的“时代共识”，那么媒体的报道会更安全。这类道德立场、政治立场可能非常无礼甚至惨无人道，但是若被大家广为接受，也可以成为报道的基调。回顾新闻业，这一点清晰可见。

例如19世纪末美国媒体关于黑人的报道。很少有报道称三K党（Ku Klux Klan）为好的基督教组织；关于黑人的笑话司空见惯；很多报道类似1885年12月《休斯敦邮报》的腔调：名叫班尼特·杰克逊（Bennett Jackson）的黑人被指控在东德克萨斯州的蒙哥马利袭击白人女子。文章标题是“今天私刑法官来蒙哥马利判案”，正文说，当地人原本打算立即杀死班尼特·杰克逊，但是“判案延迟到周六……令人激动的时刻不久将会到来”。内战结束后不过20年，“时代共识”简单得将对袭击白人的黑人处以死刑当作一场景观。就像《休斯敦邮报》的报道：“每位好市民都赞同，在本地黑人施暴的行为太频繁了。”

以一本书为例。书中写道：“很显然，现在的美国必须被摧毁……既然已经瞄准你了，我们将摧毁你，或者死在摧毁你的途中。这是不可避免的，最恰当的报复方式是解放……已经写得很明白了，受害者必须变成施刑者。”这段话来自某宗教组织领袖，在得知一次飞机失事中22名美国人遇难后，他给了如此的评价：“阿拉保佑我们，帮我们摧毁了22个敌人。”

《纽约时报》给了这本书很高的评价，但不是现在，是在1969年。评论者认为这本书“黑色革命的写作风格，产生如潮的力量，将文学岸边的尘埃一扫而光”。我并非要说《纽约时报》支持黑色政权和黑色革命，我说的是报道合理的界限，媒体可以选择什么样的立场而不会导致麻烦。20世纪60年代末，在纽约，在公民权运动诞生和越南战争之间，当时的共识是：社会需要彻底变革，抗议要勇于直言。[①]

里根政府和撒切尔执政府摧毁了反主流文化（counter culture），并用一种新的共识代替。比如，调查发现，2006年，舰队街的报纸几乎都停止报道讨论他们自己所处的社会结构，而在上个世纪（20世纪——译者），这个话题是全世界争论最激烈的话题。2006年，媒体对“垃圾新闻”的报道多于对资本主义的报道。我并非说一个共识天生就比另一个共识好，重要的是共识的内容以及其具有的影响力。这些共识正是“抄闻”诞生的安全温床。

这些共识决定了“平地球新闻”的模样。特别是在“看不见的记者”的配合下，产生了所谓的“中立”。结果是新闻报道的原则被抛弃，新闻报道的方向由当时流行的观念所左右。虽然允许媒体有道德和政治判断，但是为流行的观点所制。

在《冲出越战》（*A Bright Shining Lie*）中，为《纽约时报》报道过越南战争的记者尼尔·希恩（Neil Sheehan）回顾美国媒体失败的原因时总结：“我们的无知，我们美国人的意识形态，阻止我们去挖掘越南战争的真相。从专业角度讲，尽管我们这么无知，我们却很幸运。如果有一位记者有足够的知识、宽大的心胸，

---

①这本书名叫《小心，白人！黑人会来找你妈》（*Look Out, Whitey! Black Power's Gon'Get Your Mama*），作者尤里乌斯·莱斯特（Julius Lester），他现在是马萨诸塞大学的教授。——作者

去质疑美国对越南干涉这么多年的正义性和合理性，他一定会被当作‘叛徒’解雇。”

有足够多的负面报道从越南传回，但是这些报道没有也不能揭露深层次的立场：为了防止其他国家像多米诺骨牌一样纷纷倒向共产主义，美国愿意使用任何武力和暴力。如尼尔·希恩所说：“媒体也会给政府找麻烦，但争论的焦点都是些细节问题，而不是本质。”

同样，2006年10月朝鲜进行首次核实验时，主流媒体遵循“朝鲜主席疯了”这样的立场很安全。BBC《新闻之夜》主持人对着摄像机，形容他是“怪人，精神失常的人”（crackpot），尽管没有任何证据支持这样的说法（同样的诋毁也用在了利比亚领袖格达费将军和萨达姆·侯赛因身上）。在“安全线”的另一面，媒体纷纷报道美国、英国、俄罗斯、中国批评朝鲜进行核武器试验，却没有记者指出，这四个国家都拥有相当数量的核武器，并且，其中一个国家曾经用核武器轰炸过两座满是平民的城市。

当隐含的共识假设成为故事的一部分时，这种假设变得更危险。媒体陷入自己所讲述的故事的死胡同，不允许“令人不适”的真相成为故事的一部分。最典型的例子发生在《圣荷西水星报》（*San Jose Mercury News*）记者加里·韦伯（Gary Webb）身上。1996年8月，加里·韦伯写了一系列的报道揭露，从20世纪80年代开始，洛杉矶街头的犯罪团伙售卖了大量的可卡因，这些可卡因是通过尼加拉瓜反政府军康特拉（Contras）集团提供的。当时，康特拉集团正在尼加拉瓜进行游击战争推翻桑地诺（Sandinista）社会主义政府。

加里·韦伯的麻烦是，他的报道和当时美国主流日报的报道产生了冲突。当时，美国主流日报已经接受了里根政府的观点，认为康特拉集团为自由而战，值得支持。美国安全部、情报机构包括美国中央情报局（CIA）都给了康特拉集团大量的支持。加里·韦伯的报道说，两名驻尼加拉瓜的中央情报局人员是该事件的主犯，他们将大量可卡因卖进美国，以此帮康特拉集团筹资，报道称中央情报局完全知情。事前，也有美国日报这样猜测过，但是没有报道。

在官方包括中央情报局的支持下，《纽约时报》、《华盛顿邮报》、《洛杉矶时报》严厉指责加里·韦伯的报道。加里·韦伯的老板开始紧张，销毁了5000份加印的、带有中央情报局标志的报纸；要求加里·韦伯写一篇声明，解释中央情报局并不知道内情；要求加里·韦伯停止后续报道；最后报纸执行主编写了一篇专栏文章，为这一系列报道的“缺陷”表示正式道歉。1997年12月，加里·韦伯辞职，他的事业就此断送。

加里·韦伯辞职后第二年，他的报道得到中央情报局的支持。中央情报局司法部检察长证实，康特拉集团依靠贩卖可卡因筹资；中央情报局知道此事，但是没能够阻止，并有意隐藏了证据；加里·韦伯的报道提到的两名当事人中，至少有一人直接参与了此事。《华盛顿邮报》内刊刊登了一篇文章，强烈谴责《华盛顿邮报》对加里·韦伯的报道的“误导的热情”，但是美国主流日报对此并没有多少公开报道。2004年12月10日，人们发现了加里·韦伯的尸体，他的头部中了两枪。地方验尸官下的结论是：他自杀身亡。

规则五：总是报道故事的两个面

总是报道故事的两个面是报道的“安全网”，这是说，如果你不得不发表一些“不安全”的东西，你可以从另外一方援引一些话以平衡报道。

“平衡”意味着你永远不必说对不起——因为你什么都没有说。用在对观点的陈述上，这条规则适用。但是若用在对事实的陈述上，这条规则便体现为“中立”，同样，记者不得不放弃他们首要的目的：报道真相。

最明显的例子是：2005年12月，伦敦的股票经纪人、交易商在上班的路上随手拿起免费的《城市早报》（*City AM*），看到报纸的头版头条是特易购（Tesco，英国最大超市——译者）的总裁特里·莱西（Terry Leahy）爵士辞职。对于城市而言，这是个重大新闻，特易购的股票马下大跌。当然，这是条假新闻。但很多媒体跟风报道，不过在报道的同时遵循第五条规则，他们给特易购新闻办公室打了电话，对方称这条消息是“彻底的胡说”。谣言和否认结合在一起，就成了新闻报道。BBC电台、《标准晚报》、《卫报》、《快报》、《泰晤士报》、《独立报》都照此进行了报道。这就是“中立”报道的标准的报道方式。

20多年来，科学家一直警告地球在变暖，记者对这种观点的“平衡”方式是援引专家和石油公司的否认观点。科学家警告吸烟会导致肺癌，记者报道烟草业业内人士的相反观点“平衡”了这种说法。同样，2006年5月，英国13名资深医生包括诺贝尔获奖者和科学院主席，向政府写了公开信，要求政府停止向顺势疗法（homeopathy）和其他未被证明的治疗方法提供资金。记者马上采访了一名顺势疗法者，这名顺势疗法者严厉抨击医生们的公开信，并指责对方“医疗排他主义”。事实真相被淹没在“平衡”里。真相？和记者无关。

当报道真相的目的无法实现时，当诚实要求记者承认他们的无知而只能摆出他们收集到的真相的碎片时，作为一种依靠，“平衡”报道无可厚非。但是如果将

“平衡”作为一种目的，将它作为记者培训的黄金原则，将有所依靠作为为媒体执业的首要原则，结果就是，不真实的“抄闻”肆意横流。

还要说的是，在一些别有用心的记者手中，这个原则成了发表谎言的方便的工具。如果整篇报道完全虚假，会受到很多人的投诉，但是若在结尾加进受害者的否认声明，这篇报道就“安全”了。

不必别有用心，这条规则本身就很“狡猾”。这条原则多用于对“异端”陈述的事实，比如和安全、共识的观点矛盾的陈述；关于人们认可的共识观点，一般不必去“平衡”。进攻伊拉克前的媒体报道，很明显地体现了这一点。在全球媒体的跟风报道中，联合国专责伊拉克大规模武器检查事务的武检官斯科特·瑞特尔（Scott Ritter）一直在呼吁，说服记者接受他的证据，他掌握的也是第一手资料——伊拉克并不拥有大规模的杀伤性武器。偶尔，媒体会对斯科特·瑞特尔的观点进行报道，但通常他的声明都被来自官方的相反的观点“平衡”掉了。但是如果反过来，报道官方声明，就用不着平衡。当政府官员利用媒体平台，表明他们的观点后，从来没有媒体称：“我们最好找到像斯科特·瑞特尔这样的人，平衡一下报道。”

我曾经为Channel4（英国四频道）做过一期关于海洛因的特别报道，经历相同。在节目中，很多专家指出，海洛因是一种对人体有益的药物，是黑市而非毒品本身让海洛因使用者生活悲惨。这就是真相，并有充足的证据可以证明，但是这样的真相是“异端”。Channel4给我压力，要求我在节目中加入相反的观点。20世纪80年代，并不比记者知道更多的人告诉媒体海洛因是毒品，公众也展开反对海洛因的运动。然而当时，并没有谁给记者压力，让记者报道相反的观点。“异端”的陈述被平衡；共识的陈述不必经过核查就可以到处传播。

平衡报道有其历史根源。当时一些为生活所迫的记者为了自己的腰包放弃新闻原则，为党派写八股文，写歪曲的报道。在那种背景下，诚实的记者声明自己不偏向任一党派，报道各个方面的真相，这是一种勇敢和必要的行为。现在呢？平衡报道变成一种途径，共识的发言人被邀请发表他们的言论，无论他们的言论是虚假的、扭曲的还是鼓动宣传，都被写进新闻故事。平衡，这一为揭露真相、曾经令记者引以为豪的发明，如今成为懦夫妥协的工具——目的是为了迅速写出不会引起争议的稿件。

增加收入

规则六：他们要什么，就给什么

对于新闻工厂圈外的人，这条规则几乎人尽皆知。很简单，这条规则要求新闻报道应该增加读者和观众的数量。什么样的新闻有人看、有人掏钱买，我们就报道什么样的新闻。

《每日快报》主编亚瑟·克里斯蒂安（Arthur Christiansen）是英国寥寥无几的拥有好名声的主编之一。他在任时，《每日快报》是英国最成功的报纸。亚瑟·克里斯蒂安不是"新闻工厂"人，他描述报纸和读者的关系："我们的工作就是让他们对任何食物都感兴趣，这份工作要求最高的能力和创造力。"

在消费者需求的巨大压力下，第六条规则引发编辑对新闻价值判断的彻底变革。2006年7月，BBC媒体评论家雷蒙德·斯诺蒂（Raymond Snoddy）在BBC一周节目回顾中质疑，为什么两名英国士兵在阿富汗身亡的新闻被列在当晚新闻的第二条，第一条新闻是英格兰足球队队长大卫·贝克汉姆辞职？BBC前战地记者马丁·贝尔（Martin Bell）也谴责这样的做法："BBC在无足轻重的小事的漩涡中漂泊。"一名观众却抱怨，同ITV的新闻相比，BBC花在每条新闻上的时间要长得多，过多报道细节，结果，漏报了新闻，比如比ITV少报道《加勒比海盗2》（*Pirates of the Caribbean: Dead Man's Chest*）的电影信息。德高望重的记者马丁·贝尔看重的是采编原则，观众不怎么在乎信息量，他们在乎的是娱乐性，尽管这些娱乐新闻都是公关公司提供的。在商业文化中，观众比记者更有发言权。

在2003年夏天泄露的备忘录里，《星期日快报》新闻主编吉姆·莫瑞（Jim Murray）将这一原则描述得淋漓尽致："每周，我们要报道6条涉及性的新闻。更理想的状态是：其中至少一条是'内阁成员的性丑闻'。有关社会高层人员的性和丑闻总是最有利于报纸销售。但是这类故事也很难获得。我们不得不从中作梗。我们一定要让读者担忧：铁轨糟糕的现状；国民健康体系医疗人员不负责；未成年少女的怀孕问题；官僚导致的无法正常办事等。"

高质量的报纸也沾染了同样的习气，在商业化的社会里，他们也需要有卖点的报道。2005年5月，托尼·布莱尔政府第三次竞选成功，《独立报》政治主编安德鲁·格赖斯（Andrew Grice）得知，托尼·布莱尔内阁成员已经在议论托尼·布莱尔将会在18个月内辞职。在《媒体报》发表的工作日记中，安德鲁·格赖斯回忆："已经很久没有这么振奋人心的新闻了，我两次请求主编，希望将此新闻作为头条报道，但是主编希望改变报道的方向，报道一些新鲜的东西，报纸的头条变成《英国消失的花》，报纸头版刊登了一朵大花的图片。”

受这条规则影响最大的是ITV的时事新闻。一直到20世纪80年代末，该频道一直支持《世界在行动》、《这一周》（*This Week*）和《第一个星期二》（*First Tuesday*）等调查性新闻报道的节目。但是，1998年，为了赢得更多观众，该电视台取消了这三档节目，取而代之的是通俗节目《今晚与特雷弗· 麦克唐纳共度》（*Tonight with Trevor McDonald*）。原《世界在行动》制片人、时任Channel4时事新闻节目负责人的多萝西·伯恩（Dorothy Byrne）在2007年1月的《卫报》上发表文章，高度讽刺该节目："我很佩服《今晚与特雷弗·麦克唐纳共度》，特别是筹备节目的那些年轻记者，他们总是孜孜不倦地在很窄的几个消费选题里绕来绕去，比如超市、汽车、生病的孩子、开车送生病的孩子去超市、超市让孩子生病、孩子晕车。显然，他们值得奖励。"

阿埃隆·戴维斯在著作《公关民主》中，引用了两位英国电视高层管理者的话。1992年，ITV的前身、英国卡尔顿（Carlton）公司节目总监保罗·杰克逊（Paul Jackson）说："1993年，如果《世界在行动》再曝光三个比较重大的司法不公的新闻，观众却还只停留在三四百万的话，我就会去掉这个节目。"1998年，BBC编辑政策负责人约翰·威尔逊（John Wilson）表示："新闻是用来赚钱的，如同卖面包赚钱一样。没人相信，新闻是为推进社会民主而生。"

受这条规则的影响，新闻报道最明显的变化是越来越关注琐碎小事。国外新闻很无聊，战争报道让人抑郁。2003年3月，进攻伊拉克的第二天，美国哥伦比亚广播公司就缩短了对战事的报道，为篮球联赛让路。不仅仅是这些，这条规则还歪曲了新闻工厂的所有产品。

为新闻工厂提供原材料的新闻通讯社，故意调整了他们的报道范围以适应这条规则。新闻联合通讯社信息部负责人伊丽莎白·卡瑟（Elizabeth Castle）告诉我们："消费者的需要决定了我们选择新闻的标准。"他们对地方政府的报道支离破碎的同时，用更多的力量报道娱乐新闻、报道明星。路透社超过90%的收入来自金融业——新闻通讯社向金融业卖新闻，因此，路透社报道棉花价格的可能性会远远高于报道棉花工人生活状况的可能性。这也是为什么路透社增加投资报道石油、能源类新闻而减少对西非的报道。美联社并不侧重金融新闻，但是美联社迎合的是西方市场。2000年夏天，学术专家克里斯·派特森对美联环球电视新闻（APTN）两天内的报道进行分析，63%的报道关注的是发达国家，28%的报道关注的是发展中国家，37%的报道直接或间接与美国有关。

这条规则鼓励新闻通讯社多生产可以在多家市场售卖的新闻。因此，他们喜欢与生活方式有关的新闻。2001年，路透社成立了生活方式新闻部（TV Life Feed），每天向媒体提供3－5条关于健康、度假的新闻，这类新闻被销往世界各地的发达国家。同样，他们也倾向于体育报道和名人报道。以美联环球电视新闻为调查对象，克里斯·派特森教授还发现，1995年，体育、娱乐新闻占全部报道的1%，到2000年，这个数字增加到25%。路透社增加了对美国足球、中东足球的报道。除了增加娱乐新闻，新闻联合通讯社声称要成为“世界最大的体育新闻供应商”。这样一来，大量关于人们生活状况的报道——国内贫困、世界贫穷、劳工运动、伊斯兰教恐怖主义者的内幕、真正的政治、国际贸易——都将成为空白。

导致新闻报道只反映保守的、局限的世界的原因有几个，这是其中之一。克里斯·派特森教授总结道：“新闻通讯社要讨好所有的新闻主编，他们必须比他们的客户更努力地打造看起来客观、中立的报道。他们不得不温和报道、平衡报道。但是这些报道始终带有他们自己的意识形态；（在美国和英国通讯社的眼中）如果报道和占主导地位的政客的意识形态相悖的话，这些报道则无法得到重视。”

这条规则不仅扭曲了对报道的选择，还扭曲了报道的内容。比如一条犯罪新闻，想要卖得好，就必须加入令人恐怖的内容。2005年6月，英国最大的新闻之一是，一帮野蛮的小孩把一个5岁的小男孩吊在树上，企图谋杀他，这个男孩设法解开绳索逃脱。报道之后的好几天，报纸刊登了很多专栏文章评价现在的青少年、评价电视暴力对孩子的影响等等。但是这个故事并不是真实的。

显然，故事从一开始就不是真的。即使是接受过10年英国SAS特种部队训练的成年人，如果发现自己被吊在树上，他也很难用一只手提起全身的重量，用另一只手去解绳结。何况一个5岁的小男孩？故事本身也漏洞百出。从第一天起，警察就拒绝说这个男孩被吊在树上，向媒体报料的父母和邻居纷纷表示惊讶，却没有人知道到底发生了什么。整个故事的来源是小男孩的表姐说的一句话，这位已是成年人的表姐说，小男孩告诉她：“一些男孩、女孩把绳子系在我的脖子上，想把我绑在树上。”注意，是“把我绑在树上”，而不是“把我吊在树上”。

整个事件其实是小孩被欺负的恶性事件，而非谋杀。一名12岁的女孩把绳子系在小男孩的脖子上，像牵着狗一样牵着他，牵引很用力，绳索在小男孩的脖子上留下了印记。这的确很危险，但是小男孩并没有说女孩把他吊在树上。他甚至没有说过小女孩把他绑在树上，只是她想那样做。为了确保准确，我们又采访了负责调查此案件的内政部病理学家克里斯托弗·米瑞（Christopher Milroy），他表示：“他并没有被吊起来，那样报道很不准确，但是我不明白媒体为什么非要坚持说他被吊了起来。”

媒体当然会坚持，因为只有这样，故事才会有卖点，才能促进报纸的销售。全国性媒体一般不会理睬普通的欺负人的事件，哪怕是恶性的，更不会去报道这类事件。英国的通俗报纸纷纷报道此事，电视台、舰队街的其他报纸也相继报道。伦敦《标准晚报》称此事为“私刑”；《每日邮报》、《卫报》、《泰晤士报》用鲜明的头条报道这个小男孩被吊在了树上；《独立报》报道小男孩居住地附近的恐怖气氛。这个规则掌控了真相的报道，从一开始，报道和真相就分道扬镳。

这条规则同样倾向于和著名的“样板事件”相似的报道。媒体喜欢这样的报道，因为这让媒体联想到1993年发生的真正的恶性事件。1993年2月，两个小男孩谋杀了2岁大的詹姆士·保加（James Bulger）（媒体称呼他杰米，令语调更柔和）。通常，这些“样板事件”来自虚构的小说。2005年5月，泰因赛德（Tyneside）法院的一个普通案件中，牵涉一名有反社会行为的12岁女孩，这个女孩被多家媒体关注，只因为一名聪明的记者把她和BBC电视连续剧《不列颠小子》（*Little Britain*）中的小鬼薇姬·波拉德（Vicky Pollard）联想在一起。查尔斯王子和戴安娜王妃如同童话故事般的甜美婚姻，被世界媒体报道了好几年，直到被另外一个版本的童话故事所代替——恶毒的王子和美丽的王妃；然后，别有用心的妖女出现；再然后，戴安娜王妃遇难，成为人们心目中的王妃。

记者本人也变成了童话故事中的角色，通常是英雄。《每日电讯报》的战地记者罗伯特·福克斯（Robert Fox）写文章揭露第一次海湾战争中媒体报道的真相。当CNN的战地记者戴着面罩，冲着摄像机镜头描述时，他们的技术人员没有任何防备措施。因为当时，根本不存在什么危险。同样，时事新闻节目派出更多的暗访记者、卧底记者，因为这样做，会让报道看起来更刺激——记者对着摄像机镜头表示，在潜入“坏人窝”之前，自己有多恐惧。这意味着，电视台不仅仅倾向于选择可以卧底采访的报道，还把记者放置于危险的境地，即使可以通过其他途径报道这类故事。

规则七：有悖真相的偏见

规则六描述了商业化对新闻选择的影响，这里要讲的是报道中的偏见。

1975年2月28日，后来担任BBC总裁的约翰·伯特（John Birt）在《泰晤士报》上撰文表示：电视新闻报道中经常不提供必要的新闻背景，结果导致观众无法准确理解报道。30多年后，他的观点照样适用。我准备借用约翰·伯特的观点，并加以扩展。

在约翰·伯特和彼得·杰（Peter Jay）合作撰写的文章中写道：“现实在不停地发展变化，如同一件无缝的上衣，是完整不可分割的，而新闻业的工作是，有组织地收集无数事实碎片，并将它们加工成小故事，以这种方式来反映这个世界。”

这些故事不仅是支离破碎的，而且是为了能够卖得出去而建构的。越来越多的新闻不提供必要的背景，而且是优先着眼于人们的兴趣点。报道倾向于具体而不是抽象；倾向于某个事件而不是过程；倾向于当下而不是历史；倾向于简单而不是复杂；倾向于有把握的而不是去质疑。这条规则对于平面媒体和广播电视均适用，一贯的歪曲导致人们的偏见，背离真相。

这种偏见最初的特征是拒绝报道大量不能称之为“事件”的故事。慢节奏的“童话故事”不适合新闻工厂的流水线。新闻工厂会报道导致100多人身亡的火车事故，会报道政府进行公开的询问，却不会报道拥有世界上最强有力的安全机器的美国找不出那场导致3000多公民死亡的大屠杀的组织者（“9・11”事件）。这是世界上最大的新闻，但因为它不是事件，所以新闻工厂不去报道。这条规则尤其青睐那些有好照片的事件。英国警察局失踪人员处（UK Police National Missing Persons Bureau）记录，最近几年，387名14岁以下的儿童在英国失踪，这些孩子很少被媒体报道。但是2002年8月，郝莉・威尔斯（Holly Wells）和杰西卡・切普曼（Jessica Chapman）一失踪，便引来了轰动性的报道，即使之后的13天没有任何线索表明孩子遭到绑架、遇害。这主要是因为一张“煽情”的照片——照片是在孩子们失踪那天拍摄的，照片中两个可爱的小女孩身着有曼联标志的衬衫。也正是这条规则，让美国政府抱怨媒体只报道伊拉克大规模的流血死亡事件，而不报道任何关于当地局势有所稳定的新闻，这种抱怨似乎带有一定的合理性。

这条规则一旦渗入报道的内容，结果更糟糕。美国哥伦比亚资深记者汤姆・芬顿在著作《坏新闻》中描述，“9・11”事件发生之前，他从沙特阿拉伯发回报道，揭露一个叫本・拉登的人有可能带来的威胁。结果，电视台领导让他删除所有关于本・拉登的内容。按照同谋理论解释，电视台在掩护本・拉登。而实际原因是，“报道中有太多的外国人名！”在报道萨达姆・侯赛因用瓦斯毒害了成千库德族人时，汤姆・芬顿遇到同样的问题。电视台要求他删除受害者是库德族人的所有内容，即使这是整篇报道的核心。汤姆・芬顿迷惑不解，结果，他被告知：“没人知道库德族人是谁。”汤姆・芬顿用一完美的短语描述：“无知状态下的自然选择。”

新闻工厂抛弃故事的细节，去除复杂，删除故事发生的背景，取而代之的是更多的事件，这些事件常常缺乏具体的含义。如果报道一团伙为实现自己的政治目的，预谋杀害无辜百姓，他们在一家咖啡店安置了炸弹，法国抵抗组织（French Resistance）的人偶然看到这样的新闻会怎样想？报道的意义离不开事件发生的背景。格拉斯哥的学者对英国电视台有关以色列和巴勒斯坦的报道进行分析时发现，

3500行的字幕内容中只有17%涉及冲突的历史。之后，当他们对公众意见做调查时发现，无数观众认为是巴勒斯坦占领了别人的领土，而不是以色列的军队；很少有人知道，1948年，巴勒斯坦人失去了自己的土地和家园。前BBC驻中东通讯员蒂姆·蒂莫西（Tim Llewellyn），曾多次公开指责媒体关于巴以事件的报道，他提到，BBC的一名记者转告领导对他的话："不需要以色列事件的解释者，需要的是爆炸、死人的事件报道。"

一个"瘾君子"去世，报道称当事人由于吸食海洛因导致死亡，根本不报道分析黑市的复杂原因。实际上呢？毒品不该为此事负责。政府大臣宣布，增加更多的警察上街巡逻。媒体报道大臣具体的发言内容就足够了，根本不理会那些可以证明这个政策根本无效的、抽象的研究。爆炸发生了，报道的是死了多少人，损失有多惨重，却不会报道爆炸为什么会发生，爆炸意味着什么。布鲁斯·佩奇（Bruce Page）的书中记载了鲁珀特·默多克说过的一句话："我的报纸中，没有那些高档的'垃圾'。"

新闻工厂越来越倾向于生产越来越小的新闻套餐，如同把肢解了的人体塞进箱子里，在这种状态下，偏见更加根深蒂固。快速地讲故事，否则会让受众失去兴趣。哈佛大学媒体和公共事务研究中心的克柯·阿达托（Kiku Adatto）对美国总统竞选期间插播的和竞选有关的新闻片段做了研究。结果显示：1968年，平均是42.3秒；1988年，减少到9.8秒；1992年，是7.3秒。英国的情况一样。2005年7月，报业协会主席尼古拉斯·荷威特（Nicholas Hewitt）爵士兴高采烈地展望报纸的未来"故事更短小，更有趣，种类更多"。

如此下去的副作用是，带有偏见的报道在不断证实带有偏见的共识。媒体没有时间、没有动力去分析事件的意义，而是轻易附着于通常观念的框架，无论这样的观念是对还是错。

规则八：他们想要相信什么，就给他们什么

这条规则可以和规则六相提并论，指的是在选择报道立场、报道内容时，要从商业角度考虑。

具有讽刺意义的是，2003年春天《每日镜报》主编皮尔斯·摩根（Piers Morgan）向镜报集团总裁斯莱·贝利（Sly Bailey）写信道歉——英国士兵参战之后，《每日镜报》继续反对进攻伊拉克，导致销量下滑："我错误地判断了我们的读者对开战的态度，我们的报道显然和他们中的大多数人对立，言辞太苛刻……很抱歉，这意味着这个月的销量少于200万，太不幸了……我会尽快赢回这些读者。我

绝对不会坐在这里为自己辩护说我是对的他们是错的。读者永远都不会错。他们可能会令人厌恶，但是永远都不会错。”不必在乎采编原则是对还是错，为了迎合消费者的口味，报纸可以随时改变自己的立场。

这条规则相当具有破坏性。2005年10月，《纽约客》发表了很长一篇文章分析《洛杉矶时报》所有者一味追求经济利益对报纸的损坏。《洛杉矶时报》的运营主编迪恩·巴奎特（Dean Baquet）承认，读者需要什么，主编就给什么的采编原则是危险的。迪恩·巴奎特表示：“给读者所需要的内容并非总是我们的职责。如果读者不需要战争报道，不需要国外新闻，不希望看到他们本社区内的贫困现象该怎么办？南方的报纸仍然感到很羞愧，因为很多年前，他们就遵循读者需要什么，他们就给什么的原则办报——不报道种族隔离，不报道公民权运动。”（后来，迪恩·巴奎特公开抨击包括《洛杉矶时报》在内的美国报纸处于“削减成本的无理性时代”。压力之下，2006年9月，迪恩·巴奎特辞职。）

英国也出现了同样的问题，谢菲尔德·怀特新闻通讯社的高级记者一针见血地指出：“说实话，有关寻求庇护者的报道的局限性导致人们对寻求庇护者的理解存在偏差。没有报纸愿意采用关于寻求庇护者的积极的报道。我们都知道他们需要什么。我也没有因此感到羞愧，我写稿是为了生存，我不得不写他们需要的内容。我不会去写报纸不感兴趣的内容，去写那么卖不出去的稿件。”

规则九：同受众一起“精神恐慌”[①]

这条规则适用于危机发生的时候。它将读者的价值观和偏见相结合，兜售给国民的不过是对他们的情绪状态进行了渲染突出的新闻。和其他规则不同的是，这条规则是强迫性的：那些没能表达出“精神恐慌”的犹豫不决者会被穷追不舍，会被攻击。

规则九总是由重要人物的死亡引发：全国人民都在悲哀；每个人必须悲哀；这就是故事。规则九体现得最淋漓尽致的时刻是1997年8月，戴安娜王妃去世的时刻：拍摄真实的震惊和悲伤；抬高音量重新播出这些震惊和悲伤；对于这些震惊和悲伤进行突出，再播……一遍又一遍谴责那些对此事无动于衷的异端者，以至于女王本人也受到指责，被认为表露出的悲伤不够多。

事实为感觉让路，规则九造成的歪曲让人目瞪口呆。2002年3月，女王的母亲去世后，媒体的报道就存在很多问题。女王的母亲死于周六，第二天，所有星期日报

① “精神恐慌”指的是社会大众陷于某种被夸大或只是出于幻觉而觉得深受威胁的氛围中。——译者

纸都沉浸在“精神恐慌”的状态之中。星期日报纸用大量版面表述他们的悲伤。并非支持君主制的《观察家》报用头版以及之后的10个版怀念女王的母亲。这些专题报道的小标题分别是“女王的母亲——这个世纪是她的”、“女王的母亲去世，全国人民的好祖母被夺走”、“成百万的人为仁慈的女王感到悲哀”。显然，没有任何证据可以支持以上的任何一种说法。

最棘手的是，没有成百万人聚在一起悲哀的场景，电视新闻无法下手，只有虚构。周六夜晚，一个报道团队被派往伦敦西区拍摄他们所期待的场景——所有酒吧、电影院都空荡荡的，因为人们太悲伤，拒绝参加任何娱乐活动。事实是，伦敦西区跟往常一样繁华。一个非常有进取心的记者灵机一动，冲着镜头，告诉全国人民，伦敦西区展示了“团结协作的精神”：尽管有百万人在悲哀，但是演出不得不继续进行。第二天，在白金汉宫前，同样缺少如海洋一般的鲜花，缺少哭泣的人群。拍摄人员看到一位混血中年女士，很快，这位女士的脸成为全英国最著名的脸。因为，不知道什么原因，这位女士在白金汉宫大门附近哭泣。BBC主持人彼得·西森斯（Peter Sissons）报道了这条新闻。不过，彼得·西森斯本人却因播读该新闻时，没有系黑色的领带遭到了观众指责。

2005年4月，教皇约翰·保罗二世（John Paul II）去世，更大的“虚构”产生了。新闻媒体毫不犹豫，把基督信仰当成了事实。《星期日邮报》头版标题是“在天堂安息！”《星期日电讯报》报道教皇“拥有神秘的力量，可以引导人们接近基督”。所有媒体都争先恐后地报道教皇临终前所说的话，即使这些遗言很明显是教皇政府的公关部门的“杰作”。

在教皇去世一周前，复活节（星期天），教皇站在窗前，眺望着圣彼得广场，想要发表公开讲话。但是他太虚弱了，没有说话的力气，甚至无法站立。星期三，他又尝试了一下，还是不能说话。没多久，他突发心脏病，进入昏迷状态，并只能通过插进他喉咙里的管道呼吸。然而星期六下午，在他去世前，他突然清醒，发音也变得清楚了。

教皇遗言的第一个版本是，教皇说了一声“阿门！”第二个版本是，教皇在他死前宣布，“让我去见上帝！”最后一个版本更感人，是教皇口述“爱使心灵得到皈依，给全人类带来和平。但是现在，和平的面孔变得越来越狰狞，和平被恶毒的自私、恐惧所控制。上帝，给予我们爱，宽恕我们，给我们启迪，为我们的灵魂重新开启希望之门”。

我采访了一位报道过教皇去世并把他的口述放进文章的记者，他表示，“我所能确定的是”，口述中的内容，没有一个字是教皇说的。他补充道：“梵蒂冈有2000多年的经验，知道教皇去世前，替他说什么话最合适。我怀疑教皇能说出这么有条理的语句吗，我怀疑他根本没有说任何话。我想，记者通常都会知道教皇在去世前不会说这些话，也没人相信他能说出这些话。”但是所有的记者都这样报道，正如他们不得不描述聚集在圣彼得广场等待葬礼的人都是“前来哀悼的人”一样，尽管大部分人显然是游客，没有哭泣的人，没有扔鲜花的人，和戴安娜王妃的葬礼显然不同，人们只是在拍照。

对教皇约翰·保罗二世的报道，体现出来的是强有力的政治歪曲。约翰·保罗二世是有争议的人物，他思想保守，曾在中南美洲抨击“解放神学”者，当时“解放神学”者正直面当地支持西方的专政统治；教皇在全世界发动反对避孕的运动，结果导致非洲艾滋病疫区的灾情更严重。所有的这些都被媒体一笔勾销，轻率地称他为“人们的教皇”。

战争也导致“精神恐慌”。1982年，BBC《全景》（*Panorama*）节目对福克兰战役的报道就是很典型的案例。因为公开抨击英国军队攻占福克兰群岛，该栏目被人们称为“叛徒”。因为担心被指责不爱国，《星期日泰晤士报》拒绝刊登一篇反对英国发动战争的文章。

所有的报道都以官方的声称作为基调。当时的外交大臣法兰西姆·皮姆（Francis Pym）明确指出：“我们丝毫都不怀疑对福克兰群岛的拥有权，并从来都没有怀疑过。”然而，一位来自金斯顿多科技术学校（Kingston Polytechnic）名叫彼得·贝克（Peter Beck）的学者发现了一份外交部的文件，这份文件表明的却是完全相反的观点。文件记载的是高层官员之间传递的信息：“找到合适的借口不容易，我们已经做了很多工作避免谈论这个话题”；“如果不承认我们是国际强盗的话，根本无法解释我们对福克兰群岛的所有权”。显然，政府让公众理解的事实和真相之间存在差距。公众更没有考虑英国和阿根廷士兵的生命因战役而受到威胁。战役期间，《星期日泰晤士报》主编弗兰克·吉尔（Frank Giles）拒绝报道这个故事，他在内部备忘录中解释：“现在，我不需要这些表面文章。”

2002年5月在接受BBC《新闻之夜》采访时，来自美国哥伦比亚电视台的记者丹·拉瑟（Dan Rather）承认，也正是这样的思维方式影响了他的关于进攻伊拉克的报道：“我们现在所谈论的——无论你是否承认，是否用恰当的名字命名——是自我审查的一种形式。它因内在的爱国情感而生，从头到尾把国家当作一个整体考虑，让所有人都感受到这种沸腾的爱国之情。有人会说，‘我有疑问，但是又怎么样？现在不是问的时候……’在南非，曾有一段时期，如果谁有异议，人们会把燃着的轮胎挂在他的脖子上。现在，人们同样担心，别人会把不爱国的轮胎挂在自己的脖子上。是这种恐惧感阻止了记者问最最刁钻的问题。”

规则十："新忍者神龟"现象（Ninja Turtle Syndrome）

这条规则要求媒体报道那些正在被其他媒体广泛报道的新闻，即使这些报道明显缺乏新闻价值。

这个名字来自那些认为电视节目不合适而试图阻止孩子继续看电视的父母所遇到的问题。20世纪90年代，美国电视连续剧《新忍者神龟》（*Teenage Mutant Ninja Turtles*）不仅带有暴力，还用文艺复兴时期的两位艺术家李奥纳多（Leonardo）和拉斐尔（Raphael）的名字为两只全副武装的爬行动物命名。一些父母成功地阻止孩子们看"乌龟"，结果却发现，在学校，当别的小孩谈论"乌龟"时，他们的孩子无话可说，处于被隔绝的状态。这些父母开始怀疑他们的做法，最终妥协。

在新闻工厂，即使报道很可疑，也会被媒体发表、播出，媒体这样做是为了让消费者看到这条新闻，参与民众的辩论（可能担心消费者到其他地方寻找新闻）。

最典型的案例是2003年11月《星期日邮报》发表的一篇报道。该报称，一王室成员和一高级宫殿侍从发生了性丑闻，但没指出具体是谁。没几天，真相大白，报道指的是查尔斯王子和他的前助手迈克尔·范文斯特（Michael Fawcett）。这个故事不仅缺乏证据，而且来源也不可靠。

可能会有三个新闻来源：查尔斯王子，他直截了当地否认；迈克尔·范文斯特，他也直截了当地否认；宫殿前男仆乔治·史密斯（George Smith）。乔治·史密斯现已去世，他曾酗酒、精神不稳定，后依照《精神健康法》（*Mental Heath Act*）被送进精神病院。他曾经指控迈克尔·范文斯特于1995年访问埃及王室期间对他实施了强奸。而实际上这次皇家访问根本没有发生过。显然，没有任何证据可以证实这个故事，这样的报道不该被发表。但是因为"新忍者神龟"现象，几乎所有媒体都报道了此事件。

在这个规则的作用下，大众媒体常常会发表一些虚假报道。2006年2月，一塞尔维亚电台报道，战犯莱科托·姆拉迪奇已经被捕获。所有可能证实此消息的部门都明确否认。但是这则报道从电台传到地方媒体，传到英国晚间电视新闻节目，传到日报——所有的日报都考虑，为让他们的读者看到这则新闻，不得不报道。就这样，读者被误导了。

有时，记者不知不觉成了故事的同谋，掩盖了事实真相，而记者自己却意识不到。很正常，在错综复杂的案件审理、长篇讲话中，记者突然闯入问道："报道该选取什么样的角度？"然后，记者会写出同样角度的文章。这样的事情常会发生在媒体高层身上：多年来，《观察家》报主编罗杰·奥尔顿（Roger Alton）习惯于每周六下午同他的竞争对手《星期日独立报》副主编迈克尔·威廉斯（Michael Williams）通话，交流第二天的报道计划。2005年9月，有人发现，在过去10多年时间里，《纽约时报》和《华盛顿邮报》一直在互发传真，告知对方将要出版的报纸的头版内容。

这条规则大大促进了“平地球新闻”的传播。克林顿丑闻就是很明显的例子。随着故事浮出水面，几乎所有的美国记者都在“推波助澜”，比如马特·德拉古（Matt Drudge）经营的网站。马特·德拉古原本是销售人员，后来成为总统传言的“输送管道”，他的“杰作”包括一些猥亵的关于性的细节的描写，以及总统夫人将要起诉的报道。美国杂志《要旨》（*Brill's Content*）对马特·德拉古报道的新闻的质量进行了审查，发现31篇报道中有21篇是不真实的。不过，如果《华盛顿时报》决定报道马特·德拉古提供的丑闻，《华盛顿邮报》也不得不报道。如同马特·德拉古本人所说的话：“去他妈的新闻业，整个事件都是骗局。”

你可以看到媒体公司如何巧妙地运用这些规则。忙忙碌碌、无法有效工作的记者，可以通过写这些容易的、别人都在报道的故事保住自己的饭碗；将复杂的故事简化；站在最安全的立场上，用最安全的事实；通过平衡使报道中立；快速生产这些报道。你也可以看到，这些规则的破坏性有多强。

2006年9月，《哥伦比亚新闻回顾》发表文章分析美国媒体关于阿富汗、伊拉克、关塔纳摩虐囚事件的报道。文章以独立记者的工作经历为开头，在虐囚事件被报道出来的18个月之前，这几位记者就在竭力曝光此丑闻。《纽约时报》驻阿富汗记者卡罗塔·噶勒（Carlotta Gall）发现，官员宣称狱中囚犯因心脏衰竭而死亡，而囚犯的死亡鉴定是“被杀”。不久，卡罗塔·噶勒获得了第二例囚犯在狱中被害致死的证据。2003年2月，卡罗塔·噶勒完成相关报道，但是《纽约时报》拒绝发表。

《哥伦比亚新闻回顾》引用当时《纽约时报》国外新闻部主编罗杰·科恩（Roger Cohen）的话：“我支持这篇报道，希望作为头版头条发表，我们开了四次紧急会议，会议气氛很紧张，我一夜没睡。直到现在，我也不知道到底发生了什么。这令我很难受。”《纽约时报》调查性报道主编道格拉斯·法兰提斯（Doug Frantz）解释，报社高层坚持认为：“这个事件不可能发生，他们很难改变立场。”这样的报道和媒体一贯宣扬的美军正面形象显然不符；这样的报道不安全；这样的报道和官方的说法相冲突；“电网”显而易见；这样的报道和战争报道的主调相矛盾。卡罗塔·噶勒说道：“是爱国精神从中作梗，从每位主编、编辑的提问中，我可以感觉到。我记得国外新闻部主编对我说：‘要知道我们现在的位置——我们还可以嗅到9·11残骸的味道。’”最终，卡罗塔·噶勒的报道被刊登在第14版上。美联社调查性报道记者查尔斯·汉利（Charles Hanley）也调查了相同的事件，2003年11月，他的报道在美联社发表。其余几位记者的报道都不了了之。

2004年4月，虐囚事件的报道突然传遍全球，因为发生了两件事。美国哥伦比亚电视台播出了伊拉克囚犯在阿布·格莱布（Abu Ghraib）受虐的照片。报道简单化了，成为有大量照片的“安全”的报道。《哥伦比亚新闻回顾》描述，即使在那时，美国的相关报道仍很缓慢——直到总统布什对国外报道做出反应，公开谴责虐囚事件。之后，这个故事真正“安全”了：官方也承认美军存在虐囚行为。“新忍者神龟”现象开始起作用：所有人都这样报道，我们也这样报道。以前对这则新闻置之不理的媒体现在大声疾呼，刊登最全面的报道，甚至把旧闻也拿出来热炒。

新闻工厂的规则在继续歪曲报道。美国政府对重大新闻的报道进行管理，导致很多报道没有“出口”。平衡报道可以解决这些难题。《哥伦比亚新闻回顾》写道：“很多新闻机构的报道习惯是，将故事的两面都摆出来，似乎双方是平等的，而不管事实真相。这样做令白宫和其幕僚之间的辩论也显得多余。”因为害怕挑战共识，报道很克制。媒体一遍遍地展示美国士兵林恩迪·英格兰像牵着狗一样牵着赤裸的囚犯（具体而又吸引人）的照片，却不涉及被透露的备忘录里的信息，哪怕这些信息揭露了导致虐囚事件的系统内部的原因（抽象无聊，并且离“电网”很近）。

好在新闻工厂尚未成为垄断者，仍有很多记者在尽职工作，仍有报道打破这些规则。但是绝大多数报道，即使是来自财大气粗、很有势力的媒体机构，也保持妥协。这些媒体武断、不理智地选择事实；报道虚假的、被扭曲的二手新闻；依附于最安全的政治立场和道德假设。

2005年1月，BBC发表了由威尔逊爵士（Lord Wilson of Dinton）牵头所作的关于欧盟报道的调查结果。威尔逊爵士发现了一系列的歪曲报道现象：“在不同时间，偏袒的方向不同，程度也不同，报道很不连贯。”他指出：“很多因素共同作用导致这种现象发生，这些因素包括新闻机构的偏好、极端化的倾向、过分简化问题、部分记者对欧盟的无知、可能认为事件毫无娱乐性而不报道等，无论什么原因，这些报道导致了偏见。”

威尔逊爵士强调，这些因素也扼杀了一些重要的报道，比如工作时间法、化学品安全法、水和空气的污染、废物处理、健康和安全、区域性政策等。调查还表明，公众对欧盟的了解非常少（即使他们中的很多人对具体问题持有很鲜明的观点）。

威尔逊爵士列举了一个关于偏见的典型例子。一位资深平媒记者被邀请参加《政治秀》（*The Politics Show*）的节目录制，解释英国为什么不加入欧元区。这位记者本打算从经济角度解释，但是节目组要求他照着台词念："作为英国人，我们不想丢失我们伟大的英国传统，酒吧文化、英式早餐……这也是我不支持加入欧元区的原因。"威尔逊爵士评价："BBC记者的发言'让重要的事情变得有趣'，但危险是，这样做却导致有趣的事情变成了重要的事情。"

但是通常，具有偏见的共识填补了人们知识的空白。2006年1月，当埃沃·莫拉瑞斯（Evo Morales）一当选玻利维亚总统便马上宣布他对美国的憎恶时，美国民众大惊失色。美国民众不知道他在讲些什么：很简单，媒体没有报道，它让公众对此事处于无知状态。2001年12月，玻利维亚工会主席卡西米勒·环卡（Casimiro Huanca）遇害身亡，杀害他的是由美国培训、支持的，打击当地可卡因产业的部队。此事件给美国驻玻利维亚使馆带来相当大的敌意，全世界媒体都没有报道此事。是因为离得太远报道成本太贵？太无聊？还是太"不美国"？只有一左翼网站报道了此事，网站引用当时恰好在玻利维亚的一位美国记者的话："每天死20到25人的情况下，美国媒体才会报道。"网站还引用了一位基督教徒的话，这位基督教徒把不报道真相而报道虚假新闻的媒体描述成"精神病人"。

"9·11"事件发生后，同样的报道空缺导致美国民众提问："他们为什么这样恨我们？"很多年来，媒体从未报道美国安全部门和情报机构如何给美国带来敌意，民众自然对此毫不知情。

擅长报道国际赈灾新闻的AlertNet网站（特别要归功于路透社，该网站由路透社基金会建立）的一份调查结果，再次将这种特征体现得淋漓尽致。2005年，AlertNet网站要求100多家在一线工作的新闻机构列出10条最值得报道的新闻。结果，他们列出来的都不是新闻事件。名列前几位的分别是380万人死于刚果战争、美国经济被"强奸"等。

这个排名继续涉及的是"抄闻"没有覆盖的战区，包括塞拉利昂、利比里亚、象牙海岸、车臣、乌干达北部，还有疟疾、肺结核、腹泻、癌症的情况。其后是苏丹达尔富尔（Darfur）的大屠杀，这个事件一直没有见报，直到在好莱坞明星乔治·克鲁尼的推动下，才得以报道。因为这个事件打破了太多的规则——采访成本高，不容易报道，事件太复杂（比如哪一方是好人？），进展缓慢，无聊，令人沮丧，没有美国人参与。

2005年7月，种族灭绝防止基金会（Genocide Intervention Fund）和美国进步行动基金会（American Progress Action Fund）对一个月前美国电视台播出的三则新闻进行了调查，这三则新闻分别是：苏丹达尔富尔地区战争导致40万人身亡，战争已蔓延到苏丹的东部；汤姆·克鲁斯公开声明自己是科学教派（Church of Scientology）成员；迈克尔·杰克逊对儿童进行性骚扰的审判。调查发现，对汤姆·克鲁斯的报道次数是对达尔富尔报道次数的12倍，对迈克尔·杰克逊的报道次数是对达尔富尔报道次数的50倍。一年前，卢旺达（Rwanda）游击队员杀害8名白人游客，此后一年内，美国媒体对此事件的报道和对苏丹成万人被屠杀的报道的分量相同。调查结论是："简言之，只有在电视报道苏丹大屠杀时，很多美国观众才会意识到这个事件存在。"

在这你可以看到这些模式：武断和不理智的报道代替了正确的判断；偶尔引用不可靠的信息；政治立场、道德衡量标准倾向于社会最有权势的集团。尤其是最后一点，导致媒体之外的评论者猜测媒体和最有权势的集团之间存在"阴谋"。真正的"阴谋"是建立在新闻产品的"生产规则"的基础上：选择安全的事实和安全的立场；对"电网"的恐惧；对新闻背景和新闻敏感的嫌恶；着迷于报道其他媒体都在报道的故事；向"精神恐慌"妥协。所有这些规则都倾向于偏好有地位的人怎么说，而这些人又都受到来自最有权势的集团的公关人员的影响和操纵。记者在报道时，拒绝做任何判断，并以此为骄傲，认为这样做是坚持了报道的客观性。

在极权主义国家，媒体睁着眼说瞎话，当众羞辱读者却毫不在乎；在自由的社会，谎言稍微有些遮掩，往往藏匿在陈词滥调之中——陈词滥调的语言、事实和价值观。在极权主义国家常看到这样的语言——"我们伟大的祖国、英勇的战士、伟大的领袖、不朽的领航员……"在民主国家，谎言并未减少，只是隐藏在表面之下。

我想，这里并不存在什么"阴谋"（尽管政府和媒体所有者偶尔也会这样做）。我不认为这些行为是提前计划好的，比如新闻工厂要求记者每天坐在电脑前敲字等。如果这样认为的话，也是误导，因为这意味着传输带的运作正常有序，将信息准确地传达到了目的地。

事实比表象要疯狂多了。如同在观看一只老鼠被扔进洗衣机，任何事情都有可能发生。其他人怎么做，他们就怎么做，报道独家新闻，偷别人的独家新闻，卖版面，兜售二手策划，省钱，赚钱，交朋友，攻击竞争对手，哗众取宠，欺诈，扭曲，发表牵强的图片、文章，用头版头条造势，将重要的文章冷处理。这些不是阴谋，而是一团糟。

整个局面比我写书之前所预料的还要糟糕。我从写"千年虫"开始，试图寻找新闻被歪曲、扭曲和包含鼓动宣传的原因，结果是，记者本人也不知道哪些是事实。然后，我看到了大批量的"平地球新闻"。

我发现，发达国家的报纸和广播电视都被新一代的媒体所有者掌控，这些媒体所有者削减员工数量、增加新闻产量，严格控制记者核查事实的时间。我发现这些媒体所有者的所作所为导致旧的新闻网络崩溃，无论是国内报道还是国外报道都无法继续像以前那样顺畅地流向全国性的新闻媒体。

我发现，全国性媒体的记者不得不依靠有限的几个新闻通讯社——有一个大新闻通讯社向全英国的媒体提供新闻，有两个大的新闻通讯社向全世界的媒体提供新闻。这些新闻通讯社都没有足够的人力去一线采访，没有旧的信息来源网络，没有充足的时间给采编人员进行有效的工作，没有一家新闻通讯社要求员工对事实进行核查（这里的事实并非指“有闻必录”）。

我发现，全国性媒体、地方性媒体和主要的新闻通讯社互相影响彼此的报道，他们都只关注小视角、小报道，当这些报道传播至全球时，依然没有人对这些报道进行核查。

报道真相的新闻在边缘侥幸存活，并经常被或真或假的共识所吞没。

我们在这里所关注的是信息收集、事实报道体系在全球范围内的崩溃。我们陷入知识混乱阶段，全球性的最基本的辩论变成了武断的决定，政府的政策、文化价值观念、大众的猜测、宣战、对和平的诉求都被歪曲，无知被当成了有知，假新闻被当成了事实。

我发现整个结构——无论是全英国还是全世界，新闻媒体和新闻通讯社都无比脆弱，这种脆弱是天生的，很容易被公关公司利用，成为报道有助于对方商业利益、政治利益的工具。

这样的情景令人心惊胆战，下面我们要探讨的是通常不为人知的公关世界和鼓动宣传报道。

第三部分
隐形的游说者

有些游说者竭力影响我们的行动，似乎无意地流露出这样的态度：人们生来就是应该被控制的。

——凡斯·帕克德（Vance Packard）

《隐形的游说者》（*The Hidden Persuaders*）

5.公关人员的私生活

2001年12月，在造假账的阴影下，安然公司宣布破产，2.1万人失业，成千上万人失去了退休金，甚至一生的积蓄。几个月后，《星期日泰晤士报》这样报道该事件："安然公司的经营亏损达上亿英镑，但一直都巧妙地隐藏着，三名英国银行家是安然事件的中心人物。"

这篇报道出自《星期日泰晤士报》记者保罗·达勒姆（Paul Durman）之手，报道揭露，三名英国银行家为安然公司出谋划策，并从中获利上百万英镑。这三名银行家和安然公司关系密切，他们经常和对方高管一起喝酒、滑雪、拜访脱衣舞厅，所有花费都由安然公司报销。之前，保罗·达勒姆的同事还以三名银行家在美国的经历写成小说发表，名为《追求幸福——高收入，性放纵，彼时彼地》（*The Pursuit of Happiness*：*Overpaid*，*Oversexed and Over There*）。《星期日泰晤士报》特别关注的是英国银行家盖瑞·米尔格鲁（Gary Mulgrew），描写他"特别有竞争力，非常自负，他的胳膊上有伤疤，是他在酒吧做保镖时留下的"。

第二年让三名银行家感到尴尬的报道更多。荷兰合作银行（Rabobank）在安然事件中损失严重，这家银行状告这三名英国银行家"故意挖安然的墙脚"，要求对方赔偿517万美元。荷兰的法律令状上这样写道："这三名银行家的所作所为应该受到斥责，他们涉嫌这么大的骗局，已构成对公民义务的漠视，是一种犯罪行为。"《独立报》称他们是"拈花惹草的海盗"，《标准晚报》引用了很多根据"盖瑞·米尔格鲁和他的亲密伙伴"为原型的小说里的片段。2002年6月，美国联邦调查局（FBI）指控这三名银行家营私舞弊，和安然的人合谋欺骗他们的雇主英国西敏寺银行（National Westminster Bank）的下属机构，私吞730万美元。

《每日电讯报》对联邦调查局的指控报道得最详细。报道称，三名银行家说服英国西敏寺银行以最低价卖掉某公司的股份，而对方并不知情，正是这三名银行家想购买这些股份。交易一周内，三名银行家将股份倒卖给安然公司，从中获利730万美元，而安然公司的联络人从中获利更多。《每日电讯报》曝光了这三名银行家之间的邮件，邮件流露出他们对高利润的觊觎，商量如何说服安然的联络人安德鲁·法斯托（Andrew Fastow）帮助他们实现这一交易。其中一名银行家大卫·伯明翰（David Birmingham）在邮件里这样写道："我会很高兴，如果他能保守秘密，并从中获得很多的利益……我们应该从他的贪婪下手。"

关于此事件的报道断断续续，直到2004年夏天，美国联邦调查局宣布引渡这三名犯罪嫌疑人到得克萨斯州的休斯敦接受审判。大多数报纸援引联邦调查局的表述："这是典型的内贼作案，因为在安然倒闭之前，英国西敏寺银行对他们的肮脏交易并不知情。"2004年10月布街地方官方法院（Bow Street Magistrates）宣布引渡犯罪嫌疑人。

之后，有意思的事情发生了。舰队街的报纸突然改变了报道方向。媒体纷纷发起运动，呼吁支持曾经的酒吧保镖和他的亲密伙伴。无数压力集团、来自三大主要政党的议员、大批商人都为这三名银行家大声疾呼。结果，英国上议院反对引渡犯罪嫌疑人，一场紧急辩论在英国下议院举办。大家都在为三名银行家说好话，原因是什么？公关从中起了作用。

庭审前，三名银行家联络了贝尔雅德传播公司（Bell Yard Communications），这家公司最擅长的是，"当公司处于危机，或被议论时，引导公共舆论"，并声称"很能找准施压点，特别擅长协调法律纠纷"。贝尔雅德知道如何对付媒体。

大多数公关行为不涉及直接歪曲，如果你带着敌意提问新闻发言人，他们中的很多人肯定会说谎；我们会在后面的章节中介绍那些经典的公关公司耍花招的案例。通常，公关人员肯定会歪曲——往往是温和的歪曲，但其破坏性同样强。公关人员小心谨慎地选择视角和所涉及的问题，委婉地说服记者按照他们的意愿报道。

贝尔雅德传播公司的员工透露，接手银行家的案例后，公司创始人美兰妮·瑞莉（Melanie Riley）马上酝酿应该采取的行动。必须让舰队街的报纸停止谈论三名银行家的罪行，谈论他们奢靡的生活，让所有的报道只围绕该案件的唯一新闻点——新的《罪犯引渡法》（*Extradition Act*）来做。在该法案下，三名银行家将被引渡到得克萨斯州接受审判，这也正是"有懈可击"之处。

2003年，该法案仓促诞生，目的是引渡可疑的恐怖分子，而现在，却用在商人身上。并且，让英国人很不爽的是，该法案允许美国从英国引渡犯罪嫌疑人，而不必经过英国法院的任何审查；如果英国从美国引渡犯罪嫌疑人，必须在美国法官面前提供充分的证据，而且这些证据要被证实。美兰妮·瑞莉又为该角度"锦上添花"，指出"在休斯敦，很多人是安然事件的受害者，当地法院对三名银行家的审判肯定无法做到公正；既然他们的雇主是英国银行，对他们的审判应该在英国进行"。

为让舰队街的媒体接受这个完美的故事，贝尔雅德"两条腿"走路。一是，美兰妮·瑞莉秘密联络了有可能同情银行家的政客和压力集团，交给对方一份6页码的文件，文件名是"同美国相互引渡罪犯的先天性不公正"（Inherent Injustice of Extradition Arrangements with the US）。除此之外，美兰妮·瑞莉和自由民主党人士、古德·哈特勋爵（Lord Goodhart）、对新法存在质疑的人权组织、国外公正审判组织（Fair Trials Abroad）取得联系。他们都支持美兰妮·瑞莉的观点，同意接受美兰妮·瑞莉安排的记者采访。

二是，美兰妮·瑞莉从故事中截取了四个不同的角度以应对不同的记者。第一个角度关乎立法，针对的是政客和法律专家，古德·哈特勋爵很快写了一篇相关评论在《泰晤士报》发表。第二个角度关乎人权，针对的是主张自由和改革的报纸，《卫报》首先从这个角度报道，并引用人权组织“自由”（Liberty）的主任沙米·查克拉巴提（Shami Chakrabarti）的观点。第三个角度关乎商业，针对的是城市商业版面的记者。知情者透露，《标准晚报》城市版很配合，“只需要你打电话，把故事交给对方，他们不怎么修改就把故事发表了。很多全国性的报纸都看《标准晚报》，他们很容易按照对方的角度，做同样的报道”。最后一个角度是人情味报道，针对的是报纸的新闻版面和广播电视媒体，媒体纷纷描述英国的犯罪嫌疑人戴着手铐、身穿橘黄色的囚衣出现在美国法庭的场景。《标准晚报》首先从这个角度进行报道，该报对盖瑞·米尔格鲁进行了采访，文章充满了同情的口吻。盖瑞·米尔格鲁站在家门口，叙述打官司的费用吞噬着他的财产，他很快会一无所有。

公关报道蜂拥而至，遵循着新闻工厂的生产原则。贝尔雅德尽量保持报道的低成本，安全、简单，并且不断为故事添枝加叶。此时，前BBC记者安德鲁·吉利根已经在《标准晚报》工作，美兰妮·瑞莉和他联手，倡导起诉“严重欺诈办公室”（Serious Fraud Office）失职，没能在英国审理此案件。知情者透露：“安德鲁·吉利根不喜欢政府，他非常聪明，知道如何报道这样的问题。”安德鲁·吉利根报道了该事件，角度是在美国审理此案件的不公。第二天，其他全国性媒体也以同样的角度跟风报道。大卫·伯明翰接受了众多媒体的采访，他很快学会了如何说“到位”的话，他对安德鲁·吉利根表示：“不能想象，有人会起诉‘严重欺诈办公室’，起诉原因是对方之前没有对他们进行起诉。”大卫·伯明翰告诉《每日电讯报》：“不能想象，有人会起诉‘严重欺诈办公室’，起诉原因是对方没有对他们进行调查。”

媒体完全可以拒绝跟从贝尔雅德的公关报道视角，而事实是，媒体对这类报道趋之若骛，如同婴儿对好东西紧抓不放。美兰妮·瑞莉和新闻联合通讯社、路透社、《金融时报》、《卫报》、《标准晚报》等媒体的记者一起推动着这个故事发展。经几家媒体报道后，其余媒体会受“新忍者神龟”原则的影响，竞相报道。所有报道的角度都和美兰妮·瑞莉策划的报道角度相同。犯罪嫌疑人变成了法律不公的牺牲品。花天酒地、拈花惹草的浪子变成了时刻为孩子担忧的居家好男人。先前的酒吧保镖和他的同僚，被称作是西敏寺银行的“三剑客”，如同被错判的吉尔福德的“四剑客”（Guildford Four）和伯明翰的“六剑客”（Birmingham Six）。几乎所有的记者都抛弃了荷兰合作银行的观点，不再谴责他们“挖安然的墙脚”，不再提表露出他们的贪婪的邮件，不再描写他们曾经享受过的过高的收入。

连最先曝光这三名英国银行家卷入安然事件的《星期日泰晤士报》也改变了立场，告诉读者“美方尚未在英国法庭上出示证据，但是三名英国银行家仍将被引渡到美国接受指控”。《星期日泰晤士报》还发表了一篇2000字左右的背景故事，文中没有一个字表明，这篇报道实际上是由公关人员提供的。

到2006年2月，该事件的反响继续高涨，商人、议员、压力集团纷纷呼吁停止引渡三名银行家到美国法庭。三名银行家开始营建第二道防线，他们雇用了名叫“M”的传媒公司，找到曾经为保守党做过4年议员的公关人员阿德里·弗拉克（Adrian Flook）。阿德里·弗拉克运用在议会工作时建立的关系网，试图帮三名银行家留在英国。他继续宣扬《罪犯引渡法》引起争议，有待修正，并联络重要人物，博得对方的支持，包括首席影子司法部长多梅尼科·格里夫（Dominic Grieve）、自由民主党主席孟席斯·坎贝尔（Menzies Campbell）公爵、为英国商人说话的右翼人士、认为美国在侵略英国的左翼人士等。保守党前主席迈克尔·霍华德（Michael Howard）和具有反叛精神的议员乔治·加洛维（George Galloway）也成为同盟。支持的人越多，舰队街的相关报道越多，关注的人也越来越多。

7月将至，引渡三名银行家的最后期限即将来临。贝尔雅德加大报道力度，他们侧重报道该事件在商界的影响。6月，贝尔雅德组织怒气冲冲的商人在伦敦市中心进行游行，并向英国内政部请愿。很多更大的示威游行并未被媒体报道过，贝尔雅德却成功地邀请记者报道了该事件，确保这是件“大事”。贝尔雅德还从“人情味”上做文章，安排《标准晚报》记者采访大卫·伯明翰的妻子爱玛，安排《星期日邮报》记者采访盖瑞·米尔格鲁的妻子劳拉，安排《独立报》记者上门采访大卫·伯明翰夫妇，安排《卫报》记者采访大卫·伯明翰等。这些报道多围绕他们不得不在美国监狱呆两年，等候审讯，然后将要面临35年的刑期，谈到他们要戴手铐、脚镣、腿镣，穿橘黄色的囚服等。电讯报集团主席艾登·巴克利（Aidan Barclay）对此事件尤其关注，嘱咐《每日电讯报》向英国内政部写公开信，发起“对商人进行公正审判”的运动，尽管该报曾最先曝光三名银行家偷窃及贪婪的邮件。关于该运动的内容可以在《每日电讯报》的网站上找到，此外，该报还发表了一系列同情这三名银行家的报道。庭审前，大卫·伯明翰还在《每日邮报》上开专栏写自己的感受。

7月中旬，关于该事件的报道达到高峰，英国上议院反对政府的决定，试图用警察法案阻止新的《罪犯引渡法》的实施；英国下议院举行3个小时的紧急辩论。一向主张严厉打击犯罪的托尼·布莱尔陷入困境，不得不许诺驻美国的英国官员会尽全力“提供支持，确保审判公正”。但是引渡照旧进行。8月13日，大卫·伯明翰站在警察局外，对着镜头说了临行前的最后一句话：“对于英国人来说，今天是很悲哀的一天，我们的政府让我们失望了。”当三名银行家乘飞机飞往休斯敦时，天空电视台雇了直升机跟踪拍摄，播出的新闻中还插播了艾玛·伯明翰一个人在家伤心的镜头。

在休斯敦，迎接三名银行家的不是在监狱呆两年等候审判的消息，他们在酒店住了一晚上，便被保释出狱。在法庭上，他们没有穿橘黄色的囚衣，穿的是他们自己的西装，当然，他们得戴手铐。他们的刑期也不是35年，检察官的备忘录显示，刑期最长不过是9年。检察官解释，案件之所以要在休斯敦审理，是因为安然事件的文字资料都在这里，更重要的是，案件涉及的重要证人，银行家的联络人安德鲁·法斯托在这里服刑。

此时，《卫报》出其不意，再度描述了2000年2月，三名银行家如何从安然骗走730万美元的过程。还刊登了他们的邮件，“这样做是不是太明显？也可能不会引人注意”。他们担心西敏寺银行的人会发现他们的行径，因此，大卫·伯明翰特意发邮件给同事，以做“掩护”。大卫·伯明翰将这封邮件转给另两名银行家，并注释：“这样做，就很难被人发现，可以保守秘密。很多人问我们要干什么。我痛恨说谎。”

《卫报》还采访了“严重欺诈办公室”负责人罗伯特·瓦道（Robert Wardle），罗伯特·瓦道很惊讶，这三名银行家的事件闹得满城风雨：“这个案件很明晰，大多数文件、主要的证人都在美国。即使你认为新的罪犯引渡法案不合理，按照旧的罪犯引渡法案，已有的证据也足以证实可以对他们进行引渡。”

但是他说得太晚了，公关人员已经决定了舰队街报纸的报道方向。

很多年前，鲁珀特·默多克的美国报纸《国家星报》（*National Star*）获悉一重要新闻线索，鲁珀特·默多克本人也介入这条新闻的报道。《国家星报》收到一封匿名信，写信人称他掌握了吉米·霍法（Jimmy Hoffa）秘密失踪的重要线索，吉米·霍法是和黑手党关系很僵的某工会领袖。

鲁珀特·默多克嘱咐记者在《国际先驱论坛报》（*International Herald Tribune*）刊登广告，表述他们对这条新闻很感兴趣。不久，一神秘兮兮的人物——约瑟（Joseph）先生和报纸取得了联系。约瑟表示，黑手党雇他去杀人，但是他拒绝了，现在他担心对方会杀人灭口。在鲁珀特·默多克的许可下，《国家星报》

邀请约瑟从伦敦飞往洛杉矶，在罗西（Roxy）戏剧院外的日落大道（Sunset Boulevard），《国家星报》记者转交给约瑟一笔生活费：一辆车开过来，后车窗玻璃摇下，记者把现金递给约瑟，约瑟说了声“谢谢！”在接下来的一系列采访中，约瑟告诉《国家星报》记者，吉米·霍法如何被折磨，如何在货车的后车厢内被害，尸体被埋在新泽西的某个地方。《国家星报》要约瑟提供证据，约瑟回答没有问题：所有的证据被安全地锁在科隆机场的行李寄存处。但是他需要钱，以设法摆脱黑手党的追杀。

这样的报道令他们欣喜若狂，默多克命令秘书交给《国家星报》记者皮尔斯·艾克曼（Piers Akerman）一个信封，内有2万美元，并派皮尔斯·艾克曼飞往科隆跟踪采访。根据约瑟的指示，皮尔斯·艾克曼在一家酒店的休息室将现金交给约瑟的朋友“荷兰人”。“荷兰人”带着皮尔斯·艾克曼到达机场汉莎航空公司前台，在那里，皮尔斯·艾克曼得到一把钥匙和一个行李寄存箱的号码。他发现，寄存箱里放着的是一双很脏很旧的鞋子——约瑟声称，这双鞋子正是吉米·霍法死前穿的。《国家星报》将这双鞋子送去检验，结果表明，这双鞋子和吉米·霍法没有任何关系。他们把这双鞋子拿给吉米·霍法的儿子看，吉米·霍法的儿子也不认为父亲穿过这双鞋。但是这些并没有阻止鲁珀特·默多克的报道。

事实是，这双鞋和吉米·霍法没有任何关联，约瑟和吉米·霍法也毫不相干。这双鞋来自一家二手货慈善店，约瑟根本就是个骗子。1934年1月26日，约瑟出生于伦敦南部，他的真名是贝里·爱德华·盖尔（Barry Edward Gray）。卖给鲁珀特·默多克一双旧鞋，贝里·盖尔赚了3万美元。除此之外，贝里·盖尔还成功骗取舰队街其他媒体上千美元。贝里·盖尔擅长欺骗媒体，并以此为职业，一做就是20年。在他的“职业生涯”末期，他告诉法国作家亚当·皮安克（Adam Pianko）：“我蔑视记者。一份报纸称我是低层次的沃尔特·米蒂（Walter Mitty），如果我是异想天开者，他们又是什么？是谁发表了我编造的新闻？”

贝里·盖尔的骗局屡屡成功的关键是他知道记者需要什么，他制造了记者想要的东西：媒体之门在他的面前敞开着。优秀的公关人员也是如此工作。贝里·盖尔先去捏造，然后再去售卖这些谎言。在公关领域，编造可能是为了售卖事实（被扭曲的事实），可能是为了推销值得报道的信息（或者根本不值得报道的信息）。但是编造是公关的灵魂，编造新闻的目的就是为了敲开媒体之门。公关大师爱德华·伯内斯（Edward Bernays）表示：“我的忠告是，公关人员不仅仅要知道什么是新闻价值，还要知道，他有能力制造新闻。”

爱德华·伯内斯也以制造新闻著称。1929年美国烟草公司请他促销好彩牌女士香烟（Lucky Strikes）。当时的难题是，抽烟不应该是女士行为。爱德华·伯内斯策划了这样一个故事：这是关于自由的故事。在复活节（星期天），他组织30名女模特在纽约城市中心游行，所有模特都吸着好彩牌香烟。他向记者描述，这代表的是“自由之光”。这个故事传遍了美国。受这篇报道的启发，其他女性自发组织了自己的“自由之光”活动——为了自由而抽烟。新闻越来越多，好彩牌香烟的销量也越来越大。

寻找出稿快、容易报道的新闻的记者对这类冒牌新闻毫不设防。美国历史学家丹尼尔·布尔斯廷（Daniel Boorstin）对大行其道被制造出来的新闻进行了研究，他在1962年出版的图书《形象》（*The Image*）中警告：“在民主社会，假事件很可能会泛滥，言论自由、新闻自由包括了制造假新闻的自由。”

假新闻轻而易举公然地遮掩了记者的双眼。现在，我们对假新闻的行踪彻底失控。在报纸开始大规模流通的早期，新闻采访被当作一种策略和技巧。丹尼尔·布林斯廷认为，第一篇正式的采访发生在1859年，《纽约论坛报》记者对耶稣基督末世圣徒教会（Church of Jesus Christ of Latter-Day Saints）领导人约翰·杨（Brigham Young）进行了采访，当时的文章逐字逐句再现了两人对话的内容。10年后，丹尼尔·布林斯廷表示，《国家》（*Nation*）报仍表示，这样的采访是“爱说谎话的政客和不爱说实话的记者的联合产品”。要强调的是：几乎所有的采访都不是记者主动揭露事实的报道，而是被动接受公关人员建议的报道——制造新闻，为的是推销某项政策或者产品。

新闻发布会、新闻通稿、公开拍照的机会也是如此。被制造出来的新闻不一定符合逻辑，这类新闻是为了敲开媒体之门。有些新闻还包含有很微妙的因素。2006年12月，在处理发生在伊普斯威奇的五名妓女被害事件中，萨福克（Suffolk）警方故意请总警司斯图尔特·格尔（Stuart Gull）出面主持新闻发布会，安抚群众。这样看上去，会让外界觉得，记者可以从调查案件的总负责人那里直接得到消息。实际上，这样想就错了：每一例谋杀案都由一位高级侦探负责，斯图尔特·格尔能够出席新闻发布会，是因为他不参与调查，并不忙。

假新闻通常是经过伪装的。我采访过的公关人员都认为，最优秀的公关人员是能够隐藏自己的公关人员。和媒体公然联系，用自己的观点影响媒体报道，这样的局面已经蔓延到全球的公关业。如今，正是这个巨大的、带有操纵性的产业，以结构脆弱的媒体为目标——将歪曲的、虚假的新闻直接输入新闻通道，而不必像以往那样，需要借助媒体业主、广告商作为杠杆。

公关人员制造的假事件包括爱德华·伯内斯的“自由之光”游行，贝尔雅德组织的商人在伦敦市中心漫步示威，还有，2006年2月，“人道对待动物”协会（People for Ethical Treatment of Animals）组织的用面粉做武器搅乱伦敦的时尚展，在国际皮毛交易会上，向观众喷洒假血，向CK（Calvin Klein）服饰品牌扔豆腐——这些都是被制造出来的新闻。“我们是炒作之王。”“人道对待动物”协会的会长英格丽德·纽柯克（Ingrid Newkirk）在接受《卫报》记者采访时表示。被制造的不仅仅是新闻，还有新闻视角——图片通常是这些伪新闻的主要元素。

2003年5月，布什总统宣布结束在伊拉克的战斗行动。他没有在他的农场前，也没有在白宫办公室宣布这一决定，他的公关人员为他安排的是，穿上战斗服，飞往一艘停在加利福尼亚海岸的航空母舰上宣布该决定，航空母舰上载满了翘首以待的记者。这样，他看上去像是胜利者，又像是战斗英雄。6个月后，为了表明他对继续参与战斗的美国军队的支持，布什不仅发表新闻通稿，而且在感恩节亲自飞往巴格达的机场，他一身戎装，被士气高涨的士兵环绕。他们的面前是一只巨大的、诱人的火鸡。两小时后，布什支持美军的形象迅速传遍世界各地。（因为伊拉克的战火始终没有熄灭，白宫网站不得不更换新闻内容，表明总统只是宣布“主要”的作战行动结束。）《华盛顿邮报》后来揭露，这只火鸡不过是舞台道具，加了装饰性的葡萄而已。

2005年8月，居住在加沙地带的以色列平民遭到驱逐，报道这一事件的记者和摄影师强烈感觉到，他们所目睹的是精心策划的假事件。这次驱逐行动出于政治需要，对当时的总理阿里埃勒·沙龙（Ariel Sharon）来讲很重要。阿里埃勒·沙龙打算把自己塑造成愿意为了和平而妥协的形象。6天来，全球媒体播出了无数泪流满面的以色列平民被士兵赶出家园的图像。驱逐是真实的，毫无疑问也令人担忧。然而，2006年1月，某记者对《卫报》透露，这场事件是由当地居民和以色列的士兵提前安排的：被驱赶的居民同意只向士兵投掷没有伤害性的物体，比如面粉、西红柿和泡菜——只要这些泡菜是不带铁皮盒的，士兵也同意用尽量小的武力驱逐居民。“报道里的歇斯底里、大哭大叫都是事先安排好的，为摄影师准备的。”据《卫报》报道，如果没有媒体报道，在约旦河西岸定居的以色列人会继续“惊险”行动。

同样，媒体所报道的成千上万的巴勒斯坦人被驱逐出家园的新闻也是假的。某新闻通讯社的图片主编对加沙居民的报道进行总结后表示：“这是一大杰作。我们都感觉自己在玩游戏，我们被利用了，被照片收买了。”

公关人员也会编造一些假团体，由这些团体向媒体报料。他们还会把这些团体伪装成由群众自发组织的民间团体，描述这些团体组织了大量有新闻价值的行动。这类团体被戏称为“人工草皮”（Astro Turf），因为这些团体根本不存在。

约翰·斯劳博（John Stauber）和谢尔登·兰普顿（Sheldon Rampton）合著的《毒泥不毒你》（*Toxic Sludge is Good For You*）对公关业的真相进行了曝光。在书中，他们引用美国戴维斯传媒（Davies Communications）公司的促销广告，称公司创建人约翰·戴维斯（John Davies）能够“将有策略的计划打造成民间团体自发组织的行为”。约翰·戴维斯的网站吹嘘：“在戴维斯公司，我们不相信命运，我们把握命运。我们为客户打造他们需要的言论、他们想要的形象。只要想得到，就能做得到。”

美国法庭曝光了这样的丑闻：20世纪50年代，吸烟致癌的调查结果发表后，很多烟草公司面临严重打击，他们聘请公关公司出谋划策。这些公关公司捏造假团体，故意制造对烟草公司有利的舆论。当时美国最大的公关公司伟达公关公司（Hill & Knowlton）迅速创造出主管烟草研究的部门和看上去很独立的烟草研究学院，让他们发布对烟草销售有利的研究报道。该公司内部的备忘录清楚地记载着，公司的目的并非说实话，而是故意选择对吸烟致癌表示怀疑的各种观点和论证。备忘录里有这样一句话：“怀疑就是我们的产品，因为怀疑是和被大众广泛接受的事实竞争的最好方式。”

这些伪集团聘请了很多专家发表文章和言论，试图改变大众的观点，与此同时，博雅公关公司（Burson-Marsteller）组建了民间组织“国家吸烟者同盟”（National Smokers Alliance），他们召开会议，同政客辩论，将“禁止吸烟”上升到危害自由的层面。“你的周围，如果有‘反对美国的人’将禁止吸烟的规定强加给你，你一定要大胆说出来！”这些新闻歪曲了事实，却大模大样地拥进媒体大门。

公关公司创造了无数伪集团、伪组织，捏造了无数维护他们的利益的民间行动，例如：抗癌症者联盟，由万博宣伟（Weber Shandwick）公关公司为罗氏（Roche）制药公司创建，目的是帮对方推广防癌药物；美国宪法自由协会，由格瑞公关公司（Gray and Co.）创建，为色情业提供服务；美国反对不合理的汽油税联盟，由柏克·考文（Beckel Cowan）公关公司为美国石油协会创建；美国农业科学技术理事会，由万博宣伟公关公司为食品工业创建；农业转基因工程协会，由列克星敦公关公司为转基因食品公司创建；健康保险协会，为健康保险公司创建，目的是阻止克林顿实施新的医疗保险，这个项目由公关专家布莱尔·丘德斯（Blair Childs）倡导。1994年，布莱尔·丘德斯在芝加哥做演讲，和大家分享公关技巧，题目是“打造公共舆论——如果你不去做，其他人就会去做”。他在讲座中强调伪集团的命名要中性，比如考虑用“公正”、“选择”、“同盟”等词。谈到民间集团的成员成分“复杂”时，布莱尔·丘德斯表示：“队伍成员不可思议，但是每个人都可以做事情。”他们都在制造新闻。

近年来，欧洲民众和政府要求食品健康的呼声日益高涨，他们把矛头指向垃圾食品、误导性食品标签、含糖量过高的食品，容易导致儿童增肥的食品广告等，很多涉及的食品厂家专门资助某些集团，维护他们的利益。英国报纸时常引用社会问题研究中心（Social Issues Research Centre）、健康基金会（the Nutrition Foundation）和国际生命科学基金会（the International Life Science Foundation）的研究结果，却没有指出这三家机构的资金来源是吉百利史威士（Cadbury Schweppes）公司、雀巢（Nestle）公司、美国家乐氏（Kelloggs）公司、奶业委员会（the Dairy Council）、美国卡夫（Kraft）食品公司和糖业局（Sugar Bureau）等。同样，2003年，舰队街的报纸引用营养学家苏姗·捷布（Susan Jebb）的观点，攻击“阿特金斯减肥法”（Atkins Diet），称其对健康有害，却没有解释，他们提倡的低碳水化合物减肥法（low-carbohydrate diet）的研究是由美国面粉咨询委员会（Flour Advisory Bureau）资助的。这类研究可能准确，也可能不准确；公关人员为研究埋单，将研究成果变成新闻。

2005年11月，路透社大露马脚。路透社报道了非洲转基因农作物大获成功的消息，信息来源是在内罗毕经营“非洲丰收”（Africa Harvest）集团的弗罗伦斯·温布古（Florence Wambugu）博士。英国监管公关公司的部门“新闻误导调查部”（Spinwatch）发现，“非洲丰收”集团由转基因公司资助建立，弗罗伦斯·温布古博士是杜邦（DuPont）公司的顾问，而杜邦公司是重要的转基因企业。这些信息在路透社的报道中都没有提及，“新闻误导调查部”要求路透社更改报道。

公关人员也会生产伪专家。2003年12月，BBC电台节目《钱盒子》（*Money Box*）报道：玩具不仅仅是最佳圣诞节礼物，也具有投资价值。并特别推荐威克蒂斯（Vectis）公司的拍卖活动。报道称，热衷于收集玩具的大卫·巴泽雷（David Barzilay）在此拍卖会上拍卖其玩具藏品的收入是4万英镑。在此两年前BBC报道过类似事件，同样指出旧玩具在拍卖市场上的潜在价值。当时也引用了大卫·巴泽雷的话，不过，那时他的身份是威克蒂斯公司的新闻发言人。〔有意思的是，在美国，也有一位玩具专家，名叫克里斯多弗·伯恩（Christopher Byrne），他被誉为“玩具人”，他的观点被美国媒体广泛引用，而他的真实身份是玩具生产厂家的新闻发言人。〕

同样，由公关公司资助的“智囊团”（think tanks）为自己的员工命名都带有学术色彩，比如“特别研究员”（senior fellow）、“研究总监”（research director）等。广播、报纸中经常会出现他们的名字，似乎他们是完全独立的专家，没有任何既得利益。这种状况首先在美国出现，如今已经普及到整个欧洲。

比如，1997年建立的斯德哥尔摩网络（Stockholm Network）和115家智囊团建立了联系，这些智囊团由大型制药商和石油公司资助。斯德哥尔摩网络声称："每年影响上百万欧洲人。"对于舰队街的报纸而言，丹·刘易斯（Dan Lewis）这个名字并不陌生，他是多面手专家，他呼吁减少公共交通工具，减少政府支出，倡议取消关于环保的《京都议定书》（*Kyoto Protocol*），提高商家在全球变暖问题上的作用，他被描述为经济研究委员会（Economic Research Council）负责人、政府效率部（Efficiency in Government Unit）总监、《英国官方公布的非政府组织介绍》（*Official Guide to British Quangos*）的作者、政策研究中心的作者和斯德哥尔摩网络环境部的总指挥。

媒体之门轻而易举就被打开，一些"专家"使劲推销自己的观点，即使他们根本没有资格谈论这些话题。最显著的案例是诺曼·布伦南（Norman Brennan），1994年，他建立受害者委员会，倡议加长罪犯的刑期，增设更多警察，给警察更多枪支，他的话被媒体广泛引用。而实际上，诺曼·布伦南仅仅是英国交警的基层警员，他却把自己的观点说成专家的观点。同样，约瑟芬·昆塔瓦莱（Josephine Quintavalle）接受无数采访，评价生殖伦理问题，甚至更复杂的人权问题，她唯一的相关工作经验是，她曾经是反堕胎组织生命委员会的顾问。更有谋略的是西蒙·白瑞特（Simon Barrett），他讲述的关于阿拉伯恐怖分子的故事令人毛骨悚然，西蒙·白瑞特被描述为警惕恐怖主义协会（Terror Aware）发言人、英国恐怖主义分析家、国际反恐怖主义联盟（International Coalition Against Terror）总监、国际媒体智能（International Media Intelligence）分析总监等。谁也不清楚他到底擅长恐怖分析的哪些方面，他的公司对他的介绍也仅仅是记者。有人称，西蒙·白瑞特曾经是英国锡安主义联合会（Zionist Federation）的新闻发言人。

至少，这些自称的专家在现实生活中有"落脚点"，而不像迈克·肯尼（Mike Kenny），2004年他进入媒体视线，成为家庭暴力专家，只因为他讲述了自己被女友恶打的经历。电台、电视台和《泰晤士报》报道了他的观点，他组建了名为"的确发生在男人身上"（It Does Happen on Men）的压力集团，并宣布已经收纳三名避难者。但真相是，他根本没有挨过女友的打。被媒体当作英国SAS特种部队成员的汤姆·克鲁（Tom Crew）写了一本书，回忆他在阿富汗作战的经历，后来BBC《新闻之夜》曝光，汤姆·克鲁根本就在说谎。

公关人员捏造伪证据——调查、投票统计等。调查最受欢迎，这类调查通常在星期日发布，因为周一报纸普遍缺稿。商家期待免费宣传的机会；公关人员孜孜不倦地创作令人瞩目的调查；他们一贯的做法是在网站上贴出调查表格，以手机、免费周末宾馆住宿为奖品，吸引人们填表；有了调查结果，新闻应运而生。结果，报纸揭示全国人民最喜欢的圣诞午餐（为消费者调查公司做宣传），全国人民最喜欢看的书（为书商做宣传），本年度最奇怪的书名（为图书杂志做宣传），全世界最性感先生（为女性杂志做宣传），女性最性感的部位（为另一本女性杂志做宣传），世界上最性感的物品（为性用品店做宣传），宠物越来越胖（为动物慈善组织做宣传），人们的头变得越来越小（为美国大学做宣传），士兵越来越想家（为部队做宣传），醉汉越来越多（为医疗保险公司做宣传），梦游的人越来越多（为连锁酒店做宣传），购买纸张处理器的人越来越多（为超市做宣传），老年人拥有的存款越来越少（为银行做宣传），孩子拥有的存款越来越多（为房贷合作社做宣传）。

这些报道不仅出现在通俗小报上，而且“淹没”了各种各样的报纸。2005年11月，一个普通的星期一，《卫报》报道了9条与调查数据有关的新闻，《太阳报》报道了另外9条与调查数据有关的新闻。其中一些报道的调查数据根本没有事实依据。一家公司推出为客户寻找手机的业务，公关公司为其做“前奏”，告知媒体，在过去半年内，有6.3万只手机被遗忘在伦敦的出租车里。根据公共运输局（Public Carriage Office）的统计，真实的数字是779只。公关公司的调查结果如何出炉？原来，他们只对131名出租车司机进行了采访，而伦敦有2.4万名出租车司机。公关公司早已习惯如此炮制故事。

几乎所有集团公司都在公关公司的协助下命名他们自己的一天，或者一周。比如在美国，2007年8月的头七天，至少被48家不同的公关公司预订，包括全国西瓜节、全国巧克力薯条节、全国清新呼吸器节、全国冰淇淋三明治节等。整个8月，被36个不同的名目“瓜分”，包括护眼日、鲜桃日、公园日、国际航空旅行日等。有了这些名目，公关公司可以此为契机发表人造新闻。

为政客服务的公关人员同样利用这些调查数据，不过，他们只选择对他们有利的调查数据。2004年初，英国文化部对BBC的将来进行讨论，同时，赫顿调查报告颁布，赫顿调查报告指责BBC关于伊拉克的报道，BBC总裁辞职。讨论结果显示出公众对政府的强烈不满。“很显然，BBC是被冤枉、受了伤的巨兽。”讨论结果称，“在过去的一年时间里，政府对BBC的指责不断，赫顿调查报告的出炉，令这种攻击达到顶点，BBC的人引以为傲，因为这恰恰体现了新闻报道的完整性和独立性。”关于BBC和政府公信力的投票也显示：“BBC更有说服力。”即使那些认同BBC存在“文化傲慢感”的人也坚称：在目前的政府背景下，这种傲慢感具有积极作用。讨论的中心问题是——BBC是否应该对政府负责：“比所讨论的其他任何一个问题所得到的回答都更坚定，公众希望BBC保持独立，甚至更独立。”

2004年7月，英国文化部公布讨论结果，新闻通稿里写道："英国公众对BBC仍然很敬重，但是，今天发表的文化部秘书长泰莎·乔威尔（Tessa Jowell）的报道揭露，BBC新闻报道的质量普遍下降，令人担忧。"新闻通稿不涉及任何公众对政府的不满，不涉及BBC和政府的关系。结果是，媒体关于此事件的报道也只按照文化部选择的角度，"BBC新闻报道的质量普遍下降"。

伪世界就这样产生了。新闻通稿中的引语都出自公关人员之口，和貌似"说"这些话的人没有任何关系。记者心里有数，但只要读者识不破，没人担心。2005年3月，BBC新闻办公室遇到了麻烦。演员克里斯托弗·埃克莱斯顿（Christopher Eccleston）强烈抗议，BBC新闻办公室没有告诉他，就以他的名义发表讲话，解释他为什么停演《神秘博士》（*Dr Who*）。报纸上署名首相或者内阁成员的文章，也根本不出自本人之手。阿斯戴尔·坎贝尔（Alastair Campbell）的前助手兰斯·普莱斯（Lance Price）在《政治化装师日记》（*Spin Doctor's Diary*）中回忆："这周我给威廉·酷克（William Cook）写了两封信，一封是以伊恩·麦卡特尼（Ian McCartney）的名义，一封是以罗宾·黑格（Robin Hague）的名义。"连辞职信也是假的，比如彼得·曼德尔森（Peter Mandelson）、让·戴维斯（Ron Davies）和杰弗里·罗宾森议（Geoffrey Robinson）的辞职信都是唐宁街新闻办公室撰写的。

有些新闻是故意被泄露的，不是记者有心挖掘，而是公关人员的诡计。有些新闻照片也是假的，比如，美国共和党发表了一张乔治·布什面对一群士兵讲话的照片，照片最前面，是一个小男孩站在父亲的肩膀上，摇着美国国旗。这张照片是假的，照片原型是布什面对公众讲话，很多公众举着支持他的"死对头"约翰·克里（John Kerry）的旗帜；前排的小男孩身着支持约翰·克里的T恤衫。共和党人效仿斯大林式的宣传策略，消除所有约翰·克里的标志，点缀上士兵，来隐藏他们的"小动作"。

有些病也是假的，比如社会焦虑症、夜食症，由公关人员创造、夸大，目的是推销相应的药物。凯维公关公司（Cohn and Wolfe）到处宣扬社会焦虑症，结果，根据《华盛顿邮报》报道，媒体对这种病症的报道从1997年的50次增长到1999年的10亿次。对付这种病症的药物销量增加了18%。有些战争也是假的，莫妮卡·莱温斯基（Monica Lewinsky）丑闻高峰，克林顿总统下令轰炸苏丹的一家制药厂，指称这家制药厂在生产化学武器。事实并非如此，但是之后好几天，这条新闻取代莫妮卡·莱温斯基成为头版头条。克林顿大概是受前辈罗纳德·里根（Ronald Reagan）的启发——1983年10月，贝鲁特恐怖自杀导致240名美国海军死亡，公众对罗纳德·里根怨声载道，罗纳德·里根下令进攻格林纳达（Grenada），转移公众的注意力。

名人报道也真假交织。丹尼尔·布尔斯廷在他1962年著的书中（即《形象》——译者）揭露了他发现的“猫腻”，他观察到真正的英雄被徒有虚名的人取代了：“假事件沸沸扬扬，任何人都可以一夜成名，只要他能够被媒体关注、持续关注……英雄的事迹决定了他是英雄，想象和商标催生了名人。英雄由他自己产生，明星由媒体制造。英雄是伟大的人，名人是名声大的人。”据擅长名人报道的记者透露，他的大部分报道是由公关公司策划的。即使狗仔队记者偷拍的照片，通常也由公关公司预谋，摄影记者配合，令这些照片看上去像是偶然拍到的。（某著名的体育运动员让他的妈妈做他的中间人：他让她对他进行抓拍，然后把照片提供给他喜欢的狗仔队记者，对方还支付给他妈妈不菲的酬金。）

这个虚假的世界也是肮脏的世界。在《毒泥不毒你》中，约翰·斯劳博和谢尔登·兰普顿讲述公关公司如何渗入到和他们的客户作对的压力集团的内部收集信息，或扰乱对方的行动。伟达公关公司设谋，散发署有“地球优先”（Earth First！）名称的假文件，指责对方奉行用暴力“同巨大的政府机器对抗”，破坏对方名誉。奥美（Ogilvy & Mather）公关公司为雀巢公司服务，监视国际消费者联盟（International Organization of Consumer Unions）、农业行动网络（Pesticide Action Network）和工会的举动。凯旋（Ketchum）公关公司为加利福尼亚葡萄干业摇旗呐喊，和新出版的揭露葡萄干中含有大量化学杀虫剂的书大唱反调。博雅（Burson-Marsteller）公关公司为孟山都（Monsanto）公司效劳，派遣其员工以假冒的民间组织代表身份，参与孟山都公司对手的会议。考夫曼（Kaufman）公关公司为美国奶业董事会工作，他们联系地方记者，劝说对方不要参加反对派的会议，为了更保险，他们委派六七名支持者出席会议，发表有利于奶业董事会的言论，以防有记者在场。

公关公司更进一步用广播电视推广其假新闻。2004年，该丑闻最先在美国曝光。看起来像主流新闻的电视新闻却是由联邦政府的各部门组织拍摄、发布的“电视新闻通稿”。他们让演员、专职的公关人员充当出镜记者，宣传他们的政策，包括宣传进军阿富汗和伊拉克。2005年1月，美国审计总署（General Accounting Office）规定，这类新闻是违法的“看不见的鼓动宣传”。之后，2006年3月，媒体和民主中心（Centre for Media and Democracy）调查发现了36条“电视新闻通稿”是为商业客户量身制作的，包括美国通用汽车（General Motors）公司和美国辉瑞（Pfizer）制药有限公司等。其中，有一则新闻被77家电视台播出。通常，各电视台会对新闻进行改造，用自己的字幕，或让自己的解说员根据公关公司提供的文字材料进行发挥——新闻看起来像是他们自己的作品。

这种作风已经在欧洲盛行。原因之一是美国的“电视新闻通稿”由路透社和美联环球电视新闻在全球发行，另外的原因是欧洲的公关公司也开始生产这类新闻。伦敦“能传媒”（Can Communicate）公司最擅长生产体育“电视新闻通稿”，比如，2006年世界杯期间，为阿迪达斯（Adidas）做品牌推广。电视咨询公司最擅长的是“店铺开业，公司宣传和政府运动”。

英国电视媒体自诩从来不用这类“电视新闻通稿”。但事实上他们一直在用。比如，BBC《今天的苏格兰》和《苏格兰报道》节目，都播出了一条未标明来源的新闻，这条新闻由一家保险公司赞助。新闻中，奥运之星乔安·芬克（Joanne Finch）身着带保险公司标志的衬衫，站在保险公司广告牌前，接受记者采访。电视台倾向于选用“半成品”，即新闻图像由公关公司提供，解说词由记者自己写。类似情况也在电台出现。有家名叫“山猫”（Lynx）的电台，向客户表示：“只需要花费500英镑，我们就可以将你们的信息，以录音采访或者插播广告的形式在全国500家电台播出。”

在这些假新闻的背后，是连贯“严谨”的公关工作。最成功的公关工作针对的是那些不善于思考的人，关注的是目标群体的潜意识。

公关诞生时，对公关策略进行定义的人是西格蒙特·弗洛伊德（Sigmund Freud）的侄子爱德华·L.伯奈斯（Edward L.Bernays）。这并非偶然。爱德华·L.伯奈斯对叔叔的工作进行了研究，将帮助个体取得的经验应用到对整个社会的影响力，如他所言：“如果懂得群体意志的机能和动机，就可能按照我们自己的意愿控制和统治大众而不引起对方的注意。”

20世纪五六十年代，这种状况曾经引起人们的忧虑。1957年，凡斯·帕克德发表著作《隐形的游说者》，开卷即写道：“这本书探寻的是奇怪甚至珍奇的现代生活的新景象。讲的是我们如何被影响、被操纵——我们并没有意识到——这种影响和操纵发生在我们日常生活中的每一天。有人费了很大的力气，通常成绩斐然，这些人依靠从精神学、社会科学获得的洞察力来引导我们的思考习惯、我们的购买决定和我们的思维方式等。”

接着，凡斯·帕克德引用美国公共关系协会主席的话：“我们的工作对象是人们的思维结构。”他回顾了主流公关公司采纳的“动机研究”——运用心理分析法的技巧，引发对方的反应，这种反应是“无意识的”（偏见、假设、恐惧、情绪化的表现等），或者完全是潜意识。凡斯·帕克德挖掘商业社会中的例子，比如吸烟者受广告宣传的影响，他马上能说出自己最喜欢的香烟的牌子，但如果蒙住他的眼睛，他根本无法凭味道从众多香烟中辨别出他喜欢的那种。事实上，不是香烟，而是香烟的“形象”留在了他们的脑海里。肥皂不是用来清洁的，而是用来美容的；汽车不是交通工具，而是一种身份的标志。

这些手段用于商业世界的同时，也被赋予了政治用途。最著名的是，第一次世界大战期间，伍德罗·威尔逊（Woodrow Wilson）总统指示，建立公共信息委员会，用爱国、自由的标志和语言，激励民众支持欧洲的战争。委员会主席乔治·克瑞尔（George Creel）表示：“人们不仅靠面包而活着，还靠标语而活着。”

激励凡斯·帕克德写《隐形的游说者》的原因之一是，1956年他发现这种“无意识”在共和党的竞选运动中起了作用。德怀特·艾森豪威尔（Dwight Eisenhower）回到白宫，理查德·尼克松担任副总统。凡斯·帕克德看到公关人员作为选举策略师首次露面；德怀特·艾森豪威尔的新闻发言人出席内阁会议，直接影响政策制定。他看到，1955年德怀特·艾森豪威尔突发心脏病，该事件没有降低德怀特·艾森豪威尔成为领导人的可能性，反倒为他赢得更多支持。他看到，公关人员把总统候选人当成商品进行包装，将普通人打造成“名人”。德怀特·艾森豪威尔的形象是明智公正的祖父，电台重复播他的话，广告板上有他的标志性形象，受欢迎的电视剧播出后，他的竞选广告蜂拥而至。观众约翰·斯坦贝克（John Steinbeck）表示：“（大众）意志薄弱，处于无助状态，不能抵挡对方提供的任何建议。”

凡斯·帕克德总结：“（公关）现在的目的是塑造人们的思维方式，同以往的目的大相径庭——以往的目的是利用人们的潜意识，说服人们购买电冰箱、摩托艇等有用或者无用的东西。现在的目的不过是影响我们的思维状态，引导我们的行为。”

将心理学的原材料运用于商品、政治的市场营销，从早期的“动机研究”发展到20世纪70年代，加利福尼亚斯坦福研究学院（Stanford Research Institute）提出的“消费心态学”（psychographic），到当代对目标群体的研究——通过某种运动，在目标群体的心目中塑造客户的形象、价值趋向。

举一个针对这种潜意识做文章的最简单的例子。“9·11”恐怖袭击后到2003年3月进军伊拉克之间，美国电视台播出了“记住自由”（Remember Freedom）运动的广告。这则广告由美国广告委员会（Ad Council of America）制作，这个部门最擅长“公共服务类广告……为持久、正面的社会变化量身打造”。广告中，名叫汤姆的男士称自己从柬埔寨移民到美国。言论自由（freedom-of-speech）网站主编桑德尔·里格法维（Sandor Ligetfalvy）发现，汤姆问道“我为什么要来这里？”之后，屏幕上快速闪过张着嘴的美国秃鹰、美国国会大厦（Congress Building）、金门大桥（Golden Gate Bridge）、以蓝天为背景的自由女神像、以曼哈顿为背景的自由女神像、鸽子在周围飞舞的自由女神像、总统山（Mount Rushmore，又译拉什莫尔山——译者）、以黑色为背景的白色单词“自由”（Freedom）……汤姆笑着回答他自己的提问：“自由。”广告委员会在其网站上表示：“运动结果证实广告委员会所传递的信息是有效的。”

这则广告的目标是目标受众的潜意识。公关人员的第二个立场是，大众是一种政治威胁，必须依靠公关手段控制他们的思想。这听起来有点像左翼妄想症，但是证据充足。斯图尔特·艾文（Stuart Ewen）教授研究了公关业的发展过程，在他的著作《公关！新闻扭曲的社会史》（*PR! A Social History of Spin*）中写道：“当务之急是民主带来的隐患……这种隐患已经伴随公关业发展了一个世纪。”

斯图尔特·艾文教授回顾了20世纪初，工人阶级获得选举权，工会运动蓬勃发展；记者曝光大资本家是强盗，剥削他人，导致权利精英集体恐慌；20世纪20年代，经济结构缺陷，经济大萧条爆发……这一切加速了工人阶级的政治化。

经济大萧条后，通用汽车公司的公关头目关心的不仅仅是维护他们自己的公司，还有他们得以生存的整个资本主义制度：“我们所面对的挑战是摆脱我们懒散的状态，通过公关公司的工作，重塑美国工业的地位。我们要将这个制度的优势解释给消费者，这种制度符合他们的利益，否则，制度本身不会站出来反对那些谬论。”

斯图尔特·艾文教授跟踪调查了公司集团的保护伞美国制造商协会（National Association of Manufactures），发现从经济大萧条时期到对共产主义的恐慌时期，美国制造商协会利用公关手段，创造了公众对资本主义的认同感。如他们所言：“将企业自由同公众认同的言论自由、新闻自由、信仰自由联系在一起，当成民主不可或缺的组成部分。”他们用广播、电影、宣传板、广告和新闻等宣传这种观念，并用口号鼓舞公众的情绪：“美国之路是最好的路。”（There is no way like the American way.）

如今，这个行业已经如此强大、复杂，英国最具声望的报纸国内新闻的54%都由他们提供。这个行业热衷于“有效地批量生产伪事件”。1962年，丹尼尔·布尔斯廷指出：“媒体就等着别人给他们送新闻，人们必须被告知。‘更多信息’的诉求都是误导。只要我们把信息定义为关于伪事件的知识，‘更多信息’将会加重这种病症，而不是治愈这种疾病……我们已经急不可待地成为这个时代骗局的装饰品。”

这一切，发生在鲁珀特·默多克花3万美元买一双旧鞋之前。

通过走“后门”我获得了福瑞德传播（Freud Communication）公司存档的内部文件（有点旧）。福瑞德传播公司将控制新闻媒体，为他们的客户免费报道做成了一门艺术。这些文件记载了一些有效的公关技巧，这些技巧和骗人的把戏不分上下，文件中处处流露出他们对从貌似独立的媒体那里获得他们所需要的东西胸有成竹。

比如，有一份写于1998年6月的计划方案，帮助BT（英国电信）推销新的降价的周六电话业务：标题1，策略，策划经典的公关行动——“创建国家聊天日”；标题2，概念，目的是“将9月5日命名为‘国家聊天日’，BT自然而然拥有了9月的第一个周六”；标题3，说明，“将‘国家聊天日’作为公关和其他促销活动的平台”。

除此之外，公关公司还以每人5000英镑的价格，买名人的采访，“他们喜欢向谁倾诉，周六和谁电话聊天，是否会打电话组织午餐聚会、购物、踢足球……”文件中列了11个名人的名字，这些名人大都是电视主持人、谈话类节目主持人等。采访计划在周六报纸上发表。“采访会涉及BT‘国际聊天日’优惠促销的信息。”如果这些采访含有“名人绯闻，或者独家消息”，这些采访会被其他媒体转载。这样做的目的是——“获得周六出版物和选定的名人的认可”。同时，公关公司会组织召开直截了当的新闻发布会，向全国和地方媒体解释降价的业务，在报纸上做跨版广告，向选择这种业务的消费者提供迪斯尼游乐园的优惠票。

在给BT量身设计的另一份计划中，福瑞德传播公司员工故意回避令人尴尬的事实，他们想要说服消费者放弃BT的竞争对手，但是他们不得不面对不幸的现实，有些竞争对手的话费价格比BT的便宜。因此，他们按照地理划分行动的区域，在不同的区域，BT面对的竞争对手也不相同：“在BT有价格优势的区域，强调BT多么优惠；在BT没有价格优势的区域，强调BT的服务好。”他们指出行动的目的是“减少BT客户流失”，但是新闻通稿的标题却成了“消费者重新选择BT”。很简单，整个创意是倡导这种“回归”风气，使其变成一种时髦。奖品是怀旧的弹簧单高跷、煤油灯，用怀旧的音乐作为广告引子，电台播出“BT归来”的猜答游戏，游戏内容是猜测“东山再起”的某个人，或者某种时尚。

福瑞德传播公司的文件充满了制造伪事件的方案：著名的摇滚演出，目的是销售男性除臭剂；时尚摄影展，其实是推销一种汽车；圣诞节音乐CD，推销的是某个品牌的糖果；为足球队队员和他们的孩子们组织的聚会，促销的是某个牌子的炸鸡；拍卖值得回忆的事件游戏，为的是推广某个电视频道。公关人员创造了伪环境，目标公众置身其中，而并没有意识到这些伪环境创造者有着明确的既得利益。

福瑞德传播公司首先致力于商业活动，这也是公关产生的初衷——控制媒体，为的是卖自己的产品。但是现在，公关活动已经渗透其他专业领域，伪事件层出不穷。

“声誉管理”（Reputation Management）发展迅猛，最典型的案例发生在2005年4月，卡迪纳尔·约瑟夫·拉青格（Cardinal Joseph Ratzinger）被选举为教皇本笃十六世（Pope Benedict XVI）之后，面临一系列负面消息。他青年时期曾短期服务于希特勒青年队（Hitler Youth），后来成为德国国防军（German armed forces）成员。尽管教皇的支持者们坚称，教皇从未真正支持过纳粹，但对于教皇的名誉而言，这些都是致命的威胁。因为这一切激活了这样的怨言——长期以来，天主教派（Catholic Church）抱有反犹太思想，尤其在“二战”期间，教宗庇护十二世（Pope Pius XII）故意对纳粹残害犹太人事件睁一只眼闭一只眼。卡迪纳尔·约瑟夫·拉青格的“答案”是——2006年5月，他参观了位于波兰的奥斯威辛（Auschwitz）集中营，并为受害者祷告。

教皇的悲哀也许是真实的，但是整个事件充满了导演的成分。其幕后推手是梵蒂冈的公关人员，他们借此事件赢得媒体报道，维护新教皇的名誉。教皇完全可以在无人知晓的情况下，独自去集中营祈祷。该事件中，无数记者、摄影师被邀请到奥斯威辛集中营，在指定的时间、地点，等待教皇出现。在离集中营大门还有一段距离的位置，教皇下车，这样他可以缓慢地迈入集中营的大门，他双手合拢，作祈祷状，由牧师护送，背景中还有敲钟声。冲着镜头，他跪下，对着一面曾经沾满遇难者鲜血的墙祷告。然后，教皇慰问32位集中营的幸存者——他们被安排在此接受采访。

录像机接着记录，教皇走进一间阴暗的监狱，祭奠在此去世的天主教派信徒马克西米连·圣高比（Maximilian Kolbe），他曾自愿代替一位不幸者被幽禁在此，并忍受饥饿折磨。观众看到的画面是教皇独自走进这间监狱，而事实是，摄影师早已在监狱里等候，教皇不过是在表演。接着，教皇做了一场严谨的演讲，演讲中丝毫没有提他曾经是希特勒青年队会员，没有提天主教反犹太人的历史，他指出，这场屠杀，不仅仅攻击了犹太人，而且攻击了所有基督教徒；罪过不在于普通的德国民众，而在于强制民众服从的纳粹罪犯头目。历史学家们马上反对这种观点，认为这种观点是深度误导。但是，全世界的媒体照样报道了这个故事。

1998年夏天，克林顿总统的公关人员也组织上演了一场类似的挽救总统名誉的“声誉管理”秀。

克林顿说谎否认他和莫妮卡·莱温斯基之间的关系，谎言被识破后，克林顿的公关人员为他安排了一场“祈祷早餐会”（prayer breakfast）。克林顿和100名神职人员共进早餐，在早餐上，克林顿泪流满面忏悔他的恶行，请求原谅，整个过程通过电视向全国观众直播。

国家也在进行“声誉管理”。“9·11”事件后，沙特阿拉伯人发现自己陷入麻烦，受人责难，他们便雇用公关公司来重塑他们的形象。效果十分显著：当美国有关部门指责土耳其政府侵犯人权时，土耳其政府依然从美国政府获得8亿美元的援助，而他们支付给博雅公关公司的酬金不过300万美元。

“危机管理”是另外一项增长迅速的业务。“危机管理”惯用的手法是对新闻进行扭曲。经过万博宣伟公关公司3年的“形象打造”后，2000年5月1日，P&O邮轮公司最大的船“奥罗拉号”（Aurora）从南安普敦开始首航。16个小时后，船的后驱传动轴（propeller shaft）过热，船长联络P&O邮轮公司总部，表示不得不返航。面对“危机”，万博宣伟公关公司首先想到的是舰队街的报纸会对乘客进行采访，乘客会满腹怨言。当天，1800名乘客还在返航路上时，万博宣伟公关公司便向110多名记者发布了一份新闻通稿，列出三个报道角度：船试航成功；乘客会获得赔款；两星期后，“奥罗拉号”会按照原计划进行第二次航行。这些角度成功地主宰了“故障”发生后媒体对此事第一天的报道。

问题是如何对付第二天的报道，乘客下船后，任何乘客都有可能向记者传递负面信息。万博宣伟公关公司做好了两手准备。首先，他们为归航的船长召开新闻发布会，这样，他的声音就会成为报道的主导；其次，公关公司和P&O邮轮公司商议后决定，在乘客下船之前，每位乘客会收到一封信，信的内容是保证乘客能获得全款赔偿以及一次免费航行。并且，归航途中向所有乘客免费提供酒水饮料。万博宣伟公关公司总裁菲力普·杜赫尔斯特（Philip Dewhurst）描述：“邀请记者对乘客进行采访，这样，优厚的赔偿细节也会随之曝光。”结果是，这场危机为P&O邮轮公司做了宣传。《泰晤士报》报道正中万博宣伟公关公司的“圈套”——“P&O邮轮公司的船喜气洋洋地归来”。

有时，公关公司在进行“危机管理”时，会故意传播小道消息，向媒体提供虚假新闻。2002年5月，一辆火车在伦敦郊区城镇波特斯巴（Potters Bar）站脱轨，撞死6人。首次报道此事件的记者指责贾维斯（Jarvis）公司，称对方没有对铁路轨道进行有效维修而导致事故发生。但是，48小时内，一个据说来自“铁路系统高层”的消息便传开了——这次事故由“人为破坏”导致，尽管没有任何证据支持这种说法。很多报纸采用了该角度。3年后，官方公布调查结论：“人为破坏”导致事故的可能性很小，事故是由贾维斯公司对铁路轨道维修不善造成的。

同样，2006年6月，伦敦警察局（Scotland Yard）警官闯入伦敦东部森林之门（Forest Gate）附近住宅，射击了一名手无寸铁的平民。在警官承认失误之前，小道消息沸沸扬扬，误导媒体报道。有人说，恐怖分子在这间房子里筹备化学恐怖主义袭击（没有任何证据）；有人说，房内有大量可疑现金（有大量现金没错，很多穆斯林认为银行是放高利贷者）；有人说，住在这里的人下载过猥亵儿童的色情照片（因缺乏充足证据，该指控也被驳回）。这些“谣言”的目的是削减伦敦警察局和英国内政部的政治危机。

在过去的几十年时间里，最繁荣的公关工作是“问题管理”。大众媒体已经变身成为公司宣传自己的工具，并用于反对压力集团。结果导致信息更混乱。

从20世纪70年代末开始，随着全球化的进程，这种现象变得越来越普遍。部分公司的规模迅速增长，其影响力也越来越大。同时，打击资本主义的左派力量在萎缩，他们也不再关注制度本身，而是公司本身。

利用公关公司成功推销自己品牌的大公司，发现他们遇到了强劲的对手——压力集团，特别是大的环保集团，他们也学会制造伪事件，改变人们对这些品牌的“感觉”（汉堡包不是用来充饥的，它还会导致生病；药剂师的目的不是看病，而是卖药赚钱）。1995年12月，绿色和平组织的活动总监克里斯·罗斯（Chris Rose）公开演讲表示：“跨国企业和著名品牌是商界的装甲舰，庞大，体重，缓慢移动对准目标，很容易遭受鱼雷袭击，除非他们调整行进路线或者改变位置。”“问题管理”是公关公司面对此局面做出的回答，公关公司费了很大劲去“管理”的问题是全球变暖的问题。

三方舌战在辩论全球变暖问题的同时，事实真相也被覆盖了。舌战第一方是美国埃克森美孚公司（Exxon Mobil）及同类，他们否认全球在变暖，否认人为因素导致气温升高，否认他们应该为此负责。另一方是反对他们的绿色和平组织，认为对方故意淡化这些危机，并反复重申全球变暖带来的威胁。第三方是英国石油公司（BP）及同类，和美国埃克森美孚公司截然不同，他们采用“伪装”战术，给自己披上“绿色企业”的外衣。不知所措的媒体被动地传递三方信息，充当了这三股势力舌战的工具。此时，依靠媒体获得信息的大众，接受的是假新闻、扭曲的新闻和宣传鼓动，他们成为最大的受害者。

三角战中，居于领先地位的是美国埃克森美孚公司。1989年，联合国首次发表公告，认同气候变暖是由人为因素导致的。美国埃克森美孚公司和其他大公司马上着手建立伪集团。由他们支持创建的第一个也是最大的伪集团是全球气候联盟（Global Climate Coalition）。集团成员马上游说政客、议员，并充分利用新闻工厂强有力的“生产原则”——向媒体提供故事的另一个面——打通媒体之门。

1997年12月，在京都会议（Kyoto conference）召开之前，全球气候联盟成功“刺激”了美国观众的神经。全球气候联盟花费1300万美元在电视上做广告，目的是制造公众舆论，阻止克林顿政府在京都协议上签字。整个问题被描述成自由和爱国的问题，“美国在很多条约上签过字……但是从来没有在投降条约上签过字。”

这是某则广告的主题，广告中出现的画面是“二战”尾声，日本投降者的照片。

《京都议定书》约定，各公司应该致力于削减二氧化碳的排量。没过多久，1998年初，美国埃克森美孚公司协助建立了新的“战线”全球气候科研团队（Global Climate Science Team）。一份出自美国石油学会（American Petroleum Institute）公关总监之手的备忘录表明，该协会和老资格的烟草伪集团如何一唱一和打消公众的疑虑。备忘录表示：“我们期待着人们能够认识到这种不确定性。”为了对全球共识进行再造，备忘录里提出：“与全国媒体建立密切联系，通告对方气候学中不确定的因素。”

要说明的是，这种不确定是真实的。担心人类活动会导致地球温度升高的科学家承认这种说法具有不确定性，他们表示，他们所掌握的过去气温变化的知识有限，要量化人类活动对可观察到的地球变化的影响不容易，预测将来气候变化的能力有限。然而，有一个事实不能忽视，那就是美国埃克森美孚公司正是用这些不确定性歪曲公众对真相的认知力。

一份来自全球气候科研团队的备忘录提出，出资500万美元“和研究项目对我们有利的科学家合作”，目的是“将科学家不能确定的研究成果用媒体和公众可以理解的语言表述出来”；为科技记者提供信息简要；安排科学家参加电台的访谈节目；发表相关专栏文章和科学家写给报纸主编的信。其目标是：“质疑《京都议定书》的科学基础，导致美国的政策制定者不仅不认可这种观点，还要设法阻止其推广和执行。”

全球气候科研团队仅仅拉开了《京都议定书》签署后沸沸扬扬的媒体报道的序幕。另一份被泄露的备忘录指出，建立相关的民间组织，给公众留下这样的印象——公众自主支持这些运动。2007年1月，关注时事科学家联盟（Union of Concerned Scientists）发表调查报告称，1998年到2005年间，美国埃克森美孚公司投资1.58亿美元支持43个不同的组织，并称这次行为是“继‘大烟草’（Big Tobacco）误导公众后最复杂、最成功的信息误导的典范”。其中包括一些德高望重的右翼智囊团，比如凯托研究所（Cato Institute）、竞争企业协会（Competitive Enterprise Institute）等。这些集团的目的是对地球变暖表示质疑，造成人们的错觉。他们的依据也不过是被循环利用的非主流的叛逆科学家的观点。

关注时事科学家联盟指出，美国埃克森美孚公司网络下的9个集团对科学家塞利·布鲁纳斯（Sallie Baliunas）的研究报告进行了推广，11个集团推广帕特里克·J.迈克尔（Patrick J. Michael）的研究报告，11个集团推广S.福瑞德·辛德尔（S. Fred Singer）的研究报告。某些研究报告引发了强烈的争议。塞利·布鲁纳斯和威利·苏恩（Willie Soon）在《气候研究》（*Climate Research*）杂志上发表了一篇文章，提出20世纪并非热得不寻常。该文章导致杂志三位编辑辞职，13名科学家指责这篇文章错误表达了他们的观点。关注时事科学家联盟还指出，由1.8万名科学家签名，质疑地球变暖理论的请愿书实际上是由无数没有任何资格的学生完成的。其中包括电视剧中的侦探佩瑞·梅森（Perry Mason）和一名自称是辣妹（Spice Girls）的女孩。

与此同时，两大石油公司——英国石油公司和荷兰皇家壳牌（Shell）石油公司目睹了环保组织如何损坏他们的品牌，他们从全球气候联盟中退出。英国石油公司从1997年开始，迅速改变形象，从粗鲁的、只贪求经济利益的掠食者形象改变成注重环保的高大形象。

英国石油公司新任总裁约翰·邦恩（John Browne）接受“问题管理”专家西蒙·巴瑞赛桑（Simon Bryceson）的建议，着手这样的改变。西蒙·巴瑞赛桑是公关顾问，曾经担任过地球之友（Friends of the Earth）顾问。他为约翰·邦恩撰写了一份重要的演讲稿，1997年5月，约翰·邦恩在斯坦福（Stanford）大学宣读了这份演讲稿，表示必须对气候变化采取行动，并许诺英国石油公司会起带头作用。

这次演讲拉开了英国石油公司一系列“伪事件”的序幕。公司开始投资太阳能，市场定位调整为能源公司，而非石油公司；西蒙·巴瑞赛桑说服绿色和平组织发表声明，欢迎英国石油公司的改变；公司对员工进行培训，告知对方自己的新立场；约翰·邦恩在绿色和平组织会议上讲话；公司在电视上做了大量形象广告；雇用博雅公关公司将自己的信息传递给可以影响立法及政策制订的目标媒体。

作为减缓全球变暖的尝试，这只是一小步。约翰·邦恩宣布，公司计划用自己的实际行动削减10％二氧化碳的排量。据与公司有密切业务联系的人透露，该公司故意不公布如何削减二氧化碳排量的细节。约翰·邦恩关于气候变暖的立场是以碳氢化合物为能源政策的中心，关注的是燃料使用的有效性，而非减少全球石油的消耗量。

公司的新形象显然很成功，也保住了公司的市场份额。业内人士透露，公司的新形象完全是有意策划的：提高公司品牌在女性驾驶者中的知名度；招聘新的员工，其中一些员工曾经反对该公司关于全球变暖的强硬政策；总之，所有策划都为让公司处于可以影响政策制订的中心位置。

西蒙·巴瑞赛桑在自己的网站上描述了公司塑造新形象后的结局：英国石油公司“从政治讨论的潜在受害者变身为讨论的参与者”。在斯坦福大学发表完演讲之后，约翰·邦恩在白宫会见了克林顿总统，并成为克林顿组织建立的气候变化董事会唯一非美国油商。克林顿的“智囊团”在京都会议上表示，允许各国购买、销售二氧化碳排放指标：有钱的国家可以付款给没钱的国家，促使对方减少二氧化碳的排量，有钱的国家继续保持二氧化碳的高排量。这个主意得到约翰·邦恩的极力支持。英国石油公司还得到更多的好处，他们成功卖掉了阿莫科（Amoco）石油公司和阿科（Arco）公司的合并权。英国石油公司如此解释：“如果想减少北海（North Sea）石油的税收，这样做显然有利，因为这个项目增加了公司和政府官员接触的机会。”

“舌战”展开后，环保组织罗列出支持其观点的种种科学共识，却遭到了石油游说（oil lobby）集团的攻击，这些环保组织不惜夸大、歪曲事实，和对方争斗。比如，很多年来，他们一直坚称，埋藏于地下的石油资源很快会被采掘尽（早期绿色口号：“因为不关我们的事，明天在考虑之外”）。但是现在，他们改变了立场，他们督促政府停止石油公司开采新的油田，因为地下的石油储藏量太大了。

绿色和平组织最擅长制造“伪事件”：该组织的支持者爬上位于伦敦的纳尔逊像，展示绿色和平组织的标志；他们沿绳子滑下，进入油田，拍摄石油开采的过程，他们装扮称“老虎”，突袭美国埃克森美孚公司的总部。如同所有的公关活动，这些事件吸引媒体、公众的注意。我们选择了绿色和平组织网站上刊登的4条颇有影响的声明，要求对方告知我们这些消息的来源，并找到相应的信息来源，向对方求证绿色和平组织的声明的准确性。

绿色和平组织声称：“每年，气候变化导致16万人死亡。”该组织表示此信息来源于2005年7月世界健康组织发布的报告。核实结果显示，报告中根本没有提到这一信息。报告中提到的是气候变暖“对人类健康的潜在危害”，并且指出：“2000年，可能已经导致15万人死亡。”报告的作者之一戴尔米德·坎贝尔·伦德拉姆（Diarmid Campbell-Lendrum）博士表示，这个数字“具有很大的不确定性”。如此不确定，以至于不可能断定15万的估计是太高还是太低。他补充，绿色和平组织并非是唯一错误传播报告结果的组织，媒体也是如此报道的。

绿色和平组织声称：“对于今天的新生儿而言，他们的生存将面临气候变化的挑战。”对此信息的来源，该组织表示忘记了。我们询问了世界最大的气候变化研究中心英国廷德尔气候变化研究中心（Tyndall Centre）是否知道该信息的出处，他们回复：“气候变化导致人类灭绝的说法毫无证据，这显然是在制造政治恐慌。”

绿色和平组织声称：“如果按照目前的趋势发展，到这个世纪末，气温肯定会比过去200万年都要高。结果很有可能是场灾难：很多物种灭绝，干旱，成百万的难民。”该组织说，此信息来源于联合国政府间气候变化专门委员会

（Intergovernmental Panel on Climate Change）。核实结果显示，绿色和平组织的声明部分是正确的，这种说法得到很多学术论文的支持，联合国政府间气候变化专门委员会也引用了这样的观点。但是，英国廷德尔气候变化研究中心指出，这些描述仅仅是“可能”，绿色和平组织的声明却把这些观点当成了定论。

绿色和平组织声称：“如果现在不采取强有力的措施，到21世纪20年代，我们将陷入可怕的世界危机。”该组织说，此信息来源于2005年在埃克塞特（Exeter）召开的主题为“避免危险的气候变化”的会议。会议指出：“推迟5年采取行动，我们会为之付出巨大的代价。”核实结果显示，参会人员的确表示了这样的观点：推迟采取行动的结果是，之后不得不采取更多的措施，以达到目标温度。即使推迟5年采取行动，区别也将是巨大的。至于绿色和平组织如何预见到21世纪20年代的世界危机，无人知晓。

绿色和平组织并不是唯一“造假”者。2004年4月，BBC电台4台节目《过度宣传气候变化》（*Overselling Climate Change*）播出锑尔基金会（Tearfund）负责人安迪·阿特金斯（Andy Atkins）的声明，声明中说全球变暖导致蚊子首次落户埃塞俄比亚（Ethiopia）高地，蚊子带去的传染病导致很多农夫得了疟疾。锑尔基金会驻埃塞俄比亚代表解释说，高地农夫患疟疾可能是由于营养不良导致，可能是由于疟疾病菌对防治疟疾的药物产生抗体造成，也可能是由于农夫的流动性造成，比如他们去了过去很少去的细菌蔓延的山谷。一些相信人为因素导致气候变暖的科学家强烈反对某些环保主义者的未被证实的观点——气候变暖导致飓风灾难、物种灭绝。

他们特别列举的事例是，气候变暖导致一种菌类植物生长茂盛，毒害了金蟾蜍。事实是，即使在温度低的条件下，这种菌类也会导致金蟾蜍的死亡。即使相信气候变暖的蟾蜍专家森迪·凯瑞（Cindy Carey）教授，也抱怨这种因果联系是不存在的。她同时指出，气候变暖导致得肥胖症的儿童增加、导致沃尔玛超市数量增加的说法，都是站不住脚的。花了很多年争论气候在变暖的科学家斯多赫教授（Hans von Storch）在BBC电台节目中表示：“那些敲响警钟的人认为气候变化很危险，很不好，过分宣传他们的观点，如果这样做是为了一个好的目的，也不错。”

在这场三角战中，大众媒体（和他们的消费者）陷入混乱的泥沼。受不同立场的公关人员的影响，编辑部也分帮分派。争战早期，《卫报》时任新闻主编梅兰妮·菲利浦斯（Melanie Phillips）要求报纸的环境通讯员保罗·布朗（Paul Brown）停止使用来自地球之友和绿色和平组织的信息，但保罗·布朗继续引用这些信息。梅兰妮·菲利浦斯向主编彼得·普瑞斯顿（Peter Preston）汇报，要求彼得·普瑞斯顿解雇保罗·布朗。彼得·普瑞斯顿的妥协是派保罗·布朗出长差采访。滑稽的是，保罗·布朗的采访任务是跟随绿色和平组织到马绍尔（Marshall）

群岛采访。保罗·布朗回来后，内部争论继续。

右翼报纸也出现了类似的混乱。同一个梅兰妮·菲利浦斯在《每日邮报》发表专栏文章，前后观点却大相径庭。2002年2月，她写道："全球变暖是有预谋的事件，最新的证据是今天发表在《欧洲科学和环境论坛》（*European Science and Environment Forum*）的报告。这份报告由英国和美国最卓越的科学家完成。"但她所引用的证据，来源于另外的伪集团——在安可公关公司（APCO Worldwide）和博雅公关公司的协助下发布的。2005年1月，类似的专栏文章表示："人类行为导致全球变暖的说法证据远远不足，这种观点是误导和欺骗。"这篇专栏文章的信息来源于由美国埃克森美孚公司资助的科研团体。结果，《每日邮报》遭到英国科学院皇家学会（Royal Society）的攻击，认为其观点"完全照搬美国否定全球变暖游说人员的鼓动宣传"。皇家学会主席梅勋爵（Lord May）严厉批评报纸错误传递石油游说集团的信息，并总结："这个活动集团显然无法影响科学家，但是他们对媒体的影响却是有害的。"

目前的争战结果是，石油游说集团获得胜利。即使由联合国、科学共识支持的环境组织赢得了大部分的公共舆论，但石油公司的"双簧"策略显然赢得了政府的青睐。2001年，布什总统宣布美国退出《京都议定书》。

从媒体消费者的观点看，这场混战在继续。2007年2月，来自联合国的政府间气候变化专门委员会发布报告称，气候变化的证据非常"明显"，由人为事件导致的可能性达90%。加拿大弗沙学会（The Fraser Institute of Canada）接受过美国埃克森美孚公司12万美元的资助，在48小时内发表报告声称："并没有明显的证据证明，气候会变暖，会导致危险。"绿色和平组织派40名志愿者披戴着宣传标志，站在埃菲尔铁塔上，将4吨煤炭倾倒在英国环保部的门口。英国环境、动植物及农业总署（DEFRA）在其网站宣称："50年内，1/3物种面临灭绝的命运。"

在这里，我要强调的是，全球媒体充斥假新闻不完全是公关人员的责任，当然，公共人员制造了相当多的假新闻，但是按照新闻工厂的规则运作的媒体自身，首先，他们背叛自己的职责，将未经核实的、由公关人员提供的信息传递给公众；其次，新闻工厂的生产规则促使虚假的、歪曲的新闻源源不断地产生。

在电台4台播出的节目《过度宣传气候变化》将环保游说者毫无根据的夸大其词暴露得一览无余。

一群科学家建立了climateprediction.net网站，他们通过计算机做模拟测试，假如二氧化碳的排放量增加一倍，世界会变成什么样。大多数测试结果表明，气温会升高大约3摄氏度，这个结果和科学界长久存在的观点一致。2005年1月，关于这个结果的报道却是："比预想的坏两倍"（《独立报》）；"全球变暖比所担心的还要糟糕"《泰晤士报》；"英国温度将升高10摄氏度"（《每日电讯报》）；"平均温度会升高11摄氏度"（《卫报》）。

接下来，这则"平地球新闻"被进一步传播。首先，环保游说者们召开新闻发布会，宣布这个测试调查结果在《自然》杂志发表。环保游说者们对大部分温度升高3摄氏度的测试结果很少提及，关注的却是温暖可能会升高11摄氏度的少数的测试结果。环保游说者们表示，这个结果比联合国政府间气候变化专门委员会预测的温度增加了两倍。

电台4台邀请独立的科学家对这则新闻进行点评，一名科学家解释道："科学家经常会感到很为难，不知应该站在什么样的立场上说话。科学家需要一些令人兴奋的研究结果发表在《自然》这样的杂志上，这样也有足够的理由解释科学家的基金用在哪些方面了。就温度会升高10摄氏度的研究结果而言，显然，科学家的观点有点过了。"迈尔斯·阿伦（Myles Allen）博士表示："我们的媒体顾问告诉我们……地方报《牛津时报》的记者一定会先用新闻通稿的内容，因为他们的记者通常很忙，根本没有时间了解整个过程，他们通常就是复述新闻通稿而已。"

这条具有极大误导性的新闻被传播出去后，科学家们发现，这条新闻不仅仅被媒体反复报道，还被夸张了。新闻通稿中的"可能性"被媒体描述为"据预测"，用词成为"很可能"、"将要"。不仅仅是地方报《牛津时报》的记者没有时间去阅读完整的调查报告，报道此事件的全国性媒体记者，也没有一个人读过该调查报告。他们完全依靠新闻通稿。所报道的文章中，没有一篇涉及大部分计算机模拟显示的温度升高3摄氏度的测试结果。事实被抛掷到角落。

"平地球"公关和"平地球"新闻结合，最"卓越"的产物是政府报告。尤其是政客和公关人员联手，对新闻进行扭曲。有时，整篇报道都是陈词滥调，都是对政治的粉饰和化装。

布莱尔政府利用媒体稳固政权，雇用飞扬跋扈的阿斯戴尔·坎贝尔做政府媒体宣传官，后者一次次说谎，以至于不得不被人赶下台。

有些报道根本就是为政府服务，为政府做宣传。在这类报道中，媒体没有尽到一点媒体应尽的责任。

一是政治记者——如同他们的大多数同事——全心全意地协助政府的公关人员，比如阿斯戴尔·坎贝尔，和对方的步伐完全一致。谁规定记者必须从新闻官那里获得新闻？国会西敏寺的大臣、议员和贵族，他们都是潜在的新闻来源。然而，他们中的大多数被当作"花瓶"，记者很少和他们搭讪。同样，政府机关那么多的公务员对于自己部门发生的事情，肯定比新闻官知道的要多，但是他们也被记者忽视了。

如果同时有其他信息来源，政府新闻官也可以被当成合理的信息来源之一。然而，事实是，记者缺少时间，他们倾向于报道出稿快、易报道的故事。大多数政治记者只从新闻官那里获得新闻，特别是那些负责官方新闻的记者。

更糟糕的是，有些报道甚至逾越了道德界限。2005年1月，一直写文章支持布什政府的美国专栏作者阿姆斯壮·威廉姆斯（Armstrong Williams）被曝光，他接受联邦政府24万美元的酬金，负责支付给他酬金的是凯旋（Ketchum）公关公司。这家公司也涉嫌假冒“录像新闻稿”丑闻。不久，另外两名专栏作者迈克尔·麦克马纳斯和麦姬·盖勒格（Maggie Gallagher）承认，接受了政府的酬金，写支持政府的文章。1999年，类似丑闻在澳大利亚发生。两位著名的电台主持人接受公关公司的贿赂，代价是在节目中对某些银行、航空公司、赌博公司给予好评。2002年，在英国，观点一向保守的专栏作家罗杰·斯克鲁顿（Roger Scruton）被曝光，他每月接受一家日本烟草公司的酬金，在《金融时报》、《每日电讯报》、《独立报》、《泰晤士报》和《华尔街日报》上发表肯定吸烟的文章。

离“道德界限”稍微远一点，公司企业杂志经常向公关公司发送材料，转述他们重点宣传的内容，并寻求公关公司的配合。之后，很多公关公司把材料转发给记者，记者便有了米下锅。对记者而言，用公关公司提供的材料，“可以马上联络成千上百的公共人员，节约时间”。快速、容易，但是相当不可靠。

对政府新闻官的依赖意味着，经常抱怨政府材料失实的记者又不得不求助于这类材料，如同坐在椅子上的婴儿，等着别人用勺子喂给他们食物。

阿斯戴尔·坎贝尔的助理兰斯·普莱斯在《政治化装师的日记》中描述了唐宁街（托尼·布莱尔的办公地点）的新闻官如何轻而易举地控制了记者。他说，阿斯戴尔·坎贝尔故意告诉《世界新闻报》记者，托尼·布莱尔住在某家酒店的8层，他想测试一下这名记者是否对这个信息进行核查，实际上，这家酒店只有6层。结果，这名记者并没有去核查。同样，阿斯戴尔·坎贝尔参加了布兰妮·斯皮尔斯（Britney Spears）的演唱会，拿到了她的签名照片。阿斯戴尔·坎贝尔和某人打赌，赌金200英镑，说他可以让《独立报》就此发表文章，称布兰妮·斯皮尔斯支持工党。结果，阿斯戴尔·坎贝尔当天就赢得了赌注。

很多政治记者的报道间接导致政府不得不主动“反攻”，以加强其控制力。很多政治记者攻击政府，出言不逊，导致政府不得不雇用公关人员维护自己的形象。于是更多的假新闻诞生了。

一名政治记者向我描述，2002年7月，在冲绳举办的G8会议的精彩时刻。因为缺少新闻素材，有些英国记者写文章批评日本主办方的奢华。在不久后的新闻发布会上，阿斯戴尔·坎贝尔要求记者归还会议主办方发给他们的漂亮礼物，包括微型采访机、送给女儿的洋娃娃、钢笔、背包和避孕用品。一名政治记者表示，他们应该归还这些礼品。另一名政治记者回答干脆：“谁也无权阻止英国记者得到他们的免费礼物。”在场的记者们都决定留下这些礼物。

在前工党领袖迈克尔·富特（Michael Foot）和尼尔·金诺克（Neil Kinnock）执政时期，其政治前景被媒体特别是《太阳报》和《每日邮报》攻击得一无是处。托尼·布莱尔执政后获得的经验是，组建强有力的公关团队，和媒体较劲儿。显而易见，阿斯戴尔·坎贝尔从来没有把这些“内幕”传递给舰队街的报纸。2000年，在接受《英国新闻回顾》采访时，阿斯戴尔·坎贝尔只透露了一点：“竞选前，工党选择广告代理公司，被选中的公司，对星期日报纸关于政府正面、负面的报道进行了分析。肯定的报道只有几篇，否定的报道被复印到一卷纸上，这卷纸展开后，比整间房间还要大。”

2004年5月，阿斯戴尔·坎贝尔向下议院的公共行政学委员会（Public Administration Committee）提供证据，直言不讳地指责记者的作风：“他们写的都是傻话，都是垃圾，都是谎言。”

换句话说，如果阿斯戴尔·坎贝尔不存在，我们也有必要“创造”另外一个人，让他去指责媒体。

官方对媒体的操控有着深远的血统，从自由党领袖劳合·乔治（Lloyd George）到保守党领袖安东尼·艾登（Anthony Eden）。苏伊士运河危机爆发时，安东尼·艾登的媒体顾问威廉·克拉克（William Clark）表示：“不应该忽视公共舆论。不得不欺骗公众。政府的欺骗力如此绝妙，不仅可以偶尔欺骗公众，还能够成功地永久地欺骗公众。”这并不意味着所有的政府公关人员都会歪曲、造假，相当大的一部分很直率，也很无聊。比如向我提供材料的西敏寺的新闻官，他提供的材料通常很可靠。当然，我也和一帮狡猾的家伙打过交道。

托尼·布莱尔执政时期，公关人员的工作更是发挥到极致。当令人尴尬的新闻发生后，他们故意抛出其他“诱饵”，吸引公众的视线。最有名的是，在英国外交大臣罗宾·库克（Robin Cook）和他的秘书之间的丑闻被曝光期间，舰队街的报纸纷纷调头报道前香港港督彭定康（Christopher Patten）因“间谍”事件接受调查和英国皇家游艇“大不列颠”号从废品垃圾中被拯救出来。鲜为人知的是，彼得·曼德尔森（Peter Mandelson）在宣布最低工资标准的细节时出了错，当时，媒体的报道重点却转移到体育大臣托尼·班克斯（Tony Banks）描述在野党领袖威廉·黑格（William Hague）为“不该出生的婴儿”。

当他们想宣传某个故事时，工党的公关人员故意称其为“小道消息”，透露给记者，并要求记者“保证可以在头版发表”。然后，他们会不断提供新的材料、新的角度，让这个报道持续下去。如果不得不发布一些“坏消息”，他们会在新闻很多的那天，把这个“坏消息”悄悄塞进去（被称作“扔掉尸体”）。他们还会和媒体交易，用“好新闻”交换媒体主动曝光、揭发报道的“坏新闻”。（兰斯·普莱斯在《政治化装师的日记》中记录了唐宁街的新闻官误将“对新闻进行管制”的计划方案发给了《每日快报》，计划中列举了将怎样的故事提供给怎样的媒体的名单。结果，《每日快报》不但没有发表这个名单，反而是以此为要挟，和唐宁街的新闻官讨价还价，交换“独家新闻”。）对无法控制的新闻，工党公关人员的做法是，和不准确的细节较真，拒绝这个细节，或者说谎。

2003年BBC电台记者安德鲁·吉利根报道，英国政府在2002年9月公布的伊拉克拥有大规模杀伤性武器问题上说了谎。当天下午，阿斯戴尔·坎贝尔的新闻办公室坚决否认：“中央情报结构和此事无关。”当安德鲁·吉利根的消息来源大卫·凯利（David Kelly）自杀身亡后，官方对此事进行了调查，赫顿勋爵和巴特勒勋爵的调查结果表明，阿斯戴尔·坎贝尔的新闻办公室在说谎。

这些材料包括给联合情报委员会（Joint Intelligence Committee）负责人的两条信息：一条是来自唐宁街员工负责人乔纳森·鲍威尔（Jonathan Powell）的邮件，他要求删除文件中的一句话，这句话暗示，伊拉克只有在遭受袭击时才会使用生化武器。一条是阿斯戴尔·坎贝尔的笔录，称“伊拉克军事力量有能力在接到命令后的45分钟内使用生化武器”。（公关人员和“抄闻”主义者结合，对信息进行扭曲的结果是：《标准晚报》报道“45分钟内发动袭击”，《太阳报》报道“英国人离灭亡只有45分钟”。）

唐宁街对安德鲁·吉利根报道的操纵力远远超过这些。有证据证明，阿斯戴尔·坎贝尔本想借此事件分散人们对另外一个更令人尴尬的事件的注意力——2003年5月，事实渐出水面，伊拉克根本不具备大规模的杀伤性武器。从6月25日开始，当阿斯戴尔·坎贝尔向外交事务特别委员会（Commons Select Committee on Foreign Affairs）提供证据时，他用了“障眼法”，有三个重要行动。

一是，在向外交事务特别委员会提供证据时，阿斯戴尔·坎贝尔对安德鲁·吉利根的报道进行了彻头彻尾的批评，并要求对方道歉：“如果BBC不道歉，不承认这是谎言，我就不会停止攻击。”从表面看来，这很令人费解。安德鲁·吉利根的报道已经过去了4周，之前，阿斯戴尔·坎贝尔只在写给BBC的信中对此事批评了两次，他批评最多的是BBC报道的其他故事。他从来没有要求BBC对关于安德鲁·吉利根的报道表示道歉，他从来没有向BBC投诉，当他和安德鲁·吉利根的上司理查德·萨布鲁克（Richard Sambrook）一起吃饭时，他也从来没有提过这件事。

事实是，在外交事务特别委员会面前，阿斯戴尔·坎贝尔陷入困境。如果有人质问他在2002年9月和2003年2月，政府关于伊拉克是否拥有大规模杀伤性武器的判断中他的角色，他也无话可说。阿斯戴尔·坎贝尔转移了话题，关注安德鲁·吉利根的报道，因为对方的报道存在漏洞。安德鲁·吉利根大部分的指称是正确的，但是广播中包含了明显的错误。阿斯戴尔·坎贝尔在日记中做了记录，并向赫顿勋爵报告。当晚，广播电视大都按照阿斯戴尔·坎贝尔的角度进行了报道。第二天，所有的全国性报纸跟风，甚至有些报纸干脆把阿斯戴尔·坎贝尔的观点当作了新闻导语。

阿斯戴尔·坎贝尔采取的第二个行动是，第二天即6月26日，他向安德鲁·吉利根的上司理查德·萨布鲁克写了一封恶狠狠的信，为这则4周前的老新闻盖棺定论，认为这则报道“有损首相、政府的诚实形象，影响政府的政治进程”。并要求BBC当日做出答复。更关键的是，阿斯戴尔·坎贝尔向媒体公布了这封信件，媒体对此进行了全面报道。

6月27日，阿斯戴尔·坎贝尔突然出现在英国4频道的电视新闻节目中，公开指责BBC，他言辞激烈，以至于很多专栏专家开始怀疑，首相的新闻官是不是顶不住压力开始乱“咬”人？无论怎样，这项举动改变了主流媒体报道的方向。原有的对伊拉克是否拥有大规模杀伤性武器的质疑被媒体抛到了脑后。有几名眼光犀利的政治记者同时撰文指出，阿斯戴尔·坎贝尔故意转移人们的视线。结果是视线被转移了，公关起了作用。

类似的公关控制从唐宁街蔓延到伦敦西敏寺的政府机关，并导致了一些摩擦。2004年9月，《星期日泰晤士报》获得一份文件，这份文件是政府各部门的宣传总监开会时的会议记录。很多宣传总监抱怨唐宁街的新闻控制。健康部的宣传总监希安·扎维思（Sian Jarvis）表示：“我得费很大劲向我们的部长解释，为什么媒体关于我们部门的新闻报道不多，是因为我们没有政策出台，没有新闻可报。唐宁街10号的要求却是：即使我们没有政策出台，也要报道，大做宣传。唐宁街总是煽风点火。”内政部的宣传总监朱莉叶·辛普森（Julia Simpson）表示：“唐宁街认为他们可以操控你，在你还没有考虑好政策之前，他们就要你做宣传了。有一次，首相去内政部访问，首相周围的人表示首相要发言，发言内容很简短，都是供媒体报道的新闻语言。”

阿斯戴尔·坎贝尔可能给大家规定了报道的基调，英国政府各部门的新闻官也都乐意遵守。大卫·布朗基特（David Blunkett）担任英国内政部长时，朱莉叶·辛普森负责教育部的新闻宣传，被她歪曲的报道惨不忍睹。当时，这个部门反复表示预算将增加到190亿英镑，这个数目是实际预算数目的两三倍，这种说法毫无根据。但这条假新闻被舰队街的记者持续报道了18个月。在预算数字正式公布前，财政部专门调查委员会（Treasury select committee）戳穿了这个阴谋，警告“不会因为新闻头条报道，财源就会滚滚而来”。

朱莉叶·辛普森在职期间，教育部曾经召开过4次新闻发布会，宣布投资2.4亿英镑重新规划幼儿班，增加幼儿班的数量，而实际投资只有1亿英镑。有一次，报道说某地方教育机构的资金很紧张，内政部不得不拨款1.54亿英镑以维持对方的运行。朱莉叶·辛普森的新闻办公室还曾经这样表示：“英国教育及就业事务大臣大卫·布朗基特宣布，将向地方教育机构追加投资18亿英镑。”他们多宣布的16亿英镑直到现在也没有到手。

2001年5月，大卫·布朗基特担任英国内政部长，继续留朱莉叶·辛普森在身边工作，这恰恰显示了他对媒体的态度。在抱怨唐宁街“围攻”的同时，朱莉叶·辛普森遵照唐宁街的嘱咐，在同一天内发布大量不同的研究报告。这种做法激怒了社会事务记者。有一次，来自平面、广播电视媒体的22名社会事务记者联手，给朱莉叶·辛普森写信，抱怨她“蒙羞的策略”。下一个月，同样的事情再次发生。

画面很清晰了。那些没有时间外出寻找新闻、没有时间对新闻进行核实的记者，对公关人员提供的材料往往会“狼吞虎咽”。在这个过程中，轻言之，记者报道的内容和角度是经过公关人员筛选的，迎合了某些人的商业利益或者政治利益；重言之，这些报道包含有严重的歪曲和造假。

新闻工厂遵循其生产规则去选择故事和报道角度，其结果是不能够传达重要的、真实的信息。这样做，原本就是不理性的。公关人员的存在，加重了这种非理性。监控目标观众的情绪和信仰，然后有意识地制造假新闻迎合目标观众的情绪和信仰。更大的讽刺在于，20世纪20年代，公关业在美国诞生时，目的是用于控制大众无理性的情感，但是现在，公关业的任务是将这些情感扩大。

从政治的角度考虑，这种做法实际上很保守。采用安全的事实、报道角度，特别是那些有官方支持的材料。新闻工厂倾向于选用他人的观点。公关业加强了这一点。原因很简单，媒体若自己找新闻的话，费用昂贵。但如果不是因为这种现状，安然事件中的三名银行家永远买不来媒体的影响力，这种影响力改变了全体英国人对他们的态度。英国贝尔·波廷格（Bell Pottinger）公关公司不会为世界80%的贫困人口工作。伟达公关公司也不会去曝光全世界1/3产品通过免税的海岛账户交易。

结果是，所有本应该以事实和逻辑为基础的公共辩论被公关公司之间的竞争所取代。美国学者斯图尔特·艾文在他的著作中总结：“为客户量身定做的公共讨论……已经成为恶性传染病。”

当这个画面中涉及媒体所有者或者广告商滥用职权、歪曲报道时，“同谋理论”也许存在。但这只是这个画面的很小的一部分。那些想干预新闻报道趋势的人，没有必要去敲媒体所有者的门，或去找广告部，因为通向新闻工作室的前门正在他们的面前敞开着。

丹尼尔·布尔斯廷在《图像》（*The Image*）中描述：“这是充满了发明创造的年代……我们正是被我们自己制造的用于开阔视野的机器所欺骗所阻碍。”

还有另外一种形态的说服，这种说服隐藏得很严密。

6.政治宣传迷阵

从2002年初开始，报纸和广播电视开始报道阿布·穆萨卜·扎卡维（Abu Musab al-Zarqawi）所进行的恐怖活动。2006年6月，阿布·穆萨卜·扎卡维在由美军发动的空袭行动中丧生。阿布·穆萨卜·扎卡维被认为是世界上最声名狼藉的基地组织头目，他杀害的人甚至多于本·拉登。

我们现在知道，大部分关于阿布·穆萨卜·扎卡维的报道，实际上是假新闻。

之所以这样说是因为：一、一些报道本身就自相矛盾；二、官方调查、审判曝光了一系列以前不为人知的情报机关的文件；三、少数记者和学者一开始就怀疑关于阿布·穆萨卜·扎卡维的报道是伪造的，不像他们大多数同事的一贯作风，他们对这些报道进行了核查①。

阿布·穆萨卜·扎卡维的报道不仅仅是"平地球新闻"的典范，还向我们展示了国家情报机构、军事组织和政府如何联手演绎"战略传播"（strategic communication）。

这种联手并不新鲜。枯燥的政治宣传是权力的亲密战友。当我在调查阿布·穆萨卜·扎卡维的报道的新闻来源时，我突然意识到这个复杂的、令人恐慌的局面——2001年9月之后，在大众毫无防备的前提下，媒体逐渐成为传播不准确新闻的工具。媒体报道事实的功能早已无影无踪。全球的意识形态受别有用心的人操纵，大众传媒成为帮凶。

我找到的关于阿布·穆萨卜·扎卡维的第一篇国际报道来自2001年4月1日新闻联合通讯社，这篇报道由该通讯社驻约旦记者撰写。在那篇文章里，歪曲的痕迹已初见端倪。文中引用未署名的约旦官员的说法：他们掌握了两名曾经在千禧年之夜策划美国和以色列爆炸事件的犯罪嫌疑人的情况。其中一人名叫阿布·穆萨卜·扎卡维。往好处想，这种说法尚存在争议；往坏处想，这种说法根本就是约旦官方别有用心的造假。

1999年12月以来，约旦官方一直声称成功阻止了计划于千禧年之夜的恐怖袭击，被袭击的位置一直位于约旦，其中一个地点是安曼特的皇家大饭店（Radisson SAS Hotel），从未涉及美国和以色列。而且，2000年9月，在这篇报道出炉7个月

①我特别想到的是《伊拉克暴民》的作者洛蕾塔·拿波里奥尼（Loretta Napoleoni），《观察家》报的记者杰森·别克和卢克·哈丁（Luke Harding），《国际先驱论坛报》的记者詹尼弗瑞·哥特曼（Jeffrey Gettleman），前《星期日泰晤士报》记者尼克·菲尔丁（Nick Fielding和美国海军战争学院的艾哈迈德·哈希姆。关于他们的更多的作品，请参考网站www.flatearthnews.net。

前，约旦官方已经对28名涉嫌该系列恐怖袭击事件的罪犯进行了审判，6名罪犯被判死刑。甚至有报道曝光这些罪犯在监狱里被施了酷刑，没有一篇报道提及阿布·穆萨卜·扎卡维的名字。

为什么在7个月后，约旦官方突然将阿布·穆萨卜·扎卡维的名字抛给公众，并且认为他给美国、以色列带来了威胁？我们现在知道了，自从20世纪80年代开始，阿布·穆萨卜·扎卡维已经加入伊斯兰教的激进派（Radical Islam），并且表示要用武力对付约旦王室。2000年6月，33岁的阿布·穆萨卜·扎卡维在阿富汗对队伍进行培训，目的就是为袭击约旦作准备。阿布·穆萨卜·扎卡维身边有很多约旦人，因此，约旦情报机构知道他的所作所为也不足为奇。阿布·穆萨卜·扎卡维是否参与了千禧年之夜在约旦发生的爆炸事件一直是个谜。但是在新闻联合通讯社的报道中，给他定这样的罪名，其结果是，只要这个对手一踏上约旦土地，约旦官方就有理由逮捕他。并且，这样做可以讨好美国和以色列。

5个月后，恐怖分子袭击了纽约和华盛顿。美国中央情报机构联络全球同盟，收集最新线索，在全球范围内开展反恐行动。约旦官方向美国中央情报机构提供了一份"伊斯兰斗士"的名单，其中包括阿布·穆萨卜·扎卡维。库尔德人（Kurds）做了同样的事，因为之前，他们曾经遭受过驻扎在伊拉克北部的"伊斯兰斗士"的袭击。不久，美国报纸开始提阿布·穆萨卜·扎卡维的名字。

2002年1月10日，《旧金山纪事报》公布了美国进攻阿富汗后未被逮捕的塔利班支持者的名单，并称阿布·穆萨卜·扎卡维是"行动指挥官"。这条信息来自美国官方。2002年3月24日，阿布·穆萨卜·扎卡维的名字出现在《纽约时报》刊登的一篇重要新闻报道中，这篇报道首次称其为从阿富汗逃离、在伊朗避难的基地组织的重要领导人，而非塔利班的支持者。这条信息来源是以色列的高官和美国官方。

之后的几个月，媒体对阿布·穆萨卜·扎卡维的报道越来越多。有时，报道把他和伊朗联系在一起。美国国防部长唐纳德·拉姆斯菲尔德（Donald Rumsfeld）抱怨："伊朗是从阿富汗逃离的恐怖分子们的天堂。"有时，报道把他和叙利亚联系在一起，和黎巴嫩的真主党联系在一起，和巴勒斯坦在以色列实施的爆炸袭击联系在一起，和德国的恐怖活动联系在一起。2002年9月，在唐纳德·拉姆斯菲尔德公开宣布基地组织和伊拉克政权有关一周前，媒体早已把阿布·穆萨卜·扎卡维和伊拉克联系在一起。这些新闻的来源都是未署名的官方，通常来自美国中央情报局和美国五角大楼。尽管尚未捕获阿布·穆萨卜·扎卡维，约旦人对他的审判结果是入狱15年。此时，阿布·穆萨卜·扎卡维也只是一个小人物，一名普通的罪犯而已。

2002年10月7日，人们第一次正式公开提他的名字。乔治·布什在辛辛那提做了一次公开演讲，提到基地组织和伊拉克之间的"高层联络人"时表示："有些基地组织头目从阿富汗逃到伊拉克。其中一名头目于今年初在巴格达接受过药物治疗，和生化袭击有关。”这样说是为了博得议会的投票，布什总统正在寻求用军事力量袭击伊拉克的依据。布什从未提这个人的名字，但是《洛杉矶时报》等媒体很快报道：“在周一的讲话中，布什提到在伊拉克接受过药物治疗的基地组织高层。美国官方表示，这个人是约旦人阿布・穆萨卜・扎卡维，他在阿富汗战争中失去了一条腿。”

到现在，只有少数几名记者，包括《旧金山纪事报》的罗伯特・柯里尔（Robert Collier）和《纽约时报》的戴娜・密尔本克（Dana Milbank），向情报机构的线人求证后，对突然出现的基地组织和萨达姆之间的联系的报道表示怀疑，对阿布・穆萨卜・扎卡维的角色表示怀疑。但是这种质疑被来势汹汹的其他报道所淹没了。美国媒体不仅指称阿布・穆萨卜・扎卡维在伊朗、叙利亚和伊拉克，而且还在黎巴嫩、土耳其和格鲁吉亚，不仅认为他是伊斯兰恐怖分子，并把他当成是擅长使用毒气、化学武器的专家。2002年12月，约旦人再次介入，称其为基地组织头目，并策划了在安曼刺杀美国外交官劳伦斯・福利（Laurence Foley）的事件。

即使那时，有关阿布・穆萨卜・扎卡维的报道也不过是“边角料”，而不是头版头条。2003年2月5日，关于他的报道突然蔓延到全球媒体。当时，美国国务卿科林・鲍威尔（Colin Luther Powell）在联合国安理会上做总结发言，强调必须入侵伊拉克。首先，停止对方制造大规模杀伤性武器；其次，中止伊拉克和基地组织的关系。在谈到第二点时，科林・鲍威尔特别提到阿布・穆萨卜・扎卡维的名字。他的发言成为众多媒体报道的平台，我们现在得知，这个平台是建立在虚假的信息之上的。

科林・鲍威尔表示：“伊拉克为一些重要的恐怖分子提供了藏身之处，这些恐怖分子以阿布・穆萨卜・扎卡维为首。”他称这些人是“伊斯兰辅助者组织”（Ansar Al-Islam）成员，称萨达姆・侯赛因为这些人提供了“安全的庇护所”。这些说法都毫无根据。

阿布・穆萨卜・扎卡维肯定隐藏在伊拉克的北部，也就是“伊斯兰辅助者组织”立足之地。但他根本不是这个团伙的领导人。更重要的是，萨达姆也没有为对方提供“安全的庇护所”。最有力的证据是，2006年9月，美国参议院情报委员会（Senate Intelligence Committee）发表报告，引用伊拉克的内部文件，并对前伊拉克官员进行了采访，这些材料都表明，萨达姆政府并非这个团伙的避难所，而是将这个团伙视为“对政权的威胁”，并且认定对方要为发生在巴格达的两次爆炸事件负责。与此同时，约旦官方告知伊拉克政府，要求对方移交阿布・穆萨卜・扎卡维。伊拉克情报机构签署了特许令，竭力搜捕阿布・穆萨卜・扎卡维。这些文件同样记录了他们的逮捕行动无果而终。美国参议院情报委员会报告的结尾是美国中央情报局的评价：“萨达姆政府并非和阿布·穆萨卜·扎卡维同盟，并没有为对方提供避难所。”

科林·鲍威尔还表示，“伊斯兰辅助者组织”基地被用于“施毒和爆炸培训”的说法和《观察家》报记者陆克·哈定获得的证据明显矛盾。在科林·鲍威尔发表讲话三天后，陆克·哈定成功潜入“伊斯兰辅助者组织”基地，报道称：“恐怖分子的工厂根本不是科林·鲍威尔提到的那个样子，而是位于草坡之上的一片废墟。铁丝网之后的院子里，堆的是破损的火箭弹，还有几件空的钢筋水泥的房子，有一间面包房，没有任何化学武器的痕迹。”调查过整个基地后，陆克·哈定总结道，科林·鲍威尔的说法“不过是明显的夸张”。他同时指出，这种观点来源于遭受过“伊斯兰辅助者组织”袭击的库尔德人。这些库尔德人有明显的利益倾向，他们希望美国人干预，除掉“伊斯兰辅助者组织”。对伊拉克实施进攻后，美国士兵在此搜出的也不过是老鼠药，以此来证明科林·鲍威尔的说法。

科林·鲍威尔还称，阿布·穆萨卜·扎卡维是本·拉登的同盟，是基地组织的助手。这种指称和美国参议院情报委员会的另一份报告也不相符。那份报告表明，2003年4月，“美国中央情报局从被捕获的基地组织的高层官员处获悉，阿布·穆萨卜·扎卡维几次拒绝本·拉登的邀请。”并解释，阿布·穆萨卜·扎卡维和本·拉登的宗教信仰不同，并不同意对方只把美国当成对手的做法。阿布·穆萨卜·扎卡维的助手沙地·阿布达拉（Shadi Abdallah）在德国被逮捕后，同样的说法再次被证实。沙地·阿布达拉表示，阿布·穆萨卜·扎卡维不仅不是基地组织的同盟，他还是基地组织的死对头。有一次，阿布·穆萨卜·扎卡维甚至拒绝和基地组织分享德国同情者的捐款。研究恐怖主义的专家洛蕾塔·拿波里奥尼（Loretta Napoleoni）在对阿布·穆萨卜·扎卡维做过充分调查后表示：“从未有证据表明，阿布·穆萨卜·扎卡维和本·拉登是同盟。”

2003年7月，杰森·别克（Jason Burke）在《观察家》报发表文章称：“阿布·穆萨卜·扎卡维的确躲避在伊拉克，但并非如大量报道所说的他是本·拉登的同盟。其‘圣战组织’（Al-Tawhid）和本·拉登的组织存在竞争关系。把两者联系在一起，是别有用心者在故意误导，或者是对伊拉克现存军事力量的无知。无论怎样，两者都没有联系。即使到现在，也没有任何证据表明他们之间有联系。”

科林·鲍威尔还称，阿布·穆萨卜·扎卡维“10多年前参与过阿富汗战争”。记者前往阿布·穆萨卜·扎卡维的家乡约旦扎卡（Zarca）采访后发现，这种指称也是不对的。直到1989年春天，阿布·穆萨卜·扎卡维才前往阿富汗。此时，和本·拉登以及其他伊斯兰组织对抗的苏联已经撤兵。詹尼弗瑞·哥特曼在《国际先驱论坛报》报道："不是拿起枪，而是拿起笔，阿布·穆萨卜·扎卡维担任一份异教徒杂志的记者，他的笔名是'坚硬的墙'。当时，他22岁，中等身材，黑亮的眼睛，到乡村各地采访参加过战争的阿拉伯士兵，听对方回忆他所错过的一场场光荣的战争。"

科林·鲍威尔还称："阿布·穆萨卜·扎卡维和他的团伙策划了法国、英国、西班牙、意大利、德国和俄罗斯的恐怖袭击。"现有的证据只能表明，阿布·穆萨卜·扎卡维和德国人联络过，因为对方曾经为他们筹资。他也有可能涉嫌德国的恐怖袭击。但是科林·鲍威尔对他的其他指称都是无稽之谈。科林·鲍威尔特别指出阿布·穆萨卜·扎卡维在英国和法国使用蓖麻毒进行恐怖袭击。在英国，警方逮捕了策划使用蓖麻毒进行恐怖袭击的阿尔及利亚人，但是他们和阿布·穆萨卜·扎卡维没有任何关系。实验结果是，这些蓖麻毒不过是蓖麻子和樱桃核。法国警方也捕获了策划用蓖麻毒袭击的犯罪嫌疑人，但是他们的蓖麻毒是麦芽和大麦。科林·鲍威尔发表讲话的同一天，西班牙首相阿兹纳（Jose Maria Aznar）也表示，捕获了16名携带蓖麻毒的恐怖分子。没有任何证据表明，这帮人和阿布·穆萨卜·扎卡维有关，而且，他们的蓖麻毒是洗衣粉。

科林·鲍威尔还有两项指称，第一个是，约旦警方逮捕了2002年10月在安曼刺杀美国外交官劳伦斯·福利的罪犯，"这名罪犯称阿布·穆萨卜·扎卡维向他们的组织提供武器和资金"。听起来似乎头头是道，但是这名罪犯是否在说真话？是否在受刑后才这样说？不得而知。更有趣的是，名为"约旦之荣誉"的组织声称对这次刺杀行动负责，担心不被承认，他们索性向约旦官方转交了一枚子弹，这枚子弹和刺杀美国外交官时所使用的子弹一模一样。

科林·鲍威尔最后的指称来自4个月前布什总统的说法：阿布·穆萨卜·扎卡维在萨达姆所管辖的巴达格接受手术治疗。这种说法从未得到证实或者被驳斥。有一个情况是，美国中央情报局曾经告知媒体，在这次手术之前或者手术之中，阿布·穆萨卜·扎卡维失去了一条腿。但是不久，美国中央情报局被迫承认这消息是假的，因为阿布·穆萨卜·扎卡维发表电视讲话时，两条腿安然无恙。

真实的情况是，阿布·穆萨卜·扎卡维的确是伊斯兰激进分子，并在20世纪90年代早期，在阿富汗基地受过训。2000年他开始建立自己的基地，培训其他激进分子，目的是推翻约旦政府，当然，也有可能插手袭击其他国家。帮他们筹款的人也可能有袭击的预谋。总之，他是恐怖分子。但他并非是科林·鲍威尔所描述的那种恐怖分子。

如果阿布·穆萨卜·扎卡维的故事就到此为止，那他的故事也不过是伴随着中央情报局指称伊拉克拥有大规模杀伤性武器从而进攻伊拉克的一个小插曲。但是，阿布·穆萨卜·扎卡维故事被倒手，变成长期“战略传播”的工具。到底是科林·鲍威尔及其同僚在故意误导，还是他们也是假新闻的受害者，不得而知。但是之后发生的事情，越来越表明他们是在故意造假。

比如2004年2月发生的一系列事件。2月9日早上，《纽约时报》在头版头条报道，美国官方获得一封17页的信，这封信是阿布·穆萨卜·扎卡维写给基地组织高层的，信中表示，最有效的打击美国在伊拉克的军事力量的方式是发动内战。信中建议，基地组织，也就是伊斯兰逊尼派教徒，应该袭击伊斯兰的什叶派教徒。信中写道：“这是延长我们和没有宗教信仰的人之间战斗的唯一方式。如果能成功将什叶派教徒拉入这场宗教之战，就可以唤醒沉睡的伊斯兰逊尼派教徒。”该报道由《纽约时报》驻巴格达记者戴克斯特·费金斯（Dexter Filkins）撰写（报道及信件详细内容见www.flatearthnews.net）。

当天早上，在巴格达召开的新闻例会上，马克·金米特（Mark Kimmitt）将军回答《纽约时报》记者的一系列提问，他说：“我们相信报道和文件都是可信的，我们对此负责……很清楚，一个外来者闯入这个国家，想点燃内战之火，煽动宗教暴力，制造社会分裂。”24小时内，这则报道传遍了全球。

第二天，这个故事进一步升级。首先，2月10日，巴格达发生了一起恶性汽车爆炸事件，美国官方认定该事件由阿布·穆萨卜·扎卡维策划。2月11日，白宫表示，这封信表达的信息是“点燃内战之火”。2月11日，马克·金米特将军在伊拉克告诉记者，悬赏阿布·穆萨卜·扎卡维的酬金翻一倍，为1000万美元。2月12日，马克·金米特将军命令在伊拉克境内张贴阿布·穆萨卜·扎卡维的头像，新版的“百搭牌”（wild card）发行，将阿布·穆萨卜·扎卡维头像印在传播广泛的纸牌上，并将阿布·穆萨卜·扎卡维视为萨达姆辖区内的首要通缉犯。

这个故事继续被媒体沸沸扬扬报道了半个月。被加进的新的元素，包括2月17日，布什总统在路易斯安那对该事件做出评价，2月23日，美国防部长唐纳德·拉姆斯菲尔德在爱尔兰的新闻发布会上对该事件做出评价。与此同时，媒体又翻出过去的报道作为背景材料，包括科林·鲍威尔漏洞百出的演讲。从3月开始，阿布·穆萨卜·扎卡维成为媒体报道中导致伊拉克叛乱的主要人物。媒体反复称他是爆炸、绑架、砍头事件的操纵者，是故意扰乱稳定和民主的幕后凶手。“伊拉克的每一名士兵都在寻找阿布·穆萨卜·扎卡维。”马克·金米特将军告诉记者。

多亏《华盛顿邮报》记者汤姆·里克斯（Tom Ricks）的报道，我们现在才清楚地知道，所有这些“作品”都是美国“战略传播”的内容。2006年4月，汤姆·里克斯获得为美国乔治·凯西（George Casey）将军准备的演讲幻灯片的复制件。当时，乔治·凯西将军担任多国部队驻伊拉克司令。

幻灯片第一部分的标题是“攻击性的战略传播：对付于我们不利的叛乱者”，然后，用一个箭头指向阿布·穆萨卜·扎卡维的名字。第二页的小标题是“2月4日——阿布·穆萨卜·扎卡维的信”，下面的要点分别是“向记者戴克斯特·费金斯透露部分消息”，“1000万美元的悬赏”。第三页的小标题是“3月4日——进一步强调阿布·穆萨卜·扎卡维是恶棍，引导公众对他的排斥”，下面的要点包括“媒体战略”和“心理战术”。

幻灯片的第二部分的标题是“结果”，包括两句话。第一句话是：“通过攻击性的战略传播，阿布·穆萨卜·扎卡维现在代表的是：伊拉克的恐怖势力，伊拉克的外来侵略者，导致伊拉克灾难的根源（他曾经对基础设施进行袭击），伊拉克复兴的阻力（分裂政权）等。”第二句话是：“效果：消除有可能会产生的大众对这伙叛乱者的同情感，令这伙叛乱者无法扎根于民众。”

这些“策略”在媒体报道中陆续展现出来。以2004年2月《纽约时报》记者戴克斯特·费金斯报道的假信件为开端。在曝光这些内情时，汤姆·里克斯又采访了马克·金米特将军。马克·金米特将军狡辩道：“我们相信戴克斯特·费金斯会写出真实的报道，我们给了他这个独家消息。”不久前，马克·金米特将军回答《纽约时报》记者的提问时说：“我们相信报道和文件都是可信的。”马克·金米特将军还再次造假，告知媒体1000万美元的悬赏。媒体“狼吞虎咽”，反复传播这些假新闻。有趣的是，汤姆·里克斯获得了另外一份美军内部材料，在材料中，马克·金米特将军写道：“阿布·穆萨卜·扎卡维心理战是迄今为止最成功的信息战。”

这不仅仅是议程设置：所有的新闻、故事都是假的。

基地组织是伊拉克叛乱的始作俑者的说法也没有根据。很明显的证据是，2003年4月，什叶派教徒萨德尔（Muqtada al Sadr）在巴格达萨德尔城（Sadr City）发动了什叶派革命；到2003年5月为止，伊斯兰逊尼派一直在和美国联军作战；不同的政治、宗教、部落团伙袭击联军，并互相袭击。

美国海军战争学院（Naval War College）的艾哈迈德·哈希姆（Ahmed Hashim）是去伊拉克实地考察的学者之一。他研究的话题是，对外来势力领导伊拉克叛乱的指称是否合理。他的结论是：“基本上没有什么实证，消息来源通常是美军事力量。存在于伊拉克的外来势力实际上非常弱小。”他发现，在伊拉克被逮捕的8000名叛乱分子中，只有127人持国外护照。艾哈迈德·哈希姆采访了部分持国外护照的叛乱分子，发现他们并非受某国家或者集团的资助，之前，他们从未涉嫌恐怖活动，他们不过是拿起武器，和进驻伊拉克的美军作战。他们参战的方式是和伊斯兰逊尼派领袖联络并接受其领导。艾哈迈德·哈希姆还发现，即使那些代表基地组织参战的少数外籍战士，也是依靠伊斯兰逊尼派提供武器和作战支持。

2005年9月，美国战略与国际问题研究中心（Center for Strategic and International Studies）发表报告指出，美国故意制造假象，称外籍战士是伊拉克叛乱的主力，而实际上，他们在伊拉克叛乱分子中的力量少于10%。汤姆·里克斯在关于阿布·穆萨卜·扎卡维媒体战的报道中引用了军事情报（Military Intelligence）官员德里克·哈维（Derek Harvey）上校在某次演讲中的话："外籍叛乱分子的实际数量很少……长期的威胁不是阿布·穆萨卜·扎卡维或者宗教极端分子，而是之前的政权格局和他们各自的盟友。"

并且，阿布·穆萨卜·扎卡维是否和基地组织合作也是一个谜。现有的事实是，阿布·穆萨卜·扎卡维只和发生在2003年8月的伊拉克的暴力事件有关，阿布·穆萨卜·扎卡维身边聚集了一部分支持者，他在2000年6月在阿富汗经营过培训基地。2004年2月，当美国发动"战略传播"计划反对他时，他依然是独立的团伙，是本·拉登的竞争对手。他对美国人独特的吸引力在于，他是外来人，美国人可以借此向伊拉克的观众出"排外"的纸牌，并且，早在科林·鲍威尔的演讲中，他已经成为媒体关注的重要人物之一了。

最后，我们也有充分的理由推测阿布·穆萨卜·扎卡维的信是假的。信中声称，他们对在伊拉克境内发生的所有自杀性爆炸事件负责，除了发生在伊拉克北部库尔德人控制的区域内的自杀爆炸事件，然而，自杀爆炸者在自己制作的录像带中明确表示他们是伊拉克人。并且，信中的内容完全符合美国的议程设置。阿布·穆萨卜·扎卡维埋怨美军的安全措施越来越严密，伊拉克安全部队的设立阻止了他的同盟军，伊拉克市民不肯帮助他们，并且，民主的引进将掠走他继续争战的借口。对于很多人认为阿布·穆萨卜·扎卡维是本·拉登的竞争对手，信中相应的解释是："我们并不认为我们是你们的对抗者。"信中甚至还塞进一句对美国情报机构的赞言："敌人的势力一天比一天强大，情报资料也在增加。天啊，这些消息让人喘不过气来！"在《纽约时报》刊登了这封信的部分内容之后，马克·金米特将军表示："这封信的确回答了我们一直在推测的很多问题。"

除此之外，没有一点信息表明，这封信出自阿布·穆萨卜·扎卡维之手。美国人称，这封信保存于一张CD上，因此无法提供笔迹，和阿布·穆萨卜·扎卡维的笔迹做比较。这封信也没有其他人的署名。这封信用复杂的、充满修辞的阿拉伯语完成，长17页——但是阿布·穆萨卜·扎卡维本人基本上是文盲。《国际先驱论坛报》的记者杰弗瑞·戈特尔曼（Jeffrey Gettleman）采访了20世纪90年代中期和阿布·穆萨卜·扎卡维一起在约旦坐牢的人，他表示，阿布·穆萨卜·扎卡维曾写过一张纸条给他，说他在看《罪与罚》，他把陀思妥耶夫斯基（Dostoyevsky）拼写成了"Doseefski"。纸条中满是拼写错误，像是阿拉伯小孩写的。

还有，更令人尴尬的是，没有人能表明这封信的出处。马克·金米特将军和他的官员向记者介绍，1月22日，也就是报道的两周半前，他们在伊拉克北部边境逮捕了一位名叫哈桑·古尔（Hassan Ghul）的士兵，在他的身上搜出了含有这封信的CD。然而，逮捕记录显示，当时，美军对逮捕哈桑·古尔的指称是，他试图从伊朗逃入伊拉克境内——假定他是阿布·穆萨卜·扎卡维的信使，去给本·拉登送信，显然，方向不对。

媒体展现在人们面前的还有这样一番景象：包含有巨大的人造洞穴的山崖的横断面，洞穴很深，以避免热力检测；混凝土的台阶连接着的是至少10层的地下通道。洞穴内有宿舍、办公室、油库、武器库，武器中包括毒刺导弹，有电灯、复杂的通风系统、计算机系统、电话等。电力来源是溪水发电机。洞穴含有秘密出口，主要的入口大的可以驶入装甲车。2001年11月，几乎所有的媒体都在描述本·拉登及其团伙躲藏在阿富汗与巴基斯坦交界地带的托拉博拉（Tora Bora）山区。当时美国国防部长唐纳德·拉姆斯菲尔德在美国电视节目《会见媒体》（*Meet the press*）中表示："和你打赌，这绝对是正儿八经的生意。像这样的洞穴不是仅有一个，而是有很多。"但事实是一个都没有。有人故意编造了这样的情景。

故事也很清晰了。本·拉登的同伙在乌兹别克斯坦的首都塔什干（Tashkent）制造自杀爆炸事件，不仅自己身亡，也杀害了警察和无辜的路人。2004年3月底，这则报道传遍全球，报道以美国和英国官方警告为结尾——警告基地组织给当地带来的威胁，并指出两个伊斯兰组织要对这起死亡事件负责。然而，当时英国驻乌兹别克斯坦大使克瑞格·默里（Craig Murray）到达爆炸事件现场时惊讶地发现，当地没有一丝爆炸的痕迹。那些据称被他们自己的爆炸装备炸死的恐怖分子，都是因枪击身亡。他还看到美国中央情报局翻译的基地高层的对话记录，对方在相互询问是谁策划了这起自杀爆炸事件。克瑞格·默里向英国外交部报告，没有任何证据表明，这些事件和基地组织有关。之后，他收到英国内阁办公室联合反恐中心的答复，对方表示同意他的观点。有人编造了这个故事。

电视采访也很清楚。美国参谋长联席会议主席彼得·佩斯（Peter Pace）将军，在CNN电视节目《拉里·金现场》（*Larry King Live*）中表示，2003年3月，伊拉克军队反对美国入侵，杀死美国战犯，用平民做盾牌，在学校里储存武器，在医院里建立指挥部，假装投降。他还编造了一个可怕的"神话"，说因为向美国联军招手，一名伊拉克妇女被吊死在树上。在华盛顿D. C.，山姆·加德纳（Sam Gardiner）听到这个消息后，感到非常恼火和不安。

山姆·加德纳并非反对美国的激进分子。他曾经担任过美国空军部队上校，退休后，在美国海军战争学院教授策略学。当他听到美国官方将伊拉克士兵描述为“恐怖敢死队”时就开始担心了，因为他了解这并非事实（他指出，军队和恐怖敢死队之间是有区别的）。他表示，将伊拉克军队和伊斯兰恐怖主义结合宣传的行径，是出于政治企图。

随着战事进展，他收集到的证据越来越多。他花了4个月的时间收集、核查媒体的报道，然后发表了一篇论文，名为《来自指挥台的真相》（*Truth From These Podia*）。几乎没有媒体注意到这篇文章。他的调查结果表明，伊拉克军队调动孩子同美军作战的说法根本不正确。伊拉克军队先举白旗表示投降，然后等美军靠近和他们谈话时，对他们发动进攻，这样的指证也毫无根据。伊拉克士兵穿美国士兵的制服行凶，然后借此谴责美军，这也是不真实的。伊拉克士兵在美国海军陆战队前往巴格达的路上发动偷袭，也是编造，真相是，突袭美国海军陆战队的是一架美国飞机。伊拉克军队射死美军战犯的说法也缺乏证据。伊拉克军队袭击巴格达街市的指称也是错误的，《独立报》记者罗伯特·费斯克在袭击现场发现的是美军的炸弹。山姆·加德纳发现，所有这些虚假报道都是以“据官方称”的方式流入媒体的。

伊拉克第五十一机械师（51st Mechanized Division）投降的新闻是假的，伊拉克乌姆·盖斯尔（Umm Qasr）被攻下的报道比事实提前了很多天，巴士拉（Basra）被攻下的新闻也被提前报道，巴士拉士兵支持美国联军的说法是假的。关于萨达姆·侯赛因秘密计划带家人飞到安全地方的报道毫无根据，萨达姆在利比亚的银行存有35亿美元的指称也是空穴来风。最后这篇报道一箭双雕，同时指责了萨达姆和利比亚。山姆·加德纳发现，类似的新闻不计其数。在对萨达姆进行报道的同时，嫁祸于其他国家。比如，俄罗斯不支持美军入侵伊拉克，结果，有报道称，萨达姆藏匿在俄罗斯驻巴格达的使馆里，这种说法毫无证据。同样，因法国人不支持美军入侵伊拉克，媒体就报道，法国人向萨达姆提供导弹，这种说法也毫无证据，说伊拉克把天花病毒藏在法国更是无稽之谈。还有一箭三雕的报道：“讨厌”的法国人利用在“不可以信任”的叙利亚的大使馆，向伊拉克的重要领导人提供护照，帮助他们逃离险境。报道还称，法国和拒绝与美军合作的德国，向伊拉克军方提供了控制原子弹的精确开关。这些都是假新闻。

山姆·加德纳在论文中总结：“与发生在2003年的海湾战争相比，媒体报道在夸大。”当我在华盛顿拜访山姆·加德纳时，他告诉我，他的论文被发表在互联网后，他收到一名公关人员的电话，这名公关人员曾经为美国参谋长联席会议主席工作，这名公关人员对他说，他的猜测都是正确的。

很清晰了，从阿布·穆萨卜·扎卡维到萨达姆，从阿富汗到伊拉克，从华盛顿D.C.到塔什干，假新闻源源不断。阿布·穆萨卜·扎卡维的故事是基地组织故事的插曲。

基地组织的故事也是关于恐怖主义的故事的一部分，而关于恐怖主义的故事是和美国对外政策及其对手分不开的。关于伊拉克拥有大规模杀伤性武器的指称也只不过是这个大背景下的一个小故事。

这些都并非新鲜的招数。整个冷战期间，美国故意制造一些假新闻，向苏联及其联盟施压。20世纪70年代，古巴派兵支持安哥拉人民解放运动，美国中央情报局驻安哥拉站长约翰·斯托克维尔（John Stockwell）回忆了当时他的同事如何编故事，向媒体供稿。

在一次电视采访中，约翰·斯托克维尔描述了他的同事设想出的可以被媒体报道好几周的方案："这非常符合美国中央情报局的宣传利益。首先报道一些古巴士兵强奸年轻的安哥拉女孩，然后报道一场争执，争执后，这些做了坏事的古巴士兵被逮捕。再报道受害者辨别出强奸她们的人。然后审判，古巴士兵承认自己的罪行。结局是愤怒的安哥拉女性开枪射死这些古巴人。事实上，强奸并未发生，争执也没有发生，古巴士兵也没有被捕获过。这些都是虚构。"但是媒体却报道了整个过程。

同样，美国也经常编造故事袭击对他们不友好的集团和国家，方式是将对方和苏联联系在一起。比如，里根政府反对左翼的桑定政府在尼加拉瓜统治，美国媒体报道，俄国人已经向尼加拉瓜派遣了"米格"喷气式战斗机，尼加拉瓜派兵支持哥伦比亚和萨尔瓦多的共产主义运动，桑定政府反对犹太人（即使驻尼加拉瓜的美国人使向华盛顿总部发电报，表示这种说法毫无依据），尼加拉瓜人向美国贩卖可卡因，尼加拉瓜总统的兄弟在瑞士银行拥有15亿美元的存款。

1983年，美国空军副秘书长麦克尔·凯利（J. Michael Kelly）在美国国防大学公开讲话："今天，我们最重要、最特殊的使命是……要让所有的美国人知道，共产主义正准备向我们进攻。"

苏联解体后，美国的冷战计划随之破产，但是后来，又有回弹的趋势。最初的征兆发生在1990年1月，美国军方成功地运用心理战术将萨达姆·侯赛因驱逐出科威特。包括利用媒体宣传、虚报萨达姆的军事演练，向伊拉克的士兵散发传单，对记者的报道进行严格控制等。

美国记者约翰·麦克阿瑟（John MacArthur）在他的著作《第二前线》（*Second Front*）中描述，在采访之前记者要签合同，采访中要有人陪同，每篇报道、每张照片都要经过审核；那些企图违约的记者被阻止、被威胁，甚至被逮捕。战事结果都要由美国陆军上将诺曼·施瓦茨科普夫（Norman Schwarzkopf）小心翼翼地传达，电视里播出的图像一定是轰炸成功的情景（军方估计，70%的美国炸弹并没有击中目标），要多采访关于美国飞行员及其家人的感性采访等。当时的国防部长迪克·切尼（Dick Cheney）解释媒体在这场战争中的作用："说实话，我把媒体当成是要管理的对象。我对媒体根本没有信心。"

这场宣传战的成本是120万美元，由伟达公关公司的公关专家精心策划实施。他们借科威特流亡者提供的虚假信息，编造出无数的假故事。约翰·麦克阿瑟发现，在提供给联合国安理会的一份文件中，7名证人中的5名使用的是假名字。这场丑闻的高潮是，一名15岁的科威特女孩，描述自己在科威特的医院里，亲眼看到伊拉克士兵将初生的婴儿从育婴箱中拿出，把他们摔死。伟达公关公司报道，因为担心家人会遭报复，这名女孩不愿意提供真实姓名，她使用的化名是娜依拉（Nayirah）。后来，这个故事被曝光是假新闻，这名15岁的女孩是科威特驻华盛顿D.C.大使的女儿。此时，这个故事已经在世界各地流传，同时被加进了其他或强奸或酷刑的内容（一张展示科威特平民被伊拉克士兵射死的照片，结果变成伊拉克抢劫犯被执行死刑的图片）。

美军方进一步将信息作为武器，新的战略传播产生了。互联网的产生和新闻工厂的全球化更为信息在全球范围内迅速传播提供了前提。"9·11"事件也给美军方提供了新的政治支持。这些都深藏在政府的官僚作风中。即使那些被证明是假新闻的报道，其表面还荡漾着其他的涟漪。

比如名叫"Empower Peace"（www.empowerpeace.org）的网站，表面上是争取世界和平的民间组织，实际上它由美国国务院建立，目的是推广美国的对外政策。伊拉克危机报道（Iraq Crisis Bulletin）声称独立提供2003年3月美军入侵伊拉克的新闻，实际情况是，这个组织隶属于"美国之音"（Voice of America）。

在"向自由致敬"（Operation Tribute to Freedom）网站，可以发现媒体造假的最明显的证据。美国士兵回家后，可以上这个网站，下载现成的演说词。比如，有专门为黑人士兵准备的"很荣幸在这里发言……让我有机会发扬非洲裔美国人的光荣传统"。有些博客自称由士兵本人撰写，反驳部分媒体报道的美军在伊拉克遭遇麻烦的说法："伊拉克人希望我们留在这里……城市的商业在复苏，他们清扫街道，重建商店，自由的商贸活动开始了。"被称由军人撰写的信件广泛传播："亲爱的妈妈，我对现在所做的事情坚定不移，真希望您能够在此，分享我的荣誉。为了我们所爱的人的安全，这场战争意义重大，您会理解这场战争的意义。我们会直面恐怖主义，与之奋战。作为战士，我们不怕将要发生的任何危险，我们唯一害怕的是美国人不理解我们为何在此。"

又有一些报道相继诞生，这些报道和传统的鼓动宣传不谋而合：塔利班会把涂了指甲油的阿富汗女子的指甲拔出来；塔利班的施刑者告诉手下的人，“我希望你们找到新的施刑方式，受刑的人的喊叫可以让奶牛吓出冷汗”；据说，塔利班的头目穆拉·奥玛尔（Mullah Omar）患了脑癫痫，报道称“他坐在驾座上，边开车边模仿发动机的噪声”；报道还称本·拉登带着手榴弹去钓鱼。

同样，在不同的时间，人们被告知，萨达姆·侯赛因将炭疽病毒放进市场上流通的香水里（官方情报）；在伊拉克沙漠地带发现了培训恐怖分子的基地（美军方情报）；一名英国海军士兵的头盔被伊拉克士兵的子弹射中四次，每次他都侥幸脱险，这名英国海军士兵被认为是世界上最幸运的男子。《每日镜报》调查发现，至少最后一次“幸免于难”是假的。这名海军士兵的头盔放在地上，他的同事冲头盔开枪。整个故事可以在英国国防部的网站上找到。

因不满伊朗政府制造核武器的计划，美国继续向伊朗施压。很快，对伊朗政府不利的报道纷纷登场：伊朗总统禁止传播拿他开玩笑的手机短信；伊朗政府命令国内的犹太人和基督教徒佩戴可以代表他们信仰的标志；一坦克车的假选票从伊朗运到伊拉克用于竞选（伊拉克内政部向《纽约时报》记者戴克斯特·费金斯透露）；伊朗的阿亚图拉（伊斯兰什叶派领袖）鼓励9岁的女孩和动物做爱；伊朗驻联合国大使曾经在1979年参与劫持美国驻伊朗大使馆人质事件；伊拉克的恐怖分子用从伊斯兰革命卫队（Islamic Revolutionary Guards）获得的武器装备，杀害在伊拉克的英国士兵（英国外交部报道）；伊朗政府在伊拉克建立营地，培训恐怖分子（英国军方报道，后来撤销）。

表面的“涟漪”清晰可见，难得的是，透过表面找出“涟漪”产生的根源。

很难确定情报人员到底在忙些什么，但是最有利的证据证实，冷战时期的几十年里，世界上最大的媒体机构是由美国中央情报局秘密控制的。

一系列的丑闻曝光后，在美国公共舆论的监督下，美国中央情报局经历着沉浮，特别是在苏联解体后，美国中央情报局对新闻报道的干预有所收敛。

但是现在，有证据表明，美国中央情报局正在重建自己的影响力。与冷战时期不同的是，当前美国中央情报局和一心想要掌控“信息战舰”的美国国防部联手。美国的联盟在中东、在西欧包括英国，开始了新的情报项目。这些，公众都很少觉察到。

尽管情报活动要和“战略传播”互相配合，但是两者之间存在巨大的差异。通常，军方和政府部门通过公关部门将信息传递给媒体，情报部门使用的手段却是说谎和欺骗。也就是说，按“战略传播”进行报道的记者，可能意识不到新闻是假的，但是他至少知道新闻的出处。但是，情报部门的手，通常深藏不露。

回顾冷战时期美国中央情报局所进行的一系列鼓动宣传报道，我们会对此了解得更清楚。至少，我们可以获得“谎言和欺骗”如何起作用的实证。所有这些信息都来自1976年，美国国会对美国中央情报局进行的两次出面问询（Congressional Inquiry），问询由参议员法兰克·邱奇（Frank Church）和众议员蒂斯·派克（Otis Pike）领导。还有1977年底，两篇调查报道的杰作，分别是《滚石》杂志的卡尔·伯恩斯坦和《纽约时报》的约翰·克鲁德森（John Crewdson）、约瑟夫·特雷斯特（Joseph Treaster）所写。

总之，他们揭露的是美国中央情报局有能力通过800多个“渠道”将歪曲的信息注入媒体，散布到全国的每一个角落。其中400多个“渠道”是人：美国中央情报局官员冒充记者；媒体所有者、主编、记者和美国中央情报局秘密签约；自由撰稿人从美国中央情报局领工资；只要美国中央情报局需要，愿意为他们效劳的员工、自由撰稿人不计其数。这还不包括那些和美国中央情报局合作的记者，他们经常从美国中央情报局获得消息。除此之外，美国中央情报局经常利用伪噱头、伪组织干预媒体报道。有些媒体已经存在，他们秘密对其投资、伪造，为己所用，有些完全是他们创建的。中央情报人员向《纽约时报》透露：“在任何时期，我们尽量保持在任何外国首都都有一份自己的报纸。”

蒂斯·派克领导的调查委员会发现，在美国中央情报局提供的有限的信息内，29%的秘密行动和“媒体及鼓动宣传”有关。某学者的调查表明，1978年，美国中央情报局用于鼓动宣传的投资至少是2.65亿美元，和世界上三大新闻通讯社——美联社、路透社、合众国际社的投资总和不相上下。真实的数目或许更大，蒂斯·派克的调查委员会总结，29%的数目是大大低估后的数目。

美国中央情报局不仅仅制造假新闻，还制造假证据。他们把苏联叛国者亚历山大·卡兹那雪夫（Aleksandr Kaznacheyev）的话进行篡改后，提供给《基督教科学箴言报》；编造前美国中央情报局人员奥列格·潘可夫斯基（Oleg Penkovsky）渗透进苏联克格勃的经历，并以日记的形式出版；他们干预阿根廷电影的内容，煽动他们对菲德尔·卡斯特罗（Fidel Castro）的敌意；最臭名昭著的是，1956年美国中央情报局在没有获得赫鲁晓夫在苏联共产党第二十次代表大会上公开谴责斯大林讲话全文的情况下，自己编造了遗漏的34个段落，提供给意大利新闻通讯社安莎社（ANSA）。

也就是说，只要需要，美国中央情报局有能力编造任何假新闻，并深藏不露。如果日本有麻烦，他们可以在《吉娜娃晨报》（*Kinawa Morning Star*，美国中央情报局拥有其分支机构）、《东京晚报》（*Tokyo Evening News*，美国中央情报局拥有整份报纸）或者《日本时报》（*Japan Times*，美国中央情报局在该报派驻了情报人员）上做文章。针对南美的革命运动，美国中央情报局的“阵地”是智利的《南太平洋邮报》（*South Pacific Mail*）、委内瑞拉的《卡拉卡斯日报》（*Caracas Daily Journal*）、海地的《太阳报》和圭亚那的《纪录》（*Chronicle*）等。在一次单独的行动中，为了让智利总统萨尔瓦多·阿连德（Salvador Allende）下台，美国中央情报局用在鼓动宣传报道上的费用是120万美元。

美国中央情报局还把最能干的情报人员塞进美联社、合众国际社的驻外机构。从那里，他们可以把任何故事传递到世界各地。美国中央情报局在路透社没有派驻情报人员，因为路透社归英国所有，他们认为路透社是MI6（英国军情六处）的地盘。当然，在必要时，美国中央情报局也会通过MI6的情报人员往路透社塞故事。蒂斯·派克的调查委员会的调查结果是，此类事件经常发生。“因为路透社是英国的，这样做合情合理。”除了这些主流的新闻通讯社，美国中央情报局还创建了他们自己的新闻通讯社，名叫论坛世界特稿社（Forum World Features），向全世界140多家报社供稿。

他们还毫不犹豫地将歪曲的信息传递到同盟国。在西欧，他们拥有法国的《巴黎竞赛画报》（*Paris Match*）和《见证》（*Preuves*），德国的《月份》（*Der Monat*），匈牙利的《论坛》（*Forum*），英国的《遇见》（*Encounter*），瑞典的《争论》（*Argumenten*），意大利的《罗马美国日报》，比利时的《布鲁塞尔时报》，还有覆盖整个欧洲和拉丁美洲的《视觉》（*Vision*）等。在各个时期，美国中央情报局都会投入大笔资金，加强在法国、意大利、西德的宣传鼓动。为了影响普选结果，美国中央情报局通常会向他们中意的党派投资上百万美元。

1948年，美国颁布了《信息及教育交流法案》（*Smith-Mundt Act*，俗称《史密斯—蒙特法案》），禁止传播虚假信息。在此背景下，美国中央情报局有所收敛，转而运用“迂回”策略，即先把故事交给国外媒体报道，然后由美国媒体转载这些报道。因此，过了不久，反对智利总统萨尔瓦多·阿连德的报道便会陆续出现在《纽约时报》和《华盛顿邮报》上。具有讽刺意味的是，1967年，美国中央情报局一份内部文件总结：“美国媒体和我们支持的国外媒体意见不同的情况难以避免，也是可以接受的。”

美国中央情报局会通过其安置在全球媒体的人脉，把歪曲的信息直接提供给各国媒体。当被问到是否利用国外的资源传播故事时，当时的美国中央情报局局长威廉·寇比（William Colby）回答：“当然，从始至终。”（1991年，《卫报》报道，美国中央情报局利用国际商业信贷银行给100多人发工资，其中包括90名英国记者。）威廉·寇比解释道，的确有50多名美国记者和美国中央情报局的关系紧密，但是他们的主要任务是收集情报，协助执行任务，从来不报道假新闻。

现状更令人吃惊。至少有10名美国中央情报局人员在《纽约时报》做卧底，美国哥伦比亚广播电视台新闻部密切配合美国中央情报局的行动。美国国家广播公司和美国广播公司也同美国中央情报局合作。《新闻周刊》的主编、某驻外记者、驻华盛顿首席代表、驻东京的商业运营部主管、驻罗马记者、驻南欧东欧记者、驻远东记者都曾经在不同时期为美国中央情报局工作过。美国中央情报局人员告诉卡尔·伯恩斯坦："根本不必去特意控制《时代》周刊，因为在《时代》周刊管理层，就有美国中央情报局的人。"《读者文摘》经常报道美国中央情报局的资料，《基督教科学箴言报》将没有发表的内容提交给美国中央情报局，该报驻远东记者同时担任美国中央情报局的政治顾问。拥有九份报纸和一家通讯社的柯普来新闻集团（The Copley Press），至少有23名员工和美国中央情报局有关联。赫斯特报系（Hearst News）驻伦敦总部主管为美国中央情报局工作，其他媒体如《迈阿密先驱报》、《芝加哥论坛报》、《路易维尔信使报》、旧的《华盛顿星报》、《星期六晚邮报》和《纽约先驱论坛报》等，都被安置了美国中央情报局的"亲信"。

卡尔·伯恩斯坦和《纽约时报》的调查显示，如果对方拒绝直接发表美国中央情报局提供的"新闻内容"，美国中央情报局会从背后下手。受美国中央情报局指使，《纽约时报》的出版商阿瑟·海斯·苏兹贝格（Arthur Hays Sulzberger）将该报记者悉尼·格鲁逊（Sydney Gruson）调离危地马拉，因为美国中央情报局担心，悉尼·格鲁逊会曝光他们参与策划推翻危地马拉民选政府的阴谋。他们还发现，美国中央情报局向阿瑟·海斯·苏兹贝格的侄子C.L.苏兹贝格，也就是《纽约时报》国外新闻部主管传送了一份简报，C.L.苏兹贝格在简报上签字后，简报内容被逐字发表在1967年9月13日的《纽约时报》上。

1981年5月，教皇约翰·保罗二世在罗马遇刺，之后，美国中央情报局借此事件炒作，其干预媒体报道的做法引起争议。在之后的两年时间里，全球媒体报道行刺者是名叫莫梅特·阿里·阿加（Mehmet Ali Agca）的土耳其人，并称他曾经为保加利亚情报局工作，也就是为苏联工作（保加利亚听苏联的）。这样的报道对美国有利，因为美国当时正在和苏联就关于削减武器的事件进行谈判，若苏联身陷丑闻，便会有更多的国际力量支持美国，而教皇反对"团结工联"（波兰语：Solidarno，全名独立自治工会，支持苏联的团体）也顺理成章。1986年，莫梅特·阿里·阿加刺杀案水落石出，没有一项证据支持这样的推测。但是全世界的媒体，已经反复如此报道。

这些报道的始作俑者是克莱尔·斯特林（Claire Sterling）和保罗·亨斯

（Paul Henze），前者是新保守主义记者，曾经协助美国中央情报局秘密进行鼓动宣传报道，后者曾担任美国中央情报局驻土耳其负责人。1982年9月，两人联手写了第一篇相关报道，在《读者文摘》发表。不久，该报道被主流媒体纷纷转载，包括美国哥伦比亚广播公司、美国全国广播公司、《纽约时报》、《新闻周刊》和《时代》周刊等。尽管缺少证据，意大利国外情报机构（Sismi）人员的描述令这则报道活灵活现（意大利情报局和美国中央情报局关系密切）。意大利国外情报机构人员透露，莫梅特·阿里·阿加曾经在苏联接受过培训。又有报道，莫梅特·阿里·阿加已经坦白，承认自己为保加利亚情报局工作。后来证实，两种报道都是假新闻。

很显然，美国中央情报局将媒体当成玩具，在需要的时候拿出来玩弄。1986年8月25日《华尔街日报》刊登了一篇报道，让我们了解到美国中央情报局对媒体报道操纵的规模和程度。《华尔街日报》告诉读者，在发现利比亚支持恐怖主义的新的证据后，里根政府和利比亚彻底闹僵。其他美国媒体转载了这则报道。3个月后，《华盛顿邮报》的记者鲍勃·伍德沃德获得一份秘密文件，文件表明这则报道由美国中央情报局悉心策划，是对方心理战术的一部分，用来颠覆格达费将军（Colonel Gaddafi）领导的利比亚政权。

鲍勃·伍德沃德揭露，在《华尔街日报》刊登这则报道两个月前，当时的国家安全局局长爱德蒙·约翰·瑞波音德斯特（Admiral John Poindexter）向里根总统写信，描述了整个策略。“最关键的是，故意传出错误信息，令其真假难辨，让格达费将军意识到，在利比亚内部反对他的人增多，他最信任的同盟也开始背叛他，美国将对他采取军事行动。”报道的目的是让格达费将军心神不宁，让他手足无措，这样利比亚境内反对他的集团就可以趁机推翻他。爱德蒙·约翰·瑞波音德斯特写道：“除格达费将军以外的任何人当权，都会对美国有利，对世界秩序有利。”

策略之一是由美国中央情报局“干预”国外媒体报道，编造假新闻：苏联正密谋反对格达费将军的政变；美国和埃及士兵频繁地在利比亚边境进行军事演习；美国战斗机故意侵入利比亚境内；美国的航空母舰模拟行动，在为进攻利比亚做准备；两名美国高级外交人员出访欧洲、北美，参与讨论对付利比亚的恐怖主义；《华尔街日报》的报道得到白宫发言人的认可，宣称报道很权威。

尽管现在我们对美国中央情报局的工作仍然一无所知，但可以确定的是，他们在继续进行鼓动宣传。2005年4月，《美国新闻与世界报道》称，“9·11”事件后，布什总统签署特令，给美国中央情报局最大的自由对付基地组织，特别包括宣传方面的特权。当时，美国中央情报局内部负责策略宣传的人数只有20多人，但是根据这个特权，美国中央情报局新创建了“全球信息和影响团队”（Global

Information and Influence Team），他们的目标远远超出对付基地组织。2005年2月，他们召开会议，就影响6个国家的策略进行了讨论，这6个国家是中国、埃及、法国、印度尼西亚、尼日利亚和委内瑞拉。

其他国家的情报机构在做同样的事情。2005年2月，以色列《国土报》（*Haaretz*）报道，以色列将复兴“战略性心理战术”（Psychological Warfare Unit），使之成为“意识之战”的一部分。1996年12月，俄罗斯《消息报》（*Izvestiya*）报道，俄罗斯联邦安全局（Federal Security Service）新创建了一个部门，用来影响有关国家安全的报道。与此同时，两名意大利记者，《共和报》（*La República*）的路卡·法哲（Luca Fazzo）和《自由》（*Libero*）报的热那多·法瑞那（Renato Farina），因承认曾经为意大利对外情报机构工作而被驱逐出记者岗位。记者的秘密工作如何被暴露？——执法人员搜查了一套公寓，这套公寓恰好是意大利对外情报机构的秘密办公室，在办公室内，执法人员搜出一本记事簿，记事簿中对记者和情报人员之间的常规往来做了详细记录。

英国呢？据最近刚退休的情报人员透露，MI6设有一个特殊部门，包括两名分支机构的长官和四名员工。这个部门和《每日电讯报》、《星期日电讯报》和《金融时报》关系密切。与美国不同的是，在英国没有任何法律禁止情报机构直接向国内媒体提供新闻线索。不过，从战略上考虑，MI6倾向于间接向媒体报料。

新近的例子是“群众吸引力行动”（Operation Mass Appeal，用报道引导人们相信伊拉克有大规模杀伤性武器）。联合国前武器检查团主席斯科特·瑞特尔（Scott Ritter）在其著作《伊拉克机密》（*Iraq Confidential*）中描述，1998年6月，在伦敦，他会见了两名MI6的“鼓动宣传专家”，斯科特·瑞特尔本人也卷入监控伊拉克从罗马尼亚购买导弹原材料的事件。MI6把这作为“战略性心理战术”的一部分，又称之为“群众吸引力行动”。据斯科特·瑞特尔回忆，此行动的“目的是营造对伊拉克不利的公共舆论，让公众意识到大规模杀伤性武器的威胁”。当时，MI6的鼓动宣传专家表示，他们可以把材料传给“和我们一起工作的主编和记者”。

在一次关于《伊拉克机密》的采访中，斯科特·瑞特尔描述了更多细节。他表示，1997年12月，策划报道“伊拉克拥有大规模杀伤性武器”的人员第一次和他接触。当时，MI6纽约站站长要他帮忙找出情报机构没有用过的信息，MI6会把这些信息传递给那些不支持在伊拉克进行武器检查的国家的媒体。MI6的人特别提到法国和波兰的媒体。

紧接着，斯科特·瑞特尔和他的上司理查德·巴特勒（Richard Butler）在走廊里进行了一番密谈，理查德·巴特勒默许了这个方案，并找到两份报告。这两份报告都是以色列情报结构提供的。一份关于1933、1934年间法国的化工设备被运往伊拉克，一份关于1995年夏末波兰的大量农药设备被售往伊拉克。因为报告的真伪无法确认，两份报告都没有公布，并且这两份报告会误导人们认为，法国和波兰为伊拉克的化学武器项目提供了帮助。斯科特·瑞特尔重新打印了这两份报告，这样可以更好地掩盖文件的出处。斯科特·瑞特尔把这两份文件交给了MI6纽约站站长。

斯科特·瑞特尔表示，第二年，也就是1998年的5月，他参加MI6在伦敦“旅行者俱乐部”召开的会议。MI6的两位中东问题专家找他单独谈话。很显然，他们两个已经拿到了斯科特·瑞特尔提供的报告。他们告诉斯科特·瑞特尔，法国和波兰已经不适合继续成为被攻击的对象，他们希望获得更多情报机构没有使用过的材料，从而制造更多反对伊拉克的公众舆论。“我们需要一些新的信息，你还继续做这个游戏么？”斯科特·瑞特尔记得他们中的一人这样问道。

1998年6月，“旅行者俱乐部”的一名官员邀请斯科特·瑞特尔和其他两名MI6的“鼓动宣传专家”吃午饭。这两名专家向斯科特·瑞特尔寻求关于伊拉克在罗马尼亚活动的资料。斯科特·瑞特尔说，伊拉克在一些国家赢得民众的广泛支持，他们的目标就是那些国家的媒体，特别是印度。“当然，如果他们报道了，英国媒体最终也会报道。”其中一名MI6的专家这样说。

不久，斯科特·瑞特尔辞职，并不再关注“群众吸引力行动”。此时《纽约客》记者西摩·赫什（Seymour Hersh）引用未署名的来自美国情报机构的消息，称MI6和联合国武器检查团人员秘密接洽，对方交给他们10多份情报，MI6“悄悄将这些情报转交给伦敦和其他地方的报纸”。

美国入侵伊拉克6个月后，斯科特·瑞特尔在英国下议院公开提到“群众吸引力行动”。后来，巴特勒勋爵（Lord Butler）就伊拉克是否拥有大规模杀伤性武器事件展开调查，希望了解英国情报机构在此事件中的表现，要MI6做出答复。强有力的事实证明，不是巴特勒勋爵误解了他被告知的信息，就是MI6在说谎并造假文件来支持他们的谎言。根据巴特勒勋爵的报告，MI6的文件证实，1998年5月和6月，斯科特·瑞特尔的确和“英国政府官员”会晤，目的是商讨如何让公众发现伊拉克导弹尖端的维埃克斯（VX）毒气。这些信息被证实是可信的。而且，这些“证据”使有关“群众吸引力行动”的会议缩减成两次。“‘群众吸引力行动’是为了某个特殊事件而安排的，1998年5月之前并不存在。”巴特勒勋爵总结道。然而，他的观点很难立足，因为直到6月10日，美国武器实验室才发表报告称，在伊拉克导弹的碎片上，发现了维埃克斯毒气。

有证据表明，MI6也向《星期日电讯报》提供了虚假的信息，内容是关于格达费将军的儿子的。1995年11月26日，《星期日电讯报》的国外新闻主编考恩·高格灵（Con Coughlin）的报道中称格达费将军的儿子塞夫（Saif）是“不可以信任的异类”，并谴责他参与将大笔假币带入伊朗。报道中记叙了复杂、详细的细节，并称该案件已经被埃及银行的权威组织破获。塞夫被起诉，2002年4月，该案件经审理后发现，整个故事都是由MI6编造，专门供给《星期日电讯报》发表的。

记录在案的法院文件显示，考恩·高格灵从三次午餐、两次与MI6的官员会面中获得这个故事。在最后一次会见中，他们向考恩·高格灵出示了一份银行清单，这份清单充分表明塞夫和假币事件的主谋者有密切往来。审判前，高级法院表示，考恩·高格灵对报道的真实性“确定无疑”。但是审理结束后，《星期日电讯报》公开表明该报道是错误的，并同意支付塞夫·格达费的法律诉讼费。

据最近退休的MI6官员介绍，事后，MI6内部展开了一场热火朝天的辩论。这场“事故”导致MI6和钟爱的报纸产生了隔膜，并揭示：MI6的命运是操纵在媒体手中的。结果，两条“注意事项”出台了——一是，所有的新闻报道必须“有事实基础”，这种说法被人质疑：解释如此含糊，实际上允许了造假；二是，MI6人员和记者的联系必须经过专门部门的批准。向我提供信息的MI6官员笑这个政策，MI6人员和记者定期见面，根本不会去申请谁的许可。

从1992年开始，负责信息传递的官员更频繁地和他们选择的通讯员见面，透露给对方他们认为真实的信息。〔比如，2006年11月，BBC的安全通讯员戈登·考瑞拉（Gordon Corera）告诉观众，英国情报机构已经证实，他们不知道秘密监狱的地址，也不知道美国中央情报局是否在这家监狱里向伊斯兰嫌疑犯施刑，英国情报机构和被关押的囚犯没有直接联系。戈登·考瑞拉没有提供任何证据支持MI6的指称。〕

过去，这些信息会由表面上看起来独立的新闻机构和公关公司提供，这些新闻机构和公关公司隶属于MI6，或者其姊妹机构信息研究部（Information Research Department）。这个网络覆盖了美国中央情报局没有覆盖的区域，包括非洲北部，中东，印度、巴基斯坦和远东等。据保罗·拉什马（Paul Lahmar）和詹姆斯·奥利佛（James Oliver）合著的《英国秘密的宣传战》（*Britain's Secret Propaganda War*）介绍，通过这个网络传播的新闻只有很少的一部分是真实的，大多被歪曲，或者完全是假新闻。有些支持这些新闻的证据也是假造的。这个网络与BBC的海外新闻服务社和路透社有着密切联系。

俄罗斯间谍、MI6官员金·菲尔比（Kim Philby）指出MI6“大规模渗透进英语大众媒体”，他指出MI6在《每日电讯报》、《星期日泰晤士报》、《每日镜报》、《观察家》报和《金融时报》都设置了情报人员。前MI6官员约翰·勒·卡瑞（John le Carré）也曾经指出，“MI6控制了大部分的媒体”。

“9·11”事件后，新出现的事物是由美国政府及其联盟建立的“战略传播”。这个项目野心勃勃，并且发展隐秘，没有被公众注意到。

总策划师是美国五角大楼。五角大楼酝酿了一系列的“教条”文件，有一部分被媒体发表，有一部分在美国《信息自由法》的名义下被公开。这些文件和对文件撰写者的采访，都表明五角大楼在军事“信息行动”方面的影响力增强。

“战略传播”所涉及的五个面都是针对“敌人”的：干涉对方的计算机网络，包括蓄意破坏，造假网站，保护自己的网路（开放式平台）；堵塞或者阻碍对方内部的沟通（电子战）；误导敌人，导致对方内战（军事诱骗）；传播信息，影响目标观众的情绪、动机、主观原因和行为（心理战）。对于全球媒体及其消费者而言，最关键的问题是，那些当事人是否有能力、愿意阻止他们的“战略传播”覆盖到他们所选择的敌人之外的对象，进入公共领域。

五角大楼将“信息行动”视为新的核心能力，并作为军事力量的第五个要素，前四个要素分别是陆军、海军、空军和特种部队。在他们发表的无数“教条”文件中，反复强调“信息行动”的重要性是“主宰信息战场空间”。

五角大楼本身是“战略传播”的核心。与之相提并论的是“公共外交”（Public Diplomacy）。美国国务院投入大笔资金用于“亲民主”（pro democracy）的媒体、智囊团和其他致力于宣扬美国利益的团体。无论是军方的“战略传播”，还是美国国务院的“公共外交”，两者都毫无例外地使用公关手段，不仅仅是在五角大楼和国务院内部，而且贯穿“国家力量的所有环节”。并且，这一系列的“美国行动”和同盟国相似的行动联系在一起。

用五角大楼的语言来说，2006年2月，美国参谋长联席协会（Joint Chiefs of Staff）发表了一份文件称：“‘战略传播’部门致力于协助美国政府理解，融入目标观众，以创造、加强、保护符合美国利益、对美国政策和目标有利的现实环境。这一系列目标通过项目合作、计划合作、共同的主题、产品同步等实现。”

在这段晦涩难懂的话语后，是大规模的行动。同情报机构一起，“战略传播”部门是向全球媒体提供假新闻的最首要的怀疑对象。尽管官方的口吻是，所有的信息必须准确，必须有据可查。事实真的是这样么？“战略传播”部门是新出现的向媒体倾倒虚假及歪曲新闻的渠道么？我频繁到华盛顿采访寻找答案，最后发现，最有利的支持这个答案的证据却在伦敦。

第一，白厅宫（Whitehall Palace）是宏伟的旧式的维多利亚建筑，有着橡木的嵌板和大理石的圆柱，室内悬挂着多幅镶着金边的英国绅士的肖像。2006年6月底，就是在这里，在泰晤士河的旁边，“战略传播”部门人员聚在一起，秘密召开了两天会议。稍微费了一点周折，我旁听了这两天的会议。

参会人员来自世界各地，有几百人。有来自南非信息战部（South African Information Warfare Department）、澳大利亚国防部（Australian Department of Defence）、比利时军事部（Belgian Armed Forces）、法国防御军事部（French Defence Ministry）的代表，还有来自荷兰、斯堪的纳维亚的代表，来自北大西洋公约组织总部、欧盟军事部的代表，以及英国外交部和英国军事部的代表。当然还有美国的代表。

他们中的绝大多数人在军事信息实战部工作过，也有公共外交部、政府公关部人员。当他们聚集在咖啡接待室，领取自己的标签和文件时，我发现了“战略传播”的几个核心人物。

有美国的少将、美国军事心理作战司令部（US Army Psychological Operations Command）主管赫伯特·阿特休勒（Herbert Altshuler），他个子不高，身体健壮，灰色的头发被梳理得整整齐齐。他曾经在加利福尼亚经营过自己的印刷业，现在，他是美国信息作战部的核心人物。从当年的10月份开始，美国军事部的各个旅都被赋予了自己的心理作战的元素。

有杰克·夏默（Jack Summe）上校，联合心理作战支持部（Joint Psychological Operations Support Element，JPSE）主管，在心理研究领域工作了18年，目前，他主管的部门从世界各地招聘了无数广告人员、市场人员、心理学者和社会人类学者，他们同军事专家一起，源源不断地生产圆滑的、高质量的新闻报道、有线电视节目、广播、宣传册子、邮件等，并通过美国的网络，将这些信息传播到世界各地。他们的目的很简单，很明确，即“说服国外的观众支持美国的指导思想和目标”。

还有具有传奇色彩的约翰·兰登（John Rendon）上校，以前的政治公关人员，现在身为“信息战的斗士”。他曾经在美国中央情报局、五角大楼、美国国务院工作过，自从1989年，美国入侵巴拿马逮捕曼努埃尔·诺列加（Manuel Noriega）将军后，他几乎参与了所有引导公关舆论的行动。约翰·兰登的个子也不高，脸微胖，戴着眼镜，语速比机枪还要快。他就是在美国中央情报局发动信息战，建立世界上颇具影响力的伪集团伊拉克国民大会（Iraqi National Congress），反对萨达姆·侯赛因的幕后指使者。现在，他在英国国防部工作，他的职责是提“建议”，与此同时，他继续为美国政府工作。除了“本职”工作，他还主持世界座谈小组，了解世界媒体报道的状况和趋势，监督世界网站和聊天室的动态。

我已经关注这些人很久了，他们的“战略传播”遍布世界各地。比如他们投资数百万美元，在阿富汗、玻利维亚、古巴、海地、伊拉克、伊朗和委内瑞拉建立“支持民主”的伪集团；他们在古巴、朝鲜、阿富汗、中东建立广播电视网络；他们建立新闻网站，比如东南欧新闻（www.setimes.com）、古巴新闻（www.cubanet.org）和面向北非的马格里布新闻（www.magharebia.com）；他们在伊拉克建立对外自称独立的媒体；他们以伊斯兰激进分子的名义发表文章；他们向目标观众发送大量的邮件和手机短信；他们制作了大量的宣传海报，其中一张海报展示的是萨达姆·侯赛因的脑袋被搁置在丽塔·海华丝（Rita Hayworth）的尸体上；2003年3月，他们在一天时间内，向伊拉克境内投掷了140万份宣传单。

但是最大的疑问仍没有答案，如果媒体注重报道事实的话，那些欺骗行为就会被局限于战场上，“战略传播”也不会对媒体造成威胁。但是，事实是这样吗？

在研究之初，我已经意识到是媒体本身陷入了麻烦。在去华盛顿特区的路上，我遇到了在这个圈子里工作的人，他对美国对付世界问题的方式感到震惊。（其中一人发邮件给我：“简直是一团糟，每一天都令人感到很郁闷。”）有些人会辩解，动能力（Kinetic force）绝对不会战胜恐怖主义。而五角大楼的观点是：“传统的军事行动也许可以，我们不得不对付巴勒斯坦和中东潜在的矛盾。”

他们中的一人告诉我：“这些都和讨厌伊拉克有关。”我茫然地看着他。

“对伊拉克的厌恶导致这场战争，”他说道，“伊拉克人其实不想打仗，他们想过有尊严的日子，我们到了那里，横打一通，这到底是为了什么呢？为了杀死对方的一个人，我们要征兵上百名。我们应该停止继续杀人，应该冷静地去处理问题，应该和对方沟通，在两者之间修建‘桥梁’。”

在里根国际机场，我继续听某些当事人抱怨，西方的公共舆论让人彻底迷惑——时刻准备使用暴力而非信息和对方沟通。“他们不明白，这是一场新的战争。我们的敌人无时无刻不在瞄准我们每个人。我们可以用军事、法律换取时间。但是这样做，无法随时保护我们所有的人。我们保持警惕，怀疑他们的组织、他们的领导人、他们的策略。但是我们不能打消他们想要杀害我们所有人的想法。我们要去找导致这些问题的原因，去解决这些问题，去沟通，我们要改变我们的思维方式。除此之外，别无选择。我们没有必要就此说谎，我们也不应该说谎，如果谎言被识破，你就失去了信任。”

但是我发现，这些“现实”被置若罔闻，取而代之的是无数的“圈地运动”。一方面，五角大楼和美国国务院的部分成员并不支持鼓动宣传的“战略传播”；另一方面，有相当数量坚持走强硬路线的人，支持“战略传播”，对事实置之不理。

在这里要补充的是，那天早上，会议召开一小时后，他们得知我是记者，突然感到局促不安。但是我是花了钱买到这个会议席位的啊，并且，我也没有在会议申请表上说谎。一位颇有影响力的英国军官找我谈话，谈话结果是：我可以点出参会人员的名字，可以引用他们所说的话，只要不“对号入座”，只要不说明是谁说了什么。

两天的会议结束后，让所有参会成员达成共识的是，他们的“信息战”失败了。他们认为，“9·11”事件不仅是大规模的屠杀事件，并且，极端分子借此事件，通过媒体向西方发出恐吓信息。原先，原教旨主义（fundamentalist）信仰者的网站不超过5个，如今，有500多个。他们的敌人不仅仅派出自杀爆炸者，还为自杀爆炸者录像，记录他们慷慨激昂的陈词，并通过他们的网站散布这些录像。即使痛恨现代科技的塔利班，也建立了自己的网站。

除此之外，他们也承认自己的弱点。我听到一位美国资深军官称：“我们的产品定位不清楚，不连贯，没有协调，令人迷惑，冗长，不容易被理解，令人怀疑。”计划不适当，或者根本没有计划。传递出的信息不合适，目标观众不明确，选择的媒体不恰当（向没有电视的区域播放录像，向不识字的人散发传单，向没有电脑的人发邮件，向没有收音机的人广播电台节目等）。

一位发言者播出了这样一段录像：一群伊拉克人聚集在一个手提箱的周围，手提箱突然爆炸，血肉横飞，甚至溅在录像机镜头上。“我们如何保护这些人？”他问道。然后，他播出了另外一段录像：夜晚，一名伊拉克男孩在街道上安置炸弹。“伊拉克的大多数斗士都是受人雇用的，而不是真正的极端分子。在阿布格莱布，有很多十二三岁的孩子，被人支使装置爆炸设施，装置一次的报酬是20美元，扔一只手榴弹的报酬是10美元。这远比捡一天垃圾才挣3美元的差事强多了。每年，我们逮捕的嫌疑犯有4万多人，把他们装进直升机，恐吓一下，又将对方释放，送回阿布格莱布。这样做有什么意义？我们如何对待这些人？如何劝说他们？”

一遍又一遍，他们谈到全球民意测验，其中，美国的可信度最低。一位发言者指出，某年轻的穆斯林这样讲道：“你们在注视着我们，但是你们看不见我们。你们对我们讲话，但是你们听不到我们的声音。你们相信你们的领土内的民主，但是对外，你们不讲民主。”另一位参会人员表示，这种信任缺失是由“内政重于外政”导致的。还有人偷偷告诉我，这种局面是由于对媒体进行粗暴的控制导致的。他以一张在关塔纳摩拍摄的囚犯的照片为例：囚犯跪在美国士兵面前，这张照片向美国观众展示的是美军的胜利，但是却忽视了，这张照片向整个伊斯兰世界传递的是傲慢和粗暴的信息。

失败是他们唯一的共识。尽管美国人、英国人和北约代表有不同的工作方式、原则、习惯，他们甚至对“战略传播”的含义存在分歧。他们对这样的称呼也各执己见：有人称之为“感知管理”（perception management），有人称之为“影响力战”（influence warfare），还有人称之为“战略效果”（strategic effects）。

在这些表面的争议后，实质性的行动上的混乱很快暴露出来。即使在军事信息行动部门内部，各军事代表也存在意见分歧。有些资深美国军官只注重实施心理战，将本该互动的网络、电子、军事欺骗行动推卸给其他人。这和美国官方的准则相悖。英国的资深人物也表示，正确的行动方式是，军事欺骗行动和心理战要紧密配合。

几乎所有军事代表都称，他们不得不想方设法和他们的公关人员合作（美国称其为“公共事务部”，英国称其为“媒体行动部”，北约称其为“公共信息部”）。他们还称他们也在和公共外交部门的人合作。一贯擅长走强硬路线的军事人员感觉他们仿佛是被装进口袋里的猫，并且，袋子的两个口都被封住了。

会议期间，直接和记者打交道的公关人员告诉我，信息行动部的军事人员正竭力闯入他们的领域，令他们的名声扫地。特别指出的是，在伊拉克和阿富汗，美国司令部将公共事务部和信息行动部合并，结果，信息行动部人员可以直接和媒体人员打交道。有时，他们干脆忽略公关人员的告诫。2004年9月，美军参谋长联席会议主席理查德·迈尔斯将军特别警告：“很多组织倾向于将公关部门和信息行动部门合并，这样的工作模式，很容易导致媒体对我们的信任度降低。”将军的警告发表后，伊拉克的公关部门和信息行动部门继续合并，阿富汗的公关部门从信息部门分立出来。

类似的分裂在北约总部布鲁塞尔引起轩然大波。当时的军事委员会草拟的政策（M422/2）表明：在决定向媒体提供什么样的消息方面，军事部门应当拥有决定权。这导致北约公共信息部官员的不满，认为这样做很容易误导媒体，导致北约组织的信任度降低。一名代表举例，在科索沃战争中，北约组织的战斗机误炸了一个平民运输队，之后，北约组织却公然表示：首先，这件事情根本没有发生过；其次，即使发生了，也不会是北约组织的飞机；第三，如果是北约组织做的，是因为运输队伍中有塞尔维亚的坦克；第四，即使北约组织这样做了，也不足为奇，因为塞尔维亚人做过更多的坏事。最后，北约组织发现把整个事件搞糟了，声名狼藉，不得不向遇难者表示道歉。直到现在，北约组织内对这些基本政策的分歧始终没有解决。

擅长走强硬路线的军事人员对公关人员毫不客气。他们透露，2004年2月，五角大楼的公共事务部门向记者透露：他们要建立策略影响部门以配合信息行动部门的活动。结果，这个消息传开后，全国反对“鼓动宣传”的呼声愈来愈高，不久，该部门关闭。来自军事部门的负责人称，媒体的报道被歪曲，策略影响部门一向坚持以客观事实为原则。然而，由策略影响部门头目彼得·华登（Pete Warden）将军书写，后来被《哥伦比亚新闻回顾》转载的材料显示，策略影响部门自己对自己的原则都不清晰。华登将军认为，作为行动的原则而言，真实是必要的，但是，“歪曲和谎言在有些场合会更有效。特别是直截了当的谎言，有时会更有效。如果说谎的人之前一直是爱说真话的形象，效果就更棒了。但是这样的谎言要尽量少用，如同美国使用核武器的几率”。

同时，军事部门的负责人指责公关关系部门的同事，指责对方在去年12月，泄露了林肯集团（Lincoln Group，公关公司）的秘密工作。泄露的内容是，林肯集团受五角大楼的雇用，每次向伊拉克报纸支付2000美元，发表由美国军方撰写的新闻故事（“通过勤奋的巡逻兵，有组织有计划地搜索，对车辆进行检查，和伊拉克人互动，在伊拉克的美国士兵摧毁了一撮撮恐怖分子，消除了伊拉克街道上的危险……”）。这导致另外一场反对“鼓动宣传”的抗议，前林肯集团员工透露，每周，他们“植入”媒体的新闻报道有10多条，其中一些报道有严重的利益倾向，甚至包含根本不存在的伊拉克平民说的话。

军事部门和公共外交专家之间也产生了碰撞。私下里，军事部门的人嘲笑夏洛特·比尔斯（Charlotte Beers）的所作所为。夏洛特·比尔斯原本是广告总监，被布什总统任命为国务院外交部的秘书。在职期间，他为伊拉克的电视台设计了一系列华美的描述穆斯林在美国的生活的电视广告。他反对使用强硬路线。在华盛顿特区，我和前美国中央情报局官员交流。他对军事信息行动部的行为表示不屑。“国防部笨手笨脚地干预情报机构的秘密行动，在美国，这样的历史差不多有三十多年。他们最擅长把事情搞得一团糟。”

除了内部争执，关于他们普遍缺少能力的证据屡见不鲜。比利时人在刚果散发关于心理战的宣传单，宣传单的质量连一年级大学生办的杂志的水平都不如——版式差，文字不整齐，导语冗长、语义含糊，说不到点子上。在一次座谈会中，会议的主题是如何对付媒体关于美军经常说脏话、侮辱人的报道。他们束手无策，他们不喜欢记者，更不知道如何和记者打交道。我听说，一位资深美国军事官员的主管范围是计算机网络行动，而他却承认：“从不明白什么是‘博客’。”

一位发言人描述曾经在伊拉克工作过的英国策略心理战团队。团队成员包括一名建筑师，一名时尚摄影师，一名电讯工程师，一名护士专业的毕业生，几名狙击手和几名迫击炮手。其首领是一名后备军人，这名后备军人曾担任一家私立女子学校的英语学科主管。就是这样的一个团队，竭尽全力说服地方上的人们接受英国军队。他们还出版有自己的新闻刊物，但是在发行上遇到麻烦，因为他们没有交通工具。更重要的是，他们意识到，大多数目标受众不识字。他们在地方报上做广告，不久，他们发现，这其实是在浪费钱，因为报纸在当地是奢侈品，很少有人买得起。他们转而用电台广播，在街头散发彩色的书籍、糖果。正当他们得意洋洋时，一家丹麦的报纸刊登了以先知穆罕默德为主人公的卡通漫画，英国士兵也受牵连，他们也不再受当地人欢迎。他们最成功的行动是一次军事欺骗——为提高基地的安全性，他们将一台旧洗衣机安置在屋顶上，洗衣机的顶端连接的是旧的卫星天线。

也有一些迹象表明，他们从英国目标和信息行动董事会获得了一些技能，比如，阅读“匆匆一瞥”（At-a-glance）指导丛书对付媒体的报道。这书是由阿斯戴尔·坎贝尔（Alastair Campbell）为他们撰写的（这本小册子的封面用的是阿斯戴尔·坎贝尔支持的伯恩利足球俱乐部的颜色）。他们雇用了很多的人类学家、心理学家对他们想要影响的人群进行调查。一资深英国官员表示，他们现在所获得调查结果的质量，远远比不上19世纪末人类学家对巴基斯坦北部和阿富汗南部部落所进行的调查。

萨姆将军（Colonel Summe）率领的新的联合心理作战支持部在和林肯集团签订了合同后，意识到自己的尴尬处境。他们需要115名心理学专家，但是只招到56名，其中包括没有任何相关背景的普通市民。

将军不仅缺少机能，也缺少协调能力。当被问道在伊拉克散发出的对美军不利的消息时，一位资深美军心理战官员表示：“心理学专家才不会这样做，是那些官员，自以为是信息专家，他们不懂得规则，或者即使懂得规则，但为了显示自己的权威，故意对规则视而不见。”另外一名当事人告诉我：“根本没有什么协调工作。没有控制，没有核心，如同不受指挥的炮兵，各自向不同的方向开火。”他补充，被误导的信息从不受约束的队伍中传出，然后被其他美国部门吸收、扩散，其他部门也没有意识到这些信息是虚假的。有些信息甚至被情报机构引用。

最令人吃惊的是，没有任何约定限制他们的行为界限。

散布信息后，他们是否应该每次都否认是信息的提供者？联合支援心理行动组成部分草拟了新的政策，但是不久后发现，他们陷入了麻烦。一方面，国防部部长室（Office of the Secretary of Defense）要求各部门尊重事实；一方面，美国中央司令部（Centcom）警告，一切出自美方的情报都缺少可信度。联合支援心理行动组成部分所接受的合法建议是，他们可以传播假信息，但是他们自己的政策是，一切要透明。最后，他们不得不遵循两种政策：有些材料可以积极传播，并说明出自美方；有些材料被动传播，并隐瞒这些材料的出处。如果有人提出质疑，在别无选择的情况下，也可以承认这些材料出自美方。但是这样的处理方式很快招致一些代表的不满，他们认为这样做损害了队伍的名誉，“如果要说谎，就说到底！”

他们应该让这些信息传播到美国境内吗？意见完全不一。他们都清楚1948年颁布的《信息及教育交流法案》，这部法案明令禁止在美国境内传播为国外受众量身定做的信息战内容。美国政府对本国的媒体消费者实行保护主义（毫不在意是否保护欧洲观众和其他同盟国的观众）。但是，因为媒体全球化，几乎所有人都认为，无法限制这些信息回渗美国。

2003年，五角大楼公布了"信息行动路线图"，官方为自己打"圆场"，表示：重要的是如何区别对待国内和国外的受众，而不在于阻止信息的传播。几名欧洲人私下指出，大门敞开着，错误的信息很容易就涌进了美国境内。

最关键的是，是否应该说真话。这也是争论的要点。英国官方支持说真话，并要求对所有的受众一视同仁。但是私下却承认，在某些时候，他们并没有遵守这条原则。他们向英国国内观众表示，驻扎在阿富汗的英军会摧毁海洛因产品，但是关于此事，他们向阿富汗的农夫却只字未提。因为他们需要对方的支持，而对方以种植用于制造鸦片的罂粟花为生。

在阿富汗流传的心理战宣传册上，本·拉登穿着西装——这完全是在造假。而且，这张宣传单并非是由心理战宣传专家制作的，而是由MI6制作的。

在公开场合，美国军方也宣称要实事求是，要求心理战的产品是"白色的鼓动宣传"（可以找到根源的、真实的）。但是私下，美国军方各部门意见不一。

有些美国人告诉我，当得知他们的同事向媒体提供了虚假的信息后感到非常尴尬。以女兵杰西卡·林奇（Private Jessica Lynch）为例，报道称，在同伊拉克的军队英勇决战后，她被对方捕获（事实是，她的车队驶错了地方，驶入了对方的领地）；报道称，在伊拉克的监狱里，杰西卡·林奇被强奸，被施了酷刑（根本没有这回事）；报道称，美军从伊拉克医院的战火中，营救出身处险境的杰西卡·林奇（事实是，院方工作人员在把杰西卡·林奇转交给美国人时遭受美军枪击，并且医院内和医院附近根本没有任何持武器的伊拉克人）。也有一些人坚决否认提供了任何关于杰西卡·林奇的错误信息，他们认为，全是媒体在故意扭曲。我和几名美国中级军官进行过激烈的争论，他们直接干脆地说他们有向媒体说谎的权利。

美国军方在发表的新闻通稿中，引用了数名伊拉克平民的话，而这些平民根本不存在，新闻通稿引发无数人的谴责；美国士兵公开焚烧阿富汗人的尸体，却对外宣布塔利班是懦夫；赤身裸体的伊拉克人在阿布·哈里卜（Abu Ghraib）监狱遭受虐刑的照片，是由美军方策划拍摄的；2005年11月，24名伊拉克平民在哈迪塞（Haditha）身亡，美军方称他们被街道上的炸弹炸死，意外泄露的官方文件却显示，这些人是被美国海军陆战队谋杀的。

英国重要的情报人员告诉我，2001年9月，他们在世贸双塔（Twin Towers）废墟上发现的穆罕默德·阿塔（Mohammed Atta）的护照完全是“落井下石”，是由某官员特意放到那里的。同样，他们相信，所谓的穆罕默德·阿塔的遗言，也是误导，他们承认证据不足。

会议后，我审视了会议所涉及的英国的“小动作”。英国外交部每年向媒体支付600万英镑，以播出他们所提供的国际新闻。这些媒体中包括英国卫星新闻（British Satellite News），对方会通过路透社的卫星网络向460家播出机构发送15分钟的免费新闻。这些播出机构大多位于中东和北非。英国卫星新闻的前职员告诉我，他们的一位董事长每周五和外交部的人会面，商讨报道角度。这个外交部的人也会经常打进电话，吩咐要报道的内容。他们抱怨，因为政治原因很多解说词被删除，被改写。

我看到了被删改过的、讨好同盟政府的新闻解说词。一则有关沙特阿拉伯的新闻中，原有的涉及当地居民缺少普选权的字眼被删除。另一则新闻和查塔姆宫（Chatham House）的论坛有关。会议中，一名观众向埃及总理哈迈德·纳齐夫（Ahmed Nazif）提问如何看待埃及的酷刑。结果这个提问被改成了“如何维护人权和对付恐怖主义”。联合国流离失所者问题负责人丹尼斯·麦克纳马拉的话——“是谁向非洲提供武器？是我们，是西方的国家。非洲有众多的武器，每年西方国家向非洲贩卖武器的收入有成百万美元”——也被整段删除。

“战略传播”方案依然在建设之中。从会议上看，那些参与者逃避回答最基本的问题，那就是如何实施这个方案。同样清晰的是，他们缺少共识，缺少有效的规则和监管——结果，很多不该在媒体前曝光的当事人主动敞开大门，向媒体、向外界源源不断地报料。

关于费卢杰（Fallujah）的报道囊括了所有幕后游说者的伎俩。2004年11月，美国汤姆·美兹（Tom Metz）将军为占领费卢杰做准备，他回顾美国海军陆战队在当年4月的行动时这样分析失败的原因：导致军事失败的不是敌人超强的武力，而是媒体的报道。

简而言之，美国海军陆战队4月份的进攻袭击是被来自伊拉克临时政府的抗议者和全世界的公共舆论所阻止的。2006年6月，汤姆·美兹将军在《军事回顾》（*Military Review*）中这样评论4月份的军事行动：“不加选择、不均匀的、违反战争原则。”11月，汤姆·美兹将军声称，计划采取的行动要“阻止全世界媒体沸沸扬扬的报道，阻止国际社会谴责等对行动不利的因素”。

汤姆·美兹将军描述，他所做的就是把信息当作武器，他声称已经找到“战略传播”的关键，“即在信息运转和公共事务之间架起一道防火墙，切断两者之间的联系，只要不违法两者各自的操控原则”。在进攻费卢杰的过程中，汤姆·美兹将军几乎用尽了所有信息战的招数。

汤姆·美兹将军运用了传统的军事欺骗战术，比如在费卢杰的南部，“挑衅性地巡逻，假装在考察地形”，看起来他们似乎要在那里发动进攻。事实是，他们一直都计划从北边进攻。这并不违规。同样见不得人的是，10月14日，某美国军事公共事务官员向CNN表示，进攻已经开始了。但是实际情况却是，离进攻还有3周时间。CNN的错误报道传遍全世界，又传回费卢杰。那些叛乱者惊慌失措地保持备战态势，结果，美国情报机构借此时机掌握了对方的规模。

汤姆·美兹将军也使用了常规的公关策略。其中一些策略由林肯集团帮助策划实施。一份被泄露的出自林肯集团的文件标题是：“英雄的塑造——林肯集团和费卢杰之战”。在题为“观念”的部分中，提出要发扬“在费卢杰之战中伊拉克军队团结、有力、可靠的精神”。这种说法如果不是彻头彻尾的误导，也是具有高度争议性的。因为美国国会发布的数据表明，82%的伊拉克新兵擅自离队。

林肯集团策划了一起经典的伪事件，他们请临时总理伊亚德·阿拉维（Iyad Allawi）对费卢杰外的伊拉克士兵发话，委婉地传递了这样的信息：“费卢杰的人们成了叛乱者的人质，我们有义务把他们解救出来。”之后，不知来自哪里的士兵异口同声地说：“希望那些叛乱者下地狱！”之后，伊亚德·阿拉维回答：“他们肯定会下地狱！”记者就此报道。

汤姆·美兹将军懂得如何制造假新闻，并组织人马制造对自己有利的新闻报道。他在《军事回顾》中回忆，他向团队的所有人员表示：“为配合拍摄到有震撼效果的叛乱分子的照片、纪录片，我们随时准备配合行动。”他补充：“关于如何用图像和故事制造‘小插曲’的说明也被传递到要员手中。”

在汤姆·美兹将军的人马登台表演的同时，汤姆·美兹将军买通了80多名记者按照他的要求讲故事。在4月的战败中，汤姆·美兹将军认为，叛乱者通过让媒体拍摄费卢杰医院内受伤、遇难身亡的平民的景象制造了“敌对报道”。11月，他不仅派士兵早早占领了该医院，还委派CBS记者科克·斯皮策（Kirk Spitzer）去跟踪报道占领医院的过程，称其为“英雄的诞生”。“尽管这次进攻只是历史上的小脚注，”汤姆·美兹将军回忆，“却是赢得信息战的关键：失去了这一重要命脉，敌人的嗓音低多了。”

汤姆·美兹将军鼓励他们的人向记者提供“整套产品”。比如，录像新闻稿。“声像并茂的新闻会被首先传播出去，并在众多新闻中占主导。其中包括随时出炉的有关叛乱者的暴行的报道。”他引用，一名狙击手把清真寺当作藏身之地：美国士兵受令袭击这家清真寺，以捕捉狙击手。汤姆·美兹将军解释："在向对方扫射的同时，狙击手破坏战争原则的行为也暴露无遗。加上必要的解释，这类套装新闻正适合被媒体传播。"

汤姆·美兹将军旗下的电子战专家又为他的行动锦上添花。电子战专家的具体行动是限制叛乱者同外界媒体接触，阻止其信息流通。只有一次没有成功。来自NBC的凯文·塞斯（Kevin Sites）拍摄了一名美国士兵将清真寺内一名受伤的、手无寸铁的叛乱者射死。（这个片段播出后，凯文·塞斯陷入了麻烦，那名美国大兵却逃过一劫，理由是，那名叛乱者是危险人物。）媒体在控制费卢杰，媒体成功扼制了真相的传播。美国士兵向叛乱者发射白磷——非法使用化学武器，却没有一家媒体及时报道该事件。

也有的新闻完全就是在造假。比如报道叛乱者的幕后组织者是位于国外的，和基地组织有关的极端分子。这时，我们也不清楚到底是谁在精心策划这一切。一位接近幕后的人员告诉我，最经典的例子是，那些没有经过培训的军事人员在没有任何组织的情况下，将自相矛盾的信息发布出去。这种局面和所谓的所有媒体联络人都和"战略传播"部门下面"特别行动分部"接洽的说法完全不一致。就在两个月前，公共事务部和信息行动部合并，成立这一"严密的机构"，令美军参谋长联席会议主席理查德·迈尔斯将军大为不满，并警告，这样做很有可能会影响美国的声誉。

整个夏天和初秋，美军方称在费卢杰准确轰炸了目标。伊拉克的医生、警察却一遍又一遍地告诉我们，受伤的是妇女和儿童，并有医院的录像为证。同时，美军一遍又一遍坚称，没有平民遇难，他们袭击的目标是阿布·穆萨卜·扎卡维的隐居地。此时，阿布·穆萨卜·扎卡维已经被袭击过无数次。他被袭击的地点，除了伊拉克，还有卡萨布兰卡、伊斯坦布尔和马德里。但是没有一次证据表明，阿布·穆萨卜·扎卡维和这些地点有直接联系。几年前，阿布·穆萨卜·扎卡维因在约旦实施暴行被逮捕的新闻被美联社改编成了因性侵犯被逮捕。美国发布了他的近照，并悬赏2500万美元换他的脑袋。一段不明出处的录像在伊拉克的电视台播出，一群蒙着面罩的伊拉克反抗者公开谴责阿布·穆萨卜·扎卡维。一家不明出处的网站发布了美国人质尼克·贝尔格（Nick Berg）被斩首的录像，并打出字幕，声称这是阿布·穆萨卜·扎卡维的作品。阿拉伯的语言学家分析指出，录像中的刽子手根本不带约旦口音。更令人感到奇怪的是，如果阿布·穆萨卜·扎卡维主动宣布自己是刽子手，他也没有必要戴着面罩录像了。

整个秋天，报纸报道"被泄露的伊拉克的情报局的文件"，揭露阿布·穆萨卜·扎卡维拥有1500名支持者，其中500名在费卢杰。后来，美国官方估计，费卢杰城内有6000多名外国士兵。事实是，美军在费卢杰逮捕了1000多人，其中外国士兵只有2%。

随着汤姆·美兹将军最终占领费卢杰，无数引人注目的新闻在全球蔓延。其中一则被广泛运用的是美军在费卢杰发现了阿布·穆萨卜·扎卡维的总部，这则报道为进攻的合法性加了一码。报道描述：“一座雄壮的建筑，混凝土的圆柱，墙上用阿拉伯文写道：‘基地组织’。”很多记者对此无话可说，被全球通缉的恐怖分子竟然如此宣传自己（更令人担忧的是，这座雄壮的建筑，从未被美军准确瞄准过）。

另外一则令人瞩目的报道是，美军发现一处施刑场地，场地中堆满了含有对人质进行斩首录像的DVD；共有20多间这样的施刑房间；一名幸存的人质被铐在墙上，他被电缆鞭打过；有一间用于研制细菌战的厂房；叛乱者首先举白旗，等美军靠近时突然发起进攻；叛乱者会杀死那些胆小的不敢与美军对抗的战士。一段来源不明的录音带声称录下了阿布·穆萨卜·扎卡维在对费卢杰的战士做动员工作的情景；在费卢杰的街头发现了被截肢的西方妇女人质的尸体，当时只有两名西方妇女被挟持为人质：来自波兰的特瑞莎·伯茨·哈利法（Teresa Borcz Khalifa），结果6天后，人们发现她还活着；另一位人质是来自英国的援助人员玛格丽特·哈桑（Margaret Hassan），她于11月底被射杀。

费卢杰包括了所有的故事。不仅仅是那些隐藏在幕后的雄心勃勃的说服者的故事，还有那些被媒体控制的、势单力薄的人的故事。说那些夺人眼球的报道全是假的也不可能。但是可以肯定的是，这些新闻都不应该被刊播，因为没有一条不被扭曲，没有一条经过核查，如果没有证据支持这些新闻的话，这些新闻就不该被刊播。但是所有的都被刊播了。这样的报道只会导致人们对彼拉多（钉死耶稣的古代罗马的犹太总督）的呐喊。

和一些同事不同的是，汤姆·美兹将军研究过“信息运转”，懂得新闻工厂生产新闻的特色之一是“内置”偏见。汤姆·美兹将军在《军事回顾》中写道：“我们必须意识到，目前全球媒体倾向于传播适于被消费的新闻，媒体钟爱及时的、完整的故事。”因此，他将新闻“打包”。从理论上讲，媒体完全可以拒绝这些被包装过的新闻，但实际上，媒体全部接受。

来自费卢杰的新闻，来自“战略传播”办公室的新闻，来自情报机构的新闻——这些虚假的、被歪曲的新闻针对的不仅仅是费卢杰城内的叛乱者，也针对全球媒体的消费者。这些媒体的消费者主要来自美国及其联盟国家。如同汤姆·美兹将军在《军事回顾》中所总结的：“这种能力不仅控制了战场上的信息传播，也控制了信息在全球范围内的传播。信息战的重要性与日俱增。”

正是这种能力——在新闻工厂肆意植入新闻并任其在全球传播的能力，将两大主要的说服者——蓬勃发展的公关业和新近壮大的“鼓动宣传”工作结合起来。伴随着媒体被私有公司接手，对记者核查新闻的要求降低，而要求记者更多地使用迅速、简单信息的趋势，这两大“领域”的影响力越来越大。

终于，因在伊拉克使用“战略传播”，美国陷入麻烦，特别是有关阿布·穆萨卜·扎卡维的报道。2004年2月之后，美方继续向媒体提供所谓的恐怖分子头目之间的往来信件。其中一封发表于2005年10月，据称出自本·拉登的助理，基地组织的二号人物艾曼·扎瓦希里（Ayman al-Zawahiri）之手。但是这封信中存在许多的矛盾和不可能。在风险控制集团工作的阿拉伯人尼尔·薇莲（Neil Quilliam）告诉我，他边读边笑。阿布·穆萨卜·扎卡维发表声明公开表示，这封信是假的。2006年5月，另一封类似的信被转交给巴格达的联合媒体信息中心（Combined Press Information Centre），结果，大家都表示这封信可疑，没有一家媒体报道。

报道模棱两可比失去可信度更糟糕。根据英国国防部的信息，美国对阿布·穆萨卜·扎卡维的报道，最终以他们自己编造的“事实”而结束。夸大阿布·穆萨卜·扎卡维的重要性，增加了美军方在国内民众面前的政绩；报道阿布·穆萨卜·扎卡维的恶行，却导致敌对势力对阿布·穆萨卜·扎卡维的进一步拥护，有利于他筹资，吸引“没有赞助”的国外战士，并促进其和伊拉克的逊尼派联盟。最终，2004年12月本·拉登也向这个被塑造的事实妥协，不再计较和约旦人的区别，宣称自己是基地组织的领袖，来对抗美军的军事占领。

然而，最重要的问题不是美国的军事力量，而是全球的媒体消费者依然认为报纸、广播是真实信息的来源。有的时候是这样，因为仍然有兢兢业业、废寝忘食、全力以赴、勇往直前的记者。但是大多数新闻报道在歪曲造假，在鼓动宣传，它们诞生于“抄闻”主义者之手——这些“抄闻”主义者只会迅速将这些新闻“打包”、传递而别无选择。

有时——可以用柯林·鲍威尔在联合国安理会上发表的对阿布·穆萨卜·扎卡维错误百出的评价为例——这个过程和“千年虫”的诞生一样简单：它诞生于彻底的不确定，被信以为真的人稍微推了一下，于是那些心存私利、各怀鬼胎的人使劲夸张这类信息，即使他们根本不知所云。彻底的无知篡改了真相。

经常出现的状况是，新闻工厂应自己之需报道容易报道的、安全的事实和观点，聚集在官方信息周围以获得保护伞。即使在不理解的情况下，将报道内容简单化，循环使用那些已经成为共识的事实和观点，而不管其有效期。因为这正是那些博彩者所期待的，加入任何“道德恐慌”，不由自主地报道和竞争对手一样的故事。他们武断、不可靠并且保守。

更令人担忧的是，这种通过新闻工厂传播的假新闻和歪曲报道显然是被操纵的，被公开的公关人员和隐蔽着的情报人员和战略传播机构所操纵。

更令人惊异的是，20世纪50年代，当公关业和关于冷战的鼓动宣传刚在美国诞生时，有大批人关注此事。这也是凡斯·帕克德发表《隐形的游说者》的时间，他警告："美国人已经成为铁幕之外最具有控制力的人群。"这也是丹尼尔·布尔斯廷创作《图像》的时期，他警告："制造假象，吞噬我们判断是非的能力，已经成为美国人的生意经。"

这些警告都没有被当成一回事。人们容忍的限度继续在倒退。目前，美国的问题是全世界的问题；曾经令人反感的事件现在人们已经习以为常；事实蜷缩在某个角落，苟延残喘。

Flat Earth News

媒体潜规则

第四部分

媒体内幕

如果公众知悉媒体运作的某些方式，公众肯定会被吓倒。

——阿拉斯戴尔·坎贝尔（Alastair Campbell）

7.暗黑艺术

这件事发生在乌节路（Orchard Grove），那是一个惊心动魄的早上。拥有整洁的草坪，住在独立式住宅里的邻居被窗外的嘈杂声所吸引，显然，官方在搜查这条街道上的一座住宅。倒霉的人是史蒂夫·惠特莫尔（Steve Whittamore），因为被搜查的正是他的家。搜查出来的大量东西令人震惊。2003年3月8日那天，舰队街的秘密被揭开了。

在乌节路3号，来自信息委员会（Information Commission）的官员开始搜查史蒂夫·惠特莫尔的办公室。人们都知道史蒂夫·惠特莫尔是私人侦探，曾经为舰队街的报纸工作过。人们不知道的是，他把过去六七年内为每份报纸工作的经历都详细记录并保存下来。

那天搜查出的成果包括成箱的工作日志、账本、发票和手写的记录等。史蒂夫·惠特莫尔还记录了与他联系的所有记者的对话。舰队街最好的报纸和他交易，换取非法信息的证据全在那里——包括某些人的犯罪记录、不在电话号码簿上的私人电话号码、详细的电话账单、手机记录、某某“朋友和家人”的电话号码、银行账单、驾照信息等。

信息委员会的官员在做了一番分析后表示，在过去的三年内，305名记者要求史蒂夫·惠特莫尔提供13343条信息。有些记者为杂志工作，但是大多数的记者为舰队街的报纸工作——包括8家全国性日报和10家全国性的周报。这些报纸不仅仅包括通俗小报，还包括《标准晚报》、《观察家》报、《星期日泰晤士报》、《每日邮报》。其中，《每日邮报》是最积极的信息购买者——60条信息——3名来自《每日邮报》的记者向史蒂夫·惠特莫尔进行了985次请求（在过去的三年时间里，平均每一个工作日都有一次请求）。

很显然，这些请求大都要求史蒂夫·惠特莫尔进行违法行为。信息委员会对13343条请求进行了分析，发现其中1998条很模糊，无法下结论，剩余的11345条被断定为很显然违反了《数据保护法》（*Data Protection Act*）。为说服史蒂夫·惠特莫尔提供给他们所需要的信息，舰队街的报纸支付了大笔金钱。对10名最积极的记者的信息请求进行分析后，信息委员会发现，他们总共支付给史蒂夫·惠特莫尔164537.50英镑，获得3291条信息。这样算来，过去三年所有信息的标价肯定超过50万英镑。

对于调查者而言，令人惊讶的不仅仅是来自报界要求不合法信息的请求，还有无数卷入其中的涉嫌提供信息的人员。之后的几个月，信息委员会根据史蒂夫·惠特莫尔的日志中的线索，找到从保密信息库中秘密提取信息，转手卖给舰队街报纸的网络。这个网络的人员主要使用两种技巧——从不聪明的工作人员那里骗取信息（他们称之为“索要”）和简单的贿赂。调查还在继续。

在萨塞克斯海岸，他们发现了“地狱天使”。这个人曾经当过兵，长头发、长胡子，有很高明的骗术。他曾经多次冒充英国电讯公司的工程师、账户人员，向英国电讯公司打电话，骗取保密的信息。他特别擅长的是获得不被记录在电话号码簿的名人的电话信息，并根据电话信息找到对方的住址，这样，记者就可以突然出现在他们要采访的对象的家门口。

在伦敦南部，警方根据信息委员会提供的线索盯上了名叫保罗·马歇尔（Paul Marshall）的普通民警。这名民警39岁，在旺兹沃斯（Wandsworth）警察局的总控制室工作。他承认利用工作之便，从警方的数据库中寻找可以卖钱的零星信息，比如那些成为受害者、证人甚至是犯罪者本人的名人的信息。警方还发现，他偷走了一支警棍、手铐和其他的警察装备品，用于和爱人进行性游戏。这次意外的发现非常重要。保罗·马歇尔被逮捕。

在肯特郡的西德卡普（Sidcup），信息委员会对两名在交通管理局工作的员工进行了跟踪调查，发现他们公开售卖在这里注册过车牌号码的名人和公众人物的家庭地址信息。信息委员会的人员搜查了这两个人的办公桌，发现一本日记本中列有史蒂夫·惠特莫尔的名字，史蒂夫·惠特莫尔正是他们的联络人。两人都被停职。

在德文郡，警方逮捕了两名警官和一名在英国劳务和退休金部工作的员工。这三人因售卖保密信息而被指控。

这些信息遍布英国各大数据中心，至少有10名不同的私人侦探参与售卖这些信息，包括前警官、小偷小摸者等。这些私人侦探彼此认识，互相合作，交换联络人员的名单，在信息黑市上一起做生意。信息委员会的人对他们进行了跟踪、搜查和审问，发现了更多的线索。

顺着这些线索，信息委员会以及伦敦、德文郡的警方开始了四场连续的、不同的官司。这是对英国信息黑市最大的一次打击。不仅曝光对方是如何运作的，也对当事人进行了罚款，抹平了他们所获得的利润。除此之外，还曝光了舰队街报纸、记者和编辑、报纸所有者在其中的角色。对报纸而言，这一刻令他们感到紧张。

而他们根本没有必要担心。

两年后，史蒂夫·惠特莫尔终于站在被告席上。2005年4月15日，在伦敦南部黑修道士皇冠法院（Blackfriars Crown Court），史蒂夫·惠特莫尔身穿黑色西装，他旁边坐着的是民警保罗·马歇尔，同时在座的还有和保罗·马歇尔一起工作的、最近刚退休的警官安兰·金（Alan King），以及史蒂夫·惠特莫尔的老朋友、同为私人侦探的约翰·鲍侥（John Boyall）。此时在审的是四场官司中最严重的罪行：从警方的计算机系统中窃取信息。四人都承认违法。这次听证会的主要目的是决定如何对他们进行惩罚。

原告律师瑞尔·卡迈·琼斯（Riel Karmy-Jones）站起来对案件进行了陈述：保罗·马歇尔在警方的数据库中搜索关于名人“最个人最隐私的细节”，涉及的名人包括：原伦敦市长肯·利文斯通（Ken Livingstone）和他的爱人艾玛·波尔（Emma Beal），来自连续剧《东伦敦人》的两位女演员；BBC喜剧《英国王室》演员瑞克·汤林森（Ricky Tomlinson）；工会运动领袖，来自铁路海运工会的鲍勃·克罗（Bob Crow）；英国电视4频道《老大哥》（*Big Brother*）的参与者。因为警方的计算机和其他的组织联网，因此，除了犯罪记录，保罗·马歇尔还可以搜索到不在电话号码簿之内的号码和包含有车主姓名与私人住址的秘密信息。通过被告席上的另外三人，他把这些信息售卖出去。这些信息不仅曝光了当事人的隐私，还涉及了其朋友和家人的隐私。

原告律师解释这些信息的埋单者全是记者，包括来自《星期日镜报》、《星期日邮报》和《世界新闻报》的记者。审判官约翰·萨缪尔（John Samuels）打断并问了一个非常相关的问题：其他人都在审判席上，记者们在哪里？付钱的人在哪里？导致这些罪行的人在哪里？

原告律师无法解释。

至于被告席上的四人，起诉的警方认为他们至少会面临巨额罚款，他们完全想错了。理论上说，法律允许对这些人进行无限制的罚金和不超过六个月的监禁。审判官提到严重的处罚：“我们一定要杀一儆百。适当的情形下，可以对被告立刻扣押判决。”

然而，审判官继续解释，保罗·马歇尔之前已经被卷入另外一起官司，他偷窃了警方的装备用于性游戏。当时的审判官被告知保罗·马歇尔患了重病，活不了几天了，因此他给了保罗·马歇尔有条件释放，尽管这种偷窃雇主的东西还在法庭上否认的行为本应被判入狱。现在法官解释道，他发现自己陷入了困境，售卖信息是比偷窃更轻的罪行，他不可能对保罗·马歇尔做出比之前更重的处罚，他很不情愿地给了保罗·马歇尔另外一次无条件释放。因为被告席上的其他三人都比保罗·马歇尔的罪行轻，审判官不得不给了他们同样的审判结果。

史蒂夫·惠特莫尔和他的三名同僚抑制住喜悦之情直到离开法庭。他们顺着路往前走，晃晃悠悠地迈进最近的一家酒吧，尽情地欢呼雀跃。

从理论上而言，史蒂夫·惠特莫尔还处于麻烦之中，他面临着一场新的官司，这场官司是由信息委员会指控的，指控他同在其他网络盗窃信息的人员进行信息交易。这个团伙包括从英国电讯公司骗取信息的“地狱天使”以及被交通管理局解职的两人。交通管理局被解职的两人中有一人已经去世，这样史蒂夫·惠特莫尔和剩下的两人一起被指控。除了这三人外，同时被指控的还包括史蒂夫·惠特莫尔的两名私人侦探朋友和一名来自伦敦南部的合伙人。信息委员会已经为这场官司筹划了两年多。但此时，一切化为乌有。

信息委员会担心打官司的费用。因为有六名被告和六名辩护律师。如果被告向律师举证，信息委员会也可以做同样的事。那样的话，这场官司可能持续两到三周，将花掉成千上万英镑的公款。即使最终被告人被判定为有罪，被告人的律师肯定会争辩说，任何处罚都应该与之前在黑修道士皇冠法院的判决保持一致，因此他们也会被判无罪释放。

2005年6月，庭审两个月后，信息委员会认为不值得打这场官司，便撤销了对史蒂夫·惠特莫尔及其他五名被告的起诉。因为法庭尚未对当事人提供的证据进行核查，也就是说，认为被告违法的说法并没有依据。

2006年3月，德文郡的警察来到格洛斯特（Gloucester）皇冠法院，对一名曾经在劳务和退休金部工作的员工以及另外两名警方人员进行了庭审。法庭上，在这三人旁边坐着的是协助他们卖信息的人，包括史蒂夫·惠特莫尔的私人侦探朋友，不久前，他的官司刚被信息委员会撤诉。现在，这个官司已经审了四年。被告辩护律师结束辩护后，审判官认为证明被告人有罪的证据不足。

只剩下了一个官司可打。史蒂夫·惠特莫尔的另外一名私人侦探朋友约翰·刚宁（John Gunning）被指控骗取英国电讯公司的保密信息。他的身份是被英国电讯公司的一名员工识破的。2006年3月27日，约翰·刚宁在索尔兹伯里（Salisbury）治安法院承认了罪行。法院对他的处罚结果是，罚款600英镑。

四场官司，14名被告，包括其中几人被指控不止一次，最后的结果是，什么事都没有。那舰队街的报纸呢？

《卫报》在其网站发表了黑修道士皇冠法院案件审理的结果，除此之外，其余的全国性报纸对此系列案件只字未提。

并且，没有人追问在黑修道士皇冠法院那个审判官提出的问题：为什么记者没有坐在被告席上？在史蒂夫·惠特莫尔的办公室里发现的文件记录分明显示，是报纸出钱购买这些违法的信息。记录中很清楚地点名是哪些记者购买了这些信息，经过哪些报纸主编的许可；有些票据上很清楚地写着，所买的产品是“保密信息”。调查人员甚至发现了含有记者本人签名购买的是哪方面的信息的发票，比如，“通过西德卡普交通管理局的人，根据车牌号找出对方住址”。

最大的问题是钱。信息委员会担心，舰队街的报纸会聘请收费昂贵的英国王室法律顾问（Queen's Counsel）为自己辩护，假使这样的话，信息委员会也不得不同样聘请王室法律顾问。这场官司就会持续很长时间，超出预算。舰队街的报纸可不好惹。

看起来，整个过程中从来没有记者的错。

很多记者也会为自己辩护，认为这样做没有什么大不了。他们会说他们的工作就是获得信息；应该发表什么，不应该发表什么，不关国家和政府的事；新闻自由就是这样体现的。总之，他们会说这样做是为了公众的利益。

他们才不会承认用金钱购买信息不需要任何技能，不会给他们带去任何职业荣誉感，还不如懒得用鱼钩和鱼饵钓鱼的渔夫把炸药扔进湖里过瘾。

当然，记者们自己不用骗取、贿赂的手段获得信息，而是找史蒂夫·惠特莫尔这样的私人侦探，最主要的原因是，将来坐在法庭上的会是私人侦探，而不会是记者。

有些人也会称，他们根本不相信有什么隐私。不做亏心事，不怕鬼敲门。与此同时，没有一家媒体对外公开记者的家庭住址，大多数记者的电话号码也不在电话号码簿内，没有一名记者将自己的银行账单、信用卡使用记录、纳税申报单刊登出来。

最关键的是，如果他们要为自己的行为辩护的话，他们首先会为所从事的行业进行辩护。报纸需要独家新闻，如果记者用法律许可的方式获得这些新闻，他们就不会得到额外的报酬。如果说，假新闻、被歪曲的新闻是新闻工厂的常规性产品，那么，腐败就是最危险的副产品。

身处其中回望这场“传染病”，看病菌如何开始并蔓延开来，总不是一件容易的事情。在舰队街的阴影里，总有一些卑劣的小把戏、一些非法的勾当在蠢蠢欲动。

很久以前，买卖信息的主要是报道犯罪新闻的记者，和他们做交易的不是罪犯本人而是侦探。报道犯罪新闻的记者时常向警察塞钱，目的是获得信息。

20世纪70年代初，有两人因此被告上法庭。其中一人是汤姆·布莱恩特（Tommy Bryant），他是一家新闻通讯社的经营者，这家新闻通讯社以擅长报道犯罪新闻闻名。汤姆·布莱恩特被指控从警方那里攫取了6张照片和40多份警方的文件。法庭上公布了他的日记。日记中记载了警官的生辰日期、结婚周年日期、其妻子和孩子的生辰等。按照警官的嘱咐，他可以在这些时机给对方邮寄礼物。另外一人是《标准晚报》犯罪新闻报道的首席记者约翰·庞德（John Ponder），他被指控诱导警官犯错。结果，两人都被判无罪释放。但是约翰·庞德的状态很糟，庭审之前他十分沮丧，竟开枪自杀。结果，除了脾受伤外，他侥幸没死。不久，《标准晚报》解雇了他。

当时，两场官司引发了很坏的反响。其他报道犯罪新闻的记者痛斥警方是伪君子——对方只指控记者渎职，却对赚得钱满钵的警官不管不问；更伪善的是《标准晚报》，记者是为了报纸的利益违了法，而报纸却解雇了他。

到底是怎么回事？原来，新任警察局长罗伯特·马克（Robert Mark）接手的警察局很腐败，他自己都说："从来没有见过如此盲目、傲慢、独持偏见的组织。"他将无数渎职的警官解雇、驱逐，甚至关进监狱，同时被暴露的是记者贿赂警察获取信息的事件。罗伯特·马克对该事件并不介意，他描述报道犯罪新闻的记者和警察之间"可质疑的关系"是"影响公共舆论的最长久、最成功的伪善"。现在，事态有所改变，形式变了，但是本质没有变。

舰队街的报纸开始谈论"暗黑艺术"（the dark art）。当然，他们在私下里谈，在公共场合他们绝对不会说出真相。真相是，20世纪70年代，全国性的报纸有了新的行动对策——他们委托他人去做这些见不得人的勾当。很难指出具体是从什么时间开始的。但肯定是在20世纪80年代初之前。"暗黑艺术"开始在舰队街蔓延，私人侦探是他们的媒介。最初，"暗黑艺术"就是从贿赂警官开始的。

在该"暗黑"史上有一最关键的人物，因为法律原因，我不能点出他的名字，权且称呼他为Z。

Z很乐意把自己描述为记者，他以向全国性报纸售卖故事为生。Z也愿意表明自己曾经在警察局担任过侦探。最简单的事实是，Z很腐败，在警察局时很腐败，到了舰队街也很腐败。

20世纪80年代初，Z做侦探时，曾被警方调查，调查结果是他收罪犯的钱，毁掉对罪犯不利的证据。Z跑了些腿，找了找关系，避免了被定罪，但他被警方开除。几个月后，他有了新的谋生手段（"温柔"地报复他的前雇主）。他的工作是充当腐败的"导管"，将舰队街的钱和拿钱的警官联络起来。Z的前雇主中的一位资深人物向我表示："Z很腐败，他认识其他腐败的警官，他充当的是中间人的角色。"

和Z工作过的记者承认，他们把Z当作中间人，用金钱收买警官，换取关于罪犯或者受害者的信息，以及警方计算机系统内的信息。在一件影响很大的谋杀案调查过程中，因为被指控向媒体售卖信息，Z的好友被调离这个调查团队。

在有些案件中，记者和接受贿赂的警官逐渐成为熟人。其中一名警官将记者给他的钱藏在保险箱里，直到因为其他原因被要求打开这个保险箱，这些钱才暴露。这名警官声称因为个人原因把钱放在这里，他侥幸躲过了这一关，并继续卖信息。另外一名警官通过Z卖信息，他对Z从中提成拿走很大一笔钱的做法很不满，索性直接卖信息给记者，结果被人告密。这名警官发现自己陷入了麻烦，他怪罪Z给他带错了路，不多久，他精神失常，因为健康问题提前退休。

其他几名私人侦探继续从事同样的交易。特别是在1987年，英国电讯公司推出了话费清单业务之后。这些话费清单很快成为私人侦探的“猎物”，为获得这些话费清单，私人侦探先是贿赂英国电讯公司的员工，后来干脆设骗局索要。伊恩·威瑟斯（Ian Withers）是《星期日泰晤士报》调查性报道记者巴利·潘罗斯（Barrie Penrose）的主要信息来源。我没有证据表明伊恩·威瑟斯为巴利·潘罗斯做了哪些违法的勾当，但在两人合作前，伊恩·威瑟斯已经承认自己犯下的无数罪行：将一名2岁大的女孩从她的母亲身边抢走，非法使用窃听设备，用非法手段从警方、国内税收局、银行和房屋抵押贷款协会获得保密信息（只不过，最后一项罪行被上议院法庭撤销）。

伊恩·威瑟斯只不过是巴利·潘罗斯的私人朋友，而那个定期向鲁珀特·默多克的报纸提供信息的人是一名叫乔纳斯·瑞斯（Jonathan Rees）、话很多的北方人。乔纳斯·瑞斯从来没有当过警察，但是他在伦敦南部经营一家名叫“南部调查”（Southern Investigation）的安全服务公司，他雇用了几名警察，这几名警察在为警察局工作之余为他工作。这为他建立了很有效的信息网络。

很快，乔纳斯·瑞斯成为多产的“泄密者”，他向《世界新闻报》持续提供了一系列正在调查之中的案件的信息和警方记录在案的敏感数据。到20世纪80年代末，《世界新闻报》成为乔纳斯·瑞斯的“安全”生意的最大的顾客。据一知情人介绍，《世界新闻报》一名执行董事和乔纳斯·瑞斯关系密切，这名执行董事每次以报纸的名义多付给乔纳斯·瑞斯钱，然后，乔纳斯·瑞斯给这名执行董事回扣，这名董事用这些回扣供自己的孩子上私立学校。

乔纳斯·瑞斯也有其他的客户，包括《每日镜报》、《星期日镜报》和《星期日泰晤士报》等。到20世纪90年代末，英国警方对他的活动如此警惕，以至于在1999年5月派人在他伦敦南部的办公室安装了窃听器，调查他究竟在做什么生意。警方发现，给乔纳斯·瑞斯提供线索的人包括西南犯罪总局的侦探汤姆·金斯顿（Tom Kingston），最终他以售卖毒品被关进监狱；离开警察局自己做保安的邓肯·汉拉汉（Duncan Hanrahan），他因贪污腐败被判刑；离开警察局，和邓肯·汉拉汉一起工作的马丁·金（Martin King），他因协助贪污腐败被关进监狱；经常吸食可卡因的侦探奥斯汀·华纳斯（Austin Warnes），他因干扰司法公正被判入狱；一名王室护卫队官员以每月150英镑的价格为他提供王室和其他重要人物的信息。警方内部报告总结，乔纳斯·瑞斯和他的同事“渗透攫取警方的机密信息已经有几年的时间了……他们的源动力是媒体给他们的经济回报”。

警方调查发现，乔纳斯·瑞斯从报社获得上千英镑的收入。有时，他售卖的是些无关紧要的信息——诸如贝可汉姆宫的警察和一名在贝可汉姆宫工作的女职员有染；德国新纳粹成员大卫·科普兰（David Copeland）在监狱里听到上帝的召唤。有时，他售卖的信息明显对警方的重要调查工作带来了威胁，包括1999年8月，警方对阿尔巴尼亚犯罪团伙的调查总结出现在《世界新闻报》中。记者通过乔纳斯·瑞斯打听BBC记者吉尔·丹道（Jill Dando）谋杀案的调查进展情况，这样做令逮捕罪犯的难度增大；泄露逮捕杀人犯甘尼斯·诺伊（Kenneth Noye）的线索来自某情报机构，这样做阻碍了将来借助该情报机构进行调查。

来自《星期日镜报》的记者道格·凯姆斯特（Doug Kempster）和乔纳斯·瑞斯保持着密切的联系，道格·凯姆斯特经常从乔纳斯·瑞斯那里购买警方正在调查的案件的信息。警方窃听到，道格·凯姆斯特如此评价，“亚洲人死了以后看起来更好看”，他和乔纳斯·瑞斯嘲笑“一条腿的黑人”。不久，因触犯《防止贪污法》（*Prevention of Corruption Act*），道格·凯姆斯特被逮捕。当警方在搜查其住地时，邮差送来一份警方内部的保密刊物《警察公报》（*Police Gazette*），其中含有正在调查的案件的细节。但是后来，英国皇家检察署（Crown Prosecution Service）并没有起诉道格·凯姆斯特，因为他们认为道格·凯姆斯特并不知道乔纳斯·瑞斯获得这些信息是为了腐败的目的。

报纸也通过乔纳斯·瑞斯关系网从在警方工作的线人那儿购买机密信息。警方窃听到，1999年7月29日，道格·凯姆斯特和乔纳斯·瑞斯谈论，获得爱德华王子和他的妻子韦塞克斯女公爵索菲的银行账户明细单，并非为了什么强有力的公众利益，仅仅因为《星期日镜报》想找出《Hello!》杂志是否在报道这对名人夫妇前后，向对方付了钱。乔纳斯·瑞斯很乐意接受这项任务：他的两名线人在“高街银行”（High Street Bank）工作。一人名叫罗伯特（Robert），一人被称作胖鲍勃（Fat Bob）。警方还窃听到，乔纳斯·瑞斯监控电话线，获得电话记录；渗入到交通局，获得车主的注册信息（有一次，乔纳斯·瑞斯被要求找出一辆保时捷的车主，34分钟后，这名车主的姓名、家庭住址以及警方计算机系统内的关于他的犯罪记录一清二楚地呈现出来）。

这些行为都是违法的。即使是对外公开的信息，乔纳斯·瑞斯也通过非法的渠道获得。当乔纳斯·瑞斯使用在线的选民登记名单时，他使用的是《星期日泰晤士报》的账户。告诉乔纳斯·瑞斯密码的是在《世界新闻报》工作的、腐败的董事长朋友。“这是我们偷来的。”乔纳斯·瑞斯向他的同事边炫耀，边大笑。

乔纳斯·瑞斯的用途太大了——新闻集团的国际新闻公司（News International）对他网开一面，无论他因涉嫌谋杀他的生意合作伙伴被捕（结果是无罪释放），他现在的生意合作伙伴、前英国警方侦探西德·菲勒瑞（Sid Fillery）因拥有儿童色情图片被判刑，还是他帮客户策划了一场阴谋，陷害这名客户的妻子吸食可卡因，帮客户赢得对孩子的监护权（乔纳斯·瑞斯因此被判了7年的刑）。国际新闻公司的记录显示，乔纳斯·瑞斯摆脱狱刑后，继续向对方售卖信息，包括电话记录等，国际新闻公司还给他设立了专用账户（号码是583266）。

Z和乔纳斯·瑞斯仅仅是“品牌领袖”。到20世纪90年代，舰队街的报纸雇用了10多名类似的中间人通过违法勾当获取信息。其中的大多数人是私人侦探，外加几名擅长从银行和电话公司“骗取”机密信息的普通市民。来自鲁斯利普（Ruislip）的中年女子雷切尔·贝利（Rachel Barry）经常以不同报纸的名义向英国电讯公司打电话，骗取不在电话号码簿的电话信息和电话明细单，直到1997年10月，她的行径被发现。

刚开始，他们只为通俗小报工作。他们帮着通俗小报成功地报道了几起具有轰动效应的事件：《星期日人物报》（*Sunday People*）记者雷·列文（Ray Levine）用窃听器听到保守党大臣大卫·米勒（David Mellor）光顾女友的公寓；通俗小报从不同的渠道获取《每日邮报》王室通讯员理查德·凯（Richard Kay）的电话记录和电话留言，因为他们认为理查德·凯和戴安娜王妃在谈恋爱；因对其个人的私生活感兴趣，电视节目主持人安格斯·迪顿（Angus Deayton）的电话被窃听。这些行为都是违法行为，但是也的确有利于报纸的销售。

偶尔，这些“招数”会引起公众的反感。通俗小报马上否认所有的事实。那些“高雅”点的报纸对此很不屑，至多就通俗小报的“疯狂行为、见不得人的勾当”写点自鸣得意的评论，仿佛这些“招数”和他们毫无关系。实际上，到20世纪90年代中期，那些“高雅”的报纸也开始求助于这些非法的途径——他们面临和通俗小报同样的、报纸的商业化带来的压力。对于寻求经济利益的新闻业而言，伦理、道德和真正的新闻业一起，只能靠边站。

Z继续收买腐败官员，为通俗小报提供信息。并且，《每日邮纸》成为他的固定客户。他们私下里诱惑警官腐败，在公开场合却声称要求法律和秩序，并支持警方。

在《每日邮报》工作过的记者表示，他们经常会将含有3000英镑现金的信封转交给他人。有些通过Z贿赂警官，有些直接交给警官，有些通过私人侦探转交。《每日邮报》记者回忆，他们经常会和腐败的官员在舰队街一个名叫“葡萄酒媒体之家”（Wine Press）的酒吧喝酒。一天晚上，喝过酒后，他们中的几个人决定到一名资深犯罪制裁官员家中行窃，因为他们听说这名官员的儿子在种大麻。他们还向一名接受过“入室盗窃艺术”培训的警官请教如何将窃听器装入罪犯的住所。当时在场的另外一名记者告诉我，他们的行动并没有进行下去，因为一名资深侦探得知他们的计划后，马上打电话阻止他们，并警告他们说目标太难对付，因为目标家中安装了复杂的报警设施，他们的行动很容易失败。

有一段时期，警察局长保罗·考登（Paul Condon）非常担心记者们会诱惑他的官员腐败。像他之前的罗伯特·马克局长一样，他下令进行调查。但是他也被腐败击垮了。一名《每日邮报》的记者回忆说，他的警官朋友打电话警告他，警察在“葡萄酒媒体之家”进行了秘密拍摄，发现一名警官在和记者聊天，这名记者与他的容貌相符。预先警告，预先准备——保罗·考登的调查毫无结果。的确有的收获是，安装在乔纳斯·瑞斯的办公室里的窃听器录下乔纳斯·瑞斯诅咒保罗·考登的话，乔纳斯·瑞斯还决定策划一起会令警察局长和他的反贪队官员感到尴尬的新闻报道。“只有能伤到他们的事情才值得做。”乔纳斯·瑞斯如是说。

我所采访的《每日邮报》记者告诉我，他们不仅贿赂警官，还贿赂政府公务员。比如，他们贿赂的目标之一是可以进入社会保障制度数据库的公务员。这个数据库中含有每位英国公民的社会保险号、详细的个人信息，以及外国公民在英国工作的规定等，总共涉及7200万英国公民。一名现在已经离开《每日邮报》的记者回忆：“我们把社会保障制度数据库当作《每日邮报》图书馆信息的扩展和补充。你给你的联络人打个电话，聊会天，告诉他，你在找怎样怎样一个人，什么名字，多大年龄，大概的地址——有可能么？继续聊天。对方突然说：‘啊，我们这里有5个人是你说的那个名字。’你回答：‘好，给我这5个人的名字。’就这样，你知道了对方的地址、电话号码，可能还有工作单位。他们给你提供了不公开的数据和信息，你给他们的回报是一顿美餐，或者是一个信封。”

《每日邮报》的记者很快意识到，如果他们进入政府的数据库之一，这个数据库很有可能会和其他部门的机密数据库联了网。有一次，一名记者贿赂国防部的官员，因为他能够进入好几个数据库，包括英国警方的。《每日邮报》的记者还称，他们掌握了最敏感的私人信息——他们的采访对象的健康记录。总之，《每日邮报》一名退休的记者告诉我：“如果《每日邮报》盯上你，他们会找出你打过的所有的电话号码，所有的学校同学，你的账单上的所有细节，从你的家里、手机里打出的所有的电话，所有的东西。”即使这样做是违法的。

当Z将“暗黑艺术”蔓延到《每日邮报》时，他的竞争对手乔纳斯·瑞斯一直是鲁珀特·默多克的报纸的信息来源。同时，乔纳斯·瑞斯和《星期日泰晤士报》、《世界新闻报》都有“生意”往来。但是乔纳斯·瑞斯只不过是《星期日泰晤士报》“暗黑艺术”的一个小角色。到20世纪90年代，《星期日泰晤士报》开始大张旗鼓地用非法手段收集新闻。

《星期日泰晤士报》的记者如同《每日邮报》的记者，提到用金钱贿赂政府公务员和警官。一名记者回忆，当他在报社见习时被派往查林十字街酒店，将2000英镑的现金转交给一名公务员。《星期日泰晤士报》的另外一名记者表示：“新闻报道的压力很大，我们肯定不能空着手回。”

像《每日邮报》一样，《星期日泰晤士报》经常雇用私人侦探打听其报道对象的隐私。我采访了一名骗取信息的“专家”，在匿名的情况下，他告诉我，当他还在为一家保安机构工作时，他就开始为报纸工作。他特别擅长骗取社会保障记录和私人银行记录。后来，他自立门户，直接为《星期日泰晤士报》的记者工作。

一名私人侦探描述，《星期日泰晤士报》雇用他去调查当时巴基斯坦总理贝娜齐尔·布托（Benazir Bhutto）的丈夫阿西夫·扎尔达里（Asif Zardari），这名侦探获得了阿西夫·扎尔达里的银行账单，根据这张账单，《星期日泰晤士报》的记者可以找出阿西夫·扎尔达里在哪里住过，在哪里花过钱。另外一名私人侦探开始为《世界新闻报》工作，后来为《星期日泰晤士报》工作，他竭力寻找证据证明哈里王子不是查尔斯王子的亲生孩子，结果以失败告终：他的行动包括跟踪哈里王子，获得他用过的玻璃杯，或者用过的纸巾，来检测他的DNA。

《星期日泰晤士报》又“前进”了一步。除了委托私人侦探，他们还直接雇人骗取消息。最成功的骗子是来自萨默塞特郡（Somerset）的名叫约翰·福特（John Ford）的男子。约翰·福特曾经当过演员，他运用自己的“职业技巧”和天生的模仿才能，一步步获取机密信息，特别是英国电讯公司、银行的机密信息。约翰·福特为报纸所做的事是公开的秘密：不同的记者找他办事，他从新闻办公室那里一并取得报偿。当我采访约翰·福特时，他告诉我，因为道德伦理原因，他已经不再做这个生意了。也有记者告诉我，报社雇用女演员去骗取信息。除此之外，报社还特别雇用会计贝瑞·波岛（Barry Beardall）设立了一个“门面”上的公司，好给对方付钱（后面章节，在有关《星期日泰晤士报》历史中，有详细叙述）。

随着《星期日泰晤士报》越来越腐败，他们也越来越担心被发现。2003年7月，他们找到前《星期日泰晤士报》记者大卫·科耐特（David Connett），交给他一项奇怪的任务：他们任命他为《星期日泰晤士报》新闻调查团队“洞察力团队”（Insight Team）伦敦办公室资深记者，但是他们要掩盖和他的联系。他们没有把他列入全职员工名单，而是把他当作自由撰稿人。大卫·科耐特和正式的员工一起工作，他充当的角色是“洞察力团队”的副主编，他出席报社高层的会议。但是，他和报社之间没有用工合同，他没有报社的邮箱，没有自己的办公电话号码。他的主要任务是负责“洞察力团队”的“暗黑艺术”，这样做，如果他被发现，报社就可以否认和他有联系。

这个“秘密的安排”在两年后曝光。2005年7月，《星期日泰晤士报》解散了“洞察力团队”，大卫·科耐特失业，他作为员工的权利没有被承认。他求助于劳工诉讼法庭。2006年4月，在斯特拉特福德（Stratford）的听证会上，大卫·科耐特把《星期日泰晤士报》的“猫腻”全抖了出来。

他告诉劳工诉讼法庭：“《星期日泰晤士报》嗜好一系列的采访技巧，其中包括‘暗黑艺术’，从耍小花招到使用违法的手段。‘洞察力团队’也不例外，并且运用得最多。”他解释道，他被聘为不被记录在案的员工，因为“洞察力团队”主编迪恩·尼尔森（Dean Nelson）是一名基督教徒，从伦理道德方面考虑，他很不情愿卷入“暗黑艺术”，而需要有人去“背黑锅”。“如果出现难题或敏感的故事惹了麻烦，涉及我们偷来的信息、文件和材料，在这种安排之下，迪恩·尼尔森就可以正大光明地说，这些与‘洞察力团队’没有关系，都是自由撰稿人的责任。”

大卫·科耐特告诉劳工诉讼法庭，他的任命是经过报社业务主编理查德·凯斯比（Richard Caseby）、新闻业务主编马克·斯凯沃斯（Mark Skipworth）和新闻主编查尔斯·荷玛斯（Charles Hymas）允许的。报社领导甚至在会议上开玩笑，假装听不到大卫·科耐特的讨论：“因为你并不在那里，对吧？”劳工诉讼法庭还收到大卫·科耐特的同事的邮件：“不将大卫·科耐特列入员工名单，这样有益于整个团队。因为假如我们的某个项目被戳穿，我们就有了脱身之计。”

《星期日泰晤士报》否认大卫·科耐特的说法，并坚称他的身份是自由撰稿人。劳工诉讼法庭同意，尽管大卫·科耐特不能享有正式员工所有的待遇，但显而易见他不是一般的临时工。最后，《星期日泰晤士报》支付给大卫·科耐特3万英镑，作为离职补偿。

到20世纪90年代末，据史蒂夫·惠特莫尔身边的人介绍，大约有20多位私人侦探为舰队街的报纸服务，用非法手段获取信息。英国警方和国内税收局都曾发现员工在其数据库寻找敏感的、可以售卖的信息。在《每日邮报》和《星期日泰晤士报》的带领下，更多高质量的报纸步入通俗报的行列：开始腐败的行径。

《星期日电讯报》曾经以遵守法律和秩序，注重伦理和道德而闻名，也这样做了。在某段时期，记者被允许可以私自使用“暗黑艺术”，结果花销无法控制。因此，报纸规定，今后所有的“暗黑艺术”都必须经过一名新闻主编的同意。让我们回顾一下，当泰晤士谷（Thames Valley）的警察发现国防部武器专家大卫·凯利

（David Kelly）的尸体后，《星期日电讯报》是如何行动的。

大卫·凯利的尸体是在2008年7月18日星期五早上8点半被发现的。11点，警方召开新闻发布会宣布这一消息。不到5小时，《星期日电讯报》已经获得了大卫·凯利在临死前的通话明细单。这个明细单是通过传真发送到报社的，传真上的时间是15：28。这个单子上列有从3月1日到4月23日之间，从大卫·凯利家拨打出的所有的电话号码。如此侵犯逝者的隐私权，并非是为了公众的利益，也并非是为了揭露伊拉克武器的真相或者是政府的某项政策。《星期日电讯报》只不过以此证明在寻找大卫·凯利的生平信息方面，他们领先一步。《星期日电讯报》可能知道，也可能不知道，卖给他们电话单的人把同样的电话单卖给了《星期日泰晤士报》。

《泰晤士报》也擅长使用“暗黑艺术”。其中一名记者雇用的是史蒂夫·惠特莫尔。根据前保守党财政大臣阿斯考罗特勋爵（Lord Ashcroft）介绍，《泰晤士报》通过一名叫凯文·辛费尔德（Gavin Sinfield）的私人侦探打听他向保守党的捐款信息。在2005年出版的图书《不干净的政治，不干净的泰晤士报》（*Dirty Politics，Dirty Times*）中，阿斯考罗特描述：“凯文·辛费尔德并非是熟练的计算机黑客，他帮《泰晤士报》干了很多见不得人的事情，并非是用计算机技术突破计算机的安全防护系统，而是彻底的花言巧语……凯文·辛费尔德通过苏格兰皇家银行德拉蒙德（Drummonds）分行获取保守党的银行记录。”阿斯考罗特介绍，为掩盖获得信息的来源，《泰晤士报》的记者汤姆·白德文（Tom Baldwin）和报纸的竞争对手《卫报》、《独立报》一起分享这些信息，三家报纸在同一天进行了报道。阿斯考罗特的律师写信给凯文·辛费尔德，告诉他，他们已经掌握了关于他所作所为的“信息和证据”，特别是一张由《泰晤士报》开出的向凯文·辛费尔德付费的收据。但是凯文·辛费尔德坚称，自己与此无关。

阿斯考罗特勋爵和莱威（Levy）勋爵的税收记录都被《星期日泰晤士报》攫取。国内税收局和信息委员会调查发现，2001年2月，在《星期日泰晤士报》发表有关阿斯考罗特的税收绯闻报道一周前，有人冒充阿斯考罗特向位于布特尔（Bootle）的税务办公室打了5个电话，询问相关事宜。2000年6月，在《星期日泰晤士报》发表有关莱威勋爵的税收绯闻前，有人以莱威勋爵的名义向国内税收局打了两个电话。凯文·辛费尔德否认和这些电话有关。

如今，“暗黑艺术”继续在蔓延，记者们采用了新的科技手段。有些记者开始使用“特洛伊木马”邮件。把这个邮件发给目标对象，目标对象打开邮件的附件后，并不会意识到，他们同时打开的是一个间谍软件，这个间谍软件可以复制目标对象硬盘上的所有信息，并将这些信息中转到无法查出对方身份的邮件中。一家“高雅”报纸的记者告诉我，他用这样的方式“了解”一名政府顾问，对方整个笔记本内存置的内容都被复制了下来。他还用这样的方式调查了一名重要的商人（这名记者同时称，他获得了这名商人所有家庭成员的电话明细单）。2006年夏天，《世界新闻报》试图调查成功打入“北爱共和军”（IRA）30年，在MI6代号为“赌注之刀”（Stakeknife）的间谍弗瑞迪·斯凯帕蒂齐（Freddy Scappaticci）。《世界新闻报》雇用乔纳斯·瑞斯执行这一任务。乔纳斯·瑞斯获得了弗瑞迪·斯凯帕蒂齐的电话记录，据一位知情人透露，他使用“特洛伊木马”邮件窃取了英国驻北爱特种部队军官马克·因格来姆（Mark Ingram）硬盘上的信息。

用同样的方式，私人侦探可以在目标对象的计算机上安装“镜子墙”——复制对方所有的往来邮件，并转发到无法找到出处的邮箱。也正是用这种技术，2003年6月《泰晤士报》和BBC的电台新闻节目《今天》才得以证明，英国西敏寺议会主席雪莉·伯特爵士（Dame Shirley Porter）在英属维尔京群岛（British Virgin Islands）开有账户，并存入上百万英镑的存款。而与此同时，她却声称没有钱支付强加给她的附加税。有意思的是，让雪莉·伯特爵士陷入丑闻的并非是记者，而是她的生意竞争对手——她的儿子约翰。约翰雇用私人侦探，发现这些猫腻，并把调查结果交给媒体。这起报道涉及了公众的利益，然而，商人克利佛·斯坦福特（Cliff Stanford）还是因为非法截取他人的电子传播信息，被罚款2万英镑。

现在，记者们也开始使用由英国国家刑事情报局（National Criminal Intelligence Service）研发的软件对从私人侦探那里获得的电话号码进行分类。有记者称，他可以用一种电子手段阻止目标对象家中座机的正常使用。这样目标对象不得不用手机和外界进行联系，而他们的私人侦探也掌握了对方手机的通话记录。

关于垃圾箱也值得一提。有种说法是，很多记者从令人恶心的垃圾中寻找原材料，然后写出垃圾文章。这当然不仅仅是玩笑。

本杰明·派尔（Benjamin Pell），也被称为“垃圾箱男人”（Benji the Binman），是一名专业的清洁工，他同时在做的生意是从上千垃圾箱中寻找可以卖给报社的新闻线索。舰队街的报纸报道了他的故事。这个故事引起了公众的注意。原因之一是类似的故事太多了，纸里再也包不住火。原因之二是一名叫马特·瓦兹（Mark Watts）的自由撰稿人写了本关于此事件的书，名为《舰队街下水道的老鼠》（*The Fleet Street Sewer Rat*）。

据大家反映，本杰明·派尔是很聪明、很神经质的一个人，他曾经说过，他将是第一个认为自己是傻子的人。从1998年初开始，3年来，除《金融时报》外，本杰明·派尔随意进出于舰队街的其他所有办公室。他是以售卖演艺圈的名人新闻起家的——辣妹、罗比·威廉姆斯（Robbie Williams）、圣女合唱团（All Saints）和绿洲（Oasis）等——他从和这些名人有合作关系的法律公司、经纪公司的垃圾箱里获得新闻。正是他，导致艾尔顿·约翰（Elton John）和他的经纪人约翰·瑞德（John Reid）之间的关系恶化。本杰明·派尔不断把从约翰·瑞德的垃圾箱里翻出来的信息卖给记者发表。艾尔顿·约翰不禁怀疑约翰·瑞德或者公司的其他员工故意背着他，向媒体通风报信。

当记者们还在舒舒服服睡大觉时，本杰明·派尔已经出现在伦敦街头。每周有6个晚上，他驾驶着小货车，从一个垃圾箱开到另外一个垃圾箱。有时候，他一晚上收集100多袋垃圾，然后第二天要花大半天的时间，从垃圾中寻找可以卖给通俗小报的信息。1998年夏天，在搜寻一名律师丢弃的废物时，他意外获得一大堆法律文件，这些文件让他的生意进入一个新的阶段。

本杰明·派尔发现的这些文件是非常机密的文件。文件涉及的是沙特阿拉伯王位继承人穆罕默德王子和他最亲近的联盟塞德·阿亚斯（Said Ayas）之间的法律纠纷。这两人如此重要的原因是，他们跟英国前国防部大臣乔纳森·艾特肯（Jonathan Aitken）的腐败丑闻有牵连。之前，乔纳森·艾特肯控告《卫报》和英国独立电视台制作的电视节目《世界在行动》，因为这两家媒体指出乔纳森·艾特肯和沙特阿拉伯的重要人物有不正当的关系。

调查乔纳森·艾特肯的记者一直在怀疑，乔纳森·艾特肯利用自己在国防部的便利条件进行武器交易，并从中获得丰厚的好处，也就是贿赂金。这原本是调查乔纳森·艾特肯的真正原因。但是，在调查过程中，整个调查被转移了方向，变成乔纳森·艾特肯是否让他阿拉伯的盟友帮他支出1993年他在巴黎过周末住在丽兹（Ritz）宾馆的花销。调查乔纳森·艾特肯的记者怀疑，宾馆花销只是乔纳森·艾特肯腐败行为的一个小“漏洞”，但是他们一直没有找到证据。

现在，本杰明·派尔帮他找到了一垃圾箱的线索。第一个文件的内容是：乔纳森·艾特肯利用自己是MI6和沙特阿拉伯王室成员之间的联络人的身份，假装他和沙特阿拉伯所进行的交易是英国情报机构和对方交易的一部分。这样做，好避免自己陷入麻烦。本杰明·派尔把这个文件交给了《独立报》，但是对方没有报道。本杰明·派尔又把这个文件交给一直在调查乔纳森·艾特肯的《卫报》记者大卫·李（David Leigh）。

前《星期日泰晤士报》记者尼古拉斯·托马琳（Nicholas Tomalin）曾经表示，记者需要“能说会道，有一点文学创作能力，像老鼠那样的狡猾”。大卫·李便充分沿袭了这个理念。大卫·李最感兴趣的是本杰明·派尔是如何获得关于乔纳森·艾特肯的文件的。他明白两点：第一，出于办报原则和资金不足，《卫报》肯定不会向本杰明·派尔付钱；第二，《卫报》在和乔纳森·艾特肯打官司，努力让对方败诉，让对方为诽谤诉讼埋单，如果此时能获得阿拉伯盟友为乔纳森·艾特肯付费的依据，那《卫报》将会胜券在握。

大卫·李开始打起自己的小算盘。他交给本杰明·派尔一项特殊的工作：如果本杰明·派尔能获得任何有关乔纳森·艾特肯的文件，大卫·李将会付给他100英镑的费用，然后会把文件推荐给愿意将此线索写成新闻故事并以合适的价格卖给合适的媒体的自由撰稿人。本杰明·派尔也知道如果自己直接去和报社交易的话，很可能会受报社“欺负”，于是，他同意大卫·李的建议。用这种方式，大卫·李可以“遥控”本杰明·派尔所有的“金矿”而不必付费，只需要安排别人掏钱。

大卫·李推荐给本杰明·派尔的自由撰稿人是自己的老友马克·霍林伍兹（Mark Hollingsworth），马克·霍林伍兹最擅长的是对富人、有权势的人进行长期的、艰苦的调查。他写过言辞激烈的关于玛格丽特·撒切尔儿子马克和她的公关顾问蒂姆·贝尔（Tim Bell）的书。马克·霍林伍兹引导本杰明·派尔去挖掘在政治上很敏感的信息，而不再是演艺圈的信息。然后他们两人合作，把这些信息卖给《星期日邮报》和《星期日泰晤士报》。在此期间，他们终于发现了和乔纳森·艾特肯有关的、真正有新闻价值的文件。

本杰明·派尔在乔纳森·艾特肯的律师所在的办公室外的垃圾箱发现了一大堆文件，文件显示：在穆罕默德王子的协助下，乔纳森·艾特肯参与了一系列英国公司和沙特阿拉伯之间的军火交易；其中一名中间人是塞德·阿亚斯，也就是和穆罕默德王子产生法律纠纷的人；塞德·阿亚斯已经安排好，如果交易成功的话，他会将价值上百万美元的代理佣金发到位于日内瓦的瑞士联合银行账户556.862上。这些钱将由塞德·阿亚斯和他的合作伙伴乔纳森·艾特肯共同分享。《卫报》发表了所有的内容，并写道：“如果战后英国政圈内还有比这更腐败的行为，我们将很有兴趣知道。”

《卫报》的报道并没有披露信息来源。在马克·霍林伍兹的指导下，本杰明·派尔继续以重要政客的垃圾箱为目标：比如撒切尔夫人的垃圾箱；比如为政府和大公司工作的公关公司的垃圾箱，包括博雅公关和弗瑞德传播公司等；比如政治说客的垃圾箱，包括蒂姆·贝尔的垃圾箱；比如重要的律师的垃圾箱；比如工党和保守党总部的垃圾箱。本杰明·派尔自己表示，他的关注目标是位于115个不同地址的垃圾箱。

有些垃圾箱内完全就是垃圾，有些含有一点价值的信息，比如托尼·布莱尔和他的民意测验专家菲利浦·古尔德（Philip Gould）之间的谈话备忘录。2000年中，《星期日泰晤士报》、《泰晤士报》和《太阳报》发表了这个信息。同时，本杰明·派尔继续向通俗报卖料。他最辉煌的时刻是将从《每日镜报》门外垃圾箱内获得的信息卖给《笨拙》（*Punch*）杂志。他所卖的信息是《每日镜报》主编皮尔斯·摩根（Piers Morgan）打印出的别人的邮件，皮尔斯·摩根本人是侵犯他人隐私的“领头羊”。

2000年，本杰明·派尔遇到了麻烦，法院命令搜查他的住宅。结果，他被判偷窃罪。即使他拿走的是别人扔掉的东西，法庭还是判定他的行为违法。但是，向他付钱购买信息的报纸没有一家受到警察的询问，更不用说处罚了。因为本杰明·派尔麻烦缠身，用过他的报纸纷纷弃他而去，包括《星期日泰晤士报》在内的很多报纸为减少风险，改聘用私人侦探去攫取信息。据知情人透露，那些私人侦探为保护自己，把从他们的目标对象的垃圾箱内搜来的重要文件进行复印，然后再小心翼翼地把垃圾放回垃圾箱（然而，一家高质量报纸的记者的确偷走了某重要政客的女儿的内裤，作为纪念）。

面对这些由记者做出的非法行径，一个奇怪的问题油然而生：从什么时候开始，这类报道符合了公众的利益？《数据保护法案》和记者的行为规范都规定，如果记者揭露的信息是公众真正需要的，那么，侵犯他人隐私就是合理的。但是，其界限并不明确，甚至连媒体申诉委员会（Press Complaints Commission）都不清楚界限在哪里。2007年3月，媒体申诉委员会主席克里斯托弗·梅耶（Christopher Meyer）爵士对文化和媒体委员会表示：“每个月，我们经常在争论的是，什么是真正的隐私，什么是符合公众利益的报道，两者的界限在哪里。这些问题容易引起争论，并且非常难解决。”

即使为了公众的利益，某个故事被允许报道，但是记者如何去报道又导致了更多的疑惑。比如，如果记者从怀疑目标对象开始介入调查，不得不侵犯目标对象的隐私收集资料，结果却没有发现任何证据。如果这样的行为被允许，那就打开了一扇侵犯公众隐私的大门；如果这样的行为被禁止，那就有可能将通往真正重要的新闻故事的大门锁死了。

信息委员会主席理查德·汤姆逊对文化和媒体委员会表示，他们分析了所有私人侦探和骗取信息者的行为，包括媒体对史蒂夫·惠特莫尔的13343次询问，没有丝毫“公众利益”的影踪。他指出，在法庭上史蒂夫·惠特莫尔和他的共同被告，从来没有提到他们为媒体所做的事是为了公众的利益。

然而，目前的现实是，对于侵犯他人隐私的媒体而言，他们根本不必回答这样做是否因为公众的利益。法律和行为规范在舰队街很少有效。

英国警方搜查Z，不仅仅是为了保护他们的秘密数据库，更重要的是，阻止其对正在调查的案件带来的威胁。他们相信，Z把警方关于反恐怖主义行动的信息和对伦敦有组织的犯罪集团进行调查的信息卖给了别人；只要这些信息一见报，就意味着警方的行动方案被泄露，他们针对的目标便会“不露声色”。在Z卖完有关对方的信息后，有些人拒绝和警方合作。一次，一位名人抱怨如果对方得知他在和警方合作，那他将会面临更大的危险。结果：Z卖故事给媒体，舰队街把故事发表；名人撤回自己的投诉，悄悄躲起来；挑衅者堂而皇之。

警方派出卧底跟踪Z。我知道他们掌握了Z和警方某侦探会面时的照片，并且Z塞给对方一个信封。但是除了怀疑，警方一直没有证据证明Z违法。

同样，2002年7月，英国警方着手调查电视主持人安格斯·迪顿家附近的电话接线盒被安置了窃听器事件。警方逮捕了一名英国电讯公司的工程师，工程师承认窃听器是他安装进去的。但是他和雇他这样做的报纸都没有被起诉。英国电讯公司对这名员工进行了简单的说教后，留他继续在公司工作。

同舰队街的金钱相比，对于史蒂夫·惠特莫尔这群人而言，法律的效力微乎其微。记者自律的行为准则更是无力。英国记者协会（NUJ）要求记者在工作中“用最直接的方式，除非要报道的内容是‘公众利益所迫切需要的’”。记者协会并非将记者要遵守的行为准则强加于“暗黑艺术”，也从来没有这样做过。媒体申诉委员会原本应该对记者的工作进行规范，却从来不提记者的行为违反《数据保护法案》，直到2003年11月，信息委员会主席理查德·汤姆逊意识到史蒂夫·惠特莫尔事件，才提及此事。媒体申诉委员会很不情愿对此表露出强硬的态度。媒体申诉委员会否认此事，我们知道，根据《信息自由法案》（*Freedom of Information Act*），否认所导致的结果不仅仅是误导。

记者马克·瓦茨（Mark Watts）根据本杰明·派尔的经历写了一本书，此举动引发信息委员会和媒体申诉委员会大动干戈。媒体申诉委员会被迫颁布“警告记者和编辑不要铤而走险、冒犯法律的公告”，媒体申诉委员会的总监蒂姆·图尔敏（Tim Toulmin）回复：“在提出要小心谨慎和听起来过于受限制之间，我们要权衡利弊——媒体人也一直在考虑这些问题。”

很快，关于什么是“公众利益”的讨论出炉了。媒体申诉委员会颁布了指导草案，但是这个草案显然缺乏新闻委员会需要的东西。“无论怎样，我们都不会认可，如同我们所想的那样，他们能够并且应该态度更强硬一些。”信息委员会的一资深官员在邮件中写道。在理查德·汤姆逊和媒体申诉委员会主席克里斯托弗·梅耶爵士共进午餐之后，理查德·汤姆逊写了一封措辞强硬的信给克里斯托弗·梅耶爵士，警告他，如果记者继续打探私人信息，他们会因此陷入“真正的危险”，认为公众利益是向着他们的想法是错误的。

他继续补充：“我担心记者个人主观地认为某个故事符合公众利益，在没有经过别人允许的情况下，就去打探别人的隐私，而不在乎这种行为是被禁止的。我很满意法院不会轻率地接受这种辩护。也就是说，法院会考虑，要求获取、发布这些可疑的信息的公共利益是否足够大、足够充分，可以令用不诚实的手段获取这些信息的做法合理化。”

三个月后，2005年3月，媒体申诉委员会颁布了指导方案，却没有加入信息委员会要求的措辞强硬的信息。2007年3月，在文化和媒体委员会会议上，在克里斯托弗·梅耶爵士面前，理查德·汤姆森公开宣布，他有点失望，媒体申诉委员会对这种行为并没有强有力的谴责。

同时，2006年8月，整个问题再次浮出水面。《世界新闻报》的王室新闻主编克莱夫·古德曼（Clive Goodman）和私人侦探格伦·穆尔凯尔（Glenn Mulcaire）因窃听他人手机留言信息而被捕。他们窃听的对象包括威廉王子、英国媒体公关大亨马克斯·克里夫德（Max Clifford）、模特艾尔·麦克弗森（Elle Macpherson）、英国自由民主党议员西蒙·休斯（Simon Hughes）等。因触犯《调查权限规范法案》（*Regulation of Investigatory Powers Act*）——这个法案中明确指出窃听电话是违法行为，并且他们的窃听行为和公众利益一点关系都没有——克莱夫·古德曼和格伦·穆尔凯尔不得不认罪。2007年1月，两人被分别判刑4个月和6个月。《世界新闻报》主编安迪·库尔森（Andy Coulson）辞职，克莱夫·古德曼也丢掉了工作。

事情发生后，媒体申诉委员会的反应是展开调查，但是调查的范围非常有限。在法庭上展示的证据显示，从1997年格伦·穆尔凯尔就开始为《世界新闻报》工作，2005年7月，他和报社签下合同，他的年薪是10.5万英镑。《世界新闻报》支付给其他“调查公司”的酬金更高。媒体申诉委员会只局限于调查《世界新闻报》窃听电话语音留言事件，对报社向哪个私人侦探付钱、做怎样的调查毫不感兴趣。他们甚至拒绝调查安迪·库尔森为什么辞职。克莱夫·古德曼的案件揭示，舰队街的报纸广泛使用私人侦探。但是媒体申诉委员会表示，不会去追究其他报社类似的行为，哪怕是同样的窃听电话语音留言的行为。相反，媒体申诉委员会关注的是对方在遵守怎样的行为规范准则。

事实是，以往仅仅是犯罪新闻报道记者偶尔使用一下的伎俩成为大多数新闻媒体的家常便饭。伪善显而易见。这些媒体组织声称是报道事实，但是他们经常自己都说谎。很多媒体组织强烈呼吁遵守法律和秩序，严厉打击犯罪分子，整治反社会的行为，而同时，他们自己深陷于贿赂、腐败、窃取机密信息的深渊。

要额外说明的是，我找到史蒂夫·惠特莫尔关系网中的一名关键人物。他同意接受我的采访，但是不允许我录音，不允许我点出他的名字。我可以把他说过的话写在这里：生意恢复了正常。他表示，他们不再会碰内政部警署的计算机，因为这样做会惊动警方。现在，舰队街的报纸找他们办事，要他们用违法行为获取信息的电话又多了起来。

“暗黑艺术”不受拘束，继续繁荣。

8.《星期日泰晤士报》内幕

到1967年1月，人们对金·菲尔比（Kim Philby）的了解是：他曾经做过记者，在英国外交部担任过低职位的外交官。更重要的是，在1963年他投奔苏联之前，他曾经受英国情报机构的安排，潜伏在俄罗斯人之间做间谍。从1951年开始，这些故事渐出水面，金·菲尔比的两个朋友，也是他的外交官同事唐纳德·麦克林（Donald Maclean）和盖伊·伯吉斯（Guy Burgess）先后投奔了苏联。

关于金·菲尔比的报道带有强烈的官方欺骗的成分，因为多年来，政府一直否认金·菲尔比是“第三名间谍”，否认在金·菲尔比的帮助下，唐纳德·麦克林和盖伊·伯吉斯顺利脱逃。政府表示，同比他更重要的两个朋友相比，金·菲尔比只不过是个小角色。1967年1月，新上任的《星期日泰晤士报》主编哈罗德·埃文斯（Harold Evans）和当时泰晤士电视台台长杰瑞米·艾萨克（Jeremy Isaacs）共进午餐，谈到了这些。

杰瑞米·艾萨克无意中所说的话引起哈罗德·埃文斯的注意。杰瑞米·艾萨克简单地指出，很有意思的是，这三名外交官“叛徒”都曾于20世纪30年代在剑桥大学读书。哈罗德·埃文斯回到《星期日泰晤士报》办公室琢磨，如果追查一下三个人在剑桥大学都做过什么，可能会找出更多的线索。哈罗德·埃文斯把这项工作交给他刚组建的、负责新闻调查的“洞察力团队”。

其实，“洞察力团队”已经在该报存在了好几年，主要负责背景信息和不落俗套的新闻报道。现在，哈罗德·埃文斯对“洞察力团队”进行了重组，他们今后的任务是长期的、复杂的调查。他挑选了三名记者，委任澳大利亚人布鲁斯·佩奇（Bruce Page）为调查团队主管。

“洞察力团队”对该事件的调查长达8个月。在最后的6个月，参与调查的除了四名全职调查记者外，还包括《星期日泰晤士报》其他记者、研究人员和自由撰稿人。在某段时间，参与调查这个事件的共有18人，涉及的地点包括英国、美国、苏联、德国、澳大利亚、西班牙和中东。报纸的调查结果和政府、情报机构的观点针锋相对。同时，政府和情报机构竭力阻止哈罗德·埃文斯和他的团队的调查工作。

结果，“洞察力团队”发现了巨大的丑闻，这个丑闻被掩盖了16年，其他报纸也从未涉及过这个丑闻。“洞察力团队”为英国新闻业树立了新的榜样，“洞察力团队”是调查性新闻报道的先锋，他们所展现的精神是：无论对手多么强大，他们都会向对方的猫腻和渎职发起挑战。

现在“洞察力团队”已经不存在了。2005年夏天，这个团队被解散。只是这个名字还被《星期日泰晤士报》当作标签，附着于某些新闻报道之后。“洞察力团队”的死亡很缓慢，这个过程很值得研究，因为“洞察力团队”所感染的病毒是在同一时期令整个英国新闻业衰垮的病毒。的确，《星期日泰晤士报》被认为是第一个，也是受报纸商业化打击最大的受害者。而也正是商业化，改变了整个舰队街。

回到1967年1月，“洞察力团队”在线索很少的情况下开始调查金·菲尔比事件。他们知道3名“叛徒”同时在剑桥大学读过书，四名调查记者之一大卫·雷奇（David Leitch）去了解他们的同学；他们知道三人都当过外交官，他们根据对外公开的外交人员名单，搜素和他们一起工作过的同事。

他们也听说，金·菲尔比曾经为英国情报机构MI6工作过。从记者的视角看，这个领域很难被开垦：当时，政府甚至拒绝承认MI6的存在，并且打着《官方机密法》的旗号，竭力掩盖他们的行动。但是，“洞察力团队”还是找到了破绽。

他们向MI6前主管斯图尔特·孟席斯（Stewart Menzies）爵士写信。此时，斯图尔特·孟席斯爵士已经退休，住在威尔特郡。斯图尔特·孟席斯爵士很礼貌地拒绝他们的来访，但是他的回信给了他们很大信心。因为斯图尔特·孟席斯爵士并没有否认金·菲尔比参与过MI6的工作，并指出金·菲尔比是“无赖”。

布鲁斯·佩奇注意到，承认和金·菲尔比共过事的几个人名下标着“被派往外交部”，然而在外交部人员名单上并没有他们的名字。他猜测，这是因为他们为MI6工作的缘故。另外一名记者菲利浦·奈特利（Philip Knightley）开始了跟踪调查。

在和作家、评论家西里尔·康诺利（Cyril Connolly）聊过天后，大卫·雷奇发现了更多关于MI6的信息。西里尔·康诺利是唐纳德·麦克林和盖伊·伯吉斯的好朋友，在两人成为“叛徒”的两年后，出版了有关他们的图书《失踪的外交官》（*The Missing Diplomats*）。现在，西里尔·康诺利是《星期日泰晤士报》的图书评论员。有一天，他正很开心地和同事分享他的经历时，突然走向一面玻璃橱，抽出一本他写的书，扔到大卫·雷奇面前，大卫·雷奇打开这本书，发现书的空白处用铅笔标注满了西里尔·康诺利所使用的信息的出处——这些都是记者的金矿。

现在，他们有了真正的线索去跟踪。他们意识到金·菲尔比根本就不是什么“低职位的外交官”，他更主要的身份是训练有素的MI6官员，他的间谍身份比大家认为的要重要得多。菲利浦·奈特利担心，他们之前所接触的MI6的官员可能是受领导的怂恿，才肯多谈，这样好了解“洞察力团队”调查的进展情况，而非揭露事实。无论怎样，总是有了一个框架。

战争时期曾经在情报机构工作过的休·特雷弗·罗珀（Hugh Trevor-Roper）

教授也经常为《星期日泰晤士报》写稿，他给“洞察力团队”的记者们上了一节并不正规的课，让他们简单了解情报机构是怎样一个世界，还有这个机构的软肋等。休·特雷弗·罗珀回忆，有一次，喝醉了的金·菲尔比向他透露，他佩服卡尔·马克思的著作《十八世纪路易斯·波拿巴的零月革命》。他想，难道这个MI6的官员是马克思主义者？如果是，那有多长时间了？“洞察力团队”的另外一名记者约翰·贝瑞（John Barry）采访到一名退休的外交部员工，这名员工提供了一份发表于1963年的官方声明，这份声明显示：很有可能，金·菲尔比已经为苏联人工作了很多年。

将发现的线索拼凑在一起，大卫·雷奇发现，在学生时代，金·菲尔比就是狂热的马克思主义者了。毕业后，他去了维也纳。当时在这个城市，法西斯主义者和左翼分子正在进行激烈的争战。布鲁斯·佩奇联系上同一时期在维也纳工作的自由撰稿人埃里克·格戴（Eric Gedye）。据埃里克·格戴回忆，当时金·菲尔比是彻底的左翼分子。他不仅帮着共产主义者逃离奥地利，保护他们免受法西斯主义者的迫害，还和信仰共产主义的女孩利兹·弗瑞德曼（Litzi Friedman）结婚。

他们还发现，金·菲尔比从维也纳回到伦敦，没有继续马克思主义运动者的生涯，而是选择了右翼的角色。他加入同情纳粹的贵族联盟——英德联盟（Anglo-German Fellowship）。然后，他去了西班牙，在那里，所有的社会主义者联合在一起，与由弗朗西斯科·佛朗哥（Francisco Franco）将军领导的法西斯主义者进行抗争。此时，金·菲尔比站在弗朗西斯科·佛朗哥一方，同时为《泰晤士报》工作。布鲁斯·佩奇记录下他所有的变化。

正当所有的调查渐出眉目，“洞察力团队”成员全力以赴调查金·菲尔比时，布鲁斯·佩奇和大卫·雷奇会见了他们以前的同事艾伦·格温尼·琼斯（Alun Gwynne Jones）。艾伦·格温尼·琼斯曾经担任过《泰晤士报》国防军事新闻通讯员，现在是外交部大臣。艾伦·格温尼·琼斯是第一个警告他们停止调查的人，因为继续调查的话，只会帮助他们的敌人。他表示，该事件涉及国家安全，《星期日泰晤士报》不应该参与此事，不应该报道此事。“洞察力团队”没有理由妥协，他们的目的是写一个成为叛徒的男人，可以肯定，这个男人向敌方的情报机构泄露了所有的秘密。

同时，外交部开始采取迂回战略。哈罗德·埃文斯向报纸的总编丹尼斯·汉密尔顿（Denis Hamilton）提到艾伦·格温尼·琼斯的警告。丹尼斯·汉密尔顿有军事背景，是出身高贵的有钱人，擅长玩弄权术。丹尼斯·汉密尔顿马上低调和首相哈罗德·威尔逊（Harold Wilson）、MI6主管迪克·怀特（Dick White）爵士会面。无论是真的出于对国家安全的关心，还是自私地抑制一个潜在的丑闻，哈罗德·威尔逊和迪克·怀特都认为《星期日泰晤士报》的行为危害了国家安全。丹尼斯·汉密尔顿并不是懦夫，并且非常擅长化解来自政府的压力，如同他向哈罗德·埃文斯表述的那样，他担心的是报纸无意中所做的事情会真的导致损害。

他说服哈罗德·埃文斯接受一个折中的报道方式——在报道有关金·菲尔比的故事之前，向外交部提交报道草案，如果他们写了任何给国家带来危险的内容，外交部或者MI6就可以随时警告他们。而且，哈罗德·埃文斯同意和艾伦·格温尼·琼斯见面，和丹尼斯·格林黑尔（Dennis Greenhill）爵士见面，倾听来自官方、来自MI6的忧虑。哈罗德·埃文斯和丹尼斯·格林黑尔见过很多次面，丹尼斯·格林黑尔反复要求“洞察力团队”停止调查工作。但是这些讨论，都没有“洞察力团队”记者参与。

外交部可能以为他们已经给“洞察力团队”施了紧箍咒。当然，这样做，对方可以直接获悉“洞察力团队”在做些什么。然而，事实对《星期日泰晤士报》更有利。哈罗德·埃文斯有权力忽视来自官方或者MI6的任何要求。哈罗德·埃文斯同意提交第一份报道草案，并且答应和丹尼斯·格林黑尔爵士会面，其实是给了自己一个机会——可以在报道中，添加官方和MI6的观点。丹尼斯·格林黑尔爵士明确表示，他真正担心的并非是这些报道会向俄国人泄露英国机密，而是令MI6在美国人面前丢脸。丹尼斯·格林黑尔爵士如此表态，显然是下错了棋。“洞察力团队”加紧调查，哈罗德·埃文斯调更多的记者帮助他们。

布鲁斯·佩奇的记录越来越充实。他们将金·菲尔比在MI6所做的事情串联起来——他在汉普郡接受过军事培训，在伊斯坦布尔服役。在西班牙，他们发现了金·菲尔比的妻子利兹·弗瑞德曼获得英国护照的日期，当时是1935年，利兹·弗瑞德曼从奥地利来到西班牙。同时，他们发现利兹·弗瑞德曼和金·菲尔比的结婚日期，以及利兹·弗瑞德曼的前夫。利兹·弗瑞德曼的前夫目前住在以色列，他确认利兹·弗瑞德曼是共产党员，并帮“洞察力团队”找到利兹·弗瑞德曼在东德的故乡，“洞察力团队”的记者在那里采访了利兹·弗瑞德曼。

他们有几个突破性的发现。其中一个非常有趣。一个名叫约翰·萨克（John Sackur）的人找到哈罗德·埃文斯，表示他曾经在外交部工作过，但是他现在想改行做记者。哈罗德·埃文斯和他谈话，谈到金·菲尔比，巧的是约翰·萨克曾写过金·菲尔比间谍工作不成功的内部汇报，“金·菲尔比是无赖。”约翰·萨克说，但是他拒绝说出任何细节。哈罗德·埃文斯想雇用他，这样可以从他那里找到更多线索。但是，他的副主编，曾经在外交部工作过的弗兰克·盖尔（Frank Giles）指出，约翰·萨克不仅为外交部工作，还同时为MI6工作。弗兰克·盖尔担心，约翰·萨克可能还在为对方效劳。难道是MI6想打入“洞察力团队”内部？或许是MI6

的某些人要帮着他们调查真相？或者就是约翰·萨克本人想找个新工作？无论真相是什么，约翰·萨克的参与都会有利于调查，但是哈罗德·埃文斯还是不情愿地决定不给他工作。

另一个突破也很令人激动。菲利浦·奈特利找到一本貌似很无聊的关于间谍的书《英国特工》（*British Agent*），作者署名是约翰·威特威尔（John Whitwell），他自称在MI6工作了35年。菲利浦·奈特利设法找到了该作者，该作者的真名叫莱斯利·尼克尔森（Leslie Nicholson）。莱斯利·尼克尔森住在英国伦敦东区一家咖啡馆之上的一间破旧的屋子里，他患了癌症。菲利浦·奈特利邀请莱斯利·尼克尔森吃了一顿丰盛的午餐。菲利浦·奈特利一直认为获得成功报道的第一个诀窍是会喝酒，会喝酒是通往“即时友谊”的钥匙。在酒精的作用下，菲利浦·奈特利让莱斯利·尼克尔森开始说话，在喝到第四杯白兰地酒的时候，莱斯利·尼克尔森透露，金·菲尔比并不是低职位的外交人员，也不是低职位的MI6官员，从1945年开始，他的真正的职位是MI6反苏联部总长官。

这里面大有文章。这并非是不明智的官僚因帮助两个重要的朋友而惹上麻烦，事实是，英国情报机构建立了一个新的机构来对付苏联间谍的威胁，却让一个苏联间谍担任主管。有多少秘密被泄露，有多少计划成了泡影，有多少人因此丢掉性命？所有这一切都被隐藏在谎言之下，难怪官方在竭力阻止“洞察力团队”的调查。

现在，“洞察力团队”发现了具有更大价值的信息：英国MI6派金·菲尔比去华盛顿，同美国中央情报局和美国联邦调查局联络，交流情报；金·菲尔比泄露美国在苏联附属国阿尔巴尼亚的辅助军事行动计划，导致300人丧生；英国军情五处认定金·菲尔比的罪行，但是MI6保护金·菲尔比，并继续让他工作，直到他背叛。记者们还发现，唐纳德·麦克林提供给苏联的机密情报不仅仅关于外交，还包括相当敏感的关于美国核武器项目的信息。

“洞察力团队”的调查越来越深入时，政府继续向“洞察力团队”施压。 菲利浦·奈特利相信，政府以“洞察力团队”的调查威胁了国家安全为由，对“洞察力团队”记者的电话进行了窃听。英国首相的情报专家乔治·伟格（George Wigg），对丹尼斯·格林黑尔爵士大发雷霆，要求停止进一步的调查，并且暗示哈罗德·埃文斯，布鲁斯·佩奇是共产主义者。丹尼斯·格林黑尔爵士表示，他们会继续调查克格勃，而不是MI6。几天后，一个褐色的大信封送到《星期日泰晤士报》，信封上写着整个克格勃的“战斗序列”。这显然是吸引报纸报道一个新的故事；这也显然违反了《官方机密法令》，因为这些文件显然泄露出MI6对敌人了解哪些，不了解哪些。不久，哈罗德·埃文斯和其他报社的主编都收到一份来自“D notice”（由媒体代表和军事部门组成）委员会发来的警告，要求他们不要讨论过去或者现在的英国情报机构的工作，甚至不能指出他们的名字。

“洞察力团队”的调查进入冲刺阶段。大卫·雷奇产生了一个最简单的想法，在电话号码簿里查找金·菲尔比的信息，结果，他们发现金·菲尔比有一个叫约翰的儿子住在伦敦北部。更有意思的是，金·菲尔比的儿子想成为摄影师，他接受《星期日泰晤士报》的派遣，去莫斯科拍照，在莫斯科红场（Red Square），他给他流亡的父亲拍了一张很显眼的照片。

9月30日星期六的晚上，《星期日泰晤士报》不得不仓促发表了调查文章。因为，《观察家》报第一期刊登了金·菲尔比第三任妻子埃利诺（Eleanor）和《观察家》报记者帕特里克·西尔（Patrick Seale）合写的一本有关金·菲尔比的经历的书的摘录。为赶在对方前面发表关于金·菲尔比的调查报道，哈罗德·埃文斯把布鲁斯·佩奇的最新的调查结果作为头版头条发表，并配有金·菲尔比在红场拍摄的照片。

不久之后，MI6前主管斯图尔特·孟席斯继续假装金·菲尔比在该组织内并不重要；乔治·伟格控告《星期日泰晤士报》在破坏英国情报机构的声誉；英国外交部长乔治·布朗指出哈罗德·埃文斯是叛徒并且企图篡夺《星期日泰晤士报》所有者汤姆逊爵士对报纸的所有权。接下来的星期日，“洞察力团队”发表了一篇对前外交官约翰·雷德的采访——所有的一切都有了答案。不久前，约翰·雷德主动联络“洞察力团队”透露了更多由金·菲尔比导致的破坏的证据。约翰·雷德讲到，1945年，当他在伊斯坦布尔做外交官时，他看到忠诚可信的MI6官员金·菲尔比蓄谋帮助苏联情报机构官员康斯坦丁·沃尔科夫（Konstantin Volkov）叛逃。人们最后一次看到康斯坦丁·沃尔科夫是被押送进一架苏联军用飞机，飞往莫斯科。

关于金·菲尔比的调查报道发表后，“洞察力团队”又展开了一系列卓越的调查。著名的调查事件包括帮助430名残疾英国儿童获取合理补偿金的运动。这些儿童天生肢体发育不全，因为他们的母亲在怀孕期间服用了镇静剂沙利窦迈（Thalidomide）。截至1972年9月，当哈罗德·埃文斯开始发表关于此事件的调查报道时，这些孩子等待赔偿已经等了13年。但是这些报道很快受到镇静剂生产厂商以及政府的抵制。《星期日泰晤士报》被对方告上法庭，六年后，欧洲人权法院（European Court of Human Rights）判决《星期日泰晤士报》胜诉。

同样，1974年3月，一架道格拉斯DC-10客机在巴黎坠毁，有346人在此事故中丧生。“洞察力团队”花了很长时间和大量资金调查发现飞机出事是由机身本身结构缺陷造成的，而飞机制造厂商在此事故前就知道这些问题的存在。

回头看金·菲尔比事件，哈罗德·埃文斯后来写道：“外交官刚失踪时，新闻媒体报道很多，但是这些报道都很无效，因为没有人真正去调查这三名叛徒，所以该事件也未引起政府的关注。我们的调查充满了波折，又很费钱。但是，如果媒体不去做这些事情，谁又能去做？”

“洞察力团队”关于金·菲尔比的调查善始善终，也很具有想象力。但是在过去的16年内，他们所做的事情，任何报社稍有点能力的记者都可以去做。但只有《星期日泰晤士报》做到了，他们的秘密是“资金”。

当时的《星期日泰晤士报》很赚钱，在汤姆逊爵士的经营下，所赚的大部分钱又被循环运用到编辑部门身上。只要认为合适，哈罗德·埃文斯可以决定雇用哪位有才华的记者。这些记者几周都发不了一篇稿，或者根本不去办公室。但是他们对报纸新闻的质量产生了重要的影响：记者完成的稿件数量比报纸需要刊发的量要多得多，因此，版面编辑可以选择最好的稿件发表。哈罗德·埃文斯可以组织专门的团队进行不屈不挠的调查，也可以安排他们完成特殊的项目。《星期日泰晤士报》的记者们可以尽情地花他们需要的时间、需要的金钱去完成他们想报道的故事。

除此之外，报纸能报道这样的故事还有第二个原因——报纸对政府的态度。这体现在两个男人的身上：报纸的所有者汤姆逊爵士和主编哈罗德·埃文斯。他们两人都不认为让政府高兴是他们的职责。他们对政府是否让他们高兴也不感兴趣。他们就是为了新闻事业。政府向他们施压，让他们停止报道金·菲尔比事件，政府的大臣公开谴责哈罗德·埃文斯，控告《星期日泰晤士报》破坏英国情报机构，汤姆逊爵士不在乎任何冒险，很简单地回答了一句：“废话。”

1981年1月，《星期日泰晤士报》及其姊妹报《泰晤士报》被卖给了鲁珀特·默多克。两名资深记者随后记录下令人惊讶的类似场景。

《星期日泰晤士报》时政专栏作家雨果·扬（Hugo Young）回忆：“在他们第一次参观《星期日泰晤士报》时，默多克和他的同僚很清楚地流露出对《星期日泰晤士报》新闻风格的敌视和对新闻记者的蔑视。默多克任命的执行董事长侮辱记者爱吹牛，爱造假账，爱闲逛荡，是托洛茨基派（Trotskyites）。这种政治标签完全是无稽之谈。”

哈罗德·埃文斯接任《泰晤士报》总编。由默多克任命的《星期日泰晤士报》主编弗兰克·贾尔斯（Frank Giles）描述在哈罗德·埃文斯的送行会上，默多克和他的管理总监格瑞德·朗（Gerald Long）也在场。“我记得他们两人在人群外徘徊，嘟嘟囔囔地交谈，他们注视着喧闹的人群，满面愁容，好像不久他们的坏脾气就会发作似的。”

巨大的变化产生了。让我们看一下莫迪凯·瓦努努（Mordechai Vanunu）事件。

这是能让所有记者感到开心的事件——一个大的独家报道，可以震惊全世界。但是这个故事也带有巨大的冒险性。故事的来源非常脆弱。莫迪凯·瓦努努在以色列南部的一家特殊的军事基地工作了8年，他的工作内容是为以色列研究核武器。现在，他向《星期日泰晤士报》“洞察力团队”提供了详细的内部信息甚至图片来揭露以色列的秘密。如果《星期日泰晤士报》报道这则故事的话，他们不得不保护莫迪凯·瓦努努的人身安全。明摆着，以色列人会设法阻止他，比如通过法院、通过英国政府向他施压，或者直接去恐吓他。莫迪凯·瓦努努需要安全保障，但是《星期日泰晤士报》并没有给他。

1986年8月底，莫迪凯·瓦努努的故事最先在悉尼得到关注。莫迪凯·瓦努努把自己的经历告诉古怪的哥伦比亚人奥斯卡·格雷罗（Oscar Guerrero）。奥斯卡·格雷罗看到赚钱的机会来了，就和《星期日泰晤士报》取得了联系。“洞察力团队”的记者彼得·侯南姆（Peter Hounam）飞到悉尼，在奥斯卡·格雷罗的导引下，找到莫迪凯·瓦努努。9月11日，彼得·侯南姆带着莫迪凯·瓦努努飞往伦敦。在没有告知莫迪凯·瓦努努的情况下，《星期日泰晤士报》已经开始了秘密调查。

“洞察力团队”行动指挥罗宾·摩根（Robin Morgan）派记者前往以色列秘密调查莫迪凯·瓦努努所提供的信息的真实性。这是非常难的一件事，特别是在以色列这样一个警惕性很高的小国家。前去调查的记者马克斯·普让格内尔（Max Prangnell）年纪轻轻，又没有经验，他很愚蠢地让一名以色列记者直接到以色列谍报机构辛贝特（Shin Bet）问个究竟。

彼得·侯南姆带莫迪凯·瓦努努来到伦敦，竟然发现《星期日泰晤士报》已经为莫迪凯·瓦努努订好了房间——离报社不远的塔楼酒店（Tower Hotel）。彼得·侯南姆反对，这样做，莫迪凯·瓦努努很容易被发现。报社随即安排莫迪凯·瓦努努住进了位于赫德福德（Hertfordshire）的一家酒店。选这家酒店并非因为这家酒店更安全，而是因为《星期日泰晤士报》的一个董事长和住在附近的一个女孩有染，他可以趁机在此多和女孩约会，但可以告诉妻子，是过来处理莫迪凯·瓦努努的事宜的。

当彼得·侯南姆和其他记者在调查这个故事时，莫迪凯·瓦努努在酒店里呆烦了，并有些不安。《星期日泰晤士报》重新安排他住进报社附近的塔楼酒店。报社意识到不该这样做，又安排他住进马克斯·普让格内尔的公寓。莫迪凯·瓦努努不喜欢，于是，报社又安排他住进伦敦市中心的一家酒店。大多数时间，莫迪凯·瓦努努继续独自闲逛，完全不受《星期日泰晤士报》的过问。

报纸主编安德鲁·尼尔一直没有同莫迪凯·瓦努努签事前许诺好的合同，这令莫迪凯·瓦努努很恼火，暴躁不安。这也阻止了彼得·侯南姆的下一步工作的开展。

意识到保护莫迪凯·瓦努努的人身安全的必要性，《星期日泰晤士报》把莫迪凯·瓦努努藏在记者用车的后备箱里，进进出出报社办公室。却不管在其他时候，莫迪凯·瓦努努随意搭乘出租车。一周后，彼得·侯南姆意识到莫迪凯·瓦努努的危险处境。彼得·侯南姆在莫迪凯·瓦努努住的附近发现一个电影摄制组，并怀疑他们是以色列安全机构的。彼得·侯南姆担心莫迪凯·瓦努努已经被跟踪。

奥斯卡·格雷罗的出现令局势更糟糕。奥斯卡·格雷罗来到伦敦，打算从“莫迪凯·瓦努努故事”里捞点好处。莫迪凯·瓦努努向报社打了几个电话，结果很让他失望。莫迪凯·瓦努努向罗宾·摩根打电话，表示要“撤回”故事。罗宾·摩根并没有马上和他见面，而是告诉他别傻了，并派了一名见习记者三天后和他见面，了解他到底想要什么。到那时，奥斯卡·格雷罗早已采取了行动，他将整个故事告诉给了通俗报《星期日镜报》。《星期日镜报》和奥斯卡·格雷罗闹翻，并认为他是骗子，搜查他住的房间，并在他拿起箱子想要逃跑的时候，把他撞伤。

9月23日，星期二，《星期日泰晤士报》做出一个很令人不解的决定，他们来到以色列驻伦敦大使馆，向对方描述了他们计划报道的细节，包括他们掌握的一名在迪莫纳工厂（Dimona Plant）工作了8年多的技术师提供的证据和照片。后来，安德鲁·尼尔为他们的行动辩护：“我们遵守的是正当的记者的行为准则。”实际上，他们这样做根本没有必要，完全是在为自己考虑。《星期日泰晤士报》面临两种选择：一是，他们可以到以色列大使馆，让对方做出评价，风险是，以色列人会趁机打击他们的报道和报道的来源；二是，他们可以对报道进行保护，但是这样一来，他们更难断定故事的真实性。为了避免后者发生，他们选择前者，但是这样做，把信息提供者置于很大的危险之中。

局势越来越乱。以色列大使馆说了谎，否认了整个报道，并且告诉彼得·侯南姆“无论事实如何，我们不会带有任何偏见”。安德鲁·尼尔开始慌张，他担心整个事件都是场恶作剧。他表示在去核查报道的真实性的同时，要看《星期日镜报》如何处理这件事。其中一个核查的方式是，请教以色列的军事分析学家，而不管他是否会将该信息泄露给以色列的情报机构。

莫迪凯·瓦努努开始反抗。安德鲁·尼尔还没有和他签合同。莫迪凯·瓦努努抱怨他们没有给他零花钱，他开始感到不安、暴躁，他说自己忘记怎么回事了，他要去旅行。《星期日泰晤士报》内的信息沟通如此差，以至于没有人告诉彼得·侯南姆关于莫迪凯·瓦努努威胁报社的事，也没有人告诉彼得·侯南姆，在他们去过以色列大使馆的第二天，莫迪凯·瓦努努在他居住的酒店附近碰到一个金发女子。女子说自己的名字是辛迪（Cindy），莫迪凯·瓦努努很喜欢这个女子，也很信任她，却不知道，这个女子的真实身份是以色列间谍。

《星期日泰晤士报》没有任何保护莫迪凯·瓦努努的计划。他们考虑过，报道之后，以色列政府肯定不会同意莫迪凯·瓦努努回国，那他以后应该去哪里生活，但是他们并未就此采取任何措施。得知报纸已经向以色列驻伦敦大使馆泄露了报道计划，莫迪凯·瓦努努身处险境，报社一高层想出一个怪诞的主意：让莫迪凯·瓦努努坐大巴游苏格兰。彼得·侯南姆猜想这一定是罗宾·摩根的主意，但是，安德鲁·尼尔声称是自己的想法。

9月28日，《星期日镜报》报道了整个故事，标题是“以色列的怪事和核武器骗子”（The Strange Case of Israel and the Nuclear Conman），谴责奥斯卡·格雷罗，并暗示莫迪凯·瓦努努的故事可能是虚构的。这个报道角度可能是由当时报社的主编罗伯特·麦克斯韦决定的。罗伯特·麦克斯韦可能为以色列政府工作，如此报道故意去误导《星期日泰晤士报》。对莫迪凯·瓦努努而言，最致命的是《星期日镜报》刊登了他的照片，他现在已经成了他的“敌人”的公开目标——《星期日泰晤士报》做出一个委婉的决定，不让莫迪凯·瓦努努知道，《星期日镜报》已经发表了关于他的报道。

第二天，彼得·侯南姆终于被告知，莫迪凯·瓦努努和神秘的辛迪在一起。他警告莫迪凯·瓦努努，辛迪可能是间谍，但是莫迪凯·瓦努努不管这些。9月30日，莫迪凯·瓦努努和辛迪飞往罗马。辛迪建议莫迪凯·瓦努努住在她姐姐家，因为这样会让她感觉更放松，更想和他做爱。他们到达了罗马辛迪姐姐家的公寓，在此，莫迪凯·瓦努努遭遇两个人的袭击，并被他们捆绑起来。

10月5日，《星期日泰晤士报》终于刊出报道——《揭露：以色列核武器的军工厂》，文章中包含有引言、图片、照片和6000字的文字报道，覆盖了半个头版和内页两个整版。文章发表时，莫迪凯·瓦努努正躺在一辆货船的地板上，被运往以色列。他的眼睛被蒙着，双手被捆绑着，之前，他一直都痴痴地相信《星期日泰晤士报》会对自己的安全负责。莫迪凯·瓦努努在监狱里呆了18年，其中11年被单独监禁。

彼得·侯南姆描述《星期日泰晤士报》的做法荒谬，不负责任，令人费解，并向莫迪凯·瓦努努公开道歉：“很抱歉，我甚至让你相信我们会对你将来的幸福负责。”

令人惊讶的巧合是，在金·菲尔比事件中，苏联情报机构在土耳其绑架了一名潜在的叛徒，是金·菲尔比导致这一事件发生。在莫迪凯·瓦努努事件中，以色列情报机构绑架了一名潜在的告密者，但是这一次，是由报纸导致的。

《星期日泰晤士报》变了——很简单，《星期日泰晤士报》能力在下降。报纸主编安德鲁·尼尔非常擅长政治和经济，但是他缺少哈罗德·埃文斯所具有的进行复杂调查的经验。罗宾·摩根很擅长写文章，但是他也缺乏调查经验，缺少布鲁斯·佩奇那样的智慧。彼得·侯南姆是出类拔萃的调查报道记者，但是在调查最关键的时刻，却由年轻记者接手协助其调查，即使他的愿望再美好，也难以实现。

报纸能力的下降，也反映出其他方面的变化。有经验的记者陆续离开傲慢的鲁珀特·默多克、恼人的安德鲁·尼尔，最后是整个望平街——1986年，鲁珀特·默多克不顾工会的抗议，执意将旗下的报纸迁到这里。

除了报业人才的流失，最重要的是——报纸所遵循的最基本的原则改变了。最鲜明的事件是，1983年4月，鲁珀特·默多克突然通知《星期日泰晤士报》要连载希特勒日记。报社顾问迪克瑞爵士（Lord Dacre）怀疑日记的真实性。鲁珀特·默多克回复了一句著名的话："操，迪克瑞。发表！"当时的主编弗兰克·贾尔斯意识到真正的危险："独家新闻的重要性已经超过了对新闻进行核查、报道真实历史的重要性。"

不真实的新闻未必是对以赚钱为目的的公司的冒犯，但一定是对有职业心的记者的冒犯。当汤姆逊爵士在位时，他会提供足够的资金，支持记者创作高质量的报道。鲁珀特·默多克对采访资金进行了一次又一次削减。1994年，安德鲁·尼尔终于离开了报纸。在欢送会上，鲁珀特·默多克点评安德鲁·尼尔的"伟大贡献"：用同样多的员工，安德鲁·尼尔生产的报纸是哈罗德·埃文斯生产的报纸的三倍。鲁珀特·默多克和安德鲁·尼尔都觉得这样做没有什么错。当时，"洞察力团队"的命运是，因为缺乏新闻资源、人力资源，不得不被缩减成对新闻故事的跟踪报道。"洞察力团队"被戏称为"事后报道团队"（Hindsight Team）。

《卫报》前主编斯考特（C.S.Scott）曾经建议："报纸主编和经营管理人员要联手共进，走到前面的，要明白，和后者保持一两寸的距离。"在回顾舰队街的衰亡过程时，历史学家可能会认定安德鲁·尼尔是这个过程中不可忽视的一个人物，是第一个以商业利益为重的主编。

1984年10月，鲁珀特·默多克接管《星期日泰晤士报》三年后，雨果·杨在《政治月刊》上形象地描述鲁珀特·默多克和他的追随者："没有足够的员工，没有足够的经验，没有足够的时间。但是他们却自以为了不起。"他继续分析新的《星期日泰晤士报》的弱势。他指出，这份报纸一向很公正，拒绝和任何党派为伍，"《星期日泰晤士报》的源动力是：他们相信如果没有正确的监管，政府很有可能成为'有权无责'的代理机构。保持《星期日泰晤士报》的无党派身份，对维护新闻的真实性至关重要。”雨果·杨继续写道，“洞察力团队”体现的是报纸独有的个性：重视事实而不是政府的鼓动宣传，重视提问，而不是根据编辑方针设置好的答案。

现在，雨果·杨认为这种状况已经发生了变化。他举了一个例子。当核裁军运动者反对美国巡航导弹在英国设立据点，在伦敦进行大规模示威游行时，《星期日泰晤士报》的报道标题是“核裁军运动的黄昏”。1984年，在报道英国矿工大罢工时，报纸完全和政府同一战线，以至于“几周后，即使理解力最迟钝的读者，也不禁怀疑，是不是报纸接受了政府的贿赂”。

雨果·杨看到的正是鲁珀特·默多克的一贯行为：为了商业利益，他和玛格丽特·撒切尔联盟，为了维持这样的联盟，他给报纸注入右翼立场，这个立场和当时报纸主编安德鲁·尼尔个人的政治立场不谋而合。

雨果·杨总结这种变化的实质：“以前的《星期日泰晤士报》，在正常发挥作用时，会站在后边，向双方提难回答的问题；现在的《星期日泰晤士报》，成为一方的同盟……新闻调查依靠的是中立和专业的能力，如今，这种调查的传统，已经被全部抛弃了。”

所有的一切都始于官方的错误信息。1988年3月6日下午4点45分，英国国防部向媒体发表公告，在位于西班牙南端的英属岛屿直布罗陀发生一起枪击事件，三名爱尔兰共和军恐怖分子被保安部队击毙，公告称，发现“一枚可疑的炸弹”。

记者纷纷致电国防部新闻办公室，希望获得更多的信息。那天晚上9点，BBC报道了该新闻，并解释，警方在 辆雷诺车内发现一枚500lb炸弹，并成功将炸弹拆除。英国独立电视台的报道是，一枚炸弹被成功拆除，并补充，恐怖分子和保安人员交火，后被击毙。“权威机构负责人迅速赶到灾难现场，一枚炸弹被遗留在拥挤的街道，枪战时，很多平民在场。”这些报道播出后，国防部发表了另一份公告：“军事人员拆除了可疑的炸弹。”第二天，所有的日报都报道了这一条新闻，武装部大臣在BBC电台的直播节目中一遍遍地重复这个故事，解释炸弹被成功拆除。

事实是，星期日下午3点47分，三名爱尔兰共和军的恐怖分子，包括两名男子和一名女子，被直布罗陀的SAS特种部队成员击毙。当时双方并没有交火，因为保安人员很快发现，三名恐怖分子并没有携带任何武器。而且，截止到当晚7点半，保安人员也没有发现任何炸弹，更没有拆除炸弹。其中一名恐怖分子的确开过一辆雷诺车。但是说车里安装了炸弹完全是国防部的编造。24小时后，星期一下午3点半，国防部承认了事实。当时，外交部大臣杰弗里·豪斯（Geoffrey Howe）在英国下议院就此事件发表了讲话。

对于星期日报纸而言，这个故事再合适不过。他们可以花整周的时间去调查真相。并且，也不缺少报道角度。比如国防部的信息误导；比如爱尔兰共和军的其他行动：比如星期二，西班牙警方在离直布罗陀40公里外的马尔贝拉（Marbell），发现被爱尔兰共和军恐怖分子租用过的车里含有大量炸药；比如政府对直布罗陀枪击事件的调查，很显然，当地警察在调查一起由他们自己导演的恐怖事件，奇怪的是，政府允许特别空勤队离开直布罗陀，而没有安排对方接受媒体的采访；比如特别空勤队是否应该射死手无寸铁的两名男子和一名女子。

最后一个报道角度被《每日电讯报》选用了。《每日电讯报》一向支持政府，这一次，他们发表了重要的警告："除非希望英国的敌人看到英国充满如此众多的鼓动宣传，政府应该解释为什么有必要在街上射死三名恐怖分子，而不是逮捕他们，为什么特别空勤队会出现在该区域……在民主社会，遵守文明的克制力是成功的反恐怖政策的重要组成部分。"

放弃可以去调查的机会，《星期日泰晤士报》找到最初报道错误信息的官方来源，依靠他们所提供的信息写出一篇新的文章，标题是"特别空勤队：我们为什么对爱尔兰共和军歹徒开枪"。同时，他们宣称，"这是英国保安服务的又一大胜利"。他们把具有争议的国防部的大段总结当作事实发表。

比如，西班牙警方和内政部提供了很详细的报告叙述他们如何跟踪爱尔兰共和军恐怖分子从马尔贝拉到直布罗陀边境。但这让英国政府很难堪，因为他们无法解释如何让这些全副武装、携带了炸药的恐怖分子，在一个阳光灿烂的周日的下午，进入直布罗陀境内。面对西班牙提供的详细跟踪记录，以及英国国防部否认西班牙的行动，报纸该怎么做？《星期日泰晤士报》的解决方案很简单：他们根据英国国防部的观点，简单地指出，西班牙警方"和恐怖分子失去联系"，而不告诉读者任何西班牙权威机构的观点。

同样，他们报道特别空勤队相信恐怖分子在直布罗陀安装了炸弹；其中一名恐怖分子在离开车之前，"好像在车里不停地摆弄着什么"；一名军官"看见什么东西暗示雷诺车内有炸弹"。这一切有可能是真实的，但是相当不确定，完全无法证实，根据仅仅是国防部的说法。在前一周，其他报纸已经找到证人，这名证人表示，她看到特别空勤队的人走到其中一名恐怖分子的背后，没有给对方任何警告就把对方射死。《星期日泰晤士报》将她的证词埋没在第13版一则辅助报道的第十段。

到现在，报纸也不再把为谁效忠当作一件保密的事情。《星期日泰晤士报》成了玛格丽特·撒切尔政府的拉拉队队长。在回忆录《全部曝光》（*Full Disclosure*）

中，安德鲁·尼尔得意洋洋地描述："在撒切尔夫人当权的岁月里，每到艰苦的时刻，《星期日泰晤士报》和她肩并肩，她的战役就是我们的战役。"不是去审视现有的证据，安德鲁·尼尔的报纸刊登了一系列和他们的编辑立场相符的报道。

"洞察力团队"的报道质量在下降，但是右翼通俗报的报道更糟糕。7周后，1988年4月28日，泰晤士电视台播出了45分钟的电视节目《直布罗陀的死亡事件》，试图找出整个事件的真相。节目中，四名证人从各个方面怀疑官方的两个声明：第一，因为恐怖分子可疑的手部运动，特别空勤队就认为他们是危险人物，存在威胁；第二，在开火之前，特别空勤队喊叫着发出警告。政府竭尽阻止这档节目的播出，但是英国独立广播管理委员会（Independent Broadcasting Authority）抵制这个决定。

《星期日泰晤士报》马上做出反应。之前，报社特别报道主编罗宾·摩根和泰晤士电视台就关于捷克政治异议者的节目产生过争论，认为对方的节目不真实。现在，他直接找到对方节目主编，告诉他们制作的关于直布罗陀的节目不可信。安德鲁·尼尔欢迎各类的建议，但是他强烈反对任何左翼或者自由主义观点，他曾经身为保守党员、基督教统一党员，这令他更加反对爱尔兰共和党。

两名"洞察力团队"记者被派往直布罗陀调查该事件。他们向四名证人播出了《直布罗陀的死亡事件》的录像，问对方是否有任何抱怨。随后，《星期日泰晤士报》发表了题为《直布罗陀死亡事件续：特别空勤队没有过错》的文章，向泰晤士电视台发起强烈的进攻。《星期日泰晤士报》再次遵守官方的报道立场。但是这一次，一场内战开火了——在一线工作的"洞察力团队"记者狠狠地抱怨他们的工作被扭曲。

记者向以他们的调查材料为依据撰写出稿件的罗宾·摩根抱怨，罗宾·摩根拒绝对方的批评。记者谴责他歇斯底里，罗宾·摩根同样回击这样的谴责，他反而谴责记者"高傲，高高在上，趾高气扬，粗鲁，华而不实，不专业，自以为是，愚蠢，是被宠坏了的乳臭未干的孩子"。

开始，产生争执的双方主要是罗宾·摩根和"洞察力团队"的记者罗斯·沃特郝斯（Rosie Waterhouse）。不久前，罗斯·沃特郝斯找到《直布罗陀的死亡事件》中提到的证人，并向他们播出了该节目的录像。其中一名证人名叫斯蒂芬·波洛克（Stephen Bullock），当特别空勤队员在射伤三名恐怖分子时，斯蒂芬·波洛克与他的妻子和孩子正在街道上散步。

罗斯·沃特郝斯的文章开头写道：斯蒂芬·波洛克，在西班牙加迪斯（Cadiz）居住的出庭律师，认为这场射击是在"执行死刑"。但是她的观点并没有被写进《星期日泰晤士报》的报道。

罗斯·沃特郝斯继续处理棘手的问题。斯蒂芬·波洛克的证词和卡门·珀若塔（Carmen Proetta）的证词相矛盾。卡门·珀若塔清楚地告诉泰晤士电视台，其中一名恐怖分子举起手来表示投降，但还是被枪杀了。罗斯·沃特郝斯继续解释，斯蒂芬·波洛克并不十分确定："斯蒂芬·波洛克只看到那名恐怖分子被射中，倒在地上。但是，卡门·珀若塔所言与他看到的并不一致。"此时，《星期日泰晤士报》的报道却是："'洞察力团队'已经确认，卡门·珀若塔的证词并不准确……出庭律师斯蒂芬·波洛克明确认为，恐怖分子举起手来防卫，并不是投降。"

罗斯·沃特郝斯又去采访了另外一名证人约瑟芬·西塞莉娅（Josie Celecia）。约瑟芬·西塞莉娅确定无疑："在开火之前，特别空勤队员没有发出任何警告。"《星期日泰晤士报》没有报道此观点。但是报纸里提到的是，约瑟芬·西塞莉娅离事发地太远，根本无法听到任何警告。

罗斯·沃特郝斯的报道中写道，约瑟芬·西塞莉娅和她的丈夫就卡门·珀若塔的证词中的某个细节产生争议。卡门·珀若塔表示，两名恐怖分子在临死前，回头向背后正鸣着笛的警车望去。他们认为，卡门·珀若塔的说法很"荒谬"。但是他们的意见被发表在《星期日泰晤士报》上，却成为"约瑟芬·西塞莉娅表示，卡门·珀若塔认为恐怖分子试图投降的证词很'荒谬'"。

之后的周二，员工们陆续到达办公室，罗斯·沃特郝斯直面罗宾·摩根，罗斯·沃特郝斯表示："这样的报道玷污了《星期日泰晤士报》的名声，我们只是在证明某一种观点，错误地再现、引用采访到的材料——实际上，我们和泰晤士电视台的所作所为不相上下，都在曲解事实……显然，你觉得我的态度有问题……"

罗斯·沃特郝斯担心，《星期日泰晤士报》和国防部站在同一战壕，尽管这已经是事实。比如，关于警车到底在什么时间鸣笛的争论。泰晤士电视台的证人卡门·珀若塔表示，她听到警笛声后向窗外望去，目睹了整个事件。但是英国政府的观点是，在射击后，警笛响起。因此，到卡门·珀若塔向窗外看时，她不可能看到特别空勤队员是否发出过警告，恐怖分子是否举起手来投降。《星期日泰晤士报》确定无疑地报道："'洞察力团队'确定，警方是在第一声枪响后鸣的笛。"他们仅有的证据是什么？一名身份保密的"权威国防部官员"确认，他们向调查部门提交的证据将"非常确定"地证明这样的观点（但是并非如此）。

在提交给罗宾·摩根的备忘录中，罗斯·沃特郝斯列出报道中九条令她感到气愤的细节，同时，她记录下她采访过的人的反应："约瑟芬·西塞莉娅夫妇否认他们说过卡门·珀若塔的证词很荒谬，斯蒂芬·波洛克大怒，表示他的证词完全被误解、被错误地报道。"斯蒂芬·波洛克向《星期日泰晤士报》写了一篇投诉信，并且将他所经历的详情以及报纸的报道一起邮寄给泰晤士电视台。

第二周，情况变得更糟糕。罗斯·沃特郝斯被再次派往直布罗陀，和她同往的还有“洞察力团队”记者大卫·科耐特（David Connett）。之后，两名记者回到伦敦同时向罗宾·摩根汇报，他们都很担心罗宾·摩根故意支持官方的观点，不愿意听到任何和官方观点不一致的说法。大卫·科耐特说服罗宾·摩根许诺，在发表故事之前，和他们两人商议，并读给他们听。在整个事件中，他们三个人只用电话联络，玩了一场捉迷藏的游戏。结果，罗宾·摩根在没有和他们商量的情况下，写出报道；在没有读给他们听的情况下，发表了这篇报道。后来，两名记者得知报道的内容后和罗宾·摩根吵了起来。

罗斯·沃特郝斯向罗宾·摩根写道：“现在，我发现自己处于难防守的阵地。如果有人让我支持这两篇报道中涉及我所采访的部分内容，我不会去做。”罗宾·摩根给她和大卫·科耐特回信：“罗斯·沃特郝斯对我很无礼，她似乎在教训我应该怎么工作。她已经将这件事絮絮叨叨一周多了，我早就听烦了。”罗斯·沃特郝斯回复：“每一次当我质疑官方的报道立场，想要辩论，想知道约瑟芬·西塞莉娅和斯蒂芬·波洛克到底说过哪些没有说过哪些时，你总是认为这是人身侮辱。但是‘洞察力团队’的作用不正是调查事实么？”

大卫·科耐特也向罗宾·摩根写信，抱怨所刊发的报道的“严重的不准确和遗漏”。他最担心的是，这篇报道并没有纠正之前的报道中的官方观点，“‘洞察力团队’调查后确认，在第一声枪击后，警方开始鸣笛”。大卫·科耐特采访过直布罗陀总检察长和一高级警官，他们都认为这种说法是错误的。但是《星期日泰晤士报》在所发表的文章中，并所有加进他们的观点。大卫·科耐特补充：“在我看来，在强有力的证据面前，我们对所遵守的报道原则很令人困惑。”

参与该事件报道的第三名记者是在《星期日泰晤士报》伦敦办公室工作的巴瑞·潘罗斯（Barrie Penrose），他同样抱怨：“最近几周，我对我们的报道强烈不满，总之，我看到的是我们的报纸如何错误地使用事实和证人，来攻击泰晤士电视台的节目。上周，我督促你能够审视所有的报道，听一线记者们的话，但是根本没有用。”

罗宾·摩根一点不后悔，坚称他所做的只不过是把不同记者采访到的原材料组织起来。《星期日泰晤士报》也拒绝后退，继续向泰晤士电视台发动进攻，而根本不告诉读者，他们自己的记者正给他们的报道纠错。

之后的几个月，一些员工也开始抗议。因莫迪凯·瓦努努事件而离开“洞察力团队”，但还在《星期日泰晤士报》工作的彼得·侯南姆，设法发表了一篇文章，质疑国防部版本的直布罗陀的死亡事件。支持他的是报纸的新闻运营部主编罗伊·葛林史莱德（Roy Greenslade）。罗伊·葛林史莱德拥护爱尔兰共和党的事业，并偶尔为爱尔兰的新芬（Sinn Fein）党报《共和党新闻》（*An Phoblacht*）写稿。他的匿名是乔治·金（George King）。罗伊·葛林史莱德在新芬党的联络人向他提供了关于直布罗陀枪击案的有用信息，但是罗伊·葛林史莱德感到无法通过公开渠道公布这些信息，原因很简单，因为这些信息来自共和党。于是，他运用了一个小小的策略。他假装是爱尔兰人，向彼得·侯南姆打了一连串的电话，通报了这些信息——说这些信息来自他的一个飞机驾驶员朋友，这位朋友偶然偷听到特别空勤队员的谈话。

枪击案发生九个多月后，《星期日泰晤士报》被迫改变自己的立场。《星期日泰晤士报》的报道受到两个方面的攻击：直布罗陀审讯案中所涉及的细节，尽管陪审团并没有下结论认为枪击恐怖分子是合法的；保守党成员和前北爱尔兰大臣温德尔沙姆（Windlesham）爵士对泰晤士电视台制作的电视节目进行调查。

在1989年1月刊登的一篇未署名的文章中，《星期日泰晤士报》承认他们之前的报道存在失误。但是这个“认错”含在另外一篇报道之中。他们承认罗斯·沃特郝斯所采访的两名证人并不能推翻卡门·珀若塔所提供的证据；他们承认他们故意声称其中一名证人认为卡门·珀若塔的证据是“荒谬”的；他们承认故意报道这名证人根本无法听到特别空勤队的警告；他们承认故意很有把握地报道警车在第一声枪击后鸣笛。然而，他们并没有告诉他们的读者这些或者其他批评早在数月前就被他们自己的记者指出来了。他们也没有向读者解释，扭曲报道的深层原因是他们心甘情愿报道未经过验证的政府的观点，而最初，官方故意误导信息。

在此，你可以看到毒药化工厂是如何运转的。鲁珀特·默多克在乎的是商业利润，而不管是否是鼓动宣传。鲁珀特·默多克委任的主编安德鲁·尼尔，有鲜明的政治立场，和玛格丽特·撒切尔同一战壕。报道中透露出对爱尔兰共和党的野心的极度敌视。很显然，《星期日泰晤士报》不能客观报道直布罗陀枪击事件的原因之一是受政治党派性的影响。当然，同样清晰可见的是新闻“抄闻”主义的蔓延，腐蚀着报道真相的新闻业：缺少员工，缺少经验，缺少时间，调查不完整；安全、容易获得的官方信息，比如来自以色列大使馆、国防部的信息；面临恐怖主义的道德恐慌；站在电网的右边，指责泰晤士电视台。对直布罗陀枪击事件的报道，与它同名的报纸成为情报机构的受害者，国防部通过新闻办公室向报纸提供政府的鼓动宣传。

很多都在改变。

继哈罗德·埃文斯之后，《星期日泰晤士报》主编弗兰克·贾尔斯，回顾前任主编在任时的成就，感慨道："哈罗德·埃文斯的所作所为完全否认了这样的理论——要成为成功的领导者，首先要成为不受欢迎的人。"从来没有人如此评价安德鲁·尼尔。有些记者宁愿把自己吐出来的东西重新吃进去，也不愿意为安德鲁·尼尔工作。当然，喜欢跟着他干的人，对他敬仰三分。

他们认为安德鲁·尼尔的确希望报道好新闻，即使在鲁珀特·默多克的领导下，这样做有很大的难度。尽管他经常妥协、失败，但是有时他也站起来和权威对抗。比较著名的是，他同撒切尔政府打官司，试图发表英国军情五处（MI5）官员彼得·怀特（Peter Wright）的日记。他同样不希望和舰队街的其他报纸为伍，能够独树一帜，尽管这样做很难。臭名昭著的是，他拒绝接受人们对艾滋病的共识，认为艾滋病只是发生在同性恋者和吸毒者之间的常见病，攻击政府关于异性在做爱时也容易传染艾滋病的说法。在安德鲁·尼尔担任《星期日泰晤士报》主编时，真正的新闻在挣扎，但是还没有死亡。

午饭后，女同性恋复仇者（Lesbian Avengers）到达。记者们都在离报社正门不远的新闻办公室。几十名女子带着哨子、扩音器闯进来，并且用手铐把自己铐在桌子腿上。

她们是冲着《星期日泰晤士报》记者墨利斯·奇坦登（Maurice Chittenden）来的。之前，墨利斯·奇坦登发表文章讽刺女性是穿着马汀大夫（Doc Martins）牌子高筒靴的麻烦制造者。当女同性恋复仇者闯入时，墨利斯·奇坦登恰好站在那里。

"墨利斯·奇坦登在哪里？"一个人问道。

"墨利斯·奇坦登？"墨利斯·奇坦登回答，"我想，他可能在图书馆——我去把他找来。"

报纸的新主编约翰·韦瑞若（John Witherow）走出来，怒视着这些女子，安排员工打电话叫警察。很快，闯入者被遣散。除了第二天《世界新闻报》提到约翰·韦瑞若和女同性恋以及手铐，这场威胁没有带来更多的影响。但是理查德·艾立丝（Richard Ellis）有了一个好主意。

理查德·艾立丝曾经在《太阳报》任职，现在是《星期日泰晤士报》的新闻部经营主编，他不喜欢女同性恋复仇者的所作所为。他召集报社的其他领导开会后决定，他们需要渗入对方：他们将要派女记者卧底揭露她们的险恶行径。决定刚下，记者很快就被选好了。塞伦·拜恩（Ciaran Byrne）将去做卧底。这个决定很奇怪，因为塞伦·拜恩是见习记者，没有多少报道的经验，更别说卧底的经验了。做卧底的要求很高，并且很危险。再说，塞伦·拜恩是个大男人。这些都是麻烦。

塞伦·拜恩本人也不想去做卧底。他抱怨，只要他一开始讲话，那些女子就会认出他来。报社一执行董事表示：没事。他们会请发音老师辅导他如何像女性那样说话。他们还会请服装设计师教他如何像女性那样穿衣打扮。塞伦·拜恩继续反对，仍然觉得自己不像女性。但是执行董事解释："这就对啦，那些女的都丑陋极了，看起来像是男人！"塞伦·拜恩感到有点绝望了：他只有23岁，他是冲着"洞察力团队"来到《星期日泰晤士报》的，结果《星期日泰晤士报》变成了"星期日运动会"。如果他按照报社要求的去做，那肯定是一种羞辱。而且报社执行董事说得很清楚，他们不会让他说不的。

幸运的是，另外几名资深记者听说报社要派塞伦·拜恩做卧底，他们建议理查德·艾立丝和报社的执行董事取消这个计划，因为这并非是个好主意。塞伦·拜恩脱身了，但是他之后的日子并不好过。之后的很多个月，他发现自己陷入职业的黑洞——被要求写些垃圾报道，他自己的采访计划被交给其他记者实施，即使是由他写的文章，编辑也不给他署名。

1995年1月，安德鲁·尼尔和鲁珀特·默多克彻底闹翻，安德鲁·尼尔的职位被约翰·韦瑞若接任。安德鲁·尼尔在职时，《星期日泰晤士报》的质量在下降，有经验的员工纷纷离职，因为政治偏见渗入新闻的采编过程中，新闻的真实性被腐蚀。如今，在约翰·韦瑞若的领导下，报纸又有些改变，进入彻底的实用主义时代。当时在《星期日泰晤士报》工作的记者纷纷表示，"根本没有任何原则"，"没有任何界限"，报纸被商业驱动力所掌控。

哈罗德·埃文斯在职时，报纸所有者向他提供大量的资源，鼓励他报道好故事。而鲁珀特·默多克削减员工数量，减少资金投入，只要求记者们多报道独家的小道消息。此时的记者，在无情的压力之下，不得不歪曲事实，编造引语，甚至编造整个故事，违法（或者男扮女装）。一名很有经验的记者总结："《星期日泰晤士报》希望报道不需要花钱、不需要费力的新闻，并且报道得要快。"

往回看，这种实用主义在安德鲁·尼尔在职时，就初露端倪了。哈罗德·埃文斯热衷雇用有才能的人，安德鲁·尼尔是无情的裁员者。他解雇了很多观点偏左的记者，记者们秘密进行了一次投票，发现新闻办公室内至少有一半人是保守党的拥护者。被解雇的记者中包括著名的调查性报道记者西蒙·弗里曼（Simon Freeman）。

在他的个人传记中，安德鲁·尼尔称赞西蒙·弗里曼曝光英国女王和首相玛格丽特·撒切尔之间互相厌恶的关系。这篇报道在英国王宫和唐宁街引起一片哗然。双方都竭力否认，但是并不成功。安德鲁·尼尔表示这正显示了他作为主编的功绩。在这个过程中，他再次犯了在莫迪凯·瓦努努事件中的错误，意外曝光了女王的新闻秘书迈克尔·辛恩（Michael Shea），她是记者西蒙·弗里曼联络的匿名的新闻来源，安德鲁·尼尔把一切都搞砸了，却依然喜气洋洋。

为庆祝西蒙·弗里曼的成功，安德鲁·尼尔在他的公寓里召开了庆祝晚会。其中一名客人回忆，安德鲁·尼尔大步走到他的音响旁边，向所有人宣布，他要活跃一下晚会的气氛：他打开《闪电舞》的音乐，把音量调到最高，脱下夹克，亮出标有“闪电舞”的衬衫，然后开始独舞。后来没过多久，西蒙·弗里曼被解雇了。

有一次，报社奖励西蒙·弗里曼去美国工作，去主管报社华盛顿分社，后来，他被告知美国的工作由别人做了，他在伦敦的职位也没有了。势力越来越薄弱的记者工会决定为西蒙·弗里曼鸣不平，结果也没有什么用。不管是否是来自唐宁街的压力，还是来自英国王宫的压力，或者是来自报社所有者、流通阅览部的压力，或者仅仅是主编的武断的心血来潮，安德鲁·尼尔一下子变了脸。英雄西蒙·弗里曼被裁了。

同时，鲁珀特·默多克雇用了几名新的执行董事，这几名执行董事来自通俗小报。他们的脸皮很厚，善于选取有利于报纸销售的新闻，擅长通俗小报的报道技巧；私人调查，诈骗。几名记者描述新闻采编室的气氛——“令人恐怖的气息”。

他们谈论墙上挂着的图表——图表上列着的是记者发头版头条报道的情况；他们谈论哪位记者受欺负后泪流满面；谈论年轻的记者被赶鸭子上架，做他们根本不能应付的工作。

在报社强迫塞伦·拜恩去做卧底的同时，《星期日泰晤士报》在报道另外一则可能会引起轰动的新闻。这则新闻是由一名对性出奇着迷的男子提供的。这名男子在酒吧里色迷迷地看着女孩子，头探出车窗，喊叫着评价街上的女孩子。这个人的攻击性也很强。为了确保这个人不会向别的报纸提供同样的新闻线索，《星期日泰晤士报》不得不派人和他呆在一起（被称作“看孩子”）。无论是愚蠢，还是凶残，《星期日泰晤士报》选了一名女见习记者去做这件事。她很快发现，她成了这名男子的“猎物”。她的同事告诉她，她得和这名男子保持距离。当女孩向报社抱怨时，报社的答复是她得继续照管这个男子。

这种氛围导致的破坏性极强。一些有才华的记者拒绝到《星期日泰晤士报》工作。那些留下的，不是缺少技能，就是缺少时间，不能尽职地工作。那些执行董事自己也别无选择，面临无情地报道独家新闻的压力，他们只能在压力下挣扎。报纸陷入困境。但是只要有独家新闻可报，报纸就卖得出去，鲁珀特·默多克及其追随者就很高兴。

1996年春天，一名不开心的会计向《星期日泰晤士报》打电话，报料他曾经为杰弗里·阿切尔（Jeffrey Archer）工作，但是他们两人已经闹翻了，杰弗里·阿切尔拒绝支付他的薪水。他想让大家知道，因为愚蠢的投资，因为无可救药的贪婪，杰弗里·阿切尔赔了37.5万英镑。《星期日泰晤士报》派调查报道记者大卫·莱珀德（David Leppard）和这名会计联系，报道这个故事。杰出的合作伙伴关系就此诞生。

那些和大卫·莱珀德工作过的人对他的评价是两个极端。有人认为他是很优秀的记者，拥有无数的线人和无穷尽的新闻线索。有人认为他滥竽充数，假冒是内行，欺骗他的线人，编造故事。无论评价是好是坏，大家的共识是，他是《星期日泰晤士报》新闻采编室的核心人物。

大卫·莱珀德发现，这名会计贝瑞·波导（Berry Beardall）是和他一样拥有野心的人。在向报社打电话时，这名会计50岁。他人很聪明，但是行动缓慢。当他思考时，他的速度像是专业侦探，但是他身材较胖，边走边喘。他特别守时地出席各类商业会议，做做假账，打擦边球，但他并非特许会计师。最后因为造假账，他被关进监狱。

贝瑞·波导成为《星期日泰晤士报》的前锋。和大卫·莱珀德一起工作，他利用自己财会方面的特长建立了伪公司，设立伪账户，编造公司的伪历史。然后进行调查，或者通过歪门邪道获得信息，或者根本就是设置圈套诱骗。

他为大卫·莱珀德的第一次效劳是，从为工党领袖托尼·布莱尔工作的金融顾问那里获得机密信息，但是这次计划流产了。《星期日泰晤士报》全力赞助了这次行动，当时托尼·布莱尔正在为将在1997年5月份举行的选举做准备。也是在这次选举中，托尼·布莱尔当选为英国首相。

为了解工党领袖的资金使用情况，贝瑞·波导创建了迪尔森（Dealson）管理公司。为隐藏他和这家公司的直接联系，他在爱尔兰共和国注册了这家公司。同时，这家公司的股份归其他三家公司所有。其他三家公司也分别在爱尔兰共和国、男人岛（Isle of Man）和伦敦注册。以迪尔森管理公司金融顾问的身份，贝瑞·波导和托尼·布莱尔的会计取得联系，咨询如何建立海外信托基金。那些会计推荐了泽西（Jersey）岛的一家管理公司。在《星期日泰晤士报》的资助下，贝瑞·波导和他的朋友山姆·劳德（Sam Lord）一起飞往泽西岛。他们冒充为工党议员建立信托基金，想从对方那里窃取信息，但是一无所获。

若不是因为务实，报纸也不会进行这次调查。调查中使用的手段包括欺骗，侵犯他人隐私——这样做也并非是为了公众的利益。这次行动不过是一次“钓鱼”而已。当时的背景是，托尼·布莱尔公开宣布，他的办公室由“保密委托”资助，因此，托尼·布莱尔也不知道谁是资助人，也不能偏向哪一方。保守党议员大卫·绍尔（David Shaw）在没有任何证据的情况下指责托尼·布莱尔在说谎，因为托尼·布莱尔是和捐助人直接联系的。《星期日泰晤士报》发表了一篇言辞激烈的言论支持大卫·绍尔。最终，英国国会下议院国会标准事务专员（Parliamentary Commissioner for Standards）戈登·唐尼（Gordon Downey）爵士，公开批评保守党议员和《星期日泰晤士报》，批评他们散播传闻。

《星期日泰晤士报》无所畏惧，继续把贝瑞·波导当作前锋，批评工党内的领导人物。其中一次纯粹是圈套。

2000年5月，在竞选伦敦市长前，贝瑞·波导假装地产开发商，找到工党候选人弗兰克·达布森（Frank Dobson）的助理，然后花了三个月的时间，试图说服对方给他政治特权，交换条件是为弗兰克·达布森的竞选运动提供1万英镑的赞助。如果他成功了，大卫·莱珀德肯定早就把弗兰克·达布森赶下台了。

幸存下来的会谈录音显示，贝瑞·波导假装是迪尔森投资公司的分部迪尔森地产管理公司的执行董事。贝瑞·波导描述这家公司是“有潜力，很富有，很大的公司”。双方第一次会谈是在1999年11月，伦敦中心的兰斯伯瑞酒店（Lanesborough Hotel）。贝瑞·波导见到的是特瑞·艾什顿（Terry Ashton）和波瑞纳斯·玛丽·高迪（Baroness Mary Goudie）。贝瑞·波导提出资助对方1万英镑，但是他要求对方改写网站上的声明，在声明中加入鼓励在城市中进行商业投资的细节，并且，表明他们反对某欧洲投资税收方案。圈套设好了。

两名官员很犹豫，表示他们要考虑一下。之后的三个月，他们要贝瑞·波导提供地产公司的细节。贝瑞·波导提供了他准备好的编造的文件。波瑞纳斯·高迪告诉贝瑞·波导，他们很高兴接受赞助，但是他们不能修改网站上的声明。“我没有办法改变这些声明。”贝瑞·波导对波瑞纳斯·高迪的电话进行了录音。“你知道我的意思么？”不过，波瑞纳斯·高迪并没有完全让这个圈套落空，她建议贝瑞·波导和特瑞·艾什顿谈。

贝瑞·波导给特瑞·艾什顿打电话，告诉他迪尔森地产管理公司已经被认可为对方的捐赠人，然后贝瑞·波导大说假话：“波瑞纳斯·高迪让我和你确认一下，你会按照我们在兰斯伯瑞酒店的建议修改网站上的声明。”作为回报，贝瑞·波导表示，他将马上向对方邮寄2500英镑的预付金。

特瑞·艾什顿并没有立刻行动，然后，2000年1月31日，他向贝瑞·波导写了一篇正式的回信，拒绝接受捐赠金。贝瑞·波导又给特瑞·艾什顿打电话，向他施压。贝瑞·波导表示他很惊讶（假装），因为波瑞纳斯·高迪答应过他，说没有问题。

特瑞·艾什顿表明他的立场："目前的情况很简单，很抱歉，我们彼此都在这件事情上花了很长的时间。我们不能做也不会去做用政策的影响力去交换捐赠金这样的事，无论是否有人反对。"

贝瑞·波导打断特瑞·艾什顿："是否有其他方式可以解决这个难题？"再次想到以钱为回报，贝瑞·波导表示："董事会已经积攒了一定的基金用于捐赠。"

特瑞·艾什顿继续拒绝，贝瑞·波导加大筹码，声称他们的公司有8幢楼房待售，总价值是750万英镑。他们打算在伦敦投资，"毫无疑问，"贝瑞·波导表示，"目前的局势很简单很正常。"

特瑞·艾什顿再次拒绝，贝瑞·波导继续施压，说"我不能接受"。他根本没有要求弗兰克·达布森去修改这个政策，不过是澄清而已；"我发现太不可思议了，你们不准备接受这笔捐赠金"；"我感到被侮辱，这对我们公司的董事长而言，也是一种侮辱"。他不能够理解特瑞·艾什顿所提供的理由。特瑞·艾什顿道歉，"但是我们的答复还是'不'"，特瑞·艾什顿回答。

原本由大卫·莱珀德负责报道整个故事，揭露弗兰克·达布森及其追随者不容易被"腐败"的个性，但是大卫·莱珀德什么都没有写。没有什么值得报道的。很有可能，大卫·莱珀德并不知道他的前锋会做到哪一步。但毫无疑问的是，他相信贝瑞·波导很擅长欺骗。

贝瑞·波导已经为《星期日泰晤士报》工作了5年了。在他接近弗兰克·达布森之前，他曾经被捕入狱，原因是进口70万瓶酒水而不纳税，骗取了纳税人员700万英镑。2000年1月，当他还在等候案件审理时，他又帮《星期日泰晤士报》欺骗伦敦一家名叫艾伦&奥沃瑞（Allen & Overy）的律师事务所。他要了解的内容是将来的英国首相戈登·布朗在伦敦市中心购买的公寓的信息。

冒充"迪尔森集团公司"的会计，贝瑞·波导向艾伦&奥沃瑞的律师事务所打电话，告诉对方，他们的公司也在考虑购买这套公寓。电话录音显示，贝瑞·波导先后劝说两名秘书和他合作，向他提供戈登·布朗的公寓的交易情况，但是都没有成功。电话录音中还显示，贝瑞·波导放下电话，对其他人说："现在给大卫·莱珀德打电话。"

这次行动，如同诱骗托尼·布莱尔的会计，也没有根据可言。戈登·布朗的公寓曾经归属于已经去世的、腐败的百万富翁罗伯特·麦克斯韦（Robert Maxwell）。1991年11月，罗伯特·麦克斯威尔去世后，他的一家公司破了产，这家破产的公司和戈登·布朗的工党同事杰弗里·罗宾森（Geoffrey Robinson）议员有联系，杰弗里·罗宾森曾经担任这家公司母公司的总监。传闻是戈登·布朗和杰弗里·罗宾森议员串通，将这套公寓以低于市场价的价格卖给戈登·布朗。即使不违法，这样的行为也会引起争议，会影响这家公司的债权人的声誉。这也向《星期日泰晤士报》提供了正当的侵犯他人隐私的理由。但事实并非如此。贝瑞·波导和大卫·莱珀德没有获得任何证据支持他们的理论。又一次“钓鱼”失败了。

但是这一次，大卫·莱珀德和他的三名同事一起写了一篇文章，这篇文章1000字左右，被发表在头版上。遵循平衡原则，文章中列出他们的假设，也列出与假设相反的观点。他们暗示，戈登·布朗以“便宜的价格”购得这套公寓。之后，他们补充，二手房的价格一向比较便宜。他们写道，杰弗里·罗宾森曾任拥有这套公寓的罗伯特·麦克斯韦的公司的总监，之后，他们补充，杰弗里·罗宾森担任的是其母公司的总监，并且在这套公寓被买卖两年前，他就辞职了。他们并没有解释戈登·布朗是否是在杰弗里·罗宾森的帮助下购买的这套公寓，但是，他们在文中加入戈登·布朗的个人声明阐释他是按照正常程序购买的这套公寓。他们表示，戈登·布朗会对这次曝光感到尴尬，同时他们引用戈登·布朗的话，在整个过程中，并没有不恰当的交易。

2001年4月，贝瑞·波导在《星期日泰晤士报》的事业就此终止——因造假，他被南安普敦皇冠法院判入狱六年半。

在某种程度上，约翰·韦瑞若刚当上《星期日泰晤士报》主编，就遇到麻烦事。身处困境的“洞察力团队”挖出真正的独家新闻：两名议会成员接受贿赂掌控议会的提问。这个调查从安德鲁·尼尔在职时就开始了。安德鲁·尼尔对约翰·梅杰的保守党政府失去了信心，1994年1月，他宣称要成为政府大臣的首领。6个月后，“洞察力团队”的记者乔纳森·卡艾特（Jonathan Calvert）以10名工党议员和10名保守党议员为调查对象。乔纳森·卡艾特假装是名商人，他出价1000英镑，希望在提问中加进关于公司吉森斯（Githins）或者药物辛格辛（Sigthin）的提问。没有人意识到“洞察力团队”涉嫌此事。[①]工党议员拒绝这样的交易，但是两名保守党议员却同意了。

这样的调查徘徊在道德伦理的边缘，媒体委员会谴责这样的行为“并非合法的新闻调查”。但是，对大多数记者而言，这样的批评更像是因自己的丑闻被曝光而怒发冲冠的政客的埋怨。乔纳森·卡艾特只是简单地提供了一块胡萝卜，看谁会拿。然而，贝瑞·波导所做的却是使劲把胡萝卜往他的目标的喉咙里塞，然后当对

①将“Githins”、“Sigthin”字母颠倒顺序，就是“Insight”。此处“洞察力团队”故意编造出并不存在的公司名字和药物名字，向政客付费，让他们在公众面前讨论这些内容。“洞察力团队”故意搞恶作剧，调查政党权钱交易的腐败现象。——译者

方要吐出来时，贝瑞·波导会使劲地埋怨。

这样的胜利让约翰·韦瑞若相信，他所经营的是一份健康的报纸，并非是因缺少有才能的记者，缺少时间，并由于政治的干扰而导致质量下降的报纸。报纸如同落入陷阱的野兽那样苦苦挣扎着。

有时，他们只得刊登让弱势群体感到恐慌不安的报道。比如他们调查英国国民健康服务体系员工，不关紧水龙头，导致水流失；他们调查三K党成员秘密潜入英国。他们费很大力气试图曝光约翰·梅杰的内阁大臣利用内幕消息，在宣布增加燃气税之前，先交足自己的燃气账单。最后一个报道方案惨败，首先，没有任何证据证明任何大臣用自己的事业做赌注，而去节约10英镑、20英镑；其次，《星期日泰晤士报》的做法引起强烈的谴责。在一个星期六的早上，“洞察力团队”的记者说服当时的环境大臣约翰·甘莫（John Gummer）的孩子让他进入他们的房间，询问约翰·甘莫关于燃气的使用情况，结果，迎接他的是约翰·甘莫的大发雷霆。

一些质量不高的新闻蔓延。记者们表示，他们的稿件常常被修改，为的是让观点更尖锐，即使这意味着歪曲事实。“所有的报道都要有煽情的导语……即使是那些不重要的版面的导语。”一名编辑记得报社派记者采访关于在可落登（Culloden）战役原址安放坎伯兰郡公爵（Duke of Cumberland）雕像的新闻，也正是在那里，坎伯兰郡公爵下令杀害了成百的苏格兰人。编辑告诉记者，这样的做法无异于在贝尔森（Belsen）集中营安放希特勒的雕像，肯定会令人感到震惊。记者前去采访，进行了一番调查，完成文章。报社的一名执行董事对他的文章进行了改写，声称在此安放坎伯兰郡公爵的雕像“如同在贝尔森集中营安放希特勒的纪念碑”。

其他时候，整个故事是为了迎合某种议程设置。当“洞察力团队”的记者调查完移民和难民情况时，他们发现，如右翼所言，难民的安置问题一片混乱；但是他们同样发现，移民给整个国家带来了巨大的好处。他们只被允许将前一个结论写进文章里。

当“洞察力团队”的记者被告知平衡保守党“现金换问题”的丑闻，找找工党的茬时，他们最终报道了一篇毫无说服力的文章。报道称，他们“发现伯明翰工党议员使用协调策略拉选票”。除了揭露议员劝说人们投他们的票，报道称，议员花费700万英镑提高边缘选区（Marginal Wards）条件。但报纸却无法列举任何一个边缘选区为证。审计署马上调查这则新闻，发现根本就没有这回事。

报纸需要独家报道，但是信息来源有限，其结果是报纸不得不自己虚构新闻。新闻采编室流传着这样一则笑话：“我们编造的故事要比零售掉的故事多得多。”一些以往经常关注《星期日泰晤士报》的独家报道、并紧密跟进的其他报社的记者，也不再理睬《星期日泰晤士报》。一谈到《星期日泰晤士报》，人们的印象是："星期日还是站着的，星期一就倒下了。"我知道白厅（英国政府）新闻官经常编造新闻，编造的数量比最便宜的通俗小报还要多。

比如，1994年7月，在报道"金钱换新闻"几周前，大卫·莱珀德报道了一起汽车爆炸事件，这起爆炸发生在以色列驻伦敦大使馆外。大卫·莱珀德在文中写道，女性爆炸者的身份得到确认，她在爆炸袭击中所使用的车的车主也已经被找到。1990年，在黎巴嫩南部，当爆炸者的丈夫和儿子被以色列部队杀害后，爆炸者开始求助于恐怖行动复仇；爆炸者的年龄在55岁到60岁之间；她是黎巴嫩真主党（Hezbollah）的成员。如果大卫·莱珀德的报道是正确的话，那么他的调查速度比安全部门还要快。大卫·莱珀德报道，爆炸者的身份已经被确认，但是没有被逮捕。事实是，有一名女子被逮捕。但是她的丈夫和两个儿子，现在都活得好好的；她的年龄是48岁，并不是黎巴嫩真主党成员；她同样被判无罪释放。至于那辆车，大卫·莱珀德报道的是1994年7月，该车被购买于伦敦的二手车市场。事实是，该车购买于1994年6月，在米尔顿·凯恩斯（Milton Keynes）举办的拍卖会。

8个月后，大卫·莱珀德编造出该时期最卓越的新闻报道，该报道的主角是特工布特（Agent Boot），《星期日泰晤士报》的独家报道从没有坚持到星期一，还能站住脚的。约翰·韦瑞若本人就是在午饭之前下台的。

这则报道发表在1995年2月，"金钱换新闻"报道8个月后。报道称工党前领袖迈克尔·福特（Michael Foot）曾经是重要的克格勃成员，代号为"特工福特"。这则报道充满了愚蠢的细节——比如特工的代号，比如和特工的秘密会见地点是在苏豪区（Soho）的一家挤满了记者和政客的餐馆，比如来自克格勃的指挥者，本应该"深藏不露"，结果变成在苏联驻伦敦大使馆工作的新闻官。在这则报道见报前一天，一名调皮的《星期日泰晤士报》记者进入稿件库，看到了这篇文章。围在他周围的记者很快总结这则报道很愚蠢。但是这并没有阻止注重实用主义的报纸发表这篇稿件。结果，除被发表在头版头条的位置，这篇稿件还占用了内文的两个版面。

报道见报后，受到多方嘲笑，包括工党议员、保守党议员、英国前首相爱德华·希思（Edward Heath）和被认为是特工福特的指挥者，以及迈克尔·福特本人。那个星期日的中午，约翰·韦瑞若接受了BBC电台4台的现场采访。在节目中，约翰·韦瑞若为虚假的报道感到局促不安，耍着花招想脱身，结果宣称，他的报纸从来没有认为迈克尔·福特是有影响力的特工，只是很有趣的是，克格勃错误地认为他是。

迈克尔·福特和《星期日泰晤士报》打起了官司。然而，大卫·莱珀德采访前克格勃成员的录音带中缺少了最关键的片段——对方确认整个故事。《星期日泰晤士报》的日子不再好过，5个月后，《星期日泰晤士报》放弃了这场官司，向迈克尔·福特支付了大笔损失费。

同以往《星期日泰晤士报》曝光金·菲尔比是克格勃特工的报道相比，特工福特的报道严重损害了报纸的质量。并且令报社明星记者大卫·莱珀德的名誉大损。现在，同事们经常以此开玩笑，看到正在采访之中的报道，便嘲笑："由大卫·莱珀德报道，那肯定是真实的。"

背景是，恐怖的气氛导致报道越来越混乱，记者越来越腐败。如同我们在第7章里看到的，报纸使用私人侦探，侵犯他人隐私的做法层出不穷。现在，记者本人也开始借鉴类似的手段。当从"垃圾"中找新闻线索的方式变得越来越危险时，那些人索性成立了他们自己的"内部垃圾部"，有组织地从他们的目标对象中"借用"垃圾。

一名年轻的记者被告知寻找杰弗里·阿切尔的两名同事中的一个。这两名同事都是库尔德人，一个外号叫"柠檬酱"（Lemon Kurd），一个外号叫"大豆酱"（Bean Kurd）。这名年轻的记者所承受的压力非常大，以至于不得不爬进某公寓楼外的一个巨大的圆柱形的金属垃圾箱，撕开垃圾袋，仔细搜寻垃圾，寻找库尔德人住哪套公寓的线索。

"洞察力团队"记者调查城市证券经纪人被指称"拉皮条"事件。他们的调查方式是预订了一间很昂贵的宾馆，打电话随便召来几名妓女，希望能从她们那里获得有价值的信息。但妓女到来之后，他们再也无法控制局面。妓女们很快意识到他们不是来嫖妓的，便继续骗他们请她们去吃昂贵的饭，或者买昂贵的礼物。

另外一批记者的调查目标是最近去世的一名医生，他们认为他行为不轨。他们派出几名记者分别上门去了解他的家人，为了阻止对方互相沟通后做出统一的回答，记者们找人阻止他们家用电话的使用，这样对方就无法给彼此打电话。

《星期日泰晤士报》曾经引用过一名同性恋男人的话，这名同性恋男人支持公众人物将自己的性倾向公之于众。但是不久，在一次电视访谈节目中，这个男人否认他所说过的话：一名记者被派去搜寻他的垃圾箱，看是否可以找到任何可以用来让他遭受惩罚的证据，因为对方让报纸丢了丑。

贝瑞·波导是众多编故事者之一。贝瑞·波导试图诱惑工党候选人弗兰克·达布森的助理，诱惑其政治腐败。知情者透露，一名有经验的记者开始在《星期日泰晤士报》工作，刚上岗就历经战火洗礼，被要求向所有竞选伦敦市长的候选人打电话，询问对方是否拿了来路不明的外国人的钱。在和格伦达·杰克逊（Glenda Jackson）办公室谈话中，这名记者发现了金子。对方表示，最近，一名奇怪的苏联人提供了大量的捐赠金。当他把他的收获告诉给新闻编辑时，报纸的执行董事大笑，他这才意识到，那名奇怪的苏联人是由《星期日泰晤士报》的另一名记者故意设置的圈套，让他去发现的。新记者很气愤，狠狠地抱怨了一通，后来，这名新记者被推进执行董事的办公室，执行董事警告他在损害他的事业。但是这名记者的立场很坚定，拒绝写这篇报道。

去制造故事，而不是去寻找故事。他们联系好保守党大臣艾伦·克拉克（Alan Clark），说是要对他进行采访。他们没有派记者去，而是派了一名特别可爱的秘书，去测试这名以好色出名的老官是否会和她调情。

记者们已经习以为常——新闻采编室经常会在周五晚上，告诉他们大卫·莱珀德的某篇报道需要一名专家的引语。他们不得不赶紧打电话，直到找到愿意提供和他们的观点一致的引语的人。“如同走进一家餐厅，按照自己的需要点不在菜谱上的菜。终于，你找到愿意这样说的人了。你和他们谈论了45分钟，结果就用9秒钟他们所说的话，无论多么断章取义，只要对方这样说了，就可以用。”

在这个过程中，“洞察力团队”慢慢走向灭亡。但是同时，大卫·莱珀德从这个团队中攫取了大量的资金。长年来，“洞察力团队”一直在有限的资金和无尽的寻求独家报道的压力之下挣扎。“洞察力团队”每周的采访资金不超过1000英镑，而且这些资金经常被挪为他用。

在“洞察力团队”消亡前几年，也就是在英美进攻伊拉克前，“洞察力团队”策划了一系列怪诞的报道。报社某执行董事想出一个好主意，在停战前，他们应该雇用两名英国特别空勤队队员，将两名记者偷偷带进伊拉克，寻找萨达姆·侯赛因的大规模杀伤性武器。萨达姆·侯赛因政府的外交部听说这个计划后，大为恼火，威胁要将《星期日泰晤士报》驻巴格达的记者赶出境内。约翰·韦瑞若取消了这个计划。

但是，他所不知道的是，几名想成就大报道的记者，决定悄悄地实施这个计划。他们的资金一部分来自新闻编辑部，一部分来自一名年轻的野心勃勃的记者的个人存款。这一次，他们成功地将一名特别空勤队队员派入伊拉克。但是他空手而归。于是他们又派他前去伊拉克，又空手而归。之后，由一名记者埋单，这名空勤队队员在城市酒店住了一段时间（他的账单显示他消费了大量的酒店提供的客房食品和饮料）。最终，在花费了上千英镑之后，他们也放弃了这项计划。

“洞察力团队”的副主编史蒂芬·格瑞（Stephen Grey）整日忙于攒新闻背景资料，他只能用自己的业余时间撰写他最好的新闻稿件——据称，美国中央情报局把嫌疑恐怖分子运往第三世界国家，在那里对他们施刑。最终，史蒂芬·格瑞写了一本书曝光美国中央情报局的这种恶劣行径。

如同我们在第7章中了解到的，“洞察力团队”最后一任主编迪安·尼尔森（Dean Nelson）雇用了一名记者大卫·科耐特实施“暗黑艺术”。与此同时，大卫·莱珀德和另外一名资深记者罗伯特·温尼特（Rob Winnett）在克拉肯韦尔（Clerkenwell）租了一间办公室，和见习记者克来尔·纽厄尔（Claire Newell）秘密会晤。在报社的秘密安排下，克来尔·纽厄尔和某文秘公司签约，为政府打印一些文件。借助这个优势，克来尔·纽厄尔向报社提供了一系列官方的秘密文件。如果政府想要惩罚鲁珀特·默多克的报纸的话，任何一个文件都足以把她送进监狱。

2005年夏天，鲁珀特·默多克的人最终解散了“洞察力团队”。曾经调查过间谍金·菲尔比和沙利窦迈（Thalidomide）丑闻的调查性新闻报道团队只剩下空名。

要说的是，第二年，《星期日泰晤士报》的确也有成功的报道。《星期日泰晤士报》的记者曝光工党通过贷款集资。和捐赠不同的是，用贷款集资不需要发表公开声明。有证据表明，四名男子以500万英镑的贷款换取爵位。警方对此事件展开调查，前所未有的是，英国首相本人也涉嫌，被警方询问过两次，但是没有任何指控。

很难确切地指出，是谁导致曾经说真话的《星期日泰晤士报》缓慢地堕落。埋怨记者很容易，因为他们经常操作歪曲、造假或者违背伦理的报道。但是要清楚，他们是在不可思议的巨大压力下工作，并且经常发现他们的稿件被改写。有些改写是合理的，符合标准的，用最尖锐的角度报道故事。有些改写显然并非如此。除此之外，在某些情况下，有些人会埋怨主编，但是明摆着，约翰·韦瑞若担任《星期日泰晤士报》主编期间，他本人也不清楚到底发生了什么事情。

很多年前，在接受澳大利亚某记者的采访时，鲁珀特·默多克表示：“报纸所有者决定一切，无论是停止出报，还是用报纸诽谤他人，或者其他别的什么。”可能，他说的是对的。

“洞察力团队”被取缔，主要原因是为鲁珀特·默多克省钱。报纸的经营主编理查德·凯斯柏（Richard Caseby）计算，解散“洞察力团队”可以省下30万英镑，第一年就省下13万英镑。

“洞察力团队”的死亡为鲁珀特·默多克省了钱，但却是舰队街的巨大损失。如同哈罗德·埃文斯在回顾金·菲尔比的报道时所言：“如果媒体不去做这些事情，谁又能去做？”

9.被蒙蔽了双眼的《观察家》报

2002年秋天，《观察家》报驻美国记者艾德·武利亚米（Ed Vulliamy）遇到一件有意思的事情。

故事开始于艾德·武利亚米遇到一名新的联络人——前美国中央情报局高级分析师梅尔·古德曼（Mel Goodman）。这名分析师很有趣，原因有两个。首先，尽管梅尔·古德曼已经离开了美国中央情报局，他依旧保留着机密许可证，而且他经常与以前的同事联系，这样他就有机会接触保密文件。其次，他获得了一个重大的新闻：通过他的同事，梅尔·古德曼了解到，与美国和英国政府所宣传的不同，美国中央情报局的报告称萨达姆·侯赛因没有大规模杀伤性武器。

现在回头去看这些事件，仿佛是老生常谈。但是在2002年，这些问题至关重要。只有极少数记者写报道质疑有关伊拉克大规模杀伤性武器的“平地球新闻”，即使有些意见不一致的报道也因为建立在无法确认的官方评论的基础上而变得不具有说服力。梅尔·古德曼不仅直接从美国中央情报局获得消息，他也同意媒体公开他的名字。

艾德·武利亚米完成这篇报道，发给报社，并等待着这篇报道在全球引起反响。有趣的是，《观察家》报并没有刊登这篇报道。

在之后的四个月内，战争的呼声愈发高涨。艾德·武利亚米又写了一篇类似的稿件发给报社。实际上，他已经在7篇文章中提到梅尔·古德曼所曝光的事件。但是《观察家》报没有发表任何一篇文章。

幸存下来的第七篇稿件是在2003年3月发给报社的，此时离英、美军进攻伊拉克尚有两周时间。文章所曝光的事件正是在战争开始后，人们陆续了解到的事实。

导语很清晰地写着：“一名有经验的前美国中央情报局高级官员向《观察家》报确切表示，萨达姆·侯赛因不具备大规模杀伤性武器。”

关于美国政府在说谎的最关键的指控是：布什政府“篡改情报机构的材料，为战争制造借口”——操纵者包括白宫、五角大楼和其他政客。他们故意夸大萨达姆·侯赛因的威胁性，指控他和基地组织有联系，指控他具有大规模杀伤性武器。

文中写道：“这是《观察家》报对梅尔·古德曼进行的独家采访，梅尔·古德曼是冷战期间，美国中央情报局苏联办公室的负责人。在4个月前的采访中，梅尔·古德曼指控布什政府故意选择有利于向伊拉克开战的信息，忽视来自美国中央情报局分析师的不利于进攻伊拉克的指称。并且因为情报机构的干部由政客来任命，他们也只会说总统想听的话。”

这篇报道的字数超过1500字，也涉及到了一些细节。文章总结，美国中央情报局的分析师认为，没有证据表明萨达姆·侯赛因和基地组织有联系，伊拉克拥有大规模杀伤性武器的说法值得怀疑，表示无论是中央情报局的一线调查员，还是他们现在的美国国务院的同事，都不相信由阿玛德·查拉比（Ahmed Chalabi）领导的伊拉克国民大会（Iraqi National Congress）。文章还指出五角大楼和美国国务院的哪些政治官员故意阻止了真实情报的流通。

梅尔·古德曼继续揭露：“事态的发展完全与情报机构的工作目的背道而驰。布什总统只选择他认为合适的信息，如果他从政府部门那里得不到这些信息，他会安排专人给他。这导致美国中央情报局真正发现的信息和最终被政治化的信息不一致。这令很专业、很优秀的情报人员大失所望。你可以想象这对情报人员而言意味着什么。你到白宫或者五角大楼的政客那里，汇报你所了解到的情况，他们回答：‘我们想要这个，不是那个。我们想要X，不是Y。去给我找来Y。’”

人们越来越相信伊拉克对全世界带来的威胁，人们越来越相信萨达姆·侯赛因和恐怖组织之间的关系，但是报道中所揭露的真相也被逐一证实——此时，战争早已开始。

为什么《观察家》报不刊登这些稿件？

因为发生了重要的事情。并非是《观察家》报简单地拒绝刊登梅尔·古德曼的曝光文章，因为与此同时，其他类似的故事正被报纸发表。《观察家》报正忙于曝光关于伊拉克的威胁的一系列报道是虚假报道，其中有些报道是由其他媒体故意制造的。随着进攻伊拉克的时间越来越近，《观察家》报决定支持这场战争。

长久以来，《观察家》报的政治立场是中立偏左。并且以不畏权势、同主流观点对抗引以为豪。最著名的事件是，1956年，《观察家》报站出来反对英国政府进攻苏伊士运河，尽管这样做受到政府的蔑视，一些观点保守的读者拒绝继续阅读《观察家》报，《观察家》报也因此失去了很多广告。

这份曾经充满质疑精神的报纸堕落成为接受未被证实的、夸张虚假观点的新闻纸，曾经是左翼观点的旗舰，如今开始尾随观点右翼的布什政府。在这一系列冗长的报道中，新闻“讲真话”的作用打了折扣。

无论《观察家》报的报道令其读者感到多么惊讶，但是这类报道并非是报纸的一时兴起。这份报纸已经和自己的根背道而驰，它的表现恰好说明现代新闻业的堕落。

伊斯兰教的恐怖分子把四架载满平民的飞机当作炸弹，在纽约、华盛顿D.C.和宾夕法尼亚实施恐怖行动。两个月后，《观察家》报宣布，对这一系列恐怖行动负责的人和萨达姆·侯赛因的政府有关。这是一则重大新闻报道，被标明为“特别聚焦”（A Focus Special）。报道有2500字，占两个版面，带有浓重的黑色标题，但是这篇报道是虚假的。

文章称2001年的“9·11”恐怖事件“和伊拉克有关”是错误的，称伊拉克政府的情报人员和劫机者并肩作战，并暗示伊拉克政府对他们进行了培训的说法是错误的。文中的很多细节也是错误的。

这篇报道由《观察家》报最有经验的记者大卫·罗斯（David Rose）撰写。大卫·罗斯曾任犯罪新闻报道记者，后来成为机密军情和恐怖主义报道的专家。从“9·11”恐怖事件到进军伊拉克的19个月内，大卫·罗斯写了大量言辞激烈的报道，这篇报道只是其中之一。说好点儿，他所写的很多报道未被证实；说坏点儿，他所写的很多报道是虚假的。比如，他所报道的“9·11”恐怖事件和伊拉克政府之间的联系，显然让“支持在伊拉克事件上使用武力的人”如获至宝。

10月14日，在发表“9·11”恐怖事件和伊拉克政府存在联系的报道一个月前，《观察家》报在头版头条发表大卫·罗斯的文章，指称美国中央情报局高度怀疑，美方收到的含有炭疽病毒的5封信件是由伊拉克政府一手策划的。但从未有任何证据证明这种说法。即使在媒体谴责伊拉克的高峰，指称萨达姆·侯赛因和国际恐怖主义的密切联系，英国和美国的权威机构都无法提供证据。

之后的几个月，大卫·罗斯继续报道了其他的故事，这些故事都没有经过核查，其中一些报道专门针对那些反对美国立场的人士而来。

2001年12月，大卫·罗斯发表了一篇评论，讨论用军事力量反对萨达姆·侯赛因，捍卫伊拉克国民大会。当时，伊拉克国民大会是美国在伊拉克施展政治野心的工具。大卫·罗斯在文中谴责：“外交政策的‘阿拉伯专家’向媒体表示，伊拉克国民大会是没有组织的乌合之众。”然后他解释：“实际上，伊拉克国民大会得到了伊拉克的自由主义者和知识分子的广泛支持，是目前最可靠的关于伊拉克局势的信息来源。”事实是，伊拉克国民大会领导人阿玛德·查拉比并没有得到自由主义者和知识分子的大力支持，伊拉克国民大会一直在向外界提供虚假的关于伊拉克的情报。

2002年1月，大卫·罗斯谴责媒体“不准确和圆滑的声明”，并开始认可劳瑞·梅若易（Laurie Mylroie）的观点。劳瑞·梅若易是美国学者，她的观点是，伊拉克不仅要对“9·11”恐怖事件负责，还要对1993年纽约世贸中心的爆炸事件负责，对1995年的俄克拉荷马州城市爆炸（Oklahoma City Bombing）事件负责，对

1998年美国驻东非两国大使馆被炸事件负责，甚至要对1996年美国环球航空TWA800班机空难负责。劳瑞·梅若易的理论已经被布什政府的新保守主义者接纳。曾经为美国四届总统担任过反恐顾问的理查德·科拉克（Richard Clarke）在自己的回忆录《反对所有的敌人》（*Against All Enemies*）中对劳瑞·梅若易的观点的可信度进行了审视。理查德·科拉克描述，在2001年召开的一次会议中，当时的国防部副部长保罗·沃尔福威茨（Paul Wolfowitz）声称，在1993年恐怖分子袭击世贸中心事件中，基地组织肯定得到了某一外国政府的支持。理查德·科拉克继续解释："我几乎不敢相信，保罗·沃尔福威茨借鉴劳瑞·梅若易的理论，认为伊拉克政府是1993年恐怖分子袭击世贸中心的背后指使者。但是经过多年的调查，这个推测彻底站不住脚。"

2002年末，"9·11"恐怖事件一周年之际，大卫·罗斯严厉抨击了前联合国武器核查人员斯考特·瑞特（Scott Ritter）的观点。斯考特·瑞特认为伊拉克根本不具有大规模杀伤性武器。作为反对斯考特·瑞特的证据，大卫·罗斯引用了伊拉克叛徒阿德南·赛德·阿哈德瑞（Adnan Saeed al-Haideri）的证词。事实是，阿德南·赛德·阿哈德瑞说了谎，他没有通过2001年12月美国中央情报局的谎言测试。战后，美国的情报人员将他带到伊拉克，他找不出一处他所指称的大规模杀伤性武器的储藏点。斯考特·瑞特的警告是正确的。

同一时间，大卫·罗斯报道，萨达姆·侯赛因将其情人的丈夫投进监狱，并攫取其财产。他还报道，萨达姆·侯赛因的儿子强奸了这名女子的15岁的女儿。他写道："《观察家》报已经获得了支持这种说法的充分的证据，包括这名女子的护照、签证，以及她女儿和萨达姆·侯赛因的儿子的合影。"很显然，这些证据都无法支持报道中的指证。这名女子是由伊拉克国民大会推荐给媒体的，她在美国电视采访中声称，她曾经亲眼看到本·拉登拜访萨达姆·侯赛因。她透露，萨达姆·侯赛因喜欢边喝酒边抽烟，边观看他的敌人接受酷刑。现在，大卫·罗斯承认，这名女子的说法是鼓动宣传。

2006年3月16日——在英军和美军进攻伊拉克一周前——大卫·罗斯报道，被怀疑同谋策划"9·11"恐怖事件的西班牙恐怖分子尤瑟夫·甘兰（Yusuf Galan）和伊拉克官员有联系。特别是有一次，驻西班牙的伊拉克大使馆邀请他出席晚会。最终，尤瑟夫·甘兰被判入狱6年，不过，他只是恐怖组织的小头目，他和"9·11"恐怖事件没有一点关联。并且，西班牙的调查人员没有找到任何证据证明他和伊拉克官员的联系，以及他曾受伊拉克大使馆的邀请出席晚会，或者他去过那场晚会。

为什么？为什么如此有能力有经验的记者制造出这么多虚假的、和报纸的办报原则明显相悖的报道？

2004年5月，英军和美军进攻伊拉克一年后，大卫·罗斯在《标准晚报》上坦白，他对于战争的热情是“错误的和天真的”。“回想起来，我的心里充满了悔过和怀疑。”他说道。3周后，《纽约时报》发表文章进行自我批评，对有关伊拉克的误导报道进行了检讨。大卫·罗斯也在《观察家》报上发表简短的文章和纠错公告承认自己的过失。他表示他的报道“为进攻伊拉克积累了借口，是鼓动宣传”。但是为什么？大卫·罗斯发表在《观察家》报上的纠错公告中指出，他被“搞糊涂”了。

记者犯错不一定是因为他们故意不诚实，也不一定是因为他们被政府或者情报机构收买，成为传递错误信息的工具，只是因为他们太容易被操纵。

大卫·罗斯的一系列报道的信息来源主要是两个渠道：由伊拉克国民大会推荐的伊拉克的“叛徒”和英美官方以及情报机构的信息，特别是来自美国中央情报局和MI6的信息。两者都令大卫·罗斯误入歧途。

战后，事实水落石出——伊拉克国民大会推荐的伊拉克的“叛徒”故意误导记者，特别误导了《纽约时报》和《华盛顿邮报》的记者。大卫·罗斯的信息来源就是5名这样的叛徒。在匿名的条件下，其中一名叛徒告诉他一些真相，但是大卫·罗斯没有采用这名男子的任何信息。另外两名叛徒是穆罕默德·海瑞斯（Mahammed Harith）和阿德南·赛德·阿哈德瑞，大卫·罗斯现在承认，他们是骗了——美国情报机构也证实他们在说谎。大卫·罗斯甚至怀疑，他们是否是真正的叛徒。

还有两名叛徒分别是沙巴·霍达德（Sabah Khodada）和阿布·扎伊娜卜（Abu Zeinab）。两人为大卫·罗斯关于“9·11”恐怖事件与伊拉克政府有联系的报道提供了大量的证词，他们称萨达姆·侯赛因在一处名叫萨曼帕克（Salman Pak）的基地对一些伊斯兰恐怖分子进行培训，还指称“9·11”恐怖袭击的技术就是在那里教授的。大卫·罗斯至今仍然相信萨达姆·侯赛因参与了培训伊斯兰的军事力量，但是尚无证据可以证明这种行为是针对西方国家的。后来，沙巴·霍达德和阿布·扎伊娜卜的证词被美国中央情报局和美国国防部的情报机构断定为虚假信息。大卫·罗斯现在意识到，尽管美国在进行人类有史以来规模最大的犯罪调查，但是美国仍然没有找出任何证据表明萨达姆·侯赛因涉嫌“9·11”恐怖袭击。

大卫·罗斯报道的其他线索来自情报机构。比如，指称伊拉克政府和炭疽病毒袭击事件有关的信息提供者是美国前中央情报局主管詹姆士·伍赛（James Woolsey）。詹姆士·伍赛曾经公开指出，“9·11”恐怖袭击是摧毁萨达姆·侯赛因的理由。另外一名来自美国中央情报局的高级官员向大卫·罗斯表示，“9·11”恐怖袭击“很显然是在伊拉克政府的协助之下”进行的，并且这名官员向大卫·罗斯提供了两个证据，结果这两个证据都被证明是假的。

首先，来自美国中央情报局的线人促使大卫·罗斯相信，“9·11”恐怖袭击的主谋穆罕默德·阿塔（Mohammed Atta）在2001年4月前往布拉格会见伊拉克情报机构官员穆罕默德·阿尼（Mohammed al-Ani）将军。大卫·罗斯现在知道这种说法是错误的。2001年4月，穆罕默德·阿尼将军的确在布拉格会见了一名阿拉伯年轻人。而穆罕默德·阿塔前往布拉格的时间是2000年6月。也没有任何证据表明穆罕默德·阿塔曾经见过穆罕默德·阿尼将军或者其他伊拉克情报机构的官员。“9·11”恐怖袭击后，穆罕默德·阿塔的形象被传播到世界各地。一捷克官员称，那名阿拉伯年轻人可能就是穆罕默德·阿塔。这种不能确定的说法被美国情报机构、美国政客和媒体广泛接受，成为攻击伊拉克的有力“棍棒”。

美国中央情报局的线人将这个“棍棒”传递给大卫·罗斯。大卫·罗斯也信任对方。值得注意的是，大卫·罗斯比其他记者更进一步，他写道，穆罕默德·阿塔不是一次，而是两次会见穆罕默德·阿尼将军，并且还有其他可疑的基地组织成员和穆罕默德·阿尼将军在布拉格见过面。任何一种说法都没有证据。我们现在知道，在英军和美军进攻伊拉克两个月前，美国中央情报局的内部报告称，情报分析专家对所谓的会晤表示出高度怀疑，但是大卫·罗斯并不知道这一点。

其次，同一名来自美国中央情报局的官员告诉大卫·罗斯，“9·11”恐怖袭击的两名主犯曾经于2001年春天，在阿拉伯联合酋长国会见过伊拉克情报机构官员。大卫·罗斯向伊拉克国民大会核查这种说法，并得到对方的证实。伊拉克国民大会还提供了这两名恐怖分子的名字，分别是马尔万·阿雪利（Marwan al-Shehhi）和亚德·贾拉（Ziad Jarrah）。之后，美国中央情报局也证实了主犯的名字。现在，大卫·罗斯知道这些信息是错误的。美国中央情报局和伊拉克国民大会不过是在重复未经证实的信息。数月后，大卫·罗斯向信息提供者抱怨，对方却狡辩说这不过是“初步的结论”。

英国情报机构也为“9·11”恐怖袭击和伊拉克政府之间存在联系的说法“火上浇油”。两名来自MI6的官员向大卫·罗斯提供了完全自相矛盾的两种说法。大卫·罗斯早就领教过MI6官员的“威力”了。1992年，当英国政府公开承认MI6的存在时，当时MI6负责人科林·麦科尔（Colin McColl）爵士和《观察家》报时任主编唐纳德·特莱福（Donald Trelford）共进午餐。科林·麦科尔建议，既然他们的身份已经公开，他们愿意和媒体建立正式的沟通渠道，并且询问《观察家》报是否可以任命一名记者负责报道MI6的新闻。唐纳德·特莱福推荐了大卫·罗斯。当天下午，大卫·罗斯接到邀请去瑞斯酒店（Ritz Hotel）吃饭的电话，也就是那时，大卫·罗斯会见了MI6的首位“公共事务总监”。

大卫·罗斯一直和MI6保持联系。当他撰写“9·11”恐怖袭击和伊拉克政府之间存在联系的报道时，他已经认识了至少三名公共事务总监，以及MI6的几名高级官员。

正是其中的一名官员告诉大卫・罗斯——“MI6有种观点”认为伊拉克政府是“9・11”事件的后台。大卫・罗斯向公共事务总监核查这种说法，对方严词否定。大卫・罗斯找到这一官员，结果对方告知，官方的观点是为了离间MI6和美国的关系。大卫・罗斯在报道中写道，“来自白厅（英国政府）的消息称，英国情报机构的部分官员已经达成一致结论”，这种结论反映了英美意见的分歧。但是大卫・罗斯却没有报道MI6彻底否认伊拉克政府和“9・11”事件存在联系。

回顾大卫・罗斯在《观察家》报刊登的“纠错公告”，大卫・罗斯写道：“如果有人向记者提供敏感的曝光，特别是来自匿名的情报机构的消息，我的建议是‘买主请谨慎’（caveat emptor）！”

这并不是问题的实质。大卫・罗斯明明知道，匿名的情报机构的消息不可靠，并很容易操纵记者。所有有经验的记者都知道这一点。（如同我们在第6章节中讲述的，情报机构有向大众媒体提供鼓动宣传的传统。）大卫・罗斯自己也清晰地听MI6的某官员公开称“利用媒体”。并且，几年前，MI6的某官员向大卫・罗斯报料，前尼日利亚独裁者萨尼・阿巴加（Sani Abaja）投资剑桥大学——大卫・罗斯对该事件进行了核查，发现完全是无中生有。但是，在报道伊拉克政府和“9・11”恐怖事件的联系时，大卫・罗斯却不加核查，引用了对方的指称。

如今，面对由中央情报局推荐的被认定为可靠的信息来源的线人，大卫・罗斯心里很不是滋味。大卫・罗斯告诉我：“我的直觉曾经告诉我，这个人再也信不过，因为他的身份。结果却让我大失所望。我一直以为对方是再好不过的信息来源，因此我对他完全信任。如果不是因为他，我也不会这么信任伊拉克国民大会。”

很少有人愿意提及的真相是，大多数记者接受官方的信息而并毫不核实其真伪。这也导致公关新闻、鼓动宣传轻而易举地渗入媒体。如果有时间，有些记者也会去核实。在呼吁战争的早期，《观察家》报国际新闻专家彼得・布茂特（Peter Beaumont）对有关伊拉克大规模杀伤性武器的情报资料进行了分析，列出所有的指称，揭露所有的长处和短处——这也是真正的质疑报道的典范。但是大多数记者在大多数时间报道的是官方告诉他们的信息，因为，这些记者“提前相信”他们。通常，这就是“安全带”：即使官方的信息出了错，看起来也会像是真的，因为所有的媒体都这样报道。当然，也很少有人会指出这些报道是错误的，因为攻击这些信息的准确性的人缺少直接可信的官方支持。

在关于伊拉克战前的报道中，大卫・罗斯特别无奈。他所拥护的立场是萨达姆·侯赛因的威胁性，但是其中的细节要由他自己去写。他的官方信息来源本身存在分歧，当大卫·罗斯需要他们的帮助时，他们却躲了起来。但是最重要的是，大卫·罗斯错了。

部分原因可能是，大卫·罗斯在显示男人的本性。他具有所有优秀记者所具备的自信，但却不具备多少判断力。他的报道一直在试图寻找萨达姆·侯赛因的罪行的证据。他们高估了萨达姆·侯赛因的能力，然后按照这种观点追寻下去，并回击那些反对这种观点的人。现在，大卫·罗斯承认他太自以为是了。

但关键是，对记者而言，最安全的自我防卫是真相，有证据的真相。如果记者遭遇了挫折——无论是由于他个人的弱势，还是因为他所工作的组织的性质——他心里都不会感到舒服。被欺骗是记者职业的禁区，如同著名记者约翰·皮尔格（John Pilger）指出的："我们的工作内容之一是防止被骗。"

大卫·罗斯误导了他的读者，误导了他的主编。在这场操纵的"闹剧"中，大卫·罗斯不是唯一的目标，也不是唯一的受害者。

罗杰·阿尔顿（Roger Alton）从来没有声称自己是"政治动物"（political animal）。他的风格是很急促地表现自己，甚至接近于疯狂。说好听点充满个人魅力，说不好听点让人感到无可奈何的笨拙。他所热衷的从来都不是政府，而是体育和女人，这也是让他总能充满无限活力去追逐的对象。用新闻术语解释，他是再合适不过的"办公室男人"，一名杰出的编辑和优秀的评论员。但是他绝不擅长政治。

这一点体现在被《观察家》报的员工传得沸沸扬扬的关于他的轶事中。1998年7月，他被任命为《观察家》报主编。不久，他被邀请到唐宁街，和英国首相进行密谈。"操！"罗杰·阿尔顿满嘴脏话，"我可不配去见英国首相，我只是一名普通的编辑。"

在他的忧虑中，这个故事开始了。他求助于《观察家》报当时的政治新闻主编帕特里克·温图尔（Patrick Wintour），说服对方和他同往应对令人棘手的会谈。几天后，罗杰·阿尔顿和帕特里克·温图尔一起出现在唐宁街，他们惶恐不安地等候在首相的书房外。首相政策部主管大卫·米利班德（David Miliband）恰好路过，他向帕特里克·温图尔打了个招呼，帕特里克·温图尔把大卫·米利班德介绍给自己的新主编。

"你打算对报纸进行怎样的改变？"大卫·米利班德问道，显然，他在打探对方的政治观点。

罗杰·阿尔顿彻底慌了手脚，结结巴巴地回答："头版多些关于性的新闻，增加体育报道，就是这些。"

要是帕特里克·温图尔继续在《观察家》报工作，继续给罗杰·阿尔顿建议，罗杰·阿尔顿在政治问题上的相对无知也不会显得如此突出。但是18个月后，帕特里克·温图尔离开《观察家》报，担任《卫报》的政治新闻主编。如果之后罗杰·阿尔顿将帕特里克·温图尔的工作交给政治新闻副主编安迪·迈克史密斯（Andy McSmith），一名有能力、有经验的政治记者去做，局势也不至于这么糟糕。

几周后，当罗杰·阿尔顿电话告知安迪·迈克史密斯，政治新闻主编将由一名完全没有政治新闻报道经验的记者卡迈勒·阿迈德（Kamal Ahmed）接任时，安迪·迈克史密斯惊呆了。之前，卡迈勒·阿迈德曾担任《卫报》媒体主编。安迪·迈克史密斯暴怒，他气得说不出话来，砰地挂掉电话。第二天，他找到罗杰·阿尔顿，对他破口大骂，他不明白为什么罗杰·阿尔顿会把这么重要的工作交给毫无经验的人，他问罗杰·阿尔顿为什么这样对待他。罗杰·阿尔顿开玩笑地回答："因为你是更好的人啊。"安迪·迈克史密斯辞职。

缺少政治经验的主编一下失去了两名政治新闻报道的主将。新上任的主编卡迈勒·阿迈德所具备的政治报道的经验比罗杰·阿尔顿还要少。罗杰·阿尔顿并不担心：他认为这是好事——让不会因循守旧的政治新闻主编置身于幽闭恐怖的议会大厅。卡迈勒·阿迈德也不担心：他当过9年的记者，他确认他可以应对得游刃有余。但是困难很快暴露出来。

2000年4月，卡迈勒·阿迈德开始新的工作，他心有余而力不足。他缺少下议院的联络人，他甚至连英国下议院最基本的工作程序都不了解。一曾经担任过内阁大臣的工党议员惊讶地发现卡迈勒·阿迈德将采访时间定在周三下午，却不知道这个时间和英国首相的问题时间（Prime Minister's Questions）相冲突。其他时政记者对卡迈勒·阿迈德也不友好，很少有人愿意帮助他——即使当他们听说，英国政府的公关人员私下里较劲，看谁能让卡迈勒·阿迈德报道出最大的丑。

卡迈勒·阿迈德上任后的第一个月，《观察家》报刊登了一系列被误导的政治新闻。这些新闻由各怀鬼胎的政客提供，卡迈勒·阿迈德根本没有能力辨别这些信息的真伪。

爱尔兰的线人告诉卡迈勒·阿迈德，北爱尔兰事务大臣彼得·曼德尔森（Peter Mandelson）将于同年夏季前往伦敦工作。结果这个消息被《观察家》报发表在头版头条位置。该新闻从未发生——彼得·曼德尔森一直在贝尔法斯特工作，直到第二年的1月，因丑闻辞职。

工党的线人告诉卡迈勒·阿迈德，竞选伦敦市长的肯·利文斯通（Ken Livingstone），因在竞选活动中违规使用资金正在接受有关方面的调查。该新闻被发表在《观察家》报的内页，但是该事件也从未发生——工党没有提供肯·利文斯通违规的任何证据，也没有对此事件进行过任何调查。

戈登·布朗身边的人告诉卡迈勒·阿迈德，“英国政府将花费成百万英镑，启动一系列方案改善英国糟糕的交通状况”。有些的确发生了，比如投建两条电车轨道，增加对英国西海岸的铁路主干线的投资。但是其他的措施——其他的有轨电车方案，双层火车，高速公路和公共交通相结合，在高速公路设置公共汽车专用车道等都没有实现。一名有经验的时政记者透露，戈登·布朗派一名公务员警告《观察家》报的高级记者，他对这名新政治新闻主编的政治敏锐性大失所望。

不久，沮丧的卡迈勒·阿迈德找到报纸的执行主编安迪·马隆（Andy Malone），告诉对方他想辞职。安迪·马隆劝说他再坚持一段时间。卡迈勒·阿迈德答应了。因为他工作很努力，也很上进，他想出一个好主意，他要和唐宁街的人成为好朋友，特别是首相的新闻官阿拉斯泰尔·坎贝尔（Alastair Campbell）。

卡迈勒·阿迈德和唐宁街的密切关系引起大家的争议。其他时政记者以及卡迈勒·阿迈德在《观察家》报的同事，认为卡迈勒·阿迈德正被政府利用，成为政府的传声筒。“他就像是阿拉斯泰尔·坎贝尔的‘鹦鹉’，”一负责协调媒体关系的政府顾问表示，“阿拉斯泰尔·坎贝尔给他说什么，他就会在《观察家》报上写什么。”卡迈勒·阿迈德却不这样认为，他认为他的工作内容之一是“反映政府的观点”，和唐宁街保持近距离，才利于适合获得好的新闻线索。

卡迈勒·阿迈德的报道，大都是在宣扬政府的计划。英国政府处于欧盟的压力之下，正是卡迈勒·阿迈德的文章，指出新的欧盟政策的实施者将采用“一扫而光的力量”，控制欧盟政策在各部门的实施。英国的暴力犯罪的数量增多，政府陷入尴尬局面，卡迈勒·阿迈德报道，警方要采用“一扫而光的新力量”，关闭所有坏名声的酒吧。来自加拿大的转基因的种子对英国的农作物造成了危害，英国政府遇到了难题；牛津大学拒绝来自公立大学的学生，即使对方的成绩是六个A，英国政府陷入了麻烦……卡迈勒·阿迈德总会在那里，将唐宁街的立场报道于世。

卡迈勒·阿迈德的文章开始泄露出他对托尼·布莱尔的惊人的热情。当阿拉斯泰尔·坎贝尔告诉他，在下届竞选中，首相可能和其他党派的领导人一起参加电视辩论，阿拉斯泰尔·坎贝尔的文章开篇如此写道：“他是适合出镜的首相。他是可以信任、在镜头前知道如何表达自己的人。现在看来，他的天赋终于有了用武之低。”阿拉斯泰尔·坎贝尔提前告知卡迈勒·阿迈德，托尼·布莱尔将要发表关于国民健康服务体系的讲话，卡迈勒·阿迈德在文章中丝毫不提这项计划可能引起公众激烈的反对，只写道："托尼·布莱尔将要展开对国民健康服务体系进行现代化的战役。他相信传统的管理阶层需要改革。"

凭借和阿拉斯泰尔·坎贝尔的关系，这可能是个玩笑，也可能是权力的标志，卡迈勒·阿迈德变得越来越自信。他的同事记得他在新闻发布会上直言不讳地表示，他也不知道下周要写些什么，直到问过阿拉斯泰尔·坎贝尔。卡迈勒·阿迈德常挂在嘴上的是"做这项工作，真的就只需要一个联络人。"一名记者表示，当他在写稿件时，卡迈勒·阿迈德正悄悄地站在他的背后偷看。卡迈勒·阿迈德解释："阿拉斯泰尔·坎贝尔希望知道我们都在做些什么。"阿拉斯泰尔·坎贝尔不承认曾经这样说过，但是他记得他在会议中如此评价反政府的报道："最好得到可以这样写的许可。"

卡迈勒·阿迈德并非是政府的傀儡，他也写过让政府难堪的文章。但是因为他视"反映政府的观点"为他的工作内容之一，这不可避免地意味着他向愿意操纵记者报道的政府敞开了大门，特别向那些热衷于在《观察家》报的言论中塞信息的人提供了机会。除此之外，在关键问题上，卡迈勒·阿迈德强烈拥护政府。他特别兴奋的是和首相身边的人熟识，并故意走漏嘴，说首相曾经和他喝酒，问他在某某问题上的观点等。在唐宁街的帮助下，卡迈勒·阿迈德在这个圈子中，幸免于难。结果，卡迈勒·阿迈德的同事警告《观察家》报新闻采编室，他们的政治新闻主编正处于放弃独立报道、成为唐宁街的同盟的危险中。一执行董事召集新闻采编人员开会，要求他们停止刊登卡迈勒·阿迈德为政府鼓吹的报道，督促卡迈勒·阿迈德写一些对官方信息表示挑战、质疑的文章。

很显然，卡迈勒·阿迈德很少对所获得的官方信息进行核实。2000年7月，他在《观察家》报发表的头版头条写的是，政府将要向英格兰和威尔士的学校注入"有史以来最多的资金"——在三年内，追加投资55亿英镑。简单一查，就知道这不会是真实的。因为之前三年，政府对该地区的教育追加的投资已经达到97亿英镑，远远高出55亿英镑。第二年初，卡迈勒·阿迈德在头版报道英国首相将在格拉斯哥举行的党派会议上讲话，他预测了首相有可能会提到的七点。如果卡迈勒·阿迈德提前获得了讲话纲要，他肯定会注意到他所预测的六点是错误的。后来，阿拉斯泰尔·坎贝尔的助理兰斯·浦瑞斯（Lance Price）坦白，他对首相将要讲什么也不很清楚，于是"就自己编造了"。

卡迈勒·阿迈德对紧挨政府核心的做法深信不疑。《观察家》报主编罗杰·阿尔顿非常支持他，很快把他当作知己和政治向导，并经常从他那里寻求支持和建议。

之后，呼吁进军伊拉克的战役开始了。

这场战役令人兴奋，但是不令人吃惊，进军伊拉克几个月后，一份被泄露的备忘录曝光了唐宁街当时的想法。这份备忘录写于2002年3月14日，是由英国外交政策顾问大卫·迈宁（David Manning）爵士写给英国首相的。这份备忘录总结了他和当时的美国国家安全顾问康多莉扎·赖斯（Condoleezza Rice）之间的对话："我说的是你们不会改变推翻萨达姆的主意，但是你们不得不控制媒体的报道，控制议会，控制和美国的观点截然不同的公共舆论。"

简而言之，现在我们知道了，这份备忘录完成后的第二天，联合情报委员会（Joint Intelligence Committee）发布了关于萨达姆·侯赛因及大规模杀伤性武器的信息的秘密总结。这份总结多次警告关于该主题的所有情报都很"薄弱"，"很少"，并且"支离破碎"。备忘录里继续写道，伊拉克拥有一些生物制剂，"可能有些生物制剂的储备"，尽管国防情报机构认为这样的观点"可疑"。并且，之前伊拉克企图拥有核武器而受到制裁，"萨达姆·侯赛因威胁其邻国的计划并没有成功"。

然而，在之后的两三周内，"控制公共舆论"的行动开始了。在接受澳大利亚电视台采访时，英国首相传达了一份不负责任的警告，他舍弃情报机构的质疑，说道："我们知道他（萨达姆·侯赛因）储存了大量的生化武器。"并且，英国首相毫不含糊地告诉下议院萨达姆·侯赛因"筹备了大规模的杀伤性武器，对他所领导的民众形成威胁，对整个地区形成威胁"。在美国访问时，他直言不讳地向记者宣告："我们知道他一直在筹备这些武器，我们知道那些武器是一个巨大的威胁。"卡迈勒·阿迈德再次用《观察家》报的头版报道了最后这个故事。

对于报纸而言，这是个危险的时期。一方面，政府对右翼报纸进行"管理"，另一方面，原本备受尊敬、本该让政府头疼的左翼报纸《观察家》报成为政府"最大的奖赏"。《观察家》报资深记者表示，阿拉斯泰尔·坎贝尔固执地要改变这份报纸的立场，卡迈勒·阿迈德是其第一目标，然后，是卡迈勒·阿迈德的主编。

阿拉斯泰尔·坎贝尔和罗杰·阿尔顿保持频繁的联系。记者们相信，有好几次，罗杰·阿尔顿发给重要言论版面编辑的要求加入的文字是他直接从阿拉斯泰尔·坎贝尔发给他的邮件中摘取的。阿拉斯泰尔·坎贝尔安排罗杰·阿尔顿和英国首相进行非正式的会谈，包括在2000年秋季，两人亲密地共进午餐。罗杰·阿尔顿的同事记得，当时，罗杰·阿尔顿结束午餐回到报社，支持反对萨达姆·侯赛因的态度更坚决了。曾经在首相面前紧张不安的主编变得如此放松，他甚至在新闻会议中模仿托尼·布莱尔。当大家讨论伊拉克的威胁时，罗杰·阿尔顿模仿托尼·布莱尔的嗓音，描述他所看到的让他毛骨悚然的东西。

一名更有经验、更具有质疑性的政治新闻主编本可以引导罗杰·阿尔顿远离政府的观点。事实却是，在是否进军伊拉克问题上，卡迈勒·阿迈德也成为政府坚定的拥护者。两个人都把唐宁街发布的明显错误的信息当作事实。随后的几个月，伴随着战争的呼声越来越高，《观察家》报向读者提供了一系列歪曲的、虚假的报道。

9月，在美国峰会期间，《观察家》报刊登了一系列来自英国首相的夸大言辞，比如“萨达姆·侯赛因储备了大量生化武器”，他的大规模杀伤性武器针对的目标是英国，并且，“在核武器基地，一些行动已经开始了”。未经过任何核实和质疑，所有这些报道都被刊登在报纸上。

托尼·布莱尔同时宣布：“我们只需要看一下今天早上发布的国际原子能机构（International Atomic Energy Agency）的报告，就可以知道伊拉克前核武器基地在发生什么，得出这些结论。”如果《观察家》报肯去核实，他们会发现这份报告根本不存在，甚至根本就没有什么国际原子能机构的报告。在首相发表这些言论的前一天，《纽约时报》发表了一篇文章，称：“今天，一联合国官员表示，国际武器核查人员发现伊拉克与核武器有关的几个基地，与四年前他们第一次调查的情况相比，正在发生一些无法解释的变化。”在“抄闻”主义蔓延的今天，路透社选择了这个故事，并把这个故事传播到世界各地。即使国际原子能机构在同一时间否认这种说法。针对该事件，国际原子能机构驻维也纳的总部发表了一份再清楚不过的声明：“今天，《纽约时报》援引了国际原子能机构的报告，对此，我们要说明的是，自从1998年12月，我们的武器核查人员离开伊拉克之后，我们尚没有任何关于伊拉克核武器项目的信息。”24小时后，对这个明确的否认视而不见，英国首相在《观察家》报的协助下，“假”上添“假”。

在同一篇文章中，记者这样写道：“明天，国际战略问题学会（International Institute for Strategic Studies）将会发表一份有关伊拉克的报告，英国首相相信，这份报告发表后，关于反对伊拉克的公共舆论将会愈加强烈。”并且，“来自唐宁街10号的官员”诚挚地表示国际战略问题学会的报告将“集中于伊拉克是否用武器或者资金支持全世界范围内的恐怖组织”。如果《观察家》报肯去核查，他们会发现国际战略问题学会的报告根本没有涉及伊拉克是否支持过恐怖组织。结果《观察家》报如此报道：那份报告“提供了1998年，联合国武器核查人员离开伊拉克之后，萨达姆·侯赛因如何重新获得核武器能力的细节”。事实并非如此。国际战略问题学会的报告的确提到萨达姆·侯赛内有重新获得核武器的能力，并想当然地认为对方也一直希望这样做。但是这份报告没有提供任何关于对方如何实现这个目标的具体做法。

同一天，《观察家》报发表文章，称赞布莱尔和布什的关系“对和平而言至关重要”，并且透露，“唐宁街10号某官员”称，即使在前一个月的假期里，“托尼·布莱尔每天都会阅读有关伊拉克拥有大规模杀伤性武器的新证据”。这个月末，唐宁街将“伊拉克拥有大规模杀伤性武器”的夸张报告交给几份媒体发表，其中包括《观察家》报。这份报告对情报机构的调查结论进行了大肆渲染，对关键问题的评价完全错误。未经过任何核实和质疑，这些内容被发表在《观察家》报的头版上。

《观察家》报继而攻击议院的反战代表罗宾·库克（Robin Cook）；报纸对英国首相进行了专访，好让他将关注重点转移到国内事务上，以备不久的政党会议；报纸报道宣布“萨达姆·侯赛因之后的伊拉克”已经被“联盟国勾画出来了”；报纸宣布英国首相将派可以信任的人古斯林爵士（Lord Guthrie）去土耳其，确保对方的支持；报纸攻击和唐宁街步伐不一致的英国外交部长杰克·斯特劳（Jack Straw）的观点；报纸经常重申政府对此具有十足的把握，“我们知道他拥有大规模的杀伤性武器”。

归根结底，所有这些报道都是政府的“杰作”，政府在借助媒体报道“操纵公共舆论”。所有这些报道都署着卡迈勒·阿迈德的名字。其中一些报道含有明显的造假和歪曲。

要说明的是，不仅仅是卡迈勒·阿迈德，《观察家》报的其他记者也在写类似的文章，《观察家》报的执行董事，特别是主编，也愿意发表这类文章。除此之外，不光是卡迈勒·阿迈德对唐宁街充满热情，世界各国的媒体都在报道虚假、歪曲的故事。

最直接的体现是现代新闻报道中所常用的政党领袖的讲话和言论，以及由公关人员挑选提供的信息。很显然，如果新闻报道的目的是关注政府的动态，这样做也有道理。但是如果新闻报道的目的是报道事实的话，发表这些不经过核实或者质疑的文章，就毫无道理可言。但是这样的事情却在发生。

从大卫·罗斯出错的报道，到卡迈勒·阿迈德和唐宁街的合作，到罗杰·阿尔顿，这些都意味着《观察家》报的读者在缓慢地沉陷于歪曲的信息包围之中。不可忽视的是，报社内部的原则也被“污染”了。报社的资深记者表示，他有种感觉，有些记者“知道要旨”，有些记者不知道。“一个屏障阻止了某些故事被传播出去。”一名记者说道，“肯定存在一股反抗力，我觉得这股力量很不正常。”

正是在这种背景下，报纸屡次拒绝艾德·武利亚米关于梅尔·古德曼的报道，关于他所发现美国中央情报局的分析师指称萨达姆·侯赛因并没有大规模杀伤性武器的报道。回顾一下，很显然，可怕的连锁反应产生了：梅尔·古德曼试图揭露的信息被歪曲的过程恰好就是他自己的揭露被拒绝的过程。并且，更多令人担忧的事件在接连不断地发生。

要说明的是这并非是斯大林风格的新闻审查制度。《观察家》报的确在言论版面刊登了反战的言论。报纸也发表了一些反战的文章。但是，事实是，因为持续不断地微妙地被“操纵”，这份报纸走上歧途。2003年1月19日，《观察家》报公开表明支持伊拉克战争。

一篇很长的社论，在分析过双方的观点后下结论：“我发现我们更支持诉诸武力的决定。”明摆着，这篇社论接受美方观点，认为萨达姆·侯赛因拥有大规模杀伤性武器，对全世界造成了威胁。而且，这篇社论支持美国使用武力，即使缺少联合国安全理事会（United Nations Security Council）的支持。

读者纷纷回信。有人支持这篇社论，但是更多的人感到气愤，一名读者这样写道：“当读到这篇无耻的、毫无道德可言的、不诚实的社论时，我简直不相信自己的双眼。”一些记者也有同感。他们承认，完全可以用理性的、正当的言论支持推翻伊拉克的独裁者，结束他的压迫统治。同时，这些记者也担心，这篇社论的观点背离了报纸长久以来所遵守的原则，他们的道德之锚丢失了。《观察家》报的姊妹报《卫报》的记者很生气，他们在员工会议上向《卫报》和《观察家》报的所有者——斯考特基金会（Scott Trust）的主席丽兹·弗甘（Liz Forgan）爵士提到这件事。

《观察家》报的某些员工认为，这篇社论是某些微妙的策略的产物。一周前，在周三例会上，罗杰·阿尔顿很清楚地表态他支持伊拉克战争。一天后，他将一名参与撰写社论的高级记者叫到自己的身边，问他：“如果我们站在这样的立场上，是不是会引起争论？”这名记者不明白他的意思：“你是说反战立场？”

“不，不，”罗杰·阿尔顿回答，“我们要和美国人并肩作战。”

如此显示过自己的权威后，罗杰·阿尔顿又走了一步奇招，他没有像往常那样出席周五的会议，这个会议也是最后定稿的会议。他解释是因为运气不好，因为他有别的事情要处理。很多人认为他实际上很聪明——他已经清晰地告诉了大家他的立场，不出席定稿会议，同时意味着让反对他的人没有机会反对。他们注意到，社论的初稿并不是由常写社论的记者撰写的，而是由直接为罗杰·阿尔顿工作的大卫·罗斯撰写的。

《观察家》报的六名高级记者出席了周五的会议，商量如何定稿。其中之一——时政专栏作家安德鲁·罗恩斯利（Andrew Rawnsley）表示支持美方的计划。之前，安德鲁·罗恩斯利早已陆续把自己的观点展现在他的专栏中，他的影响力很有限。另外一名记者本·萨莫史奇（Ben Summerskill）保持中立，因为写社论原本是他的工作内容。剩下的四名记者——报纸前主编以及财经专栏作家威尔·赫顿

（Will Hutton）、言论版代理主编芭芭拉·古奈尔（Barbara Gunnell）、专栏作家玛丽·瑞道（Mary Riddell）和报纸副主编保罗·韦布斯特（Paul Webster）——都多多少少持反战观点。但是他们都同意，这篇社论的立场应该由未出席会议的报纸主编来决定。

这样的结果对“微妙的操纵”而言是一次胜利。令六名记者痛心的是，和其他记者一样，他们带着世界上最美好的愿望，但是他们根本不知道他们到底在讨论些什么。他们如何知道？《观察家》报不仅没有发现伊拉克是否对世界构成威胁的真相，而且诱导人们相信虚假的信息。事实是，像很多记者一样，他们不知道什么是真实的，他们还认为他们所报道的就是真实的。

这篇社论见报几周后，另外一件有趣的事情发生了。并且，与这件事情有关的序幕早在几个月前，即2002年11月就已经悄悄发生了，地点是在布里斯托举行的反战会议上。

其中一名发言者是前《星期日快报》记者叶凡妮·瑞德利（Yvonne Ridley）。2001年9月，在美军准备进攻阿富汗之前，叶凡妮·瑞德利成为世界关注的焦点——报道称，她被塔利班胁持为人质。很快，她宣布信仰伊斯兰教，成为坦率直言的和平主义者和政治积极分子。

布里斯托的会议结束后，一自称来自政府传播总部（Government Communications Headquarters）的女士找到叶凡妮·瑞德利。因为政府传播总部是高度机密的间谍组织，最擅长攫取各类机密信息，叶凡妮·瑞德利有些怀疑，担心这是个陷阱。她告诉这位女士会留一张她的名片在会议室的架子上。如果她想找她谈话，可以打电话，说她是“伊沙贝拉”。

三个月后，即2003年2月初，伊沙贝拉打来了电话。叶凡妮·瑞德利同意和她见面，地点是苏豪区的一家咖啡甜点店（Patisserie Valerie）。她们谈了一会儿，然后，伊沙贝拉交给叶凡妮·瑞德利一份文件，叶凡妮·瑞德利读后说道：“他妈的！”

这份文件是来自美国国家安全局的一封邮件。美国国家安全局和英国的政府传播总部功能相似，这个组织非常机密，以至于被戏称为“不存在的机构”（No Such Agency）。据悉，几天前，美国国家安全局开始对联合国安全理事会的六个核心成员国实施了间谍行动。如果希望对伊拉克动武的“第二轮决议”获得通过，美国需要这六个成员国支持。邮件的内容是，美国国家安全局发出指示——对六个成员国代表的家用电话、办公室电话进行监听，对个人邮件实施监控。这些行为显然违反了国际法，亵渎了外交协约。

意识到警方有可能追查邮件的出处，伊沙贝拉裁掉了邮件的题头。但是她允许叶凡妮·瑞德利潦草地记录下题头的部分内容。

叶凡妮·瑞德利感到大有文章可做。说不定这有可能改变联合国安全理事会关于“第二轮决议”的投票结果。叶凡妮·瑞德利赶忙将这些信息告诉给《每日镜报》的高级记者克里斯·休斯（Chris Hughes）。但是克里斯·休斯无法确认这些文件的真实性，三天后，他把文件还给了叶凡妮·瑞德利。叶凡妮·瑞德利又把这些文件送交给《观察家》报国内事务部主编马汀·布莱特（Martin Bright）。结果，导致了不少难题。

第一个难题是，谁能确认这些信息是真实的。马汀·布莱特和国际事务专家彼得·布茂特、《观察家》报驻美国记者艾德·武利亚米一起想办法，试图寻找可以确认这样的行动在发生的情报机构的线人，但是以失败告终。不过，令人欣慰的是，从美国国家安全局发送这篇邮件的弗兰克·考扎（Frank Koza）的确存在，也的确处于可以组织如此行动的职位。

第二个难题是，反战报道的“抵抗力”。从三名记者合作调查这个故事的第一天起，报社的几名执行董事就表示出怀疑。他们认为叶凡妮·瑞德利是不可靠的信息来源。他们注意到邮件的题头被裁掉。卡迈勒·阿迈德尤其怀疑。据知情人透露：“他告知办公室的所有人‘希特勒日记’，‘希特勒日记’！”他在提醒发生在1983年令新闻界感到耻辱的事件——《星期日泰晤士报》发表了虚假的希特勒日记。他可能是在开玩笑，也可能不是在开玩笑。

办公室里弥漫着卡迈勒·阿迈德和其他反战记者的对峙情绪。几周后，也就是在1月底，英国首相飞往华盛顿特区的飞机上发生了一个“小插曲”。一群时政记者和首相同往，他们坐在机舱后面的位置上。几名记者发现，和英国首相同坐在前排的阿拉斯泰尔·坎贝尔喊卡迈勒·阿迈德和他们坐到一起。他们传达给卡迈勒·阿迈德什么信息？第二周，卡迈勒·阿迈德回到报社办公室，表示阿拉斯泰尔·坎贝尔已经向他展示了关于伊拉克大规模杀伤性武器的情报资料，并向他咨询如何将这些内容写成合适的新闻报道。这些材料就是后来闻名的“伪材料”（dodgy dossier）。

这些“伪材料”很快给卡迈勒·阿迈德带来了麻烦。卡迈勒·阿迈德和其他时政记者一起被邀请参加英国首相召集的聚会。之后，他们发现“伪材料”被塞进他们入住的酒店的门缝里。这样，他们可以在2月2日星期日及时报道出这些信息。卡迈勒·阿迈德在报道中这样描述，“来自唐宁街的最新的情报资料”，接着写道“情报来源是英国军情五处、MI6和其他保密的情报机构”。事实并非如此。这些材料不过是以前没有被使用过的废弃的情报材料，加上从网络上下载的宣传语和唐宁街新闻办公室的夸大其词的汇总。现在，我们知道，情报机构痛斥这些“伪材料”引用了他们的名字，让这些材料看起来可信。英国外交部长杰克·斯特劳尤其吃惊，因为在阅读报道之前，他对“伪材料”毫不知情。

再次被唐宁街误导，卡迈勒·阿迈德和其他报道假新闻的记者都陷入了麻烦。然而，因为之前卡迈勒·阿迈德曾指出首相的新闻官询问过他对这些“伪材料”的看法，卡迈勒·阿迈德被孤立。卡迈勒·阿迈德的同事开始质问他一些不友好的问题。作为一名独立的记者和政府保持这样亲近的关系合适吗？如果首相的新闻官要了解记者的意见，为什么选择卡迈勒·阿迈德？当“伪材料”的真相最终被公布于世时，报社编辑要求卡迈勒·阿迈德写一篇文章——在整个过程中，重点要描述为什么是他，而不是情报机构或者是外交部长本人接受首相的新闻官的咨询。卡迈勒·阿迈德极力否认给过阿拉斯泰尔·坎贝尔任何建议，他也拒绝写这篇文章。

这个事件表明，卡迈勒·阿迈德从独立的记者变成唐宁街的同盟。有关卡迈勒·阿迈德的其他行为在报社沸沸扬扬地流传。比如星期六，出报前，卡迈勒·阿迈德经常给阿拉斯泰尔·坎贝尔打电话，告诉他新闻提要的内容。这样政府就会提前知道对自己不利的任何报道。这绝对不是一名正常记者的行为。卡迈勒·阿迈德却狡辩，这样的事情从未发生过。但是他的一名同事确定无疑地告诉我，他清清楚楚地目睹了这样的事情多次发生。

马汀·布莱特、彼得·布茂特和艾德·武利亚米在调查美国国家安全局在监听联合国安全理事会六个成员国代表的电话的事件。《观察家》报的员工表示他们记得很清楚，卡迈勒·阿迈德反对这篇报道，并讲得很清楚，这篇报道不应该被刊登。一名记者表示这是在故意“放毒气弹”。主编罗杰·阿尔顿坐立不安，他也很担心这篇报道。并非仅仅因为这篇报道是反战报道，而且这样的报道很“不安全”：这篇报道并非是来自政府的缓兵之计，而是一篇具有爆炸性的报道，可能会把他炸得粉身碎骨。

除此之外，不少为报纸供稿的人认为，报纸拥护伊拉克战争的决定已经影响了报纸的编辑判断力。在卡迈勒·阿迈德撰写的有关“伪材料”的报道被刊登出来的同一天，艾德·武利亚米的第六次尝试有了一点小进展——他写的梅尔·古德曼的曝光报道的一部分被刊登出来，总共1200字，被刊登在第16版。有意思的是，未经过核实的拥护战争的文章被轻而易举地发表在报纸的显著位置，关于美国国家安全局窃听事件的报道却在忍受“严刑拷打”。

两周过后，马汀·布莱特、彼得·布茂特和艾德·武利亚米的调查报道有了新的进展，在请教过情报机构的专家后，他们相信这些文件是真实的，但是他们还是无法说服报社发表这篇报道。艾德·武利亚米给美国国家安全局总机打电话，令他高兴的是，对方把他的电话转给了弗兰克·考扎的办公室。他设法确定弗兰克·考扎是美国国家安全局的国防参谋长（Defense Chief of Staff），对区域性目标负责，他也的确处于可以写出这样的邮件的位置。

即使到了这个时候，这个故事继续被搁置着。3月1日，星期六晚时，罗杰·阿尔顿依旧迟疑是否要发表这篇报道。彼得·布茂特将罗杰·阿尔顿请到办公室的小会议室，明确地告诉他，这篇报道已经核实，证据确凿，一定得发表。罗杰·阿尔顿同意了。

终于，这篇报道被发表在3月2日的《观察家》报上。报纸的头版标题写道，“关于美国监控联合国安理会成员国代表的电话和窃取他们邮件的细节”。文章指出，安哥拉、喀麦隆、智利、墨西哥、几内亚和巴基斯坦是他们监控的对象。

那些卷入报道这件事情的人对报道迟迟才被发表感到非常沮丧。“如果这篇报道能够在两三周前发表，现在的局势可能就不是这个样子了。”有一种观点认为，如果这篇报道被提前发表，就有可能阻止这场战争的发生。这也是对方为什么把这些信息透露给媒体的原因。〔那一周，警察逮捕了在英国政府传播总部工作的28岁男孩凯瑟琳·高恩（Katherine Gun），也正是他，向“伊沙贝拉”提供了这些文件。〕

但是存在于《观察家》报办公室的问题还没有解决。

在纽约，艾德·武利亚米开始和联合国安理会成员国的代表谈话。他们的谈话主题转变为他们对“第二轮决议”投票的计划。这轮投票至关重要。如果没有这次投票，美国和其同盟国将会缺少进攻伊拉克的法律和政治支持。

联合国安理会15个成员国中的5个成员国已经宣布反对这项决议。如果其他3个成员国也反对的话，美国和英国就无法得到他们所需要的大多数投票。通过和六个主要成员国代表的谈话，艾德·武利亚米发现智利、墨西哥以及另外一个不愿意被点名的国家已经决定投反对票。这个决议肯定不会被通过。艾德·武利亚米完成这篇报道，计划发表在3月9日出版的《观察家》报上。

在《观察家》报伦敦办公室，卡迈勒·阿迈德和阿拉斯泰尔·坎贝尔通话。几周前，卡迈勒·阿迈德就写好了一篇报道，主题是“英国确信决议可以被通过，可能投票结果是13比2，叙利亚和德国会投反对票”。这是英美双方商量好的集中的媒体宣传，伪托联合国和他们的意见一致。阿拉斯泰尔·坎贝尔告诉卡迈勒·阿迈德，和艾德·武利亚米的报道相反的是，英国政府仍然认为决议会被投票通过，他们依然在做六个联合国安理会成员国的工作。不久，托尼·布莱尔向罗杰·阿尔顿打来电话。

卡迈勒·阿迈德和《观察家》报的副主编保罗·韦伯斯特被叫进罗杰·阿尔顿的办公室，一起接听托尼·布莱尔的电话。托尼·布莱尔向他们保证，第二轮决议被通过肯定没有问题。某知情人透露，这段谈话是“鼓舞士气的谈话”。三员报社“大将”从罗杰·阿尔顿的报社走出，边走边笑，说托尼·布莱尔对他们讲“你们好，伙计们！”他说了那么多遍，以至于他们认为英国喜剧演员罗里·布伦纳（Rory Bremner）在电话线的那一端，模仿首相说话。

第二天，3月9日，《观察家》报在头版刊登了一篇关于“第二轮决议”进展的文章，这篇文章由卡迈勒·阿迈德撰写。文章中没有提一点艾德·武利亚米采访联合国安理会成员国代表所获得的第一手材料，只是告诉《观察家》报读者，昨晚，唐宁街对“第二轮决议”通过所需要获得的9张投票胸有成竹。托尼·布莱尔身边的人透露，所有的外交努力将用于说服“中间的六个”成员国——巴基斯坦、安哥拉、喀麦隆、几内亚、墨西哥和智利——去支持第二轮决议。

本期报纸中另外一篇长一点的文章也由卡迈勒·阿迈德撰写，指出联合国安理会六个主要成员国的态度未定。“英国政府非常自信，表示一定能够说服足够数量的国家和他们的观点一致。”文章并未涉及一点艾德·武利亚米的调查采访，文章指出：“不需要考虑来自联合国的‘噪声’。”

之后的事实表明，艾德·武利亚米的未发表的报道是正确的。英国首相和他的新闻秘书错了（仅拿美国窃听联合国安理会成员国代表的电话而言，就可以证明这一点）。《观察家》报的报道也是错误的。

同一个周末，艾德·武利亚米写出第七篇关于梅尔·古德曼和美国中央情报局的报道。也是在本章开始部分所提到的，这篇文章仍然没有被发表。

11天后，伦敦时间3月20日，星期日的晚些时候，首次空袭警报的警笛在巴格达上空响起。

10.《每日邮报》的攻击性

1992年7月的一天，天高气爽，两名来自伦敦南部的年轻女子走出英国皇家法庭（Royal Courts of Justice），马上被一群摄影师和记者围得水泄不通。这两名女子分别是米歇尔·泰勒（Michelle Taylor）和丽莎·泰勒（Lisa Taylor），因为谋杀朋友艾丽森·沙纳西（Alison Shaughnessy）被判终身监禁，她们刚在监狱里呆够一年。但是今天，英国最高刑事法庭却取消了她们的罪名，允许她们继续像正常人那样生活。

很多年过去了，两个女子各自结婚，建立了家庭，默默无闻。突然，2000年6月24日，《每日邮报》用3个版面重新报道她们的故事，这篇报道由记者乔·安·古德温（Jo Ann Goodwin）撰写，文章的标题是“为什么我相信她们是杀人犯？”。在米歇尔·泰勒和丽莎·泰勒的照片旁边，副标题写道，“为什么这对姐妹残忍的谋杀罪名被洗清，因为她们假装是受害者——现在，《每日邮报》对她们的清白表示怀疑”。

这篇报道很值得剖析一下，因为它很具有代表性。并且，这类报道也是《每日邮报》特有的报道。这类报道如同园丁的“杰作”——园丁深挖坑，扔掉杂草和碎石等他们不需要的东西，只种植他们想要的东西。也就是说，这类报道是被巧妙地歪曲了的报道，是一种带有攻击性的歪曲。

对乔·安·古德温报道的不利因素是皇家法庭的上诉法院（Court of Appeal）的判决。泰勒姐妹被释放的那一天，我也在场，我还对她们的案件进行了报道。当时，三名法官不仅折服于被告辩护律师的聪明的辩论，还代表执法者表示了深切的歉意，并谴责两类群体导致案件的误审——警方和媒体，特别是《每日邮报》。首席大法官麦考文（Lord Justice McCowan）详细总结了原判中的三大严重失误。

首先，证明泰勒姐妹在案发现场的唯一目击证人的证词值得怀疑。这名证人是被杀女子的邻居迈克尔·安斯华·怀特（Michael Unsworth White）博士。他在原判中表示，在案发时，他看到两名貌似泰勒姐妹的女子从被害者的家中跑出来。然而，在开庭前夜，被告的辩护律师搜查了成箱未使用过的证词，发现迈克尔·安斯华·怀特博士最初向警方提供的证词是，这两个女孩在步行，而非跑步——并且其中一个女孩是黑色皮肤，而泰勒姐妹是白色皮肤。首席大法官麦考文评价这是“不可思议的篡改”，并且，这个细节在案件的审理过程中被隐瞒了。

其次，首席大法官麦考文注意到，被告的辩护律师曾经暗示，迈克尔·安斯华·怀特博士对提供证词获得一定的酬金很感兴趣。法官抗议这样的说法毫无证据。被告的辩护律师不得不在陪审团面前道歉——因为他这样做，在怀疑迈克尔·安斯华·怀特博士的证词的同时，也损害了他自己的可信度。现在，很清楚的是，迈克尔·安斯华·怀特博士的确获得了一笔酬金，并且，警方早就知道此事。首席大法官麦考文认为，这种隐瞒部分证据的做法是“彻底的错误”。

第三，首席大法官麦考文严厉指责媒体在案件审理过程中发表“无休无止，煽情，不准确和误导”的报道。其影响是——任何读过这些报道的陪审员都有可能做出对泰勒姐妹不利的判断。首席大法官麦考文表示：“实际上这些报道根本称不上是报道，而是评论，关于被告席上的两姐妹有罪的评论。”他指的是包括《每日邮报》在内的5份日报。首席检察官（Attorney General）认为，这些媒体应该为蔑视法庭而受到惩罚，“媒体没有权利用文章定罪，警官不应该提前认定被告有罪，而故意隐瞒对被告有利的证据。正因为是后者，被告被判无罪释放”。

面对如此局势，刑事法院不仅同意释放泰勒姐妹，并且做出一个非常不寻常的举动——公开、正式地向上诉法院道歉，表示不应该用这样的方式审理该案件。

上诉法院的调查结果也深受声称两姐妹有罪的报道的影响。然而乔·安·古德温有自己的答案。她完全颠覆了案件的审理结果。在文章的末尾，乔·安·古德温指出迈克尔·安斯华·怀特博士对他所看到的女孩子的肤色的疑惑，但是没有加入首席大法官麦考文的任何评论。乔·安·古德温告诉读者法院因此受到影响简直“不可思议”。文章也没有提法官对警方隐瞒事实的行为做过严厉的评价；没有提警方故意隐瞒目击证人对可以获得酬金很感兴趣的事实；没有提包括《每日邮报》在内的5份报纸；没有提媒体的报道带来如此多的负面影响，应该受到惩罚。文章将所有对指控两姐妹的不利事实丢到一边，乔·安·古德温“种植”的是她自己编造的故事，“米歇尔·泰勒和丽莎·泰勒是因为法律的技术问题被释放的”，她告诉读者。

整篇报道中故意只提对指控有利的因素。乔·安·古德温重新回顾了整个案件，描述这个案件“很难被驳斥”，并故意忽视被告辩护律师的辩词。警方声称米歇尔·泰勒因为妒忌谋杀了艾丽森·沙纳西，因为对方和她的前男友结婚。乔·安·古德温绘声绘色地描述，仿佛这是事实：“她为他着迷，并且因失去他而感到恐惧。”乔·安·古德温没有提辩护律师的辩词，米歇尔·泰勒对约翰·沙纳西早已失去了兴趣，并且她在案发几个月前就有了新的男朋友。乔·安·古德温报道，米歇尔·泰勒的日记“提供了大量她对艾丽森·沙纳西充满敌意的证据”。乔·安·古德温却没有提被告辩护律师的辩词——在整本日记中，只有一句话表现出她对艾丽森·沙纳西的敌意，并且这句话写于案发数个月前。乔·安·古德温写道，警方在艾丽森·沙纳西的公寓里发现了丽莎·泰勒的指印，但是并没有提被告辩护律师的辩词——3周前，丽莎·泰勒帮他爸爸到艾丽森·沙纳西的公寓清扫卫生，因为丽莎·泰勒的爸爸是清洁工。

本案中，最能证明泰勒姐妹无罪的证人是她们的朋友珍奈特·泰浦（Jeanette Tapp）。在一段令人读后目瞪口呆的段落中，乔·安·古德温却描述珍奈特·泰浦是断定泰勒姐妹有罪的“最有效的证人”。乔·安·古德温告诉读者，珍奈特·泰浦最初对警察说的是，案发时，她和泰勒姐妹在一起，然后，却又否认了这种说法。乔·安·古德温总结，这是泰勒姐妹企图制造不在犯罪现场的证明。但是，乔·安·古德温并没有告诉读者，珍奈特·泰浦对警察说了不止一遍，而是三遍当时发生的事情——无数的细节，甚至她和泰勒姐妹一起抽的烟的牌子，她们谈话的内容。之后，珍奈特·泰浦改变证词的原因是，一天清晨5点40分，4名侦探搜查了她的住所，以同谋谋杀罪将她逮捕，在和她“共处”了2小时55分钟后，珍奈特·泰浦同意坐在录音机前，宣布她之前的证词都是假的——警方这次撤销了对她同谋谋杀罪的起诉。乔·安·古德温将她“种植”的故事告诉读者后，表示“很难理解她为什么说谎”。

根据乔·安·古德温的报道，案件的关键人物是伯纳德·欧曼哈尼（Bernard O'Mahoney）。乔·安·古德温对他的描述很诚恳，伯纳德·欧曼哈尼因使用暴力被判过刑，40岁左右，曾经是歹徒。乔·安·古德温解释，一个偶然的机会，伯纳德·欧曼哈尼被卷入了这个案件，他认为泰勒姐妹显然是无辜的，他和泰勒姐妹成为好朋友，并帮助她们打官司。即使在她们被判刑后，他依然帮助她们继续上诉，直到她们被释放。他和米歇尔·泰勒着手合写一本关于案件审理全过程的书。结果，他爱上了米歇尔·泰勒，并离开了自己的妻子。但是有一天，当伯纳德·欧曼哈尼查阅有关案件的文件时，他发现一封来自泰勒姐妹的律师的信件。这封信是在案件一审之前写的，信中表明，米歇尔·泰勒已经“坦白”了一些情况，结果，丽莎·泰勒被规劝和执法方合作，成为反对米歇尔·泰勒的证人。伯纳德·欧曼哈尼带着这些很明显能证明对方有罪的证据找到米歇尔·泰勒，米歇尔·泰勒泪流满面，彻底坦白。乔·安·古德温继续陈述：“为了释放泰勒姐妹，他付出了一切，而这一切的基础竟然是一个谎言。他所深爱的女人无情地利用了他，欺骗了他。因为对方的欺骗而恼羞成怒，伯纳德·欧曼哈尼离开了米歇尔·泰勒，返回他原来的家中——他放弃了和米歇尔·泰勒写书的计划，他不会再继续为泰勒姐妹的事件抗争下去。”

如果乔·安·古德温的叙述真实的话，伯纳德·欧曼哈尼就真成了案件的关键人物。但是乔·安·古德温并没有告诉读者的是，伯纳德·欧曼哈尼是个骗子，他最擅长的是和媒体关注的罪犯交朋友，然后把获得的零星消息卖给媒体。比如，当他向监狱里的米歇尔·泰勒写信的同时，他也给“约克郡屠夫”（Yorkshire Ripper）彼得·萨可利夫（Peter Sutcliffe）写了信，他以女子“贝琳达·坎农”（Belinda Cannon）的名义，向他表示“温暖的拥抱”。伯纳德·欧曼哈尼将彼得·萨可利夫的回信交给一名女性朋友，这名女子戴上假发，找到《星期日人物报》（*Sunday People*），要价4000英镑，出售这封信件的内容。乔·安·古德温还知道，却没有告诉读者的是，在伯纳德·欧曼哈尼和泰勒姐妹做朋友的整个过程中，他一直在偷偷地将关于她们的故事出售给《每日镜报》记者盖瑞·琼斯（Gary Jones，目前在《世界新闻报》担任记者）。

乔·安·古德温还知道，但也没有写进文章的是，在接受她采访前，伯纳德·欧曼哈尼已经和泰勒姐妹闹翻——米歇尔·泰勒发现伯纳德·欧曼哈尼欺骗她，两人已经分手，并在为谁该拥有图书版权的问题上争论不休。伯纳德·欧曼哈尼打电话威胁泰勒姐妹，丽莎·泰勒的丈夫也打电话威胁伯纳德·欧曼哈尼，同时，有人将泰勒姐妹的车胎扎破。双方都向警方报了案。

也就是说，“案件的关键人物”拥有一系列骗人行径，特别擅长向媒体说谎，他有着明显的损害泰勒姐妹的声誉的动机。他的观点很容易引起争论，在没有进一步证实的情况下，没有媒体会刊登他的观点。乔·安·古德温也感到很为难，她根本无法证实伯纳德·欧曼哈尼的指证。然而，她有足够的证据证明伯纳德·欧曼哈尼提到的那些律师的来信以及米歇尔·泰勒泪流满面的坦白是虚假的。

伯纳德·欧曼哈尼声称这些信件来自泰勒姐妹的律师，但是泰勒姐妹的律师迈克尔·福尔摩斯（Michael Holmes）听说此事后勃然大怒，并表示对方“居心叵测，故意陷害，内容不实”。并且，很难解释任何律师会以自己的职业信誉为赌注，为他的客户提供假辩词。在文章发表前，迈克尔·福尔摩斯就质疑乔·安·古德温的报道，伯纳德·欧曼哈尼马上改变立场，说这些信件来自一名司法工作人员。

对伯纳德·欧曼哈尼而言，更难以解释的是，他为什么从未告诉警方米歇尔·泰勒曾经在他面前坦白过。伯纳德·欧曼哈尼和泰勒姐妹闹翻后，他曾主动向警方表示曾经伪造证据帮助泰勒姐妹。但就在那时，伯纳德·欧曼哈尼也未向警方暗示米歇尔·泰勒向他坦白过罪行。如果记者肯去核实整个故事，这一点很难说得通。很有可能是，在向警方坦白时，伯纳德·欧曼哈尼还没有编好新的“谎言”。但是，乔·安·古德温在报道中对这些疑问丝毫不提，她只是照搬伯纳德·欧曼哈尼的说法。

乔·安·古德温的报道中还有更多虚假的内容。《每日邮报》不管不顾，发表了整篇报道。结果，这篇报道给泰勒姐妹带来了恶劣的影响。在被释8年后，泰勒姐妹再次遭受路人的指指点点，并被孩子所就读学校的老师当作危险分子。她们竭力抗争，找到律师，要告对方诽谤，但这意味着她们得先自己掏钱打官司，只有在官司打赢后，才能获得赔偿。同时，泰勒姐妹找到媒体投诉委员会。媒体投诉委员会对泰勒姐妹的答复是，如果她们已经在和《每日邮报》打官司，就不可以通过媒体投诉委员会投诉对方。泰勒姐妹一家决定分头行动：泰勒姐妹和律师合作，合作条件是“官司不赢，不收费”。泰勒姐妹的父母通过媒体投诉委员会投诉《每日邮报》。

面对正式投诉，《每日邮报》原本可以承认这篇报道被故意扭曲，严重失实，并且公布真相。然而，《每日邮报》选择支持记者乔·安·古德温。该报执行主编罗宾·埃瑟（Robin Esser）向媒体投诉委员会回复：“如果我们打算避免冲突的话，我想，媒体投诉委员会也不想就此大动干戈。要说清楚的是，这篇文章调查充分，证据确凿，作者在写作时也非常严谨……最关键的是，我们发表的这篇文章并未违反记者的职业准则。”

泰勒姐妹继续抗争。在审视过所有的文件后，律师告诉泰勒姐妹，这个案件太复杂，而且要花很多钱，他们不可能冒着有得不到任何报酬的危险去打这个官司。官司打不成了，结果，泰勒姐妹又被告知，她们也无法向媒体投诉委员会投诉——因为此时距《每日邮报》发表那篇报道的时间超过了一个月。她们只能依靠她们父母的投诉。

这并非一件小事。每年，几千人向媒体投诉委员会投诉，但是很少有人投诉媒体诬告当事人“谋杀”。媒体投诉委员会的口号是“迅速，免费和公平”。几个月后，《每日邮报》没有任何动静。两名律师班德曼（Bindman）和派特纳斯（Partners）在不收取任何报酬的情况下，帮助泰勒姐妹讨公道，我也提供了证词。最终，2001年9月26日，媒体投诉委员会的全体委员聚集在一起，商讨此事……结果，什么结果都没有。

在一份很长的声明中，标题连“决定”的字眼都不提及，媒体投诉委员会拒绝对《每日邮报》的报道真实性做出任何评价。之所以这样做，原因之一，媒体投诉委员会规定，不得以第三方的身份进行投诉，即使之前，泰勒姐妹的父母的投诉已经被“考虑”了15个月。原因之二，他们认为泰勒姐妹的父母“并未根据媒体投诉委员会所规定的准则，对整篇文章进行相应的投诉”，即使泰勒姐妹的父母已经写了好几封信，信中清楚地分析了《每日邮报》“无数不准确”、“无数歪曲”的内容。原因之三，他们声称，如果泰勒姐妹在进行“为对付诽谤而采取的其他行动”，媒体投诉委员会就不会受理这个投诉，即使当时，因昂贵的诉讼费，泰勒姐妹已经不得不放弃打官司。

这也是媒体投诉委员会的一贯作风。和其他监督机构不同的是，媒体投诉委员会似乎对任何投诉都无动于衷。回顾一下，在过去的10年内，媒体投诉委员会收到的公众投诉达28277次，涉及内容不仅包括报道不准确，还包括侵犯隐私权、侮辱、违反伦理道德的报道和对孩子不利的报道等其他违反媒体投诉委员会的规则的行为。记录显示，媒体投诉委员会拒绝受理其中的25474次投诉：90%的投诉因“不合格”被拒绝，媒体投诉委员会甚至从未对这些投诉的内容进行过调查。

媒体投诉委员会对待泰勒姐妹的投诉的态度再正常不过。在过去的10年内，将近1000次投诉因为投诉不及时被拒绝，将近2000次投诉因由第三方提出被拒绝。泰勒姐妹的父母的投诉“并未根据媒体投诉委员会所规定的准则，对整篇文章进行相应的投诉”——被以类似的理由拒绝的投诉有7000多次。泰勒姐妹还因在进行“为对付诽谤而采取的其他行动”而被媒体投诉委员会拒绝，因类似原因被拒绝的投诉有6000多次。成千上万的其他投诉被拒绝，因为这些投诉的书面文字材料不合格。

只有2770次投诉被“受理”，占投诉总量的9.8%。其中的大多数，2322次投诉被非正式“解决”——报纸接受媒体投诉委员会的谴责，同意道歉并发文澄清事实。只有448次投诉，也就是全部投诉的1.6%成功地得到媒体投诉委员会的正式裁决。但是媒体投诉委员会拒绝了其中的一半（251次）。在过去的10年内，媒体投诉委员会接受了28277次投诉，只有197次得到正式的裁决，只占0.69%。需要搞清楚的是，媒体投诉委员会是由投诉的对象——报纸创建的。

如同泰勒姐妹，大多数投诉者因昂贵的诉讼费，放弃了打官司。这无疑让报纸处于相对安全的位置。除此之外，《每日邮报》还有自己的特殊性。

首先要承认的是《每日邮报》是英国最成功、最有影响力的一份报纸。

当其他报纸眼睁睁地看着各自的读者流失时，《每日邮报》的读者人数却在增加，特别是它战胜了老的竞争对手《每日快报》，吞并了另一个竞争对手《新闻纪事》（*News Chronicle*）和她的姊妹报《每日速览》（*Daily Sketch*）。对于新的竞争对手《今天》，《每日邮报》游刃有余，其销量甚至超过了通俗小报《每日镜报》。《每日邮报》开始出版星期日刊，并在爱尔兰共和国出版特刊。在过去的15年内，每一年，《每日邮报》都获得相当高的利润——英国其他高质量的报纸都没有过这样的业绩。经济上的实力确保《每日邮报》保护自己的记者，也使《每日邮报》成为英国最强有力的收集新闻的机器。

商业上的成功和强大的政治影响力密切联系在一起。因为具备这些独特的资源，《每日邮报》的记者最有可能摆脱“抄闻”主义的侵蚀，进行独家报道。舰队街的其他报纸也的确经常从《每日邮报》中找新闻线索、报道角度。政府也非常关注《每日邮报》。

我曾经发表一篇关于公共政策的长文，结果资深的政府公务员对我说：“很有意思，可是不会带来任何变化。但如果你是《每日邮报》的记者……”政客们努力和《每日邮报》和平共处，交朋友。在保罗·达可瑞（Paul Dacre）担任《每日邮报》主编10周年之际，戈登·布朗发去录像祝词：“保罗·达可瑞讲述了一份成功报纸的故事，他个人也具有很强的亲和力，具备很强的新闻工作能力。”

其次要承认的是，同英国的其他报纸相比，《每日邮报》刊登了更多的虚假新闻和歪曲报道。我们可以从媒体投诉委员会的记录中了解这一点。在过去的10年内，被成功投诉超过50次的报纸包括《泰晤士报》、《每日镜报》、《太阳报》和《每日邮报》，其中《每日邮报》被成功投诉的次数是153次。舰队街的其他报纸被投诉成功的平均数是43次。也就是说，在过去的10年内，公众对《每日邮报》合理的投诉次数是对其他全国性报纸投诉的平均数的3倍。

在针对《每日邮报》的成功投诉中，并非所有的投诉都涉及虚假新闻和歪曲报道。有相当一部分是侵犯个人隐私，比如关于托尼·布莱尔的儿子的报道，关于一个10岁女孩的报道——女孩的父亲被《每日邮报》指称和未成年的少女有染，关于阿加罕三世和他的妻子的报道——他和妻子站在快艇甲板上的照片被《每日邮报》发表（《每日邮报》表示，如果他们想要隐私，他们应该站在甲板下）。还有一次，他们将性侵犯受害者的照片公开发表。

但是不准确是最普遍的投诉主题。比如，马克·费威克（Mark Fenwick）的照片被用于一篇有关国民战线（National Front）的文章的配图（他和国民战线没有一丁点关系），将瑞雷（Riley）夫妇的儿子之死和过度酗酒联系在一起（他的血液中不含有一点酒精），索瑞尔（Sorrell）的女儿被指称是脱衣舞女郎（她根本不是），迈克尔王妃（Michael of Kent）花3万英镑买了一件皮衣（根本没有这回事），莎拉·斯考特（Sarah Scott）承认和英国副首相约翰·普雷斯科特（John Prescott）有染（她并没有承认，也从来没有这回事）。

有时，《每日邮报》故意歪曲事实——错误地援引BBC内部的备忘录，攻击BBC；错误地援引某高级法院法官的话，批评对方。其他情况，完全在造假——错误地报道某罪犯被给予法律援助去上诉，因为监狱里不给他提供早餐；错误地报道某男子因和邻居闹翻，被指控；错误地报道某夫妇虐待12岁的女儿，结果这个女孩和美国水手私奔。

对于大多数成功的投诉，《每日邮报》的处理方式是发表文章澄清事实，但通常不会费太多的笔墨。比如，2006年4月，《每日邮报》发表文章攻击小说家穆里尔·斯巴克（Muriel Spark）的儿子罗宾·斯巴克（Robin Spark），声称他从他母亲那里要过一大笔钱。罗宾·斯巴克向媒体投诉委员会投诉这并非事实，7个月后，《每日邮报》更正这种说法有误。原文字数是2092字，更正文章的字数是81字。

同时，看一下那些有资金和报纸打官司，控告对方诽谤的案例。这同样可以看出《每日邮报》的不准确报道的比例。因指称对方在担任热刺足球俱乐部（Tottenham Hotspur Football）主席期间"吝啬"，2001年2月，《每日邮报》向艾伦·苏格（Alan Sugar）爵士赔偿10万英镑。有意思的是，之前，《每日邮报》曾经向热刺足球俱乐部前任主席埃文·史高拿（Irving Scholar）支付过赔偿费，因为该报指称对方是伪君子。艾伦·苏格爵士在高级法院上宣布："报纸破坏了人们的生活。他们攫取人们的隐私，就为了扩大销量。我希望，我今天的胜利，可以阻止类似的事情继续发生。"但是并没有阻止《每日邮报》。

他们继续指控美国电影制片人斯蒂夫·冰（Steve Bing），指控他雇用私人侦探故意破坏他的前女友伊丽莎白·赫莉（Liz Hurley）的名誉（《每日邮报》承认该报道失实，并进行了赔偿）；《每日邮报》报道在电影《冷山》拍摄期间，女演员妮可·基德曼（Nicole Kidman）和男演员裘德·洛（Jude Law）堕入爱河（《每日邮报》承认该报道失实，并进行了赔偿）；女演员戴安娜·里格（Diana Rigg）痛恨男人，并因此放弃演艺事业（在戴安娜·里格投诉后，《每日邮报》又报道了一篇类似观点的文章，不久，《每日邮报》承认报道失实，进行赔偿）；罗温·艾金森（Rowan Atkinson）患了抑郁症，需要在一家医院里呆5周时间，接受治疗（《每日邮报》承认报道失实，并进行了赔偿）；演员迈克尔·凯恩（Michael Caine）爵士做过整容手术（《每日邮报》承认报道失实，并将赔偿款支付给迈克尔·凯恩选择的慈善机构）；女演员莎朗·斯通（Sharon Stone）将4岁的儿子留在车里，自己去餐馆吃饭（《每日邮报》承认报道失实，并进行了赔偿）；在某慈善活动中，歌手艾尔顿·约翰（Elton John）爵士拒绝和嘉宾谈话（《每日邮报》承认报道失实，并进行了赔偿）；电视节目主持人诺埃尔·埃德蒙（Noel Edmonds）在他的事业生涯中表现得很不专业，很不理智（《每日邮报》承认报道失实，并进行了赔偿，而且同意连载诺埃尔·埃德蒙的新书）；他们自己的记者葛兰妮丝·罗伯特（Glenys Robert）对她家附件的一家餐馆进行报复性的调查（《每日邮报》承认报道失实，并进行了赔偿）；演员休·格兰特（Hugh Grant）和其他女子调情，导致他和洁米玛·柯寒（Jemima Khan）的关系恶化（《每日邮报》承认报道失实，并将赔偿金支付给玛丽·居里癌症基金会）；BBC《新闻之夜》的制片人西娅·罗杰斯（Thea Rogers）对同事进行跟踪（《每日邮报》承认报道失实，并进行了赔偿）。

《每日邮报》所报道的这些故事不仅是虚假的，而且故意损害报道所涉及的人物的名誉。2001年1月，英国著名的大律师乔治·卡曼（George Carman）去世后，《每日邮报》发表文章攻击他的伴侣卡伦·菲利浦斯（Karen Phillips），称她在乔治·卡曼奄奄一息时，迫使对方按照她的偏好改写遗嘱。《每日邮报》称她是“善于操纵的情人”，并补充，她对乔治·卡曼的健康一点都不关心，只关心她能获得多少遗产。卡伦·菲利浦斯对《每日邮报》进行投诉，收到的却是另外一封攻击她人格的信件。她继续抗争。终于，《每日邮报》承认报道失实，并进行了赔偿。萨莉·贝克尔（Sally Becker）有过类似的经历。因为她从战场上拯救生病的孩子，她在波斯尼亚出了名，被称为“莫斯塔（Mostar）的天使”。但是《每日邮报》却报道“她不是天使”。报纸称萨莉·贝克尔遭到为她工作的志愿者的起诉，因为她不顾警方劝告，置大家的生命于不顾，走入歧途。萨莉·贝克尔对这篇报道表示极为不满，结果发现，《每日邮报》继续发表了更多损害她声誉的文章。她继续抗争，最后，经过3年多的争论，《每日邮报》承认这些报道失实，并进行了赔偿。

回顾所有这些案例，无论是媒体投诉委员会受理的，还是法院受理的，一个模式越来越清晰：事实被忽略，被扭曲；文章被发表；文章所涉及的对象起诉，但他们所面对的是有钱又有“智慧”的《每日邮报》，假使和对方对抗到底，对方会妥协，给予一定赔偿。然后这样的模式继续重复上演。如此重复上演的原因是，《每日邮报》所接受的惩罚和它这样做所获得的回报根本就不相称。

显然，《每日邮报》只注重速度，不太在乎报道准确性的做法，为报纸赢得一定的商业利益和政治利益，并且，他们从不畏惧媒体投诉委员会：媒体投诉委员会为他们说话；很多受害者没有钱打官司；即使受害者有钱打官司，报纸也甘愿花点小钱奉陪。这就好比观看一名足球队员的表演：当他发现自己是可以阻止对手进球的最后的因素时，他宁愿采取违规的方式阻止对方进球，哪怕受到裁判的处罚也在所不惜。精彩、腐败的表演——《每日邮报》是当代舰队街最专业的违规者。

很多人误解了《每日邮报》，他们把这份报纸当作观点右翼的报纸，认为这份报纸拥护保守党，为有钱有势的人说话，但这些并非这份报纸的源动力。

2004年3月，在接受英国下议院公共行政委员会（Public Administration Committee）提问时，保罗·达可瑞表示：“我的工作是编辑报纸，和读者建立良好的关系，反映读者的观点和维护读者的利益。”这就是某一主编对自己作用的界定，他的观点不一定得到其他主编的认可，但是这些观点完美地描述了促进《每日邮报》工作的道德引擎。

同其他报纸相比，《每日邮报》更愿意和读者打成一片，更遵守5条原则以增加报社的收入（第4章中已有叙述）。故事报道了一个又一个，每个故事都有利于促进报纸的销量。《每日邮报》的记者无不惊讶于保罗·达可瑞的办报能力——他依靠直觉，及时、彻底地了解他的读者想要看什么样的故事，希望这个世界如何被再现——需要什么样的事实，什么样的价值观，什么样的道德恐慌。

皮尔斯·摩根（Piers Morgan）评价：“读者永远都不会错——可能有人会反对，这种说法是1997年10月，在一份内部备忘录中，保罗·达可瑞向报纸所有人阐述的观点。”后来，这份备忘录被泄露给《私眼》杂志。在这份备忘录中，保罗·达可瑞竭力为他们的专栏作家安德鲁·亚历山大（Andrew Alexander）撑腰，反对罗瑟米尔爵士（Lord Rothermere）的观点——罗瑟米尔爵士称安德鲁·亚历山大是“政治恐龙”。保罗·达可瑞表示：“我想安德鲁·亚历山大也许是恐龙，但是我更确定的是，我们的很多读者也是恐龙。”安德鲁·亚历山大的职位保住了。

《每日邮报》是经过完美设计、用于销售给特定消费者的商品，这些消费者主要来自中产阶级下层。《每日邮报》密切关注这类人群，为维护这类人群的利益，《每日邮报》也会攻击。如果需要的话，黑人、穷人、自由主义分子、左翼分子、乞丐、吸毒者、同性恋都是他们攻击的对象。如果还需要的话，富人、有权势的人、任何政党包括保守党，也会成为《每日邮报》攻击的对象。只要报纸的读者想要看什么内容。这样的做法可能会导致一些读者的反感，但是不会导致读者对新闻业本身的反感。报纸可以自主决定哪些内容是重要的。

《每日邮报》的致命点是对商业利益的无止境的追逐，为此，《每日邮报》宁愿损害新闻的真实性，用虚假、歪曲的新闻迎合读者的口味。如果这涉及刊登几篇纠错公告，甚至偶然赔偿对方损失费，也算不了什么。且看《每日邮报》是如何报道种族和移民问题的。

我对一位在《每日邮报》工作多年的记者进行了采访。他告诉我：“有一天，报社的人很早给我打电话，让我开车到300英里外的某地采访一起谋杀案，被杀者是一名女子和她的两个孩子。当我的车开到半路时，报社又给我打来电话，说：‘回来吧！’我问：‘为什么？’对方回答：‘他们是黑人。’”

另外一名《每日邮报》的记者告诉我：“我报道过一篇在英国生活的美国夫妇

的故事。他们在苏格兰做农夫，他们是白人，但是他们的几个孩子是女子和其前夫（黑人）的孩子，是混血儿。就因为这个原因，报纸主编不同意发表这篇文章。这样的事情发生过一两次——后来我才意识到，你写好了文章，却无法发表是因为所涉及的人物是黑人。有一次，我准备写一篇文章，讲述一名在伦敦东部照顾无家可归的人的宠物的兽医的故事。我花了两个礼拜才找到这名兽医，当她抱着护羊狗出现在我的面前时——我只能说‘抱歉’，因为她是黑人。”

这样的例子屡见不鲜，也许是我“不幸”，我遇到的《每日邮报》的记者都有过类似的经历——报纸拒绝报道有关黑人的故事。报社驻曼彻斯特的记者向伦敦总部打来电话，对方会问：“是和我们一样的人吗？”也就是说“是白人吗？是中产吗？”更常见的是，对方干脆会问“是黑人吗？”如果是，他们不需要这样的故事。

我向另外一名在《每日邮报》工作了几十年的记者提到此事，他马上告诉我，是哪一位执行主编最热衷于反对“黑人”报道。这也并非仅仅是过去的事情。当我在写这本书时，我采访了一家地方新闻社，巧的是，当时《每日邮报》正给这家新闻社打电话，询问一起谋杀案的受害者是白人还是黑人，然后他们可以决定是否报道这个故事。

发生这类事件的原因很微妙，其中有纯粹的种族歧视的因素。那名没能报道黑人兽医的记者告诉我，她听到一名非常资深的《每日邮报》记者向西印度群岛打电话，显然，他在预订酒店，他把对方的前台工作人员当作奴隶，对着电话喊：“谁是你的主人？”另外一名在《每日邮报》只工作了一年的记者告诉我，他惊讶于报社如此公开的种族歧视。“你会经常听到有人用‘黑鬼’、‘黑钉子’这类侮辱黑人的字眼”——很令人震惊。不是保罗·达可瑞这样做，是报社的资深记者、老记者这样做。“啊，又关于黑鬼。”这肯定是弥漫了种族歧视氛围的环境。

但是在这里起作用的更重要的因素是——《每日邮报》急不可待地要把读者想要看到的世界提供给读者。一位很有经验的《每日邮报》的记者表示：“他们不需要多元化的社会，他们只想回到20世纪50年代。”在接受英国下议院公共行政委员会提问时，保罗·达可瑞狡辩说，《每日邮报》拥有很多来自少数种族的读者：“他们是和我们一样的人，他们是他们的种族的积极分子，我们的报纸和他们保持有良好的关系。可以这样说，《每日邮报》总是非常关注他们的成功。”

这也就意味着，关于黑人的文章是可以被发表的，特别是符合《每日邮报》“友善”模式的。一名在《每日邮报》工作了多年，并有牙买加亲戚的记者告诉我：“不报道关于黑人的故事是《每日邮报》的常规，但是《每日邮报》也会涉及来自少数种族的人群，只要他们是受人尊敬的，留着短发，按部就班地成为英国公民的黑人。”她以黑人士兵约翰逊·比哈里（Johnson Beharry）为例，2005年，约翰逊·比哈里被授予维多利亚十字勋章，《每日邮报》也很乐意将对方当作英雄来报道。

最著名的案件是斯蒂芬·劳伦斯（Stephen Lawrence）案件。斯蒂芬·劳伦斯是黑人少年，1993年8月被杀害。因为伦敦警方不尽职于工作，杀害他的凶手逍遥法外。1997年2月，《每日邮报》在头版大胆刊登了5名涉嫌谋杀斯蒂芬·劳伦斯的嫌疑人的名字。当时参与报道的记者表示，《每日邮报》最初是带着不友好的态度报道这个故事的。他们派报社唯一的黑人记者哈尔·奥斯汀（Hal Austin）去采访死者的父亲纳维尔·劳伦斯（Neville Lawrence），目的是为了写文章攻击那些要求对案件进行重新审理的团体。“我们不想花钱，招来那些观点左翼的人，这就是我们的原则。”采访中，纳维尔·劳伦斯了解到哈尔·奥斯汀的主编是保罗·达可瑞——他曾经在几年前，为对方刷过墙。当哈尔·奥斯汀回到办公室，开始动手写文章时，老实巴交的纳维尔·劳伦斯已经和保罗·达可瑞取得了联系。不久，报社新闻采编室告知哈尔·奥斯汀改变文章立场：“多些同情色彩。”

《每日邮报》擅长报道的另外一类关于黑人的故事是关于罪犯的。我们对过去9个月发表在报纸中的图片进行了粗略的统计。我们发现了两个现象。首先，大多数图片呈现的对象是白人——平均每天30张图片呈现的是白人面孔，一张图片呈现的是黑人面孔（或者是加勒比黑人）。这大致和人口比例相称。其次，我们对照片的主题进行了分析。在黑人面孔的照片中，有运动员、娱乐圈的明星、寻求庇护者、背景群众，但是数量最多的是黑人罪犯：64%的黑人面孔的照片呈现的是杀人犯、强奸者，这和人口比例极其不相称，却迎合了《每日邮报》读者的口味。

如同斯蒂芬·劳伦斯成为报纸所接受的黑人报道对象一样，威斯汀·西尔考特（Winston Silcott）也成为报纸广泛报道的典型的黑人坏蛋形象。1985年10月，威斯汀·西尔考特被错误地指控在“托特纳姆”（Tottenham）号暴乱中，谋杀警官凯斯·布莱克洛克（Keith Blakelock），他的恶名由此开始。1991年11月，威斯汀·西尔考特被上诉法院释放。《每日邮报》一名直接参与过威斯汀·西尔考特报道的记者告诉我：“我们发表了一张威斯汀·西尔考特带有邪恶眼神的照片，我们要做的就是要让威斯汀·西尔考特看起来像个恶魔。谴责威斯汀·西尔考特为凯斯·布莱克洛克的死负责，成为《每日邮报》报道的主题。即使最新尸检报告证明威斯汀·西尔考特无罪，《每日邮报》也不放过他。威斯汀·西尔考特成为一个恶魔。”

很显然，一个概念在重复、在强化——黑人是坏蛋。因为平时报纸对黑人的普通生活关注不多，这种影响更强大。这类报道也很重要，直接影响了和种族有关的政治问题。因为《每日邮报》最擅长政治影响力，这样的观点也影响了政府的决策。在对待移民问题上，这一点显示得更清晰。

通过媒体的数据库，我随意搜了几篇关于“寻求庇护者”“移民”的文章，并且，这些文章有据可查。我找到原先的材料，核实这些故事的准确性。我发现——如同关于泰勒姐妹的报道——报纸依靠虚假的、被歪曲的报道来反映报纸的立场。

比如，2003年7月，《每日邮报》发表了一篇文章告知读者：“议员警告：寻求庇护者通常感染了艾滋病，给公众的健康带来了威胁。一份议院报告称，越来越多的寻求庇护者移民到英国，他们是艾滋病患者，或者是艾滋病菌携带者。”我重新找到议院的那份报告，核实这种说法是否准确。

这份被认定由所有党派抵御艾滋病议员小组（All-Party Parliamentary Group on AIDS）发布的报告，结果是一份和《每日邮报》所报道观点完全相悖的争论文件。议员指出的是，在异性恋人群中，90%的艾滋病是在撒哈拉以南的非洲地区传染的。并指出，艾滋病不是由寻求庇护者传播的。那些被传染了艾滋病的人所在的国家（南非、乌干达、赞比亚）大都没有难民申请的程序，那些已经申请了难民的人大都来自艾滋病传染率比较低的国家（伊拉克、阿富汗）。赞比亚除外，这个国家的寻求庇护者比较多，艾滋病传染率也比较高。议员表示，在英国生活的非洲人，如果患了艾滋病，极有可能是学生、游客和有工作许可证的职员。

这份报告的确强调了对公众健康产生威胁的人群，但并非像《每日邮报》所报道的——威胁来自寻求庇护者。根据议员所称，威胁来自政府的政策：和右翼报纸一个鼻孔出气。政策表明，为了遣散寻求庇护者，如果有寻求庇护者得了艾滋病，这些寻求庇护者会被送往医疗设施不充分的地方。英国政府中断给他们的福利待遇，他们无法享用英国国民健康服务体系的医疗，他们的健康状况很可能会继续恶化。导致这些问题的原因是媒体的报道。“媒体夸张报道，公众越来越关注该问题，政策制定者的反应是武断的决策。”但是这份报告并没有阻止《每日邮报》的报道立场，结果《每日邮报》继续利用议员的报告，恶性循环被加速。

一个月后，《每日邮报》又发表了一篇类似的文章。文章的内容来源于《经济学人》杂志发表的一篇报道：大量外籍劳工涌入伦敦，对伦敦造成影响。《经济学人》杂志的报道完全是正面新闻：大量劳工涌入，令伦敦的经济增长率在全国最高，67%的外籍劳工来自高收入国家；他们中的很多人比伦敦本地人受教育水平要高；他们是很勤奋的工人；他们的出现，令房价上涨，这样一来，却帮很多伦敦本地人实现了卖掉伦敦的小房子，搬到乡下的大房子去生活的梦想；并且，也促进了乡下经济的增长。但是在《每日邮报》的手中，这篇报道被篡改成为“敌对”报道。

《每日邮报》的报道以两句话开头，这两句话完全是虚构。“根据某报道称，伦敦已经成为世界移民之都。更多的外国人在伦敦定居，在伦敦定居的外国人的数量比在纽约、洛杉矶定居的人数要多。”这两句话根本没有出现在《经济学人》杂志的报道里。紧接着，《每日邮报》的报道加入一具有“杀伤力”的段落，这段落也由《每日邮报》自己杜撰：“在过去的十年时间里，成千上万的非法移民，申请失败的寻求庇护者在伦敦落户。”然后，《每日邮报》开始歪曲《经济学人》杂志的报道，提到散落在伦敦的波兰人、阿尔及利亚人、摩洛哥人、科索沃人、阿尔巴尼亚人聚集的小“村庄”而不管《经济学人》指出的这些工人的真正的出生地。

因为改变了报道的主题，《每日邮报》也改变了报道的角度。报道几乎忽略了《经济学人》报道中的所有正面信息，只选择外籍劳工对伦敦带来的不好的影响：对公共服务设施带来了压力，房价高涨，对第一次买房的人带来压力。《经济学人》报道中关于大批移民的好处——“伦敦本地人可以卖掉城里的房子，赚一笔钱，到乡下买房子生活”，也被《每日邮报》指称为，“这些外国人的到来，导致房价高涨，很多伦敦本地人被迫离开首都”。《经济学人》报道的结尾是很乐观的评价：“政府意识到移民给伦敦的经济带来的好处，伦敦经济增长促进了全英国经济的增长。”《每日邮报》文章的结尾引用的是英国“移民观察”组织（Migrationwatch UK）主席安德鲁·格林爵士（Sir Andrew Green）的话：“城市变得拥挤堵塞，社会和谐度在削弱。”

没有任何托词可以为这样的新闻辩护，在媒体投诉委员会缺少行之有效的约束的前提下，《每日邮报》继续肆意妄为。

《每日邮报》还对一场法庭听证会颇感兴趣。报纸原本可以报道：“一群孩子从战火中逃离出来，远离了被强奸、被谋杀、被屠杀的命运。昨天，一高等法院的法官企图保护这些孩子。因为根据某难民组织和专业律师裁定，政府只为年龄小于18岁的孩子提供住所。而这些孩子无法证明他们年龄小于18岁。伯顿大法官（Mr Justice Burton）驳斥了地方政府的决定。”《每日邮报》却这样报道：“本已处于困境的移民体系雪上加霜，高等法院的法官的决定使逮捕年轻非法寻求庇护者的难度增大。”

《每日邮报》对造假身份证件的可能性进行了调查。他们本可以将这个问题和任何有可能欺骗这个系统的人群联系在一起——专业的骗子、身体健康却依靠福利生存的人、出逃的囚犯、被通缉的罪犯、逃避抚养孩子的父亲、逃跑的性侵犯者、没有被判刑的破产的商人、被开除的传教士、不合格的驾驶员、不良信誉的记者——但是《每日邮报》用整个头版还有部分内页，报道“假冒的寻求庇护者和狂热分子”。

《每日邮报》报道老年公寓被关闭，成为寻求庇护者的住所。事实是法律要求地方政府为老年人提供更高标准的住宿条件，地方政府拒绝装修老年公寓，但是寻求庇护者可以住在这类条件不好的住所里。在《每日邮报》手中，两篇报道因此诞生，标题是“我们在什么样的国家生活啊——脆弱的老妪被驱逐出门，为的是给健康年轻的寻求庇护者腾地方？”和“孤寡老人被命令搬走，寻求庇护者搬入公寓”。

这种歪曲也体现在《每日邮报》的专栏评论里。1998年11月，一篇专栏评论的标题是“狼假装是牺牲品”，全文缺少证据，使用的却是容易激发人们仇恨的语言。评论的观点更是无据可依。为了突出这种“故意恶化的结合”，我在《每日邮报》所依赖的事实指称中加了括号：

那些来到英国，寻求庇护的人犯下过很多无耻的罪行，即使他们竭力为自己申辩好留下来。（到底有多少人很难说清楚，并没有官方的记录。）但是，《每日邮报》的调查发现（去年一年，超过40名寻求庇护者被伦敦刑事法院判定为有罪）严重的罪行从强奸罪到海洛因交易。

（毫无疑问，他们所代表的只是邪恶的少部分）成千上万假冒的寻求庇护者正在英国蠢蠢欲动。但是没有哪一类恶棍比假装是牺牲品的狼更邪恶了。他们假装是受害者，同时伤害那些让他们来到英国的人。他们污染了良好的种族关系，用海外的恐怖气息毒害了真正的难民业。

令人震惊的是，他们一开始就不该被给予住所。这何尝不是丑闻——我们对他们在所来自的国家是否有犯罪记录不做任何调查，就允许他们在这里逍遥法外。在我们温顺地敞开大门，让装作是寻求庇护者的外国掠夺者进入之前，我们本国内已经有相当多的犯罪行为。英国的移民权威机构还要充当多久西方世界的傻子？

有一段时期，英国警察局长协会（Association of Chief Police Officers）对这类新闻如此担忧，他们发表了一份报告警告：“消息不灵通颠覆媒体的报道”，这样的报道制造了紧张的情绪，导致寻求庇护者的仇视。他们警告：“对寻求庇护者的种族歧视盛行，并‘可接受’，这种态度不会被任何少数种族所容忍。”总之，英国警察局长们警告，这显然是在“扰乱治安”。《每日邮报》对此做了报道，只提出“扰乱治安”的危险，对媒体所导致的这样的结果丝毫不提。媒体反而对报告中的一个小主题——难民组织之间的摩擦进行渲染；并举例，在肯特郡，两名科索沃人被指控谋杀“被当成是难民的男子”；并加入这样的观点——建议对寻求庇护者施行宵禁，阻止他们扰乱地方治安。

这种歪曲也包括拒绝发表不符合他们的“思维模式”的文章。2006年9月，安哥拉难民马尼尔·布拉奥（Manuel Bravo）的难民申请被拒绝，即使他的父母被杀害，他的姐姐被强奸后杀害。他和他13岁的儿子安东尼奥（Antonio）被带到亚尔斯伍德遣送中心（Yarl's Wood detention centre）等待遣送。就在那里，在他的儿子熟睡时，马尼尔·布拉奥悬梁自尽。他知道，如果他的儿子成为孤儿，就可能免于被遣送回残暴的安哥拉。他留下一张纸条：“安东尼奥，我实在很抱歉，我不希望你回到安哥拉去受折磨。”验尸法庭将这条新闻提供给新闻界，其他几家报纸报道了这个故事，但是《每日邮报》没有报道。

同样，当英国银行总裁提出来自西欧的移民有助于缩减英国的通货膨胀，当40岁的艾玛斯·欧斯米克（Elmas Ozmico）恳求移民官员提供医疗帮助，但遭到拒绝，最终死于遣送中心的调查问询开始时，当公共政策研究所（Institute for Public Policy Research）报道移民比英国出生的当地人交了更多的税，花了更少的公共支出时，当联合国难民事务高级专员（UN High Commissioner for Refugees）抱怨寻求庇护者“被没有道德感的媒体塑造成不露面的可怕人物”时，当难民理事会报告，贫穷的寻求庇护者被英国国民健康服务体系拒绝，即使当他们患了癌症，或者在临产的危险时刻，当安永（Ernst & Young）的调查报告称移民对英国经济带来了积极作用，当国际特赦组织（Amnesty International）和难民行动组（Refugee Action）报告称政府的政策对寻求庇护者如此苛刻，他们如此穷困潦倒，一些人不得不在电话亭、公共厕所里睡觉，很多报纸报道了这些故事，但是《每日邮报》没有报道。因为《每日邮报》的读者不会喜欢这类内容。

《每日邮报》的记者也会讨论其他一些内容，也就是保罗·达可瑞所谓的“攻击性”。

《每日邮报》的一名女编辑告诉我：“他们称呼保罗·达可瑞是‘阴道独白’（Vagina Monologues），因为他称很多人是‘荡妇’（Cunt）。他悄悄地走进新闻采编室——晚上8点差10分，报纸马上要送去印刷了，他大喊道，‘他妈的这是什么，你们这群荡妇，办公室不允许有这样的蠢货！’——撕裂报纸。当他这样做时，办公室的人都变成了‘缩头乌龟’，试图逃脱。我过去负责在每天傍晚把报纸版样拿给他，太恐怖了——他的办公室简直是世界上最大的办公室。你感觉几乎要陷入地板上的长绒毛地毯里，他的桌子如同拿破仑的桌子。所有的沙发都很低矮，设计独特。他经常把报纸版页撕裂，或者用小刀指着某篇报道——‘简直是垃圾！’”

另外一名女编辑表示："他有时全身散发出魅力。我和他一起去采访，香槟酒端上来，他温柔地和女性调情。他也很能欺负人。当你拿着报纸版样去见他时，简直太可怕了。他让你在旁边等，然后喊道：'垃圾，垃圾！'那种感觉，仿佛学生去见校长。"

保罗·达可瑞的攻击性也是《每日邮报》的源动力。最显著的效果之一是，《每日邮报》的记者毫无疑问地随时准备与报纸的对手竞争。《每日邮报》前记者表示："《每日邮报》的记者总会成为第一个到人家家门口的人，并且是最后一个离开的人。他们会采访每一个人，写下所有的信息，记录所有的内容，然后回到办公室。他们在不停地记录。"保罗·达可瑞的工作时间很长，因此其他人也得工作很长的时间。他在圣诞节的时候工作，其余人也得要工作。（有一次圣诞节，保罗·达可瑞对一名胆敢外出吃午饭的记者大发雷霆。）

曾经为保罗·达可瑞工作了很多年的资深记者告诉我：《每日邮报》太一丝不苟了，从来没有停止过。到早上9点，新闻采编室的人已经阅读完毕当天出版的所有报纸，标注下需要跟进报道的新闻内容。如果不能完成，惩罚会相当严厉。当你被指派采访某一个故事，你不得不做好每个环节的采访。

也正是在这样的压力下，《每日邮报》的记者开始求助于"暗黑艺术"（详见第7章），以及其他极端的手段。已经离开《每日邮报》的记者告诉我这样一件事：一名疯狂的娱乐记者很担心错过一则报道，她竟然将名人的车窗玻璃打碎，去获得她需要的信息。我也遇到好几次类似的例子——为同对手竞争，《每日邮报》的记者在文章中引用了至关重要的引语，但是这个引语明显是编造的。在编造了几次报道后，《每日邮报》驻纽约记者杰弗里·丹尼尔最终被解雇。

《每日邮报》之所以能够战胜竞争对手离不开报纸众多的资源。如果有重大新闻发生了，《每日邮报》会不惜花巨款报道这则新闻，并常以新的报道角度击败竞争对手。

举一个很明显的例子，1995年11月，戴安娜王妃接受BBC《全景》节目的专访时，承认她和詹姆士·休伊特（James Hewitt）有暧昧关系。记者马上赶往詹姆士·休伊特位于德文郡的家中。《每日邮报》派出3名记者前去报道。其中一名记者成功地在别人没有注意时，将一封信塞进詹姆士·休伊特的家的偏门。信中表示，他们将向詹姆士·休伊特支付25万英镑的定金，根据他提供的信息的价值，他们可能会支付给他100万英镑的酬金。面对有可能成功的机会，《每日邮报》的记者在当地的酒店入住，他们打算在此约见詹姆士·休伊特。他们担心竞争对手会看到詹姆士·休伊特，把他拉拢走。他们预订了酒店所有的房间，确保酒店没有外人。（不过，詹姆士·休伊特并没有上钩。）

但是这种攻击性导致办公室产生一种道德懦弱感。欺凌威吓存在每一个层面。《每日邮报》的员工一直认为保罗·达可瑞的脾气最暴躁。一名员工回忆："报社一名中层领导走到他的面前，向他叙述某个项目，面对整个新闻采编室的所有员工，保罗·达可瑞向他吆喝。他还说道：'你就是一包屎。'"另外一名员工描述，一名年轻人被任命担任比较重要的领导职位，"他不能胜任，所有的事情都偏离了轨道。保罗·达可瑞把他抓了个正着，当众人面喊他'蠢蛋'。他经常在会议上，在审阅各版样时破口大骂。这名年轻人一下崩溃了，泪流满面。在一次圣诞节晚会上，保罗·达可瑞的妻子表示，保罗·达可瑞几乎令这名年轻人神经错乱。最后，他们不得不让这名年轻人躲到楼上去。"另外一名记者回忆，一名报社执行董事也是保罗·达可瑞语言暴力的受害者："他深受其害，没有一点勇气。傍晚时，他经常对我说：'啊，又是难熬的一天。'"

当有些领导被压迫得垂头丧气，另外一些领导在受了气之后，会向下级出气。一名资深记者回忆，报社一名高级董事经常受保罗·达可瑞滥骂。在处理一份读者投诉时，他向某女记者索要一些文件。但是这名女记者没来得及给他文件，就被派出去采访了。"当她回来时，报社执行董事开始对她大喊大骂：'你这个荡妇！'"

反抗不会受到欢迎。一名在《每日邮报》表现不错的记者厌恶了这样的工作环境，他上交了自己的辞职申请。之后，他被喊到保罗·达可瑞的办公室。"这是我和他进行的第二次真正意义上的对话，让我感到非常不舒服。他脱下鞋，靠在办公室的沙发上，像长辈那样——'你是承受了很多的压力，给自己放个假，好好考虑一下，你会改变主意，和你的家人聊聊。'他认为我会成为下一个乔弗瑞·列维（Geoffrey Levy），这也是令人感到可怕的前景。第二天，我打电话到新闻采编室，说：'我准备离开了。'他们将这个信息告诉给保罗·达可瑞，然后转告我：'保罗·达可瑞说你是彻底的蠢蛋。'后来，我的一个朋友开始为《每日邮报》工作，她被告知，我离开的原因是我神经错乱了！过了不久，我写了一篇文章发表在另外一份报纸上，文中提到我在《每日邮报》的工作。那天，我接到新闻采编室的电话，斩钉截铁地叫我闭嘴。当时的确很恐怖。"

刚毕业想成为记者的年轻人在《每日邮报》遭受了更无礼的对待。亚当·麦昆（Adam Macqueen）和一家职业中介签订合约，被派往《每日邮报》的促销部工作。他很开心，他以为可以借此学习一些报道技巧。职业中介将他之前的工作经历简介发给报社，简历中提到他曾经在《私眼》杂志工作过。那天，他被告知离开《每日邮报》，并且，每日邮报报业集团的任何一份刊物都不会雇用他。

在这个恃强凌弱的体系中，处于最底层的记者、编辑被打压成道德的懦夫。一次又一次，《每日邮报》的记者耸耸肩，试图解释："你只能容忍这一切。《每日邮报》的报酬优厚，你有车，有健康保障和退休金——如同事业单位。人们可以为此出卖他们的灵魂。"另外一名记者表示："我是听话的士兵，我没有评点报纸的办报风格的想法。我的薪水不错。我就是要写重要的新闻。我不欣赏种族歧视的做法，但是我唯一能做的就是，如果我不喜欢，我可以离开。"也有记者表示，"是持续的恐惧感和很多的报酬之间的选择"。

也有记者留下来，学会了如何泰然处之：他们预料到要对新闻进行歪曲。在《每日邮报》工作多年的记者表示："你凭直觉就可以感觉到对方需要什么。没有人把你叫进房间，告诉你'要和这个人一个观点，而不是那个人'。如果你出了错，报纸不会发表你的文章或者改写你的文章，因此，你肯定能学会。"

一名在《每日邮报》工作了多年的记者告诉我："你对谆谆教诲的各类原则如此熟悉，你立刻就会知道你要写什么样的文章。你忘记了你的思路有多么的狭隘。你很难去触犯这些原则。这样的经历肯定会让你恼火。"曾经在《每日邮报》工作过的新闻记者表示："百分之六七十的新闻，你都不知道会被处理成什么样；这是关于'点石成金'的问题，标题在文章写好之前就起好了，你的任务就是找事实填补。"

如果记者的报道角度出错的话，文章在被出版前，角度就会被调整过来。可能整篇文章被改写，或者只改变标题的角度。"保罗·达可瑞是标题杀手。"《每日邮报》的一名记者指出，有时，因为单纯的商业利益，一个小故事被变成一篇大报道。安妮· 弗兰克（Anne Frank）的父亲奥托·弗兰克（Otto Frank）死于纳粹集中营，一篇关于奥托·弗兰克的文章的标题被改写成："安妮·弗兰克的父亲是否背叛了她？"文中没有任何证据指出奥托·弗兰克背叛了他家中的任何人；而实际上，文中的内容是，他们被反犹太人的奸细出卖了。一周后，《每日周报》在第68版刊登了来自安妮·弗兰克基金会的谴责信。

有时，具有杀伤力的标题可以改变文章的角度，加强《每日邮报》的政治立场。2003年7月，保罗·达可瑞决定攻击其他报社的时政记者在托尼·布莱尔每月的例会上没有提尖锐的问题。据当时的知情者透露，《每日邮报》自己的时政记者保罗·伊斯特姆（Paul Eastham）接到指示，写一篇文章描述其他时政记者是"马屁精"，保罗·伊斯特姆拒绝了。

之后，新闻采编室获得了新闻发布会的会议记录，这份会议记录由唐宁街发布。新闻采编室将这份会议记录交给一名年轻的记者，让他列出10名出席会议的时政记者的名字，并根据他们的提问内容，进行"马屁精"排名。这篇文章被发给保罗·伊斯特姆，保罗·伊斯特姆将这篇文章发回，在标题上加了一行字："这篇文章不适合被发表”。

新闻采编室将保罗·伊斯特姆喊到办公室，让他为这份“马屁精”排名写一份前言，并表示，如果他写的话，他们会清楚地说明，这份排名的作者不是他。保罗·伊斯特姆写了前言。保罗·达可瑞为这篇文章起的标题是：“媒体领域的进攻和马屁精：无情的安排，昨天首相的新闻发布会被预先安排好以避免诚实的答案。由保罗·伊斯特姆撰写。”之后是由保罗·伊斯特姆最终答应写出的前言——还有“马屁精”排名，看起来，也像是他写的。

该文章发表后，被点名为“马屁精”的时政记者强烈谴责《每日邮报》，保罗·伊斯特姆呈交了辞职信。保罗·达可瑞有点惊慌，赶忙派司机转交给他一封私人信件。保罗·达可瑞恳求保罗·伊斯特姆留下来，并许诺再也不干这样的事情。保罗·伊斯特姆同意不辞职，但是他很快发现自己不再被重用，还错失了一次被提升的机会。保罗·伊斯特姆最终离开了《每日邮报》。

这些事件的实际影响是，这些记者成为《每日邮报》对所选择的目标进行攻击的公开的渠道。为反映中产阶级下层读者的道德和价值观，报纸不仅仅是单纯的报道，而且是对任何挑战他们读者的价值观的人展开毫不留情的攻击。

2002年8月，前保守党内政部长里昂·布里坦（Leon Brittan）的妻子布里坦夫人发现自己成为被攻击的对象。作为国家彩票社区基金会的主席，她签署了一笔资金用于支持国家联合反驱逐出境运动。一向高扬反对移民旗帜的《每日邮报》发表文章，称她是“疯狂的纸牌游戏基金女王”、“半官方机构的女王”，称她的丈夫是“肥猫”，她的基金会的同事是“道貌岸然的英明政治的嘲笑者”、“不需要投票选举的半官方机构的小官员”和“不切实际的社会改良家”，称他们的决定是“令人难以置信的冒犯”、“丢人”、“无耻”和“令人反感”。10天中有4天，他们发表读者来信，鼓励读者向布里坦夫人写信“发泄合理的愤怒”；每一次，他们都将布里坦夫人社区基金会办公室的地址刊登在报纸中。布里坦夫人收到大批“愤恨的信件”，有些信件还带有威胁的语气。

《每日邮报》的核心价值观之一是“家庭稳定”。这意味着，如果哪位女性选择在外工作，而不是在家照顾孩子，就会成为保罗·达可瑞攻击的对象。当然，也有一次，保罗·达可瑞并未攻击这一点。《星期日泰晤士报》发表了一篇关于《每日邮报》前任主编大卫·英格利士（David English）的文章。在文章中，维克·伍德（Vicki Woods）回忆，有一天在《每日邮报》的清晨会议中，那时她还是女性版面主编，保罗·达可瑞还是新闻版面主编，“一天早上，保罗·达可瑞发号施令说新闻采编室有了一篇很精彩的文章可做，但是这篇文章应该由女性主编来把握。我希望他暗示一下主题。‘很显然，’保罗·达可瑞说，‘每年，因为女性工作迟到一两个小时，英国损失上亿英镑。这是一个很正儿八经的调查，我们应该在这点上表个态。’啊，那他们为何工作迟到？‘很显然，她们起床晚了，因为她们在早上做爱。’这可真是个天赋。我反问：‘那她们和谁做爱？互相？’这时，大卫·英格利士喊到：‘达可瑞先生，无话可说啦。’”

但是现在，保罗·达可瑞成了主编，他可以按照自己的作风行事。《每日邮报》可以向任何不支持他关于家庭生活的观点的人发动攻击。《每日邮报》经常攻击社会工作者。对方招致了双重攻击：他们不仅干预了家庭生活，还让政府充当了“保姆政府”的角色。2005年秋天，《每日邮报》发表一系列文章反对艾塞克斯郡政府，指控对方下令让人强行收养一对夫妇的两个孩子，只因为这对夫妇反应太慢。

事实是，这个事件比所报道的要复杂得多。反对郡政府决定的上诉由高级法院受理。鲍夫雷法官（Mrs Justice Pauffley）详细介绍，这个家庭存在各种各样的困难：大一点的孩子已经遭受了严重的情感伤害，两个孩子都处于进一步遭受情感伤害和身体伤害的危险境地。危险如此之大，即使在尽可能多的帮助下，这对夫妇也没有能力保护自己的孩子不受伤害，并满足他们成长的需求；在母亲袭击过一名社会工作者，父亲用汽车炸弹威胁社会工作者，并雇人行凶之后，他们不得不制止这对夫妇继续看望处于被照顾中的孩子；郡政府已经做出很多努力，尽量让孩子能和他们的父母呆在一起，但这样做会让孩子处于危险境地；在收养人的照顾下，大一点的孩子已经有了明显的进步。在《每日邮报》的手中，所有这些事实都被省略成简单的和令人愤恨的报道，如同第一个标题所写的那样，“你们没有足够的聪明去照顾孩子，所以我们把他们带走”。这两个孩子“被政府偷走”，那些社会工作者是“掠夺孩子者”和“孩子偷窃者”。

高级法院出其不意，发表了鲍夫雷法官的判断，以阻止媒体继续歪曲该事件。但是《每日邮报》的“攻击”并没有停止——“政府对家庭生活的猖獗破坏”、“残忍得难以宽恕”、“社会进程的牺牲品”、“对被偷走孩子的背叛”。在艾塞克斯，社会服务部门陆续接到《每日邮报》读者的电话和信件抱怨：“阿道夫·希特勒会以你为骄傲——我敢打赌，你们让真正的冒犯者逍遥法外——好像你们做了很多……为你们感到惋惜——你们是可耻的人在做可耻的工作。”其中一名社会工作者在街上走的时候被人骂。

按照常见的模式，政府试图控告诽谤者，却发现他们并不具有这样做的合法的权利。结果，他们写了一封5页纸的信件，在信件中指出《每日邮报》的报道有哪些不准确和遗漏，找到媒体投诉委员会。媒体投诉委员会拒绝他们的投诉，指出，尽管《每日邮报》的报道遗漏了的高级法院宣判书中很多细节，但是这也可以接受，因为报纸只表明对事实的观点——由此判断，这种观点允许报纸忽略任何事实，这样做令所有的报道都不完整。政府继续呼吁，继续上诉。在写给政府的最后一封回信中，媒体投诉委员会主席蒂姆·图尔敏（Tim Toulmin）透露了媒体投诉委员会为何对此事件如此宽容的本质："我意识到，政府感到这样的报道有失公平，但是媒体投诉委员会并不负责对是否公平做出判断。"

《每日邮报》偏袒传统家庭的倾向，使得报纸对同性恋男性和女性不断发动"攻击"。之前，《每日邮报》一直支持保守党议员迈克尔·伯蒂洛（Michael Portillo）成为他所在的政党的领袖——直到他承认曾经有过同性恋的关系，并在保守党的会议上表示，他会考虑修改"第二十八条条款"（Section 28），当时，这部法律规定严禁中小学教师在学校里向学生谈论任何有关同性恋的议题。此后，《每日邮报》的报道充满了对他的敌意。

布莱恩·派迪克（Brian Paddick）是位于伦敦南部的布莱克斯顿（Brixton）的警察总督，他发现因为两点他成为被攻击的对象：一、他是同性恋；二、在关于大麻的政策中，他持自由态度。2002年3月，《星期日邮报》向他的情人支付了10万英镑，所交换的信息是，他的情人透露他在公寓里抽大麻，并且布莱恩·派迪克和他的情人一起抽了100多次大麻。《每日邮报》也借此大做文章，攻击布莱恩·派迪克，称他是"营长"、"想入非非的执行官"、"道德颓废的典范"，并报道了一系列文章攻击他关于毒品的政策，反复提到他是同性恋，并暗示，这有可能会令他免受处罚。《每日邮报》的一专栏专家写道："我想我们必须感到欣慰，他不是黑人同性恋者，这如同给他穿上了防弹衣。"

毫无疑问的是，布莱恩·派迪克情人在他们的公寓里抽过大麻，布莱恩·派迪克却强烈地否认他允许对方这样做，或者他自己这样做过。在独立的警方问询后，王室起诉当局（Crown Prosecution Service，CPS）没有对布莱恩·派迪克进行任何处罚，并且伦敦市警察局对他没有进行任何限制或者谴责。2003年12月《星期日邮报》被起诉破坏他人名誉，《星期日邮报》承认对布莱恩·派迪克抽大麻的指称是虚假的；报纸支付了35万英镑的诉讼费和赔偿费。尽管关于此事件的谣言遍布，《每日邮报》从未刊登文章告诉读者，是报纸犯了错。

《每日邮报》一直撰文反对吸食大麻。2002年2月，他们报道了詹姆士·哈耐德（James Hynard）之死的新闻，标题是，"大麻悲剧：吸食毒品后的未成年青年感到所向无敌，在父亲面前行刺自己致死"。在之后的7天内，《每日邮报》又发表了两篇文章提到此事。詹姆士·哈耐德的家人向《每日邮报》提供了验尸官的报告，并用了三个月的时间上诉，5月2日，报纸终于在第31版发表了一篇简短的公证，承认詹姆士·哈耐德在临死之前并未吸食过大量毒品，而是突发精神病。在接受问询时，验尸官清楚地解释，在詹姆士·哈耐德的死亡事件中，毒品并非原因之一。

2002年，《每日邮报》以类似的方式反对过度饮酒。报纸编造了这样一则对他们有利的报道。《每日邮报》找到一名在公关公司工作的年轻的女性A小姐配合他们做一篇关于工作和休闲的报道。A小姐和她的两名朋友同意在伦敦中心的一家酒吧会见《每日邮报》的记者，接受采访和拍照。结果刊登出来的文章将这几名女子刻画成“纵酒过度的年轻女子”。文章标题是“你是功能性的酒鬼吗？”图片说明是“你无法自拔吗？”这篇报道发表之后，A小姐被公关公司解雇，但是A小姐找到律师帮她打官司，官司不赢，律师不收费。最终，《每日邮报》承认报道是虚假的，支付了赔偿费。

所有左翼人士会发现，《每日邮报》中很多攻击性质的报道结果都是“平地球新闻”。在撒切尔夫人执政时期，《每日邮报》和其他右翼报纸一起揭露“疯狂的左翼政府”的“政治正确性”——哈克尼（Hackney）表示，单词“人孔”[1]（manholes）太性感，并将它改名为“入室的通道”（access chambers）；卡姆登（Camden）认为“阳光”（sunshine）用在演讲里是一种种族歧视；哈林（Haringey）认为老的童谣“咩，咩，黑羊”（Baa Baa Black Sheep）[2]是种族歧视，禁止继续流传。所有这些故事都是编造的。但是2006年3月，《每日邮报》又报道了“咩，咩，黑羊”的故事。因为种族歧视的缘故，位于牛津郡的一家幼儿园禁止这首童谣的传播。这也是虚构的。（他们只能用同样的韵律教孩子们认识颜色——“咩，咩，黄羊，你们看到太阳了吗？”等等。）

《每日邮报》指控托尼·布莱尔的新闻官阿斯戴尔·坎贝尔的妻子菲欧娜·米勒（Fiona Millar）在他们孩子所在的小学，给老师送金表。这是虚构的故事。2001年2月，英国矿工会的会长阿瑟·斯卡吉尔（Arthur Scargill）接受《每日邮报》的采访，原本合理坦白的访谈被处理成煽情报道。标题哗众取宠：“恐龙的吼叫：曾经摧毁英国工会制的阿瑟·斯卡吉尔，在63岁时，决定复出。跟往常一样目中无人，这里，他透露的是为什么在37年婚姻之后，他的妻子离他而去。”这篇报道不仅背叛了阿瑟·斯卡吉尔本人，也欺骗了《每日邮报》的读者。事实上，这篇报道并没有包含任何有关阿瑟·斯卡吉尔解释他婚姻问题的内容。

2001年7月，反资本主义者在热内卢举办的G8峰会期间示威游行，和警方产生了冲突。《每日邮报》寻找左翼头目进行采访。他们选择了自由撰稿人马克·科文（Mark Covell）。马克·科文遭到警察的痛打，他的伤势严重，一根肋骨断了，

---

①manholes指锅炉、下水道供人出入检修用的人孔、检修孔。——译者
②英语中“黑羊”（black sheep）意即害群之马。——译者

肺穿孔，不得不住院接受治疗。一名《每日邮报》的女记者用欺骗的手段找到他所在的病房，另一名《每日邮报》的记者守在他母亲家的门口，收集负面的信息。不久，《每日邮报》发表了一篇头版头条，指称马克·科文组织了这场暴乱，这根本是无稽之谈。实际上，他和此事件没有任何关系。

马克·科文没有足够的资金打官司告报社诽谤，但是他找到一名律师，这名律师同意对他进行法律援助，帮他打官司，告《每日邮报》侵犯他人隐私。《每日邮报》进行抵抗，否认所有不当行为，甚至声称他们侵入医院病房，为的是曝光意大利警方的恶行，以引起人们的注意。最终，因为马克·科文明确表示要把对方告上法庭，《每日邮报》写给他一封正式的道歉信，并支付了法律诉讼费用和赔偿金。

在为读者服务的过程中，《每日邮报》几乎影响了读者对所有政治问题的观点——欧洲，犯罪和政策，英国国民健康服务体系，过度饮酒，三联疫苗（MMR疫苗），有机食品，寻求庇护者和移民，毒品，燃油税，同性恋，工会制度，人权等。到目前为止，报纸对他们所认为的重要的问题进行道德上的判断，这显然是完全恰当的。到目前为止，报纸纵容使用不准确的信息歪曲报道，这显然是不恰当的。这样一来，《每日邮报》的职业违规行为不仅误导了读者对外界的准确认知，也歪曲了整个政治过程。

也就在此——因为媒体的政治影响力——“平地球新闻”最令人恐惧。《每日邮报》特有的“攻击性”也意味着在新闻工厂内他们的做法也不寻常：《每日邮报》比其他报纸更有可能选择某一个故事，并故意大做文章（歪曲报道），同时，其他报纸的“抄闻”记者也在选择故事、报道故事；《每日邮报》更善于用一股无情的怒气探讨某一单一的问题，而不在乎是否准确，这样看起来，《每日邮报》比其他报纸更愿意威胁政府去改变政策，不管结果，不论好坏。

人们有时评论，政府听《每日邮报》的话，因为《每日邮报》体现的是“英格兰中部的嗓音”，但这不过是另一种陈词滥调。是攻击性让《每日邮报》变得有力。我知道世界其他地方的媒体没有一家报纸可以和《每日邮报》的攻击的恶意度相比。《每日邮报》是英国媒体业的一分子，然而唯一有可能对《每日邮报》进行约束的组织（媒体投诉委员会）对关于它的90%的投诉持拒绝态度，甚至根本不去考虑投诉的内容。攻击性可以任意削弱报纸的名誉，任意扼杀某个观点，而不必在乎是否公正，是否真实。

约翰·劳埃德（John Lloyd）在他的著作《媒体对我们的政治做了些什么？》（*What the Media are Doing to Our Politics*）的结尾，引用匿名的资深工党政客的话

（他的说话方式和托尼·布莱尔惊人的相似）：“《每日邮报》是个杰作。这份报纸的活力来自保罗·达可瑞的大脑，保罗·达可瑞拥有让人猜不透的偏见和信仰。我不会去深入调查这些偏见和信仰。保罗·达可瑞对谁都不负责。他拥有彻底的不负责的力量。”

《每日邮报》能够在新闻工厂内部轻而易举取得成功，如同其他强有力的团体能够在新闻工厂外部轻而易举取得成功一样。在整个发达世界，报纸和广播电视已经沦为商业化的符号。结果是，他们自己更容易生产虚假新闻和歪曲报道，也更容易使用由外界操控者生产的虚假的、被歪曲的信息，他们不太可能报道真相。

而保罗·达可瑞在向英国下议院公共行政委员会提供证据解释记者的作用时，却标榜：“我不想华而不实，我们的工作是担当真相的守护者。”

如果你核实的话——你会发现真相是：地球不是平的。

结束语

“过去，记者们经常会质疑战争的原因，曝光政府官员滥用职权的丑闻。现在，像是没有牙齿的婴儿，他们吮吸着甜甜的橡皮奶头，吸进被歪曲的信息，然后将其大便拉在尿布上——这尿布，也就是我们所谓的‘六点新闻’。”

——肯特·布罗克曼（Kent Brockman），电视新闻节目《辛普森一家》主持人那么，需要做些什么呢？

在想象的世界里，我们或许可以要求像对待食品一样对待媒体产品，给媒体产品贴上清晰的标签，告诉消费者这些产品的内容。如果要这样做的话，我们需要有人掏出很多的钱，经营一个和媒体类似的组织，这个组织的任务是从每份报纸、广播电视的“产品”中抽取样品，检查是否准确，然后计算出移动平均数，比如前六个月的报道的移动平均数，并要求每个媒体产品在显著的位置列出那些被证明是假新闻或者是被歪曲了的新闻的比例。

为了提高影响力，我们可以举办“平地球新闻大赛”，评选出“年度最假新闻”（也可以称其为“千年虫奖”）；“年度杂货店老板”，也就是最能给记者施压的媒体单位；“最能蛊惑人心的鼓动宣传”；“最违法使用的私人侦探”和“保罗·哈克（Paul Hucker）奖”，也就是被最广泛、重复使用的公关垃圾材料。

在想象的世界里，我们可以要求媒体所有者提供高素质的员工；重建像以往那样，可以报道全国新闻、全世界新闻的一线报道记者的网络；改写报道公约，把报道的真实性放在首位，而非新闻工厂生产产品的实用主义；取缔媒体投诉委员会，赋予媒体受害者真正的说出事实的权利；改革媒体法，赋予所有诚实的记者真正的、维护公众利益的权利。

如果这一切都可以实现的话，我们或许有机会实现《世界外交》（*Le Monde Diplomatique*）杂志总编伊纳希欧·哈莫内（Ignacio Ramonet）所描述的情景——2005年1月，他如此解释对自己的刊物的期冀：“我们的目的是忠实于制作新闻的基本原则。这意味着减缓生产新闻的节奏，由新闻业自己决定如何曝光现实社会中的阴暗面，我们自己选择有意思的话题，这样有助于我们更好地理解国际语境；提供更完整的、更深刻的、记录更全面的关于当代问题的材料；用敏锐的、严肃的态度剖析这些问题的本质；不仅呈现那些适合于被发表的新闻和信息，还要经常揭露、敢于反对对媒体进行支配的趋势。”

然而，在现实世界里，将媒体重新拉回轨道的想法几乎不可能实现。如果关键问题仅仅是因为报纸所有者将编辑方针赋予记者，那事态就简单多了。如果是那样的话，我们就可以全力对付傲慢自大的媒体所有者——很艰难的博弈，但是也有可能会赢。事实是，我们所面对的是失控的体系，这个体系所遵循的逻辑是商业力远远比报道的需要更重要。阴谋可以被识破，但是混乱的局面很难被操控。

也并非是说现实世界无可救药。1989年，CBS电视记者查尔斯·刘易斯（Charles Lewis）在美国创造了一个小小的奇迹，他建立了公共诚信（Public Integrity）中心。他接受基金会、个人捐资，摆脱所有有可能被商业化的陷阱，建立了这个非营利性质的组织。现在，这个组织拥有40名记者和240名兼职研究员，专门对付麻烦的、耗费时间的、昂贵的调查，然后将调查结果提供给大众媒体以及对这些信息感兴趣的人。迄今为止，他们已经完成了300多篇调查报告和14本书，获得无数的荣誉。查尔斯·刘易斯相信，这样的模式也适用于其他国家。

我们也还有能力保护其他的“圣地”。比如BBC内部的部分“圣地”，因为BBC的资金来自公众，这样的模式有利于防止BBC被商业化。而且，有场战役很值得一打——和鲁珀特·默多克对抗，阻止BBC被私有化，或者步美国公共广播的后尘，成为仅仅为贫民播出的电视节目。

当然，还有网络。写博客的人、公民记者在不断揭露不为人知的故事。2005年的冬天，发生了一个非常有说服力的故事。梅兹将军的士兵进攻费卢杰，丑闻曝光，他们的军队使用的白磷弹（white phosphorus shells）并非是用来照明的，而是用来活活烧死叛乱分子的，这样的做法显然违背了国际公约关于使用化学武器的规定。这个故事被报道后，美国国务院的官员严词否认，但是写博客的人发现并到处转发相关证据——这份证据是2005年3月，发表在美国军事杂志《野战炮》（*Field Artillery*）中的一篇文章。这个故事最终被大众媒体所报道。英国《媒体报》采访BBC环球新闻总监理查德·山姆布洛克，为什么要让写博客的人揭露事实真相。理查德·山姆布洛克回答：“报道的截止时间、信息来源都可以表明，个人总有可能找到、拥有主流新闻媒体无法获得的信息。”怎样的“坦承”！这个巨大的新闻组织，他们的主要任务是收集新闻，他们却忙于“抄闻”，没有时间关注真正的新闻。

但是，反言之，互联网如同信息疯人院，疯狂地重复刚巧被发布在博客里的“新闻”碎片，其中的大部分是胡言乱语。如美国语言学家门肯（H.L. Mencken）所言：“每名笨蛋的中心含义是他是神秘的阴谋论的受害者，这种阴谋论有悖于他的正常权利和真正的功劳。他将他所有的失败、所有的无能、所有的愚蠢归咎于华尔街的银行家，或者其他类似的组织。”其中的大多数信息被环球新闻网站刊登来刊登去，即使呈现出众多固有的缺陷。更多的网站、聊天室被公关行为所渗透。比如，公关新闻通讯社向他的客户提供一项名为“搜索引擎能见度“（Search Engine Visibility）的业务，帮助对方加强报道的显著性。

互联网真正的前景在于，它不仅为个人同大众媒体对抗提供了渠道，也同样可以让媒体从“抄闻”中解脱出来。互联网为削减新闻产品的成本提供了可能性。传递电子新闻，可以减少或者彻底去除印刷、发行传统报纸的昂贵的费用。如果省下来的这些钱，被重新用于新闻采编，聘用更多的记者，我们可以逐渐让媒体复苏，阻止媒体继续变得脆弱，继续传播“平地球新闻”。但这听起来似乎又很不切实际。迄今为止，媒体所有者的表现是，紧紧抓住电子新闻的传播方式，并借此削减成本，增加收入，却从未向新闻业增加投入。

所有这些问题深深影响了我们的世界和我们对待世界的态度。约翰·尼古尔斯（John Nichols）和罗伯特·麦克切斯尼（Robert McChesney）在其著作《是媒体，蠢货》（*It's the media，Stupid*）中描述媒体商业化对他们的社会带来的影响：

如今，这一代人处于他们所消费的媒体给他们带来的压力之下，他们公然表露出他们的物质欲望、自私、去政治化（depoliticized），并且非社会化地思考问题。在某种程度上，这样的价值观危害了民主社会，我们都应该引起关注。商业化的媒体体系是全球化市场经济的思想政治的关键。

联想到捷克共和国的案例。只不过是在10多年前，一代年轻人领导了“丝绒革命”（The Velvet Revolution），反对共产主义政权。他们当时的口号是“真实和爱必须超越谎言和恨”。10年后，连《华尔街日报》也承认，捷克共和国已经陷入意志消沉的困境，此时，“对自由市场的不假思索的冲击已经创造出一个贪婪、自私、腐败和诡计多端的社会”。

他们又补充：

在全世界范围内，伴随着公司化媒体体制同时产生的政治文化在美国可见一斑：在事先组织好的辩论和政党组织的一系列营造公共舆论的活动中，空洞的媒体和选举活动被公共关系、大笔资金、愚蠢的政治广告和关于复杂的问题的有限的辩论所控制。此时的世界，市场和商业价值观超越了民主和公民文化，去政治化的思潮猖獗蔓延，拥有财富的人面对越来越少的政治挑战的威胁。

恐怕不得不承认这样的事实，在曝光媒体的弱点的同时，我给媒体的“癌症”进行了一次快照。这样做可能有助于看清楚病症。至少在理论上，我们可以知道如何去治愈这个病症。但是我担心，这个病症已经到了晚期。

50年前，在《隐形的游说者》一书中，杰出的记者凡斯·帕克德早已意识到这些威胁，而当时，这些威胁正储备力量。他曾经流露出乐观的态度，“我们可以选择不被游说”，他强烈表示。50年后，我不能确定了。

在纽约的哥伦比亚大学新闻学院，陈列着前报纸所有者、主编约瑟夫·普利策（Joseph Pulitzer）的话：“玩世不恭、唯利是图、腐败的媒体会塑造出和这类媒体特点一致的民族。”他说的话可能是对的。